1冊で完全攻略
TOEFL ITP® テスト

音声
ダウンロード
付き

Listening Comprehension,
Structure and Written Expression,
and Reading Comprehension

First Step towards Success

トフルゼミナール講師
髙橋直浩 [著]
Naohiro Takahashi

はじめに

本書は次のような方に向けたガイドブックです。

....

☑ **リスニング** で聞き取れない箇所があると、すべてわからなくなってしまう

☑ **文法** はある程度はわかっているつもりだが、問題を解くときにその知識を
活かせず正解できない

☑ **リーディング** では語彙力が足りなくて、読んでも文章内容が頭に入らず、勘
で選択肢を選んでしまう

....

このいずれかにあてはまる方に最初に手にとっていただきたいのが本書です。

TOEFL ITPにおいても他の英語試験と同様、ネイティブに近い語彙力と確か
な文法力があれば、自ずと高得点が望めます。したがって、正攻法は「語彙力及
び文法力の強化」に尽きるのですが、ひたすら単語や語句を覚える、文法書を隅
から隅まで読んで理解する、という作業を実際にやれと言われてもなかなかでき
ないことは、私自身を含め多くの方が体験済みでしょう。

ではどうするか？ **聞き取れた箇所から会話の流れだけでもつかむ、細かな文
法知識の補充ではなく「文構造」の観点からすでに持っている文法知識をつなぎ
合わせる、わからない語句はわからないままがまんして本文と選択肢の整合性を
判断する**、といった力をつければよいのです。簡単に言えば、スコアアップのた
め、読者の皆様に、次の3点を身につけていただくことが本書のねらいです。

> **リスニング** では「大胆さ」を！
> **文法** では「新しい観点」を！
> **リーディング** では「根気と繊細さ」を！

このねらいのもと、本書は次の通りに構成されています。

まず、「**第1部 セクション別対策**」では、TOEFL ITP に取り組むために必要な「意識」「知識」「基本戦術」を身につけていただきます。具体的には、以下のことを、それぞれの問題に取り組みながら習得できるようになっています。

> **リスニング**　「音程やリズムを聞き取る意識」
> 　　　　　　　「ポジティブ／ネガティブ感覚」
> **文法**　「品詞の知識」「文のコア要素と修飾句を見分ける力」
> **リーディング**　「文章の読み方」「設問に取り組むステップ」

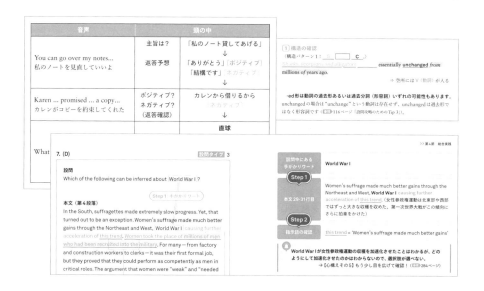

また、実践形式の例題に取り組んで、身につけた「意識」「知識」「基本戦術」を応用することで、それらを確かなものとします。

次に、「**第2部 模擬テスト**」で、身につけたことを制限時間内でどれほど発揮できるか確認していただきます。

本書がTOEFL ITP学習のステップアップのための最初の踏み台として、読者のお役に立つことを切に願っています。

髙橋 直浩

もくじ

\\ 第1部 // 対策編 セクション別対策 …………………………… 015

第2部

テスト編 模擬テスト ⋯⋯⋯⋯⋯⋯⋯⋯⋯⋯⋯⋯⋯⋯⋯ 355

本書の構成と利用法

1 本書の構成

❤ 第1部 対策編 セクション別対策

　リスニング・文法・リーディング、それぞれのセクションの特徴に応じた学習を行います。各セクションともに、問題に取り組みながら**TOEFL ITPに取り組むために必要な「意識」「知識」「基本戦術」**を身につけ、実践していきます。

❤ 第2部 テスト編 模擬テスト

　本試験と同じ設問数で構成された模擬テストです。「対策編」での学習の成果を確認します。正解をチェックした後、解説で設問の解き方を復習しましょう。

第1部　対策編		
第1章 リスニング問題の対策	第2章 文法問題の対策	第3章 リーディング問題の対策
基礎 ［Warm-up問題］［聞き取りのポイント］ 応用 ［実践形式の例題］	基礎 ［基本確認問題］［文の構造確認］［重要文法事項の学習］ 応用 ［実践形式の例題］ ［問題へのアプローチ］	基礎 ［設問を解くための基本戦術］［本文を効率的に読むための基本戦術］ 応用 ［実践形式の例題］

対策編とテスト編をセクションごとに取り組むこともできます。

第2部　テスト編		
Section 1 Listening Comprehension	Section 2 Structure and Written Expression	Section 3 Reading Comprehension
模擬テスト テスト → 復習	模擬テスト テスト → 復習	模擬テスト テスト → 復習

② 本書の利用法

⚫ 第1部 【対策編】 セクション別対策

<<<<<<

始める前に学習の流れをチェック!

　各セクションのはじめに、学習する内容が簡単に記されています。おおまかな流れを頭に入れてから取り組みましょう。

問題を解いてみよう!

　問題を解きながら順に学習を進めていきます。〈基礎〉問題(「Warm-up」「基本確認問題」など)でTOEFL ITPに必要な基本的なスキルを学んだ後に、〈応用〉問題(実践形式の「例題」)に取り組みます。

>>>>>>

<<<<<<

じっくり読んで、
解き方の基本を理解しよう!

　問題の解説は、図や表なども伴いながら詳しく記されています。設問のタイプや正解に至るためのステップを意識しながら、内容を把握するようにしましょう。

　リスニングセクションで音声のある箇所には音声マークがついています(第1部 第1章 リスニング問題の対策／第2部 模擬テスト)。音声のダウンロードについては14ページを参照ください。

❤ 第2部 テスト編 模擬テスト

模擬テストに取り組む

各セクションの冒頭の「ガイド」で注意点や取り組み方を確認してから、テストを開始しましょう。

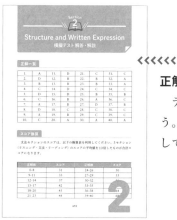

>>>>>

正解確認・スコア換算

テスト終了後、「正解一覧」で正誤を確認しましょう。スコア換算表で、正解数をもとにスコアを確認してみてください。

<<<<<

解説でしっかり復習しよう！

>>>>>

解くための重要なポイントや覚えておくべきヒントがたくさん記されています。間違った問題だけでなく正解した問題も一緒に見直しましょう。

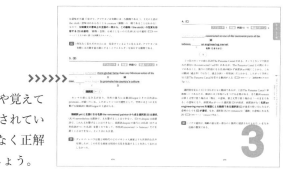

図・表・コーナーのリスト

巻末には、本書に出てきた図・表・コーナーのリストがあります。学習途中でもう一度参照したいときや、復習の際に活用してみてください。

TOEFL ITP の概要

　TOEFL（Test of English as a Foreign Language）は英語を母語としない人の英語能力を測るための試験で、米国の非営利団体 ETS（Educational Testing Service）がその開発・運営の責任を担っています。

　現在 TOEFL には、個人で受験する TOEFL iBT（the internet-based TOEFL）と団体受験の TOEFL ITP（Institutional Testing Program）があり、TOEFL iBT のスコアはアメリカ、カナダをはじめ、イギリス、オーストラリア、ニュージーランドなどの大学・大学院に留学を希望する人の出願などに利用されます。

　本書で扱う TOEFL ITP（Institutional Testing Program）は ETS から提供を受けた日本国内の大学等において実施され、協定校留学の内部選考や、大学院の入学選考、英語授業のクラス分け、系列高校からの内部進学選考などに利用されています。

　TOEFL ITP には Level 1（中上級）と Level 2（初中級）の 2 つのレベルがありますが、本書では Level 1 のみを扱います。以下、TOEFL ITP と言った場合 Level 1 を指すものとします。なお、2020 年からは、従来のペーパー版だけでなくデジタル版のテストも提供が開始されました。

TOEFL ITP は、リスニング（Listening Comprehension）、文法（Structure and Written Expression）、リーディング（Reading Comprehension）の3つのセクションから成り、各セクションの概要は以下の通りとなっています。

Section 1　リスニング

解答時間	35分
設問数	50問（3パート：短い会話30問、長い会話〔2題〕7〜9問、トーク〔3題〕11〜13問）
設問形式	四者択一
最高スコア	68点
最低スコア	31点

Section 2　文法

解答時間	25分
設問数	40問（2タイプ：空所補充15問、間違い探し25問）
設問形式	四者択一
最高スコア	68点
最低スコア	31点

Section 3　リーディング

解答時間	55分
設問数	50問（平均10問の設問がついた文章題が5題）
設問形式	四者択一
最高スコア	67点
最低スコア	31点

　3つのセクションごとにスコアが算出され、合計スコア（最低310、最高677）が示されます。

Section 1　Listening Comprehension	31〜68
Section 2　Structure and Written Expression	31〜68
Section 3　Reading Comprehension	31〜67
合計スコア	310〜677

　各セクションのスコアは、正解数に応じて一義的に決まるものではありません。試験ごとの問題難易度の違いによって得点差が生じないようにするため、受験結果データ群から各試験の難易度の差を推定して、正解数に補正処理を施した上で算出しています（試験ごとの詳細な補正処理方法は非公表）。

　3つのセクションのスコアの平均値を10倍したものが合計スコアになります。

（例）各セクションのスコアが、リスニング48、文法56、リーディング52の場合

$$合計スコア = \frac{48 + 56 + 52}{3} \times 10 = 520$$

　参考までに、ETSが公表している2021年実施のTOEFL ITP試験スコア分布を簡単にまとめると、下表のとおりです（出典：Test and Score Data Summary for the TOEFL ITP Test (ets.org)）。

2021年実施のTOEFL ITP試験スコア分布

合計スコア	ランク	合計スコア	ランク	合計スコア	ランク
603以上	上位5%	500以上	上位40%	417以下	下位20%
577以上	上位10%	483	中位	390以下	下位10%
547以上	上位20%	463以下	下位40%	373以下	下位5%
520以上	上位30%	440以下	下位30%		

なお、2021年の日本人受験者の平均スコアは473です（リスニング48、文法47、リーディング48）。

③ リスニングセクション受験上の注意
　TOEFL ITPに関するさまざまな情報は、下記で確認することができますので必要に応じて活用してください。

TOEFL®テスト日本事務局
https://www.toefl-ibt.jp/toefl-itp

　なお、2017年から2023年にかけて、リスニングセクションの形式および実施方法に2つの変更が加えられましたので、確認しておきましょう。

●メモ取りについて
　2017年から問題冊子の余白へのメモが許可されました（実際の運用は実施団体にゆだねられているため直接確認を取ること）。ただし、リスニングセクションの問題は、もともとメモを取らずに解答できるように設計されていますので、メモを取るメリットは少ないと考えてよいでしょう。

●設問文の印刷について
　2022年6月から設問文が印刷されるようになりました（デジタル版は2023年から）。このことにより設問の先読みが可能になったため、Part BやCのような長い会話やスピーチで、聞くべきポイントをあらかじめ絞った上でリスニングに臨むことができるようになり、攻略しやすくなりました。本書で具体的な対応方法を押さえておきましょう。

音声ダウンロードについて

　本書の音声を無料でダウンロードできますので、下記の手順にてご活用ください。

1 パソコンにダウンロードする

● **パソコンからインターネットでダウンロード用サイトにアクセス**

　下記の URL を入力してサイトにアクセスしてください。

https://tofl.jp/books/2670

● **音声ファイルをダウンロード**

　サイトの説明に沿って音声ファイル（MP3形式）をダウンロードしてください。

　※スマートフォンからダウンロードして再生することはできません。

2 音声を再生する

● **音声ファイルをパソコンの再生用ソフトに取り込む**

　ダウンロードした音声を iTunes などの再生用ソフトに取り込んでください。

● **音声を再生する**

　パソコン上で音声を再生する場合は、iTunes などの再生ソフトをお使いください。iPhone などのスマートフォンや携帯用の音楽プレーヤーで再生する場合は、各機器をパソコンに接続し、音声ファイルを転送してください。

　※各機器の使用方法につきましては、各メーカーの説明書をご参照ください。

3 収録音声

　以下の音声が用意されています。本書中、該当箇所には音声マークが付いています。

第1部　セクション別対策 　第1章 リスニング問題の対策	音声No：【01】－【41】
第2部　模擬テスト 　Section 1 Listening Comprehension 模擬テスト	音声No：【42】－【96】

対策編

セクション別対策

Listening Comprehension,
Structure and Written Expression,
and Reading Comprehension

第1章

リスニング問題の対策

リスニングセクションの問題形式とは？

Section 1　Listening Comprehension
  Part A 〈短い会話〉
    会話30題　設問数：各会話1問
  Part B 〈長い会話〉
    会話2題　設問数：7–9問（各会話4問程度）
  Part C 〈トーク〉
    トーク3題　設問数：11–13問（各トーク4問程度）

⊙ Part A
　2人による1往復の会話と設問が1回流れます。与えられた4つの選択肢から適切なものを1つ選びます。

⊙ Part B
　2人による2分程度の会話を1回聞いた後、4問程度の設問が順に流れます。それぞれ与えられた4つの選択肢から適切なものを1つ選びます。

⊙ Part C
　1人による2分程度のトークを1回聞いた後、4問程度の設問が順に流れます。それぞれ与えられた4つの選択肢から適切なものを1つ選びます。

学習の流れをチェックしよう！

第1節　Part A 問題を解くための準備（p.18〜） 基礎
　短いフレーズを聞き取るための Warm-up を行います。「音程」と「リズム」を意識しましょう。Part A の「聞き取りのポイント」を確認します。

第2節　Part A 問題の実践（p.32〜） 応用
　前節の学習をもとに、実践的な例題に取り組みます。

第3節　Part B 問題を解くための準備（p.56〜） 基礎
　会話のテーマや状況、展開についていくための Warm-up を行いながら、Part B の「聞き取りのポイント」を押さえます。

第4節　Part B 問題の実践（p.61〜） 応用
　Part B の「聞き取りのポイント」を踏まえて、例題に取り組みます。

第5節　Part C 問題を解くための準備（p.69〜） 基礎
　長い英文を聞き取るための Warm-up を行います。Part C の「聞き取りのポイント」を確認しましょう。

第6節　Part C 問題の実践（p.74〜） 応用
　前節で準備ができたら、例題に挑戦してみましょう。

Part A 問題を解くための準備

① Warm-up
～「音程」と「リズム」を意識して、短いフレーズを聞き取る～

Warm-up 1.

　短いフレーズ（1文）を聞き取ってみましょう。英語は、音程（＝音の高低差や強弱）とリズム（＝テンポの変化）を持つ言語の一つです。

1. まず、**音程とリズムを体感するような気持ちで聞いて**ください。
2. 次に、**もう一度音声を流して、聞き取ったフレーズを下欄に書き取って**ください。
3. その後、**スクリプトを確認してください** 参照 20ページ）。
4. 最後に、**もう一度音声を聞いて、同じ音程、リズム、スピードで声に出してリピート**してください。

　フレーズは10個ありますので、それぞれについて、この作業を繰り返してください。

Listen!
01

(a) _____

Listen!
02

(b) _____

Listen!
03

(c) _____

(d) _____

(e) _____

_____

(f) _____

_____

(g) _____

(h) _____

(i) _____

_____

(j) _____

_____

(a) Do you have the time?

(b) How could I turn down an offer like that?

(c) I've been up to my neck in papers for weeks.

(d) I haven't heard from him in four weeks.

(e) Hey, Steve, I can't make it to the party on Friday.

(f) You can get a lot out of being involved in the project.

(g) I'd rather get it out of the way by noon.

(h) I want to borrow the notes Sarah will lend you.

(i) I won't lend the notes I borrowed from Sarah to you.

(j) Don't you think Cindy's got what it takes to be a great musician?

(a)–(j)の解説

(a) Do you have the time?

意味：「今何時？」

「時間ある？（= Do you have time?）」ではありません。**冠詞theが聞き取れたかどうかで意味が大きく変わります。**

(b) How could I turn down an offer like that?

意味：「どうしたらそんな申し出を断れるかな？＝そんな申し出ならもちろん受けるよ！」

"How could/can...?" はしばしば「反語」で用います。

turn down	…を断る

(c) I've been up to my neck in papers for weeks.

意味：「もう何週間もレポートにつきっきりだよ」

口語では省略形を好んで用いるので、**省略形の「音」に慣れ**ていきましょう。

ここでは、**省略形「アイヴ」= I've = I have** があります。ただし、v（ヴ）は後ろの been とくっつくので聞こえず、**「アイ ビーン」**（= I've been）に聞こえます。

フォニックス① 🔊

🔵 1-01「フォニックス1」

"four weeks" か "for weeks" か？

「重要な情報ではない前置詞は「弱く」「短く」発音される」

前置詞は相対的に情報の重要性が低いため、弱く短く発音されます。for weeks（何週間も）の場合、for は弱く短く「ファ」と発音され、

「ファ**ウィ**ークス」に聞こえます。

一方 four weeks（4週）の場合は数字の「4」は重要な情報のためアクセントが置かれて、

「フ**オア** ウィークス」と聞こえます。

同様に、前置詞 to は弱く短く発音され「タ」または「ダ」に聞こえますが、数字の two は「トゥー」としっかり発音されます。

覚えておきたい 単語・フレーズ

be up to my neck in...
　= be up to my ears in...

…に忙殺されている

(d) I <u>haven't</u> heard from him in four weeks.

　意味：「この4週間、彼から連絡がない」

　省略形「**ハヴン**」= **haven't** = have <u>not</u> があります。語尾"t"はほとんど聞こえません。また(c)と異なり、前置詞inがあって強めの「**フォア**」でしたので、in <u>four</u> weeks（4週間）です。

(e) Hey, <u>Steve</u>, I <u>can't make it to</u> the party on Friday.

　意味：「スティーブ、じつは金曜のパーティーには行けそうにないんだ」

　省略形「**キャン…**」= **can't** = can <u>not</u> があります。
　(d)のhaven'tと同じく語尾"t"はほとんど聞こえないため、"can"なのか**省略形**"can't"なのか、意味が正反対になるにも関わらず聞き分けが難しくなります。

> 1-02「フォニックス②」

フォニックス②))) 🎧

"can't make"か"can make"か？

「重要な情報ではない<u>助動詞</u>は「弱く」「短く」発音される」

　前置詞同様、助動詞も相対的に情報の重要性が低いため、弱く短く発音されます。"**can make**"の場合、canは弱く短く「カン」と発音され「**カンメイ**」に聞こえます。

　一方"**can't make**"の場合、助動詞であっても**否定**という情報は重要であるためcan'tにアクセントが置かれます。ただし、haven'tと同じく語尾の"t"は消えてしまうので強く「キャン…」と発音されます。can makeでは「カンメイ」と音が繋がりますが、can't makeではキャンとメイの間に、**飲み込む一瞬の間「…（無音状態）」**ができて、「**キャン…メイ**」と聞こえます。

同様に助動詞 will も弱く短く発音されます。語尾の "**l**" ははっきり「ル」と発音するのではなく、舌を前歯の裏側にはつけずに「ゥ」のように発音されるため（「**暗いl**」）、will は「ウィル」ではなく「ウゥ」と聞こえます。

さらに、ma**ke it** や**it to** でもそれぞれ音が連結して、I can't make it to は「アイ キャン…メイ**キッタ**」のように聞こえます。

もう1点、アメリカでは会話を始める際、しばしば相手の名前を呼びます。「会話の相手は Steve だ」と意識できるようになりましょう。

覚えておきたい 単語・フレーズ

---

make it to...　　…に行く、参加する

(f) You can get a lot out of being involved in the project.

意味：「そのプロジェクトに参加すれば得られることがたくさんある」

「カンゲッ」と発音されたので、肯定の can get です。ここではその後ろに続く音に注意してみましょう。

フォニックス③ 🔊🎧　　　　　　　　　　　　　　　　　1-03「フォニックス③」

母音に挟まれた "t"

haven'**t** heard や can'**t** make で確認したように "t" はほとんど発音されませんが、**母音の間に挟まれた場合には「ダ」または「ラ」に近い音で発音されます**（「**濁らないd**」）。例えば Ge**t** up! や Le**t** it go. はしばしば「ゲ**ラ**ッ」「レ**リ**ゴー」に聞こえます。

ここでも「ユー カン**ゲッ** ₅**ロッ**」（= You can ge**t a** lot）のように聞こえます。

フォニックス④ 🎧

前にある語とくっついて発音される "of"

後ろに続く out of... にある of も前出の for や to と同じく前置詞であるため、弱く短く発音されます。

特に母音から始まる of の場合、**単独で「オブ」とは発音されず、前にある語の語尾とくっついて発音される**のが一般的です。out of であれば「**アウダブ**」のように聞こえます。

なお、out of... は「…から外へ」（移動）を表すほか「…から」（起源、原因）も表し、ここでは後者の用法です。

覚えておきたい 単語・フレーズ

---

be involved in...　　…に参加する、関わる

(g) I'd rather get it out of the way by noon.

意味：「正午までにはそれを片付けてしまいたい」

省略形「アイド」= **I'd** = I <u>would</u> (*or* I <u>had</u>) があります。

後ろに続く動詞 get は様々な意味や用法があり、口語に慣れない我々を悩ませます。まずは get の基本用法である「…を手に入れる」「〜になる」「…を〜にする」の3つを押さえておきましょう（音読しながら、例文ごと覚えてしまうのがコツです）。

> 1-05「getの基本用法」

getの基本用法

1.「…を手に入れる」　　You need to **get some sleep**.
　　　　　　　　　　　（君は少し睡眠をとるべきだ）

2.「〜になる」　　　　　My car **got stuck** in the snow.
　　　　　　　　　　　（車が雪にはまってしまった）

3.「…を〜にする」　　　I must **get the dinner ready**.
　　　　　　　　　　　（夕食を準備しなければならない）

　前問の (f) の get は 1. の用法でしたが、ここは 3. の用法で「it を out of the way の状態にする」となります。out of は (f) で説明した「…から外へ」（移動）の用法で、後ろに the way（私がこれから進む道）を置いて「邪魔なものを片付ける」の意味になります。

　音についても (f) で説明したとおり get it out of... 部分は「**ゲ ディ（≈リ）アウタ ブ**」に聞こえます。

覚えておきたい 単語・フレーズ

would rather do	…したい
out of the way	片付いている

(h) I want to borrow the notes Sarah will lend you.

　意味：「サラが君に貸すつもりのノートを借りたい」

　want to は「**ウオンタ**」または「**ウォナ**（= wanna）」に聞こえます。

　もう1点、文中にある**名詞のかたまり** "the notes Sarah will lend you"（「名詞 S V」）に慣れましょう。「ノート、サラが君に貸すつもりの」という感じで、語順に沿って意味をとりつつ**「ひとかたまり」として聞き取れる**ことが大事です。重要な情報である最初の名詞にアクセントを置いて、

「名詞 S V」（上がって下がる）

という音程になります。また e) で説明したとおり will は「ウゥ」と弱く短く聞こえます。

(i) I won't lend the notes I borrowed from Sarah to you.

意味：「僕がサラから借りたノートは君に貸すつもりはない」

省略形 won't (= will <u>not</u>) があります。

(>) 1-06「フォニックス⑤」

フォニックス⑤))) 🎧

"want to" か "won't" か？

can/can't のように want to / won't も、「…したい」／「…するつもりはない」というように、意味がほぼ正反対になるため気をつけて聞き分ける必要があります。

聞き分けのポイントは、(h) の **want to は 2 音節**（ウオン＋<u>タ</u>または<u>ウォ</u>＋<u>ナ</u>）でしたが、**won't** は「ウォ<u>ウン</u>」という **1 音節**になる点です。

また、ここにも名詞のかたまり "the notes I borrowed from Sarah"（「ノート、僕がサラから借りた」）があります。

(j) Don't you think Cindy's got what it takes to be a great musician?

意味：「シンディはすごいミュージシャンになる資質を持っていると思わない？」

省略形「シンディーズ」＝ **Cindy's** ＝ Cindy <u>has</u> (*or* Cindy <u>is/was</u>) があります。
この省略された have の後ろに got をつけた **"have got" は "have"**（…を持っている）と同じで、口語では頻繁に用います。

　もう1点、この文はDon't you think...と否定形の疑問文です。否定形の疑問文になると混乱するかもしれませんが、日本語の「…はおもしろいと思う？」の代わりに「…はおもしろいと思わない？」と尋ねる場合と同様、尋ね方が違うだけで本質的には肯定の疑問文と同じです。答え方も「おもしろい」と思えばYes, I do. (うん、〔おもしろいと〕思う)、「おもしろい」と思わなければNo, I don't. (いや、〔おもしろいと〕思わない) になり、肯定、否定いずれの形で尋ねられても答え方に違いは生まれません。**Do you think... と肯定形で尋ねられてもDon't you think... と否定形で尋ねられても、質問の趣旨も答え方も同じ**、と捉えてください。

覚えておきたい 単語・フレーズ

have what it takes to be...	…になる資質を持っている

設問には主に次の2つのタイプがあります。

・・・

1. Last Speaker の返答内容 or 意図を問う

（ex. What does the woman <u>mean</u>? / What does the man <u>imply</u>?）

2. 会話全体の状況（場所など）を問う

（ex. Where does this conversation probably take place?）

・・・

1.「Last Speaker の返答内容 or 意図を問う」タイプ

　Part Aで圧倒的に多いのが「1. Last Speakerの返答内容 or 意図を問う」タイプです。このうち、返答内容をそのままストレートに言い換えた選択肢が正解肢になる場合、What does the woman **mean**?（＊1）と聞かれます。一方、返答の裏にある「意図」を問うため、正解肢が返答の表現と大きく異なる場合、What does the man **imply**?（＊2）と聞かれます。

> ＊1 類似の設問としては、What will the woman probably do?（女性はどうするのか？）
> What does the woman suggest the man do?（女性は何をすべきと女性に提案しているか？）など。
> ＊2 類似の設問としては、What can be inferred about the man?（男性についてどんなことが推測できるか？）など。

　特に後者の「意図」を問う設問では、慣れていない方の多くがLast Speakerの発言の中で聞き取れた単語が入った選択肢を選びがちです。しかしそれでは見事に出題者が用意した落とし穴にはまります！　**正解肢はLast Speakerの発言とは音的にも単語的にも似ていません！！**　正解肢はLast Speakerの発言内容を別の表現に言い換えたものが多いからです。次の会話例を見てください。

M（男性）：授業終わったら、一緒に映画を観に行かない？
　　　　　（Can you go to the movies with me after class?）

W（女性）：明日、会計学のテストがあるの。
　　　　　（I have an accounting exam tomorrow.）

Q（設問）：女性は何を示唆しているのか？
　　　　　（What does the woman imply?）

(A) She will go to the movies tomorrow.

(B) She wants to watch a movie alone.

(C) She won't be able to go to see a movie.

(D) She has to take an exam after class.

　Last Speaker の「明日、会計学のテストがあるの」からだけでは、「近い選択肢は(D)？」となってしまいます。正解するために、音声を聞きながら下図のようなステップを踏んでみてください。

音声	頭の中
男性：授業終わったら、一緒に映画を観に行かない？ （Can you go to a movie with me after class?）	**映画に誘っている！** **返答を予想すると…** 「うん、観に行く」（ポジティブ） 「いや、観に行かない」（ネガティブ）
女性：明日、会計学のテストがあるの。 （I have an accounting exam tomorrow.）	↓ 「テストがある」ということはネガティブ ↓ 「観に行かない」
設問：女性は何を示唆しているのか？	↓ 「観に行かない」に近い**選択肢**を探す

　正解は(C)「彼女は映画に行けない（= She won't be able to go to see a movie.）」です。この正解肢には、Last Speaker の発言にある「会計学（= accounting）」「テスト（= exam）」「明日（= tomorrow）」いずれも使われていません。

この例でわかるとおり、「意図」が問われる場合、正解肢に至るには、変化球的なLast Speakerの返答内容だけでなく、**First Speakerの発言（質問、依頼、誘い、意見、情報）がキー**になります。First Speakerの発言をしっかり聞き取って、**自分ならどう答えるか？**　とポジティブな返答内容とネガティブな返答内容を予想してみましょう。この例であれば「うん、行く（＋）」か「いや、行けない（－）」かを予想してみてください。頭の中でそこまで準備しておけば、Last Speakerの表現がどうあれ、その発言の意図（＝要は、行くのか行かないのか）が見えてくるでしょう。仮にLast Speakerの発言を細部まで聞き取れなくても、ポジティブ（＋）なのかネガティブ（－）なのか大まかに捉えれば、予想した2つの返答内容（ポジティブとネガティブ）のいずれかが判断でき、選択肢はかなり絞れます。

2.「会話全体の状況（場所など）を問う」タイプ

　もう1つのタイプ、「2. 会話全体の状況を問う」については、二人のいずれかあるいは両方に、状況や場所を決定づけるキーワードが入っています。例えば、会話中に"try it on"（それを試着する）という表現があれば、買い物をしている、あるいは衣料店にいる、といったことがわかり、これらが正解肢になります。

　　ここまで、2つの設問タイプについて説明しましたが、いずれの設問タイプにも柔軟に対応できるように、まずは、それぞれの基本的な作業ステップを把握しておくことが重要です。2つの設問タイプ、「Last Speakerの返答内容 or 意図を問う」と「会話全体の状況（場所など）を問う」の聞き取りの作業についてまとめると次のようになります。

⊙ 1-07 「聞き取っているときの頭の中の作業（Step）」

設問タイプ	聞き取っているときの頭の中の作業
1. Last Speakerの返答内容 or 意図	**Step 1** 　First Speakerの発言から、質問、依頼、お誘い、意見、情報の主旨をつかむ **Step 2** 　「自分ならどう答えるか？」ポジティブな返答とネガティブな返答を予想 **Step 3** 　Last Speakerの返答内容が、ポジティブかネガティブかをつかむ **Step 4** 　Step 2とStep 3で絞れた返答予想に一番近い選択肢を選ぶ
2. 会話全体の状況	場所や状況を特定するキーワードを拾う

Part A 問題の実践

では、前節で紹介した最も多いタイプ「1. Last Speaker の返答内容 or 意図を問う」の例題に取り組んでみましょう。ここでは、より具体的に3つのサブタイプ「①直球の‘mean’タイプ」「②変化球の‘imply’タイプ」「③コメントタイプ」に分けて見ていきます。

> 1-08「『Last Speaker の返答内容 or 意図を問う』タイプの特徴」

	①直球の‘mean’タイプ	②変化球の‘imply’タイプ	③コメントタイプ
正解の選択肢の特徴	Last Speaker の返答をそのまま言い換えた選択肢が正解	Last Speaker の返答の裏にある意図を表す選択肢が正解	Last Speaker のコメントを First Speaker が提供した情報・意見に沿って言い換えた選択肢が正解
聞き取る際の頭の中の作業ポイント	First Speaker の発言から**話題（トピック）をつかんでおく**	First Speaker の発言から**返答を予想しておく**	First Speaker から**提供された情報をつかんで**Last Speaker のコメント内容と**繋げる**

①直球の'mean'タイプ

　直球タイプでは、**Last Speakerの発言をしっかり聞き取り、それを言い換えた選択肢が正解**になります。

　ただし、First Speakerの発言で紹介されたトピックワード を繰り返す際、Last Speakerは指示語（it, that, the one など）を使うことが多いので、**First Speakerの発言でトピック（何が話題か？）はつかんでください**。さらに返答内容を予想することで、Last Speakerの発言内容が理解しやすくなります。

▌例題1　［申し出 ⇒ 受託／拒絶］

What does the man mean?

(A) Karen will lend him the notes on Monday.

(B) Karen will ask the professor for the notes.

(C) Karen will borrow the notes from him.

(D) Karen will give him a copy of her notes.

▌例題2　［問題 ⇒ 提案／拒絶］

What does the man mean?

(A) He also has difficulty choosing a new color.

(B) The woman should leave the wall as they are.

(C) The old bedroom needs to be fixed up.

(D) The woman can change the color to blue.

例題3　［意見 ⇒ 同意・提案／反論］

What does the man suggest the woman do?

(A) Inform the school about the problem of letting dogs loose.

(B) Take her dog to school security.

(C) Move to a better school dormitory.

(D) Use a leash on her dog while on campus.

例題4　［問題 ⇒ 提案／拒絶］

What does the woman mean?

(A) She wants to look at the man's tooth.

(B) The man's tooth should be pulled out.

(C) The man should take some medicine.

(D) The man should get his tooth checked.

②変化球の'imply'タイプ

　変化球的なLast Speakerの返答内容の意図をつかむため、直球タイプ以上に**First Speakerの発言内容が重要**になります。31ページに掲げた表のステップを踏んでください。最重要ポイントは、**First Speakerの投げかけに対するポジティブな返答とネガティブな返答を予想しておくこと**です。

　実際のLast Speakerの返答はFirst Speakerの投げかけに対して予想外の表現（変化球的）になるため、聞き取りづらい場合もあります。Last Speakerの表現ぶりに惑わされず、予想した返答をもとにして、結局のところ**返答は「ポジティブか？　ネガティブか？」を判断**することを第一の目標にしてください。

　また①の直球タイプと異なり、正解肢は実際の返答とは見かけ上異なる点に注意してください。

例題5 ［質問 ⇒ 回答］

What does the woman imply?

(A) She has seen the fire.

(B) She had no time for watching the news.

(C) She has almost finished her project.

(D) The news on the fire was made up by the man.

例題6 ［依頼 ⇒ 受託／拒絶］

What does the man imply?

(A) He's willing to eat the chicken cold.

(B) He will warm up the food himself.

(C) He's going to ask for new chicken.

(D) He will put the chicken in the fridge.

例題7 ［意見 ⇒ 同意／反論］

What does the woman imply?

(A) The cinema needs improvement.

(B) The price change is reasonable.

(C) The price of tickets is not high.

(D) The tickets are available online.

　最後に、First Speakerが情報提供するタイプの設問に取り組んでみましょう。Last Speakerの発言について問われる点は同じですが、Last Speakerの発言はFirst Speakerが提供した情報（例えば「最近Spencerは元気ないね」）に対するコメントなので「ポジティブか？　ネガティブか？」といった枠では捉えきれず、コメント内容を予想することは困難です。

　ニュートラルな姿勢で**First Speakerから提供された情報を頭にインプットしながら、Last Speakerのコメント内容と繋げて**みてください。また例題8は会話の後の設問に特徴があります（過去完了形を使っている）ので、注意して聞いてください。

例題8　［情報 ⇒ コメント］

What had the woman assumed about the man?
(A) He loves going to birthday parties.
(B) He would take her to the party.
(C) He had had other plans for the evening.
(D) He wasn't going to go to the party.

例題9　［情報 ⇒ コメント］

What does the woman mean?
(A) The class is already full.
(B) The professor is not too hard on students.
(C) The course is difficult.
(D) The registration is complex.

解答・解説

例題1　［申し出 ⇒ 受託／拒絶］

正解｜(D)

W: You can go over my notes from Professor Bernstein's Monday class.

M: Karen has promised to make a copy of hers.

Q: What does the man mean?

(A) Karen will lend him the notes on Monday.

(B) Karen will ask the professor for the notes.

(C) Karen will borrow the notes from him.

(D) Karen will give him a copy of her notes.

音声		頭の中
You can go over my notes... 私のノートを見直していいよ	主旨は？	「私のノート貸してあげる」 ↓
	返答予想	「ありがとう」［ポジティブ］ 「結構です」［ネガティブ］ ↓
Karen ... promised ... a copy... カレンがコピーを約束してくれた	ポジティブ？ ネガティブ？ （返答確認）	カレンから借りるから ［ネガティフ］ ↓
What does the man mean?	近いのは？	**直球** (A) or (D) ↓ 月曜日（Monday）は、借りる 日ではなく授業の日だから **(D)**

女性：バーンスタイン教授の月曜の講義のノート貸してあげようか。

男性：カレンがノートのコピーを約束してくれているんだ。

設問：男性の発言はどういう意味か？

(A) カレンは月曜日に彼にノートを貸す予定だ。

(B) カレンは教授にノートをお願いする予定だ。

(C) カレンは彼からノートを借りる予定だ。

(D) カレンは彼に自分のノートのコピーを渡す予定だ。

go over...	動 …を見直す、復習する

例題2　[問題 ⇒ 提案／拒絶]

 正解｜(B)

W: I'm having such a difficult time picking a new color for my bedroom walls.

M: Have you considered keeping the old one? It's a very nice shade of blue.

Q: What does the man mean?

(A) He also has difficulty choosing a new color.

(B) The woman should leave the wall as they are.

(C) The old bedroom needs to be fixed up.

(D) The woman can change the color to blue.

音声	頭の中	
a difficult time picking a new color ... my bedroom walls ベッドルームの壁紙の色を選ぶのが 大変！	主旨は？ 返答予想	「壁紙の色選びが大変」 ↓ 「〇色にすれば！」[提案] 「知らん！」[拒絶] ↓
Have you considered keeping ... old...? 古いのをキープすること考えた？	ポジティブ？ ネガティブ？ （返答確認）	「古いままにしたら」だから 提案[ポジティブ]！ ↓
What does the man mean?	近いのは？	**直球** 提案「古いままにしたら」 **(B)**

　現在完了形の疑問文Have you done...（…してみた？）は**提案**を表す言い方の一つです（参照 提案を表す他の言い方については54ページ「提案のフレーズ」）。

[訳]

女性：私の寝室の壁の新しい色を選ぶのに苦労しているの。

男性：もとの色のままにしておくのはどう？　とてもよい青の色調だよ。

設問：男性の発言は何を意味しているか？

(A) 男性も新しい色を選ぶのに苦労している。

(B) 女性はその壁をそのままにしておくべきだ。

(C) その古い寝室は修繕の必要がある。

(D) 女性は色を青に変えてもよい。

覚えておきたい　単語・フレーズ

have a difficult time doing
　= have difficulty doing　　…するのに苦労する
　= have trouble doing

例題 3 ［意見 ⇒ 同意・提案／反論］

正解｜(A)

W: You know, I really wish dormitory students wouldn't let their dogs run around campus without leashes.

M: Why don't you take it up with school security?

Q: What does the man suggest the woman do?

(A) Inform the school about the problem of letting dogs loose.

(B) Take her dog to school security.

(C) Move to a better school dormitory.

(D) Use a leash on her dog while on campus.

音声		頭の中
wish ... students ... not ... let ... dogs run... 学生が犬を走り回らせるのを許したくない！	主旨は？ 返答予想	「犬の放し飼い反対！」 ↓ 「私も反対！」［ポジティブ］ 「反対ではない」［ネガティブ］ ↓
Why don't you take it ... school security? 守衛さんに…すれば	ポジティブ？ ネガティブ？ 返答確認	何らかの提案だから ポジティブ？ ↓ 放し飼いについて守衛さんに… (?)
What does the man suggest the woman do?	近いのは？	**直球（提案内容）** + 女性の犬（= her dog）の言及なし **(A)**

　First Speaker（女性）の発言にある、"**I wish...**" は仮定法（…であればいいのに）です。続く後ろの "**let O do**" は使役（O に…することを許す）の用法です。使役は聞き取りにくいかもしれませんが、多用されるのでぜひ慣れてください（参照 次ページ「使役動詞」）。

　Last Speaker（男性）の **Why don't you...?**（どうして…しないの？＝…してみたら？）も頻繁に使われる提案の言い方です。

　提案内容は take it up with school security なので、これを言い換えた選択肢が正解ですが、例題1や2と比べると見慣れないフレーズである点が厄介です。しかし、このフレーズの意味がわからなくても正解肢にはたどり着けます。

　まず、it は女性の話（＝寮生が犬を放し飼いにしていること）を指しそうです。次に選択肢を見ながら検討すると、her dog（女性の犬）について会話では触れていないので、(B)や(D)は正しくないでしょう。また提案内容中に dormitory（寮）は出てこないので、(C)も正しくないでしょう。消去法と指示語 it の内容から (A)に絞ることができます。

〉1-09「使役動詞」

使役動詞

1. S **make** O **do** ＝ S force O to do（S は O に強制的に…させる）
   My parents made me help with household chores.
   （両親は私に家事を手伝わせた）

2. S **have** O **do** ＝ S get O to do（S は O に…させる／してもらう）
   I'll have her show you around.　　　　　（参照 42 ページ：例題4）
   （彼女に案内させます）

3. S **let** O **do** ＝ S allow O to do（S は O が…するのを許可する）
   My mom won't let me go to the party.
   （お母さんは私がパーティーに行くのを許さないだろう）

　いずれも「**O が do する**」（「私が手伝う」「彼女が案内する」「私が行く」）点は共通で、この「**誰が do したのか**」をつかむことが最も重要です。

訳

女性：あのね、寮生がキャンパス周辺で犬を放し飼いにしないでくれたらなって本当に思うの。

男性：守衛部署にその話を上げて相談してみたら？

設問：男性は女性にどうすべきだと提案しているか？

(A) 犬を放し飼いしている問題について学校側に知らせる。

(B) 女性の犬を守衛部署に連れていく。

(C) もっと良い寮に引っ越す。

(D) キャンパス内では女性の犬に紐をつける。

take ... up with 人	人（上司／責任者）に…の話を上げて相談する

例題4 ［問題 ⇒ 提案／拒絶］

正解｜(D) 🔊14

M: My tooth has been aching terribly for a few days now.

W: You'd better have that looked at as soon as you can.

Q: What does the woman mean?

(A) She wants to look at the man's tooth.

(B) The man's tooth should be pulled out.

(C) The man should take some medicine.

(D) The man should get his tooth checked.

音声	頭の中	
My tooth ... aching... 歯が痛む	主旨は？ 返答予想	「歯が痛む」 ↓ 「歯医者に行ったら？」「薬飲んだら？」 ［ポジティブ］ 「自業自得でしょ」 ［ネガティブ］ ↓
You ... better ... looked at... …したほうがいい	ポジティブ？ ネガティブ？ 返答確認	何らかの提案だから ［ポジティブ］ ↓ 「歯医者に行ったら？」「薬飲んだら？」
What does the woman mean?	近いのは？	**直球** ポジティブ提案だから (B) (C) (D) "look at" に近いのは "check" がある **(D)**

　Last Speaker（女性）の You'd better... (= You had better... したほうがよい) も提案の言い方です。

　提案内容は have that tooth looked at です。**"have モノ 過去分詞"**〔（プロの人に有料で）モノを…してもらう〕という頻出表現で、「その歯を歯医者に診てもらう」の意味です。get 同様、have の用法もたくさんありますが、この用法ともう1つ、例題3で紹介した使役用法がリスニングでも頻繁に使われます。この2つの用法では**「誰が何をしたのか」をつかめるように**してください（参照 44ページ「have の用法」）。

have の用法

● 「（プロの人に有料で）モノを…してもらう」

have モノ 過去分詞 = get モノ 過去分詞

    (a) She **got** her car **fixed**. （車を修理してもらった）

    (b) I **had** it **taken** care of. （それはもうやってもらった）

いずれもプロの人にしてもらったのであって、主語（= **She/I**）が自分で **fix**（修理した）/ **take care of**（やった）わけではないことに注意してください。

● 「ヒトに…させる」〔使役〕

have ヒト do〔原形〕= get ヒト to do〔不定詞〕

    (c) I'll **have** him **call** you back. （彼にかけ直させます）

    (d) I **got** John **to take** a look at my PC. （ジョンに PC の不具合を調べさせた）

主語（= I）が <u>**call**</u>（電話する）/ <u>**take a look at**</u>（調べた）わけではなく、直前の **him/John** が<u>する／した</u>ことに注意してください。

訳

男性：ここ数日歯がひどく痛むんだ。

女性：できるだけ早く歯医者に診てもらったほうがいいよ。

設問：女性の発言は何を意味しているか？

(A) 男性の歯を診てあげたい。

(B) 男性は歯を抜いてもらったほうがよい。

(C) 男性は薬を飲んだほうがよい。

(D) 男性は歯を診てもらったほうがよい。

例題5　［質問 ⇒ 回答］

 正解 (B)

M: Have you seen the news on the fire downtown?

W: Are you kidding? I'm trying to finish this project.

Q: What does the woman imply?

(A) She has seen the fire.

(B) She had no time for watching the news.

(C) She has almost finished her project.

(D) The news on the fire was made up by the man.

音声	頭の中	
Have you seen the news on the fire...? 火事のニュース見た？	主旨は？	「火事のニュース見た？」 ↓
	返答予想	「見た」［ポジティブ］ 「見てない」［ネガティブ］ ↓
Are you kidding? 冗談でしょ！	ポジティブ？ ネガティブ？	相手の前言を否定［ネガティブ］
...trying to finish this project このプロジェクトを終わらせようと	返答確認	「プロジェクトで忙しい」 ↓ 「プロジェクトで忙しくて、 ニュースは見ていない」
What does the woman imply?	近いのは？	変化球 (B)

　Last Speaker（女性）は、最初に **Are you kidding?（= You must be kidding. 冗談でしょ！?）** と答えています。**相手の発言を否定するネガティブ反応の決まり文句**です。これだけで「見ていない」ということがわかります。

男性：繁華街であった火事のニュース見た？

女性：冗談でしょ!?　この研究課題を終わらせるので今手一杯なの。

設問：女性は何を示唆しているか？

(A) 彼女は火事を目撃した。

(B) 彼女はそのニュースを見る時間はなかった。

(C) 彼女はその研究課題をもうすぐ終えるところだ。

(D) 火事のニュースは男性のでっち上げだった。

覚えておきたい　単語・フレーズ

Are you kidding?
　　= You must be kidding.

冗談でしょ！

例題6　［依頼 ⇒ 受託／拒絶］

正解｜(C)

W: Oh, this chicken was delivered cold! Could you call the restaurant for a replacement?

M: I have their number right here, on the fridge.

Q: What does the man imply?

(A) He's willing to eat the chicken cold.

(B) He will warm up the food himself.

(C) He's going to ask for new chicken.

(D) He will put the chicken in the fridge.

音声	頭の中	
Could you call the restaurant...? レストランに電話していただけない？	主旨は？	「レストランに電話して！」 ↓
	返答予想	「了解。電話する」［ポジティブ］ 「電話したくない」［ネガティブ］ ↓
I have their number... 番号を持っている	ポジティブ？ ネガティブ？	（電話）番号はわかる ［ポジティブ］ ↓
	返答確認	「了解。電話する」
What does the man imply?	近いのは？	**変化球** (C)

　電話番号はphone numberですが、単にnumberとも言えます（What's your number?「**君の電話番号**は？」）。また郵便番号はzip codeあるいはpostal codeです。

訳

女性：ちょっと、この配達されたチキン冷めきっている。取り替えてもらうようレストランに電話していただけない？

男性：レストランの電話番号は僕わかるよ。ちょうどここ、冷蔵庫の上に貼ってある。

設問：男性は何を示唆しているか？

(A) そのチキンを冷めたまま食べるつもりだ。

(B) 自分でその料理を温めるつもりだ。

(C) 新しいチキンを配達してもらうようお願いするつもりだ。

(D) そのチキンを冷蔵庫に入れるつもりだ。

例題7　［意見 ⇒ 同意／反論］

M: Ticket prices have gone up twice this year at this cinema. I really don't think we should have to pay so much to see movies.

W: But we get a much wider variety here, don't we?

Q: What does the woman imply?

(A) The cinema needs improvement.

(B) The price change is reasonable.

(C) The price of tickets is not high.

(D) The tickets are available online.

音声		頭の中	
Ticket prices have gone up... チケット代が上がった I really don't think we should have to pay so much... そんなに払う必要はない	主旨は？	「値上がり分の価値がない」［意見］ ↓	
	返答予想	「そのとおり」［同意］ 「そんなことはない」［反論］ ↓	
But we get... だけど	ポジティブ？ ネガティブ？	「だけど…」の後ろは反論 ↓	
	返答確認	「そんなことはない。 値上がり分の価値はある」	
What does the woman imply?	近いのは？	**変化球** **(B)**	

　選択肢 (C)「チケットの値段は高くない」も (B) に近い内容を表します。ただし First Speaker が冒頭で言及した値上がりに対して、Last Speaker は a much wider variety（種類がずっと豊富）になって値上げに見合う、という趣旨なので、(B) の方が適切です。

訳

男性：この映画館、今年チケットの値段が2倍に上がったよね。映画を観るのに
　　　こんなに払う必要はないと思う。

女性：でも前よりずっと多くの種類の映画を観られるじゃない。

設問：女性は何を示唆しているか？

(A) その映画館は改良の必要がある。

(B) 価格改定は合理的だ。

(C) チケットの値段は高くはない。

(D) チケットはネットで手に入る。

例題8　［情報 ⇒ コメント］

正解｜(D)

M: I had a great time at the birthday party last Saturday.

W: Oh, so you decided to go after all.

Q: What had the woman assumed about the man?

(A) He loves going to birthday parties.

(B) He would take her to the party.

(C) He had had other plans for the evening.

(D) He wasn't going to go to the party.

音声	頭の中	
I had a great time ... the birthday party... 誕生日会は楽しかった	主旨は？ 返答予想	「誕生日会楽しかった」 ↓ ？ ↓
<u>Oh</u>, so you decided to go <u>after all</u>. あら、ということは、<u>結局行くこと</u>に したのね	ポジティブ？ ネガティブ？ 返答確認	行ったことに<u>驚いている</u> 驚いているということは 「行かない」と思っていた
What had the woman assumed...?	近いのは？	**(D)**

　この例題は設問の尋ね方に特徴があります。What <u>had</u> the woman <u>assumed</u> about the man?（女性は男性についてどう思っていたか？）と**過去完了形を使って、この会話以前に女性が思い込んでいた内容を尋ねています。**

　設問が過去完了形だという特徴に加え、このタイプの設問ではLast Speakerの発言に**驚きの表現**が入ることが多いです。ここでは 'Oh' や 'after all' です。驚いているので、「そうは思っていなかった」ことがわかります。このタイプは簡単に言えば、**Last Speakerの発言の逆の意味になる選択肢が正解**、となります。

訳
男性：先週土曜の誕生会は楽しかった。
女性：あら、ということは結局行くことにしたのね。
設問：女性は男性についてどう思っていたのか？
(A) 彼は誕生日会に行くのが大好きだ。
(B) 彼は彼女をその誕生日会に連れていくつもりだった。
(C) 彼はその晩は別の用事があった。
(D) 彼はその誕生日会に行くつもりがなかった。

例題9　[情報 ⇒ コメント]

M: I signed up for Professor Cho's Economics 101 class because I heard it was a piece of cake.

W: If you had talked to me before you registered, I would have told you otherwise.

Q: What does the woman mean?

(A) The class is already full.

(B) The professor is not too hard on students.

(C) The course is difficult.

(D) The registration is complex.

音声	頭の中	
I signed up for ... because I heard ... a piece of cake. 履修登録した。簡単だって聞いたから。	主旨は？ 返答予想	「簡単だって聞いて履修した」 ↓ ? ↓
If you had talked to me before ..., I ... told you otherwise.	ポジティブ？ ネガティブ？ 返答確認	前に話してくれていたら、 それとは違った風に話していた ［ネガティブ］ ↓ 簡単ではない
What does the woman mean?	近いのは？	(C)

前問同様、First Speakerが情報提供する場合は返答内容を予想するのが難しい点で、これまで見てきた質問（例題5）、依頼（例題6）、申し出（例題1）、意見（例題3、7）、問題（例題2、4）より厄介です。

　Last Speaker（女性）は、仮定法過去完了の用法を使って返答していますが、ポイントになるのは**'otherwise'**です。**前出内容を指してその内容を否定する副詞**（ **参照** 次ページ「副詞otherwise」）で、「それとは異なって」という意味になります。ここで「それ」が指す前出部分は"it was a piece of cake"（チョウ教授のクラスは楽勝だ）です。つまり、女性は「チョウ教授のクラスは楽勝ではない」と言っています。

　なお、Economics 101の"101"という3桁の番号（4桁の場合もある）は、クラスごとに付けられた番号です。最も大きい桁の数字（ここでは百の桁の1）が大きい程、レベルが高いクラスであることを表し、1の場合は主に1年生が受講、2の場合は主に2年生が受講…となります。

訳

男性：楽勝だって聞いたから、チョウ教授の経済学101のクラスを履修登録したんだ。

女性：登録する前に話してくれたら、そうではないと教えてあげたのに。

設問：女性の発言はどういう意味か？

(A) そのクラスはすでに定員に達している。

(B) その教授は学生に厳しくない。

(C) そのクラスは難しい。

(D) 登録方法は複雑だ。

覚えておきたい 単語・フレーズ

sign up for... = register for...	動	…を履修登録する
a piece of cake	名	楽勝、簡単

> 1-11「副詞otherwise」

副詞 otherwise

(a) さもなければ（= if not）

(b) それとは異なって（= in a different way）

(c) それ以外の点では（= in other respects）

(a) I'm not motivated by money. I would have quit **otherwise**.
　　（お金が動機ではない。もしお金が動機ならば、辞めていただろう）

(b) The government claims that the economy is improving, but this survey suggests **otherwise**.
　　（政府は経済が改善していると主張しているが、この調査はそれとは異なる結果を示している）

(c) He was tired but **otherwise** in good health.
　　（彼は疲れていたが、その他の点では健康だ）

提案「〜してみたら？」のフレーズ例

音源をマネして繰り返し発声して、覚えてしまいましょう！

1. **Why don't you** take a week off?
   （なんで1週間の休暇を取らないの？＝1週間の休暇を取ってみたら？）

2. **Why do you always have to** arrive at the last minute?
   （なんでいつもぎりぎりに到着するの？＝もっと余裕をもって到着するようにしたら？）

3. **What about** playing another game?
   （もう1試合やらない？）

4. You **should** fill up before you go.
   （出発する前にガソリンを満タンにしたほうがいい）

5. You**'d better** go to work on the car.
   （車で職場に行った方がいい）

6. **Maybe we can** grab a bite.
   （軽く食事を取ろう）

7. **If I were you, I would** have regular checkups.
   （私なら定期的に健康診断を受けるよ＝君も定期健康診断を受けた方がいいよ）

8. **Have you checked** a notice on the board?
   （掲示板のお知らせを確認した？＝掲示板のお知らせを確認したほうがいいよ）

9. **When will you learn** that you just can't count on her?

（いつになったら、彼女はあてにできないと学ぶの？＝いい加減、彼女
はあてにならないと学んだら！）

Part B 問題を解くための準備

① Warm-up
～冒頭で会話のテーマと状況をつかみ、話題の移り変わりについていく～

Warm-up 2.

　短めの会話を聞いてみましょう。次の3つのタスク達成が目的です。

　まず一度音声を聞いて、次にもう一度音声を聞きながら下線部に書き込んでみてください。なお、前節に掲げた「提案のフレーズ」（参照 54ページ）がいくつか使われますので、音声を聞く前に確認しておいてください。

タスク① 　会話前のナレーションから「会話主」と「テーマ」をつかむ

　　　　　　会話主：＿＿＿＿＿＿＿＿＿＿＿＿＿＿＿＿＿＿＿＿＿＿＿＿
　　　　　　テーマ：＿＿＿＿＿＿＿＿＿＿＿＿＿＿＿＿＿＿＿＿＿＿＿＿

タスク② 　会話冒頭部分から「状況」をつかむ

　　状況（＝現在の天気）：＿＿＿＿＿＿＿＿＿＿＿＿＿＿＿＿＿＿＿

タスク③ 　会話前半のトピックと後半のトピックをつかむ

　　　　　　前半のトピック：＿＿＿＿＿＿＿＿＿＿＿＿＿＿＿＿＿＿＿
　　　　　　後半のトピック：＿＿＿＿＿＿＿＿＿＿＿＿＿＿＿＿＿＿＿

Warm-upスクリプト

音声	頭の中
Narration: *Listen to* students *talk about* their plan.	誰と誰の会話？：学生同士 テーマ：何かの計画
W: If only this rain would stop.	状況：雨が降っている
M: It's really too bad. We were all looking forward to it so much.	楽しみにしていた "it" って？
W: Don't you think we'd better call and tell them the fruit picking is off?	トピック1 提案：計画中止の連絡 （"it" = 果物狩りの計画）
M: I think they all probably figured that out for themselves by now. But I suppose we should just in case.	同意 （念のため、みんなに連絡）
W: Maybe we could just play cards or something. Why don't we have everybody meet at the Student Center?	トピック2 代替計画提案1： 　学生会館でトランプ
M: I think we could just stay home for a change. I can't remember the last time we spent a quiet Sunday at home.	代替計画提案2： 　静かに家で過ごす
W: I guess you're right. I shouldn't leave that book report to the last minute, anyway.	提案2に同意 （家で過ごす）

タスク① 会話前のナレーションから「会話主」と「テーマ」をつかむ

会話主：学生同士

テーマ：何かの計画

タスク② 会話冒頭部分から「状況」をつかむ

状況（＝現在の天気）：雨

仮定法「雨がやんでくれればなあ」＝**現実**「雨が降っている」

タスク③ 会話前半のトピックと後半のトピックをつかむ

前半のトピック：果物狩りの計画中止の連絡

後半のトピック：代替計画案

覚えておきたい 単語・フレーズ

If only S would do... = I wish S would do...	Sが…してくれればなあ（仮定法）
figure ... out	動 （自分で考えて）…についてわかる ／理解する
just in case	副 万一に備えて
for a change	副 たまには、気分転換に
to the last minute	副 ぎりぎりまで

訳

ナレーション：学生同士が計画について議論しているのを聞きなさい。

女性：雨がやんでくれればなあ。

男性：ほんとに残念だよ。みんなすごく楽しみにしていたのに。

女性：果物狩りの中止についてみんなに電話して伝えたほうがいいかな？

男性：たぶんもうすでにみんな中止だってわかっていると思うけど、念のため連

　絡しておいた方がいいと思う。

女性：トランプとかどうかな？　学生会館にみんな集まってもらおうよ！

男性：たまには家で過ごそうよ。最後に家で静かな日曜を過ごしたのはいつのこ
　　　とだったか思い出せないくらいだ。

女性：そうね。ぎりぎりまで課題の本の要約レポートを手付かずにしとくのは嫌
　　　だし。

② Part B 聞き取りのポイント

● 会話前に流れるナレーションと会話の冒頭部分で、「**誰と誰の会話か?**」「**どんなシチュエーションか?**」「**会話のテーマは何か?**」をつかむ。

● 複数の話題が展開するので、話題の転換点に注意しながら**展開を追っていく**。

● 会話の最後で触れた**次の展開への導入**について問われることもある。これについてはそれまでの会話内容がわからなくても解答可能なため（たとえ途中で展開を見失っても）最後まで集中力を保つ。

\\第4節//
Part B問題の実践

「聞き取りのポイント」を確認して、Part Bの例題に取り組んでみましょう。解答・解説を確認して会話の展開を頭に入れた後は、設問で問われた箇所がしっかり聞き取れるまで、何度でも会話を聞き直してください。

例題10 (Questions 1–4)

1.

What does the man want to talk to the woman about?

(A) The establishment of a new coeducational school.

(B) The dean's message about a new academic program.

(C) The graduation ceremony next year.

(D) The change in policy on student accommodation.

2.

According to the man, why should the speakers fill out the application form soon?

(A) It might take some time to complete.

(B) Earlier applicants will be given preference.

(C) They have to work to a very tight deadline.

(D) Neither of them is an organized person.

3.

What does the man suggest housemates often fight about?

(A) Washing the dishes.

(B) Playing loud music.

(C) Cleaning the bathroom.

(D) Paying rent on time.

4.

What are the speakers going to do next?

(A) Pay rent to their landlord.

(B) Visit an apartment block.

(C) Ask friends about their plans.

(D) Do some online research.

音声	頭の中
Narration: Questions 1 through 4. *Listen to a conversation between two students about a dean's announcement.*	誰と誰の会話？：二人の学生 テーマ：学部長の告知
M: Hey, Annie—did you see the dean's message about student housing?	トピック1：学生寮についての告知（どんな内容？）
W: Oh, hi Carl. What? No, I haven't seen anything. I've been studying in the library.	見てない
M: Well, it's good news: <u>the college is introducing mixed-sex accommodation for graduate students next year.</u> ▶ 設問1：選択肢(D)	男女共用の寮ができる
W: Wow! So we can finally share a place. I thought they'd never change the system.	同じ寮に住める
M: Er, it's not quite as simple as that. Half of the graduate houses will still be single-sex. But we can apply to live in one of the mixed ones.	簡単な話ではない だけど、申し込みはできる
W: It's a step in the right direction, at least. So how do we apply, then?	トピック2：学生寮入寮の応募方法（どんな方法？）

M: There's a form attached to the message from the dean. <u>It looks a bit complicated actually</u>, so we should fill it in as soon as we can. There are eight pages and some really confusing questions.

複雑だから早めに

> 設問2：選択肢(A)

W: When's the deadline?

|締め切りは？|

M: The end of April, but you have to submit a lot of additional documents like bank statements and academic records.

4月末

W: It'll be worth it, though. We're going to make brilliant housemates!

|トピック3|：良い寮友になれる

M: I hope so, but we should be realistic. We might annoy one another. When people live together, <u>they fall out over stupid stuff like dirty plates in the sink</u>.

イラつくこともあるかも
流しに置きっぱなしのお皿

> 設問3：選択肢(A)

W: Oh come on, you know how tidy and quiet I am.

私はきれい好き

M: Don't get me wrong, I think it's going to be great. And <u>anyway</u>, it won't only be the two of us. There are six rooms to rent in each building.

|トピック4|：自分たち二人以外の入寮者（どんな人？）

W: Do you know anyone else who wants to live in a mixed-sex house?

|希望者は？|

M: A couple of people. <u>Let's ask around this afternoon</u>. I'd rather share with people we know and trust than with strangers.

何人か。午後に話してみよう

> 設問4：選択肢(C)

1.

Q: What does the man want to talk to the woman about?

(A) The establishment of a new coeducational school.

(B) The dean's message about a new academic program.

(C) The graduation ceremony next year.

(D) The change in policy on student accommodation.

　ナレーションから、「**two students（学生同士）**」の会話で「**dean（学部長）の告知**」がテーマだとわかります。さらに会話の冒頭部分から、その告知が「**student housing（学生の住まい）**」についてで、女性が**Annie**、男性が**Carl**だとわかります。欧米人は日本人以上に、話かける際に相手の名前を呼ぶ習慣があります。少なくとも、二人の会話主の名前なのか、別の第三者の名前なのかは区別できるように、**名前を頭に刻むクセをつけて**ください。

　冒頭部分を聞いてstudent housingについての告知内容は？　と頭の中で準備しながら待つと、the college is introducing mixed-sex accommodation for graduate students next year（来年、大学院生に男女共用の寮を開設する）と男性（Carl）が言っているので、(D)が正解です。

2.

Q: According to the man, why should the speakers fill out the application form soon?

(A) It might take some time to complete.

(B) Earlier applicants will be given preference.

(C) They have to work to a very tight deadline.

(D) Neither of them is an organized person.

　　話題を変える際に使う**サインの一つが疑問文**です。女性（Annie）が So <u>how</u> do we apply, then?（それでどうやって申し込むの？）と尋ね、話題は申請方法に移ります。application form（申請書）について、男性（Carl）は<u>It looks a bit complicated actually,</u> so we should fill it in as soon as we can（少し複雑に見えるので、できるだけ早く記入したほうがよい）と述べています。つまり複雑で記入に時間がかかる、ということですから、(A) が正解です。

3.

正解 | (A)

Q: What does the man suggest housemates often fight about?
(A) Washing the dishes.
(B) Playing loud music.
(C) Cleaning the bathroom.
(D) Paying rent on time.

　　女性（Annie）の発言We're going to make brilliant housemates!（私たち、すばらしい寮友になれるわ！）から、さらに話題は同じ寮に住む場合の二人の関係に移ります。男性（Carl）はWe might annoy one another. When people live together, <u>they fall out over stupid stuff like dirty plates in the sink</u>.（お互いにイラつくこともあるかもしれない。一緒に住むと、片付けていない流しのお皿とかつまらないことで'fall out'したりね）と述べています。fall outは聞きなれないフレーズかもしれませんが、前段のannoy（イライラさせる）の事例として、dirty plates in the sinkを挙げていることをつかめれば問題ありません。このことを言い換えた(A)が正解です。

4.

正解 (C)

Q: What are the speakers going to do next?

(A) Pay rent to their landlord.

(B) Visit an apartment block.

(C) Ask friends about their plans.

(D) Do some online research.

　男性（Carl）の発言 And anyway, it won't only be the two of us.（それはともかく、僕たち二人だけではない）から、他の寮生候補へ話題が移ります。**anyway（それはともかく）も**文字通り**話題転換のサイン**です。さらに会話の末尾で、他の寮生候補を探す次の展開への導入を述べています。女性の Do you know anyone else who wants to live in a mixed-sex house?（他に誰か男女共用寮に入寮したい人知っている？）という質問に対し、男性は A couple of people. <u>Let's ask around this afternoon.</u>（何人かはね。午後に尋ねて回ろうよ）と提案しています。したがって、(C) が正解です。

訳

ナレーション：設問1-4.
　　　　　　　　学部長の告知についての二人の学生の会話を聞きなさい。

男性：こんにちは、アニー。学生寮についての学部長の告知を見た？

女性：あら、こんにちは、カール。何のこと？　まだ何も見ていない。今まで図書館にいたから。

男性：それがね、いい知らせなんだ。来年大学院生に男女共用の寮を開設するようなんだ。

女性：やった！　ということは、ついに同じ場所に住めるね。大学側は制度を変えるつもりはないんじゃないかと思ってた。

男性：うん、まぁ… ただそんな単純な話でもないんだ。院生の寮の半分は男女別の寮のままだから。だけど男女共用の寮の1つに申し込みはできる。

女性：少なくとも、正しい方向への第一歩じゃない。それでどうやって申し込め

ばいいの？

男性：学部長からのメッセージに添付された様式があるのだけど、ちょっと複雑そうだから、なるべく早く記入した方がよさそうだ。8ページあって、面倒そうな質問もいくつかある。

女性：締め切りはいつ？

男性：4月末だけど、銀行口座残高証明書とか成績証明書とか添付書類もいろいろつけて提出する必要がある。

女性：だけど、やるだけの価値はあると思う。私たちきっとすばらしい寮友になれるわ！

男性：そうなることを望むけど、現実もちゃんと見るべきだと思う。お互いに対してイラつくこともあるかもしれない。一緒に住むと、片付けていない流しのお皿とかつまらないことで言い争うものだよ。

女性：ちょっと待ってよ、私はちゃんと整理整頓するしうるさくないことは知ってるでしょ。

男性：誤解しないでね。うまくいくと僕も思っている。それはともかく、僕たち二人だけではなくて。各棟6室ずつ貸し出すんだ。

女性：他に誰か男女共用の寮に住みたい人がいるか知ってる？

男性：何人かはね。今日の午後、聞いて回ってみようよ。知らない人より知っていて信用できる人と一緒に住みたいからね。

1.
設問：男性が女性に話しかけたのは何について話したかったのか？
(A) 新しい男女共学校の設立
(B) 新しい大学プログラムについての学部長のメッセージ
(C) 来年の卒業式
(D) 学生寮についての方針変更

2.
設問：男性によると、なぜ二人は申請書をすぐに記入したほうがよいか？
(A) 記入を終えるのに時間がかかるかもしれない。
(B) 早く申し込んだ者に優先権が与えられる。
(C) 締め切りが近い中で作業しなければならない。
(D) 二人とも計画的に作業を進めるタイプの人ではない。

3.

設問：同居人はしばしば何について口論になると男性は述べているか？

(A) 皿洗い

(B) 大音量で演奏すること

(C) トイレ掃除

(D) 寮費を期日どおりに支払うこと

4.

設問：二人は次に何をするのか？

(A) 寮主に寮費を支払う。

(B) 寮棟を訪問する。

(C) 友人の意向を尋ねる。

(D) オンライン調査をする。

覚えておきたい 単語・フレーズ

dean	名 学部長
accommodation	名 宿泊施設
graduate student	名 大学院生 cf. undergraduate（学部生）
form	名 様式
fill … in	動 …に記入する（= fill … out）
tidy	形 整理整頓できる、きれい好きな（= neat）
I'd rather do … than~	~するよりも…したい

第5節

Part C問題を解くための準備

① Warm-up

〜頭の中にドットを打ちながら、特徴を刻んでいく〜

Warm-up 3.

　やや長めの文を2セット聞き取ってみましょう。まず、(a)の内容に目を通してから1つ目の音声を聞いてください。次に、(b)の内容に目を通してから2つ目の音声を聞いてください。

(a) 頭の中でドットを打つ

　ここでは、あるサインワードが出てきます。**"two（＝2つ）"**です。このワードを聞いたら、**頭の中に2つドット（・）を打って**ください。さらにそれぞれのドットの後ろに、**その2つは「何」で、どんな「違い」があるのか、頭の中で箇条書きしてみて**ください。では音声を聞いてください。

(b) 重要な情報を取る

　(a)の続きの文を聞き取ります。ここでは、(a)の2つのうちの、1つ目の詳細が紹介されます。どんな「**特徴**」なのか、さらに「**因果関係**」も出てきますので、**この2点を頭に刻むことを目的**として、音声を聞いてください。

Our next stop here in Amherst will be the Emily Dickinson Museum. The property houses **two** buildings: the "Homestead," where Dickinson spent almost her whole life and the "Evergreens," which was built **later** for her brother and his family.

~~~ 頭の中… ~~~

・Homestead : Dickinson spent in
・Evergreens : later, her brother and his family lived in

（a）の解説

　"two" を聞いて、1つ目（= Homestead）は直後に紹介されます。2つ目（= Evergreens）も続けてすぐに紹介される場合もあれば、しばらく1つ目の説明が続いたあとに紹介されることもあります。大事な点は、**頭の中に2つドットを打っておいて、2つ目を待ち構える**姿勢です。

　2つは**共通点もあれば、相違点もあるはず**です。共通点はいずれも the Emily Dickinson Museum にある建物であること、相違点は**建築時期（比較級 later）と誰が**住んでいたかです。

（a）の訳

　ここ Amherst で私たちが次に立ち寄るのは、Emily Dickinson 博物館です。この敷地には建物が2つあります。1つが Homestead で、Dickinson がほぼ一生涯を通じて過ごした場所になります。もう1つが Evergreens で、後になってから彼女の兄とその家族のために建てられました。

（b）の Warm-up スクリプト

The Homestead is generally considered to be the **first** brick house of Amherst and was built in Federal style, a then-fashionable interpretation of ancient

Roman architecture. **Due to** financial difficulties the family had at one point, the house was sold, but, after fifteen years, it was repurchased.

～～ 頭の中… ～～

・Homestead
☑ the first brick house
☑ "Federal style" = ancient Roman architecture
☑ Financial difficulties → sold → repurchased

(b) の解説

1つ目の **Homestead** の詳細な説明です。最初に言及した特徴は the **first** brick house（**最初の**レンガ造りの家屋）であることです。さらにそれが "Federal style" と紹介されています。その様式の説明は直後の a then-fashionable interpretation of **ancient Roman architecture**（当時流行っていた、**古代ローマ建築**の技法を取り入れた建築様式）です。

> 1-13「専門用語の前後にある説明部分を聞き取ろう！」

専門用語の前後にある説明部分を聞き取ろう！

専門用語の前後には、わかりやすい説明があります。専門用語のうしろにそのまま説明を続ける場合（①）以外に、**known as** をつけたり（②）、「説明 **called** 専門用語」とする場合（③）があります。

① a genome, the complete set of genetic information in an organism
　 [**名詞の同格**]（ゲノム、すなわち、ある生物の中の全ての遺伝情報）
② Sodium chloride, **known as** salt
　 （塩化ナトリウム、塩として知られる）
③ heavenly bodies that fell on the Earth's surface, **called** meteorites
　 （地上に落下した天体、隕石と呼ばれる）

次に因果関係が説明されます。原因を表す**Due to**（〜が原因で）を使って、financial difficulties（財政難）が原因で、いったんsold（売却）されたがrepurchased（買い戻された）ことが説明されています。

　HomesteadはAmherstで最初のレンガ造りの家だと一般にみなされ、連邦様式と呼ばれる当時流行していた古代ローマ建築の技法を取り入れた様式で建てられました。一時、一家が陥った財政難のためこの家は売却されましたが、15年後に買い戻されました。

② Part C 聞き取りのポイント

● トーク前に流れるナレーションとトークの冒頭部分で、「**話し手は誰か?**」「**トークのテーマは何か?**」をつかむ。

● 常に**主語**（「**何が?**」）を頭にインプットしながら聞く。特に主語が指示語（**it/they** など）の場合、直前で話したメイントピックを指すことが多いので、「同じ話題がまだ続いている」と思いながら聞く。

● 頭の中でドットを打ちながら、**特徴（共通点、相違点、長所、短所）や因果関係**を刻んでいく。因果関係や対照関係の説明では論理マーカーが使われることが多いので「**論理マーカー**を聞き取ったら意識集中」という気持ちで聞く（**参照** 80ページ「議論の方向を変える『論理マーカー』」）。特に相違点を表す「**比較級**」は「何と何を比べて、どう異なるのか」しっかり刻む。

● トークの最後で触れた次の**展開への導入（例えば次回の講義内容予告）**について問われることもあるため、（たとえ途中で展開を見失っても）最後まで集中力を保つ。

Part C 問題の実践

「聞き取りのポイント」を確認して、Part Cの例題に取り組んでみましょう。解答・解説を確認してトークの論理展開を頭に入れた後は、設問で問われた箇所がしっかり聞き取れるまで、何度でもトークを聞き直してください。

▌例題11（Questions 1–4）

1.

What is the purpose of the talk?

(A) To describe bald eagles and their behavior.

(B) To explain why some eagles are in danger.

(C) To compare different kinds of eagle.

(D) To encourage people to visit an eagle park.

2.

What is one reason the bald eagle was chosen as a national symbol?

(A) It was believed to live in only one country.

(B) It is sharp-eyed and watchful.

(C) It shared some habitats with vultures.

(D) It was bigger than any other bird in the United States.

3.

What characteristic of the eagle is crucial in the defense of its nest?

(A) Its speed.

(B) Its size.

(C) Its eyesight.

(D) Its intelligence.

4.

What aspects of bald eagles is not talked about?

(A) The primary prey that it consumes.

(B) Comparisons with other birds.

(C) Differences between males and females.

(D) Laws against hunting the animal.

音声	頭の中
	・ 主語を聞き取る
	・ 論理マーカー、強調表現、比較級 に意識集中

▶ 設問1：選択肢（A）

Narration: Questions 1 through 4.
Listen to a talk given by a park ranger.

As we proceed through the park, if we're lucky we'll be able to see one or two bald eagles. I'll tell you how to spot them and a little about their habits. This bird was chosen as a symbol of the United States because of its strength and form, as well as its preference to live at great heights and move freely. The founders of the country also thought the bird was indigenous only to America, although in fact it's found in Canada and Mexico as well.

The bald eagle is not "bald" in the sense of having a featherless head, as vultures do. Instead, it's white headed. Bald eagles mate for life, but, if one partner dies the other will seek out a new mate quickly. The bird primarily lives on fish, plucked from rivers with its strong talons, although it can also snatch up rabbits and other small creatures. With one of the sharpest eyesight of any living thing, up to 8 times better than any human, it can spot prey from miles away.

There are a few other interesting aspects to this bird. While the size and power of the eagle might cause one to think of "manliness," the female of the species is actually about

---

頭の中 欄

話し手は Park ranger

トピックは？

Bald eagle の見つけ方と習性

［象徴の理由（**because**）］
① 強さと形
② （**as well as**）高いところが好き／自由に移動
③ （**also**）建国者たちは Bald eagle はアメリカの固有種だと考えていた［→否定（**although**）］

▶ 設問2：選択肢（A）

［否定（**Instead**）］Bald eagle は頭部が白い
［否定（**but**）］一方が死ぬともう一方は新しい相手をすぐに探す
主に（**primarily**）魚を食べる

▶ 設問4：選択肢（A）

人間より視力が8倍優れている
（**sharpest** / **8 times better**）

興味深い点は？

メスはオスより25%大きい
（bigger）

25% bigger. ~~This~~ is important when a mated pair has to defend their nest against other eagles. In those cases, ~~it's the female~~ that will go out to do battle, the male simply being too small for it. And while its calm watchfulness makes it seem intelligent, ~~it is actually~~ inferior in that area to crows or parrots. Now, ~~we~~'re going to approach a place where bald eagles can often be spotted...

→巣を守るのに重要 (important)

戦うのはメス

［対比 (**while**)］知能面ではカラスやオウムに劣る (**inferior**)

設問3：選択肢 (B)

設問4：選択肢 (B)

設問4：選択肢 (C)

1.

正解｜(A)

Q: What is the purpose of the talk?

(A) To describe bald eagles and their behavior.

(B) To explain why some eagles are in danger.

(C) To compare different kinds of eagle.

(D) To encourage people to visit an eagle park.

　ナレーションから、話し手は「park ranger (国立公園管理人)」で、会話の冒頭部分 I'll tell you... から、話のテーマは「how to spot them (ハクトウワシの見つけ方) と a little about their habits (ハクトウワシの習性)」だとわかります。したがって、(A)が正解です。

2.

正解｜(A)

Q: What is one reason the bald eagle was chosen as a national symbol?

(A) It was believed to live in only one country.

(B) It is sharp-eyed and watchful.

(C) It shared some habitats with vultures.

(D) It was bigger than any other bird in the United States.

　「因果関係」についてです。設問内容の This bird was chosen as a symbol of the United States の後ろに **because of** を使って、その理由を説明しています。カンマの後ろに **as well as**（…と同様に）を使って別の理由を加えています。さらに続く後ろの文でも、**also** を使って、もう1つ別の理由も加えていることに注意してください（ 参照 also の重要性について：567ページ「リーディング Tip 3」）。聞きながら、頭の中に下記のように刻めるのが理想です。

………………………………………………………………………………………………

A symbol ⇐
- its strength and form
  （ハクトウワシの強さと外見）
- its preference to live at great heights and move freely
  （ハクトウワシが高地生息と自由に飛び回ることを好むこと）
- thought the bird was indigenous only to America
  （ハクトウワシがアメリカの固有種だと思われたこと）

………………………………………………………………………………………………

　よって3つ目の理由を言い換えた (A) が正解です。

3.

正解｜(B)　🔊 40 Listen!

Q: What characteristic of the eagle is crucial in the defense of its nest?

(A) Its speed.

(B) Its size.

(C) Its eyesight.

(D) Its intelligence.

　「比較級」the female of the species is actually about 25% bigger を聞いたら、**「何と何を比べてどう異なるのか」**を頭の中で整理してください。まず、the female

（メス）のほうがbigger（大きい）と述べています。何と比べているか（than以下）は明示していませんが、明らかにオスです（後段でthe male simply being too small for itと述べていることからもわかります）。続く文では文字どおり「重要な」**important**を使って、This is **important** when a mated pair has to defend their nest against other eagles.（このことは、つがいが巣を他のワシから守るときに重要だ）と述べています。This（このこと）とは、メスが（オスより）大きいことを指しますので、(B)が正解です。

4.

正解 | (D)

Q: What aspect of bald eagles is not talked about?
(A) The primary prey that it consumes.
(B) Comparisons with other birds.
(C) Differences between males and females.
(D) Laws against hunting the animal.

　聞くときに、頭の中でドットを打ちながら主な「特徴」を刻めたかがポイントです。

……………………………………………………………………………………

- ・(**Instead**) white headed
- ・(**but**) if one ... dies the other will seek out a new mate
- ・**primarily** lives on fish
- ・With one of the **sharpest** eyesight
- ・the female of the species is ... **bigger**
- ・**inferior** ... to crows or parrots

……………………………………………………………………………………

　それぞれ聞き手の注意を引く語句（太字）があります。Instead（そうではなく：前言を否定）、but（しかし）、primarily（主に）、sharpest（最上級）、bigger（比較級）、inferior（比較級）です。こうした論理マーカー（instead, but; 参照 80ページの表）や最上級・比較級・原級は特に注意して聞き取るようにしてください。(A)は3つ目のprimarily lives on fish（魚を主食とする）、(B)は6つ目の

inferior ... to crows or parrots（カラスやオウムよりも劣っている）、(C)は5つ目の the female of the species is ... bigger（メスの方が大きい）で説明されていますので、説明のない (D)が正解です。

議論の方向を変える「論理マーカー」 1-14「議論の方向を変える『論理マーカー』」

論理関係	品詞	主な論理マーカー
逆接 ・ 対照	副詞	however（しかし）／instead（そうではなく） conversely（それとは逆に）／nevertheless（それにもかかわらず） meanwhile, on the other hand（その一方） in contrast（対照的に）
	接続詞	but, yet（しかし…）／although, though（…だが） while, whereas（…の一方）
	前置詞	instead of..., rather than...（…ではなく） as opposed to...（…とは反対に）／unlike...（…とは違って）
因果	副詞	therefore, thus, hence（したがって） as a result（その結果）
	接続詞	because, as, since（…なので） so（したがって…）
	前置詞	due to...（…が原因で）／because of...（…が理由で） owing to...（…が理由で）／by virtue of...（…の結果）
追加	副詞	also, moreover, furthermore, besides, in addition（さらに加えて）／on top of that（それに加えて）
類似	副詞	similarly, likewise（同様に）
	接続詞	as（…であるように）
	前置詞	like（例えば…のような）
例示	副詞	for example, for instance（例えば）／in particular（特に） among others（中でも）
	前置詞	such as...（例えば…のような）

訳

ナレーション：設問1–4.
　　　　　　　国立公園管理人の話を聞きなさい。

　この公園の中を進んでいくと、運がよければ1–2羽のハクトウワシを目にすることができるでしょう。その見つけ方と彼らの習性について少しお話したいと思います。この鳥が合衆国の象徴に選ばれたのは、高地に生息し自由に飛び回ることを好むことに加え、その強さと外見的特徴が理由です。さらに、この国の建国者たちはこの鳥がアメリカ固有種だと思っていたことも理由ですが、実際にはカナダやメキシコにもみられます。

　ハクトウワシは（「禿げたワシ」という名で呼ばれますが）、ハゲワシのように羽のない頭部を持つという意味で「禿げて」いるわけではありません。そうではなく、頭部が白いのです。ハクトウワシは生涯を通じて同じつがいと過ごしますが、仮につがいの一方が死んだ場合、残された方は新たな相手をすぐに探し出します。主食は魚で、強い爪で川からつかみ取ります。ただしウサギや小動物をつかみとることもあります。人間の8倍近い、最も優れた視力を持つ動物の一つで、何マイルも離れた獲物を見つけることができます。

　他にもいくつか興味深い特徴があります。このワシの大きさと力は「男らしさ」を思わせますが、実際にはメスのほうが25％程度大きいのです。このことは、他のワシから自分たちの巣を守る際に重要です。そうした場合、巣の外へ出て実際に闘うのはメスで、オスは戦闘するには小さすぎるというわけです。また、冷静で用心深いことから知能が高いように思われますが、実際には知能面ではカラスやオウムに劣ります。さあ、ハクトウワシをよく見かける場所に近づいてきました…

1.
設問：この話の目的は何か？
(A) ハクトウワシとその行動を描写するため。
(B) 一部のワシが絶滅の危機に瀕している理由を説明するため。
(C) 異なる種類のワシを比較するため。
(D) ワシ保護公園への訪問を促進するため。

2.

設問：ハクトウワシが国の象徴に選ばれた理由の一つは何か？

(A) 一国にのみ生息すると信じられていた。

(B) 視力が優れ、用心深い。

(C) ハゲワシと生息地を共有していた。

(D) アメリカ最大の鳥であった。

3.

設問：巣を守る際にこのワシのどの特徴が重要か？

(A) 速さ。

(B) 大きさ。

(C) 視力。

(D) 知能。

4.

設問：ハクトウワシの特徴として説明されていないのは次のどれか？

(A) 食べる主な獲物。

(B) 他の鳥との比較。

(C) オスとメスの違い。

(D) この鳥の狩猟を禁じる法律。

覚えておきたい 単語・フレーズ

spot...	動 …を見つける
founder	名 建国者、設立者
indigenous to...	…に固有の（= native to...）
mate	動 つがいになる（≈ breed つがいになって繁殖する ≈ reproduce 繁殖する）
primarily	副 主に（= mainly = mostly = largely）
live on...	…を食べる（= live off... = prey on... = feed on... = consume...）
creature	名 動物
eyesight	名 視力

prey	名 獲物（⇔ predators 捕食者）
watchfulness	名 用心深さ
inferior to...	…より劣っている
	（⇔ superior to... …より優れている）
habitat	名 生息地

(▷) 1-15「Part C が苦手な方へ」

Part C が苦手な方へ

「短い文なら聞き取れるものもあるが、長くなると聞き取れなくなる」という方は、「リスニング力を伸ばすために…」（参照 469ページ）の「3. 意味の取り方 〜「語順」と「フレーズ」の感覚」に問題があるのかもしれません。

まずは、意味を取る上で最も重要な「主語」を聞き取ることだけに集中して、Part C の例題をもう一度聞いてみてください。じつは、主語を聞き取っていくだけでもメイントピックが見えてきます（この例題では "bald eagle" です。したがって設問1の答えも (A) だとわかります）。また「聞き取りのポイント」で触れたように、主語が指示語（it）の場合、この例題ではすべて bald eagle を指すので、「bald eagle の話が続いている」と捉えてみてください。

それができたら、次に「論理マーカー（because, also, instead, but/however, while など）を聞いたら、聞き取り集中スイッチをオンにする」を課題にして、さらにもう一度聞いてみてください。重要な情報（＝設問で問われやすい点）だけはつかむ！　という気持ちで。

第2章

文法問題の対策

文法セクションの問題形式とは？

Section 2　Structure and Written Expression
　Structure〈空所補充問題〉　　　　　設問数：15問
　Written Expression〈間違い探し問題〉　設問数：25問

Structure
　語形や語の並び方などから判断して、文中の空所に最も適切なものを4つの選択肢の中から選びます。

Written Expression
　文中、下線が引かれている4つの選択肢の中から、文法的に誤りがあるものを選びます。

学習の流れをチェックしよう！

🔽 **第1節　文法セクションの特徴（p.86〜）** 基礎

　TOEFL ITPの文法問題はどういうものなのか、また問題を解くための重要なカギとなる主なピース（＝品詞）を確認していきます。

🔽 **第2節　文法問題を解くための準備（p.89〜）** 基礎

　基本確認問題に取り組みながら、ピース（品詞）が文の中で果たす役割や文の構造を学習します。空所補充問題を解く作業のイメージをつかみましょう。

🔽 **第3節　空所補充問題の実践（p.121〜）** 応用

　前節の学習をもとに、空所補充問題への取り組み方を3つのアプローチに分けて1つずつ実践していきます。

🔽 **第4節　重要文法事項（p.164〜）** 基礎

　TOEFL ITPの文法セクションを解くにあたって、覚えておくべき文法事項を説明しています。空所補充問題と間違い探し問題でよく問われる知識を身につけましょう。

🔽 **第5節　間違い探し問題の実践（p.188〜）** 基礎 & 応用

　基本確認問題と例題に取り組みながら、間違い探しの問題へのアプローチを学びます。

文法セクションの特徴

　TOEFL ITPの文法セクションでは、空所補充問題と間違い探し問題が出題されます。まず、それぞれの問題の特徴を見ていきましょう。

　空所補充問題は、「未完成のパズルの最後のワンピースをはめる」作業です。「**すでに埋まっているピースを見ながら、空いたスペースの形を確認して**」「**そのスペースにぴったり合致するピースを、4つの候補から選ぶ**」というステップを踏みます。多くの問題では、空いたスペースの形とピースの形（＝**文法**）だけを見れば、ぴったり合致するピースは1つに絞れます。一部の問題では、形（＝**文法**）は合致しても絵柄（＝**意味**）が合わないピースが選択肢に含まれていることがありますが、絵柄（＝**意味**）は後回しにして、**まず形（＝文法）が合致するピースを4つの中から絞り込む**のが効率的です。

　間違い探し問題は、「**誰かが作ったパズルを見て、間違ってはめてあるピースを探す**」作業です。実際のパズルで、形が違うのに無理やり押し込んだピースがあれば比較的簡単に見つかるでしょう。TOEFL ITP文法問題でも、間違いの多くは、形を無視して無理やり押し込んだピース（＝**文法上あり得ない形や品詞の語句**）です。ただ、中には形に無理はないが絵柄が前後と合わないピース（例えば、前置詞ではあるが意味上不適切な前置詞がはまっている）を見つけなければならない場合もあります。

　まず、主な6種類のピース（＝品詞）の特徴についておさらいしておきましょう。

⊙ 2-01「主な6種類のピース（＝品詞）の特徴」

● **ピースＡ：名　詞（必須のピース）**

　特徴 ┃ 動詞の前に置いて**S**（＝主語）にすることができる。

または動詞の後ろに置いて**O（＝目的語）**や**C（＝補語）**にすることができる。

●ピースB：動　詞（必須のピース）

特徴　文中に**必ず要る**。
S（＝主語）の後ろに置く。

●ピースC：形容詞（修飾ピース）

特徴　名詞の前後に置いて、**名詞を修飾**することができる。
または動詞の後ろに置いて**C（＝補語）にする**ことができる。

●ピースD：副　詞（修飾ピース）

特徴　動詞の前後や形容詞・副詞の前に置いて、**動詞や形容詞・副詞を修飾**する。
文の前や後ろに置いたり、SとVの間に挟むこともできる。

●ピースE：接続詞（接着ピース）

特徴　**文の前**に置いて、**2つの文**（など）**をくっつける接着剤**。
「接続詞＋文」の形の名詞、形容詞、または副詞をつくる。

●ピースF：前置詞（接着ピース）

特徴　**名詞の前**に置いて、**2つの名詞**（など）**をくっつける接着剤**。
「前置詞＋名詞」の形の形容詞または副詞をつくる。

　以上はパズルゲームをプレイする上で前提となる基本ルールになりますので、「品詞」と聞いただけで拒絶感が芽生える方であっても、確実に覚えてください（上記の「特徴」の中には一部不正確な記述もありますが、これが原則です！　例外についてはおいおい学習していきましょう）。実際の問題の選択肢では、この6種類のピースが単独の形で示されることもありますし、複数の種類が合わさった形で示される（例：ピースA＋B）こともあります。

　なお、この6種類のピースの中で特にピースA（名詞）、ピースC（形容詞）、ピー

スD（＝副詞）は、見かけ上いろいろな形に化けたり、しかも見かけ上お互いに同じ形になったりする点が厄介です。例えば"-ing"形、"to do"形、"that + 文"（that節）などは、名詞、形容詞、副詞のいずれにもなれます。後述しますが、少なくとも「ピースA（名詞）⇔ ピースC／D（形容詞／副詞）」の区別ができることは TOEFL ITP文法問題を解く上で重要なカギの一つになります（前者は文のコア要素になる一方、後者は修飾句になる、というように性格が全く異なるものだからです）。本書の演習問題を通じて身につけてほしい課題として、頭に入れておいてください。

文法問題を解くための準備

①品詞の感覚をつかむ
〜品詞が文の中で果たす役割とは?〜

　先に紹介したそれぞれのピース（品詞）の形の特徴と文の中で果たす役割を知っておくことが、空所補充問題や間違い探し問題を解くための前提になります。以下の基本確認問題に取り組んで、この前提知識を身につけ、あわせて空所補充問題を解く作業イメージをつかんでしまいましょう。

基本確認問題1

下線部に入るピースを次の①〜⑩から1つずつ選びなさい。

（文頭に置く場合も小文字になっています）

名　詞　①the examples　②employment　③preserving the native woodland

動　詞　④deprived

形容詞　⑤certain　⑥absorbing energy emitted by the Earth

副　詞　⑦unfortunately　⑧making speech imprecise

接続詞　⑨and

前置詞　⑩for

1. _____ illustrate the point.

2. The war in the nineteenth century _____ many people of a normal life.

3. To build factories in the town should provide _____ for local people.

4. Success seems _____.

5. _____, the main beneficiaries of the tax cuts were the rich people.

6. Alcohol affects the brain, _____.

7. Greenhouse gases, _____, warm the atmosphere.

8. The organization devoted itself to _____.

9. A family budget is a working plan _____ allocating the family finances during the year.

10. The manufactures bring out new models, _____ they constantly seek to improve their existing ones.

解答・解説

1.

Step 1　すでに埋まっているピースからスペースを確認

"illustrate" ＝ 動詞 ＝ V
"the point" ＝ 名詞 ＝ O

➡ **Sが足りない！**

空いたスペース ⇒ 文の主語＝**名詞**

主語になれる品詞は名詞だけです。

Step 2　空いたスペースにぴったりはまるピースを選択

　名詞は、①the examples, ②employment, ③preserving the native woodland の3つがあります。注意深い方はすでにお気づきだと思いますが、Step 1.の段階で、ピッタリはまるピースは単に名詞だというだけでなく、「三人称単数ではない」名詞だということがわかります。なぜなら動詞illustrateに三人称単数現在の場合につける"s"がついていないからです。よって、複数形の**①the examples が正解**です。

訳：その複数の例がその点を具体的に表している。

The war in the nineteenth century ［　　　　　　　］ many people of a normal life.

___S___　───▼───　___O___ .

Step 1 すでに埋まっているピースからスペースを確認

　　　　"The war"　　　＝ 名詞 ＝ S
　　　　"many people" ＝ 名詞 ＝ O（または C）　┐→ **V が足りない！**

("**in** the nineteenth century" ＝「前置詞＋名詞」＝あってもなくてもよいピース)
("**of** a normal people" ＝「前置詞＋名詞」＝あってもなくてもよいピース)

　　　　　　　　　　　　　　　　　空いたスペース ⇒ 文の**動詞**

動詞は文に必須のピースです。

Step 2 空いたスペースにぴったりはまるピースを選択

動詞④ **deprived** が**正解**です。

訳：19世紀のその戦争は多くの人から普通の生活を奪った。

3.

To build factories in the town should provide _____ for local people.

Step 1 　**すでに埋まっているピースからスペースを確認**

"To build factories" ＝ 名詞 ＝ S
"should provide" ＝ 動詞 ＝ V
} ▶ **Oが足りない！**

("**in** the town" と "**for** local people" ＝「前置詞＋名詞」＝あってもなくてもよいピース)

空いたスペース ⇒ 他動詞provideの目的語＝**名詞**

動詞の後ろにくる**目的語も必ず名詞**です。

Step 2 　**空いたスペースにぴったりはまるピースを選択**

名詞は、②employment, ③preserving the native woodlandの2つが残っています。どちらも形としてははまりますので、どちらの絵柄（＝意味）が合うか考えます。②であれば「その町に工場を建設することは雇用を与えるはずだ」、③であれば「その町に工場を建設することは原生林地帯を保存することを与えるはずだ」となります。③の「保存することを与える」は不自然ですので、②**employment（＝雇用）が正解**です。

訳：その町に工場を建設することは地元の人に雇用を生むはずだ。

この設問3.と1.から次のことを確実に覚えてください。

「S（主語）とO（目的語）は、名詞でなければならない！」

4.

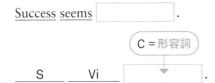

Success seems _____.

C = 形容詞

___S___ ___Vi___ _____ .

Step 1 **すでに埋まっているピースからスペースを確認**

"Success" = 名詞 = S
"seems" = 動詞 = V ┐→ **Cが足りない！**

空いたスペース ⇒ 動詞 "seem"（＊）（…のように思える）の**補語**
＝形容詞または名詞

＊ "seem" は be 動詞（…である：断言）を弱めた形の自動詞で、be 動詞と
同様、後ろに補語をとる。

動詞の後ろにくる**補語は形容詞または名詞**です。

Step 2 **空いたスペースにぴったりはまるピースを選択**

主語 Success（成功）とイコール関係になる名詞、または成功の「状態」を表す
形容詞が入るので、**⑤certain（確実な）が正解**です。

訳：成功は確実であるように思える。

5.

, the main beneficiaries of the tax cuts were the rich people.

M = 副詞

→ ⬚ , ___S___ ___V___ ___C___ .

Step 1 　すでに埋まっているピースからスペースを確認

"the main beneficiaries" = 名詞 = S
"were" = 動詞 = V
"the rich people" = 名詞 = C
→ **完全文**

("of the tax cuts" = 「前置詞＋名詞」＝あってもなくてもよいピース)

空いたスペース ⇒ **副詞**

　あってもなくてもよいピースは副詞または形容詞です。このうち完全文の前に置けるのは副詞です。

Step 2 　空いたスペースにぴったりはまるピースを選択

　副詞は、⑦unfortunately と ⑧making speech imprecise です。このうち絵柄（＝意味）が合致する**⑦unfortunately（＝残念なことに、不幸なことに）が正解**です。

訳 ：残念なことに、その減税の主要な受益者は富裕層だった。

6.

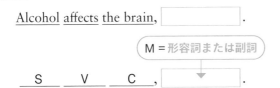

Step 1 **すでに埋まっているピースからスペースを確認**

> "Alcohol" ＝ 名詞 ＝ S
> "affects" ＝ 動詞 ＝ V ⟩ ▶ **完全文**
> "the brain" ＝ 名詞 ＝ O

空いたスペース ⇒ 副詞 (文の述部〔動詞〕を修飾)、あるいは形容詞 (文末の名詞〔the brain〕を修飾)

完全文の後ろに置けるのは副詞または形容詞です。

Step 2 **空いたスペースにぴったりはまるピースを選択**

副詞は⑧making speech imprecise、形容詞は⑥absorbing energy emitted by the Earthが残っていますが、絵柄 (＝意味) が合致するのは 副詞の**⑧making speech imprecise**で、**これが正解**です。完全文の述部 (「脳に影響を与える」) の「結果」(「話していることを不正確にする」) を表します。

> **訳** ：アルコールは脳に影響を与え、話していることを不正確にする。

※後ろにつける**形容詞**の代表例は関係詞節 (**参照** 下記例)。

Alcohol affects the brain , which controls how you think and move.

形容詞 (「思考や運動を制御する」)

7.

Greenhouse gases, [　　　　　], <u>warm</u> <u>the atmosphere</u>.

(M = 形容詞または副詞)

___S___ , [↓] , ___V___ ___O___ .

Step 1 | **すでに埋まっているピースからスペースを確認**

"Greenhouse gases" = 名詞 = S
"warm" = 動詞 = V
"the atmosphere" = 名詞 = O

➡ **完全文**

空いたスペース ⇒ 形容詞（文の主語〔Greenhouse gases〕を修飾）、あるいは副詞（文の述部を修飾）

完全文の間に挟めるのは副詞または形容詞です。

Step 2 | **空いたスペースにぴったりはまるピースを選択**

主語Greenhouse gases（温室効果ガス）を意味的に修飾でき、絵柄もぴったり合致する、形容詞⑥**absorbing energy emitted by the Earth**（**地球が放出したエネルギーを吸収する**）が正解です。

訳：温室効果ガスは、地球が放出したエネルギーを吸収して、大気を暖める。

※**副詞**の例は次のとおり。

Greenhouse gases, <u>though some are more effective than others</u>, <u>warm the atmosphere</u>.　　副詞（「種類によって効果は異なるが」）

8.

The organization devoted itself to ⬚ .

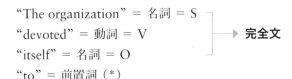

| Step 1 | すでに埋まっているピースからスペースを確認

"The organization" = 名詞 = S
"devoted" = 動詞 = V   ⎫
"itself" = 名詞 = O   ⎬ ▶ **完全文**
"to" = 前置詞（＊）   ⎭

空いたスペース ⇒ 前置詞 to の後ろ ⇒ 名詞

＊ "to" は "to do"（不定詞）の形をとることもありますが、devote X to Y（Y に X を捧げる）という語法から、この "to" は前置詞です。

前置詞の後ろに置けるのは名詞です。

| Step 2 | 空いたスペースにぴったりはまるピースを選択

名詞③ **preserving the native woodland**（原生林地帯を保存すること）が正解です。

訳 ：その機関は、原生林地帯を保存することに専念した。

9.

A family budget is a working plan ☐ allocating the family finances during the year.

前置詞

　S　　　V　　　C（名詞）　　☐　　動名詞 O.

Step 1　すでに埋まっているピースからスペースを確認

"A family budget" ＝ 名詞 ＝ S
"is" ＝ 動詞 ＝ V
"a working plan" ＝ 名詞 ＝ C
→ 完成文

＋

"allocating the family finances..." ＝ 動名詞（**名詞**）または分詞（**形容詞**または**副詞**）

空いたスペース ⇒ 後ろが動名詞（名詞）であれば、前後の名詞と名詞の接着剤＝前置詞

（後ろが分詞〔形容詞または副詞〕であれば、何も入れなくてよい）

前後にある名詞を繋ぐのは前置詞です（例：a pen on the desk）。

Step 2　空いたスペースにぴったりはまるピースを選択

前置詞⑩ for（…するための）が正解です。前置詞は後ろに名詞（動名詞 allocating the family finances）をとって、前にある名詞（a working plan）を修飾する形容詞を作ることができます。

訳：家計とは、家庭内の資金を1年間にわたって割り当てる運営計画のことである。

10

The manufactures bring out new models, [　　　　　] they constantly seek to improve their existing ones.

___S___ ___V___ ___O___ , [接続詞 →] ___S___ ___V___ ___O___ .

Step 1 すでに埋まっているピースからスペースを確認

"The manufacturers" = 名詞 = S
"bring out" = 動詞 = V　　　　　　　　 → **完全文**
"new models" = 名詞 = O

＋

"they" = 名詞 = S
"seek" = 動詞 = V　　　　　　　　　　 → **完全文**
"to improve their existing ones" = 名詞 = O

空いたスペース ⇒ 2つの文の接着剤＝接続詞

前後にある文を繋ぐのは接続詞です。

Step 2 空いたスペースにぴったりはまるピースを選択

文と文を繋ぐ接着剤である接続詞⑨andが正解です。

訳：製造業者は新しいモデルを世に出し、常に既存モデルの改良を追求している。

②文の構造を見極める

　作業イメージはつかめたでしょうか？　とりわけ空所補充問題を解くための**「Step 1. すでに埋まっているピースからスペースを確認」**することが、問題を解く上でとても重要であることがおわかりいただけたかと思います。Step 1. の作業とは、つまり文の構造を見極めることです。具体的には次の2つのタスクを正確に実行することです。

(>) 2-02「英文構造を見極める」

> **「英文構造を見極める」とは…**
>
> ・文のS（名詞）とV（動詞）を特定する
> ・「SVを含む文のコア要素」と「修飾句部分（M）」とを区別する

　文のコア要素とは、文として成立するために必須の要素（S, V, O, C）です。修飾句部分は文法的にはあってもなくてもよい部分で、前置詞句（前置詞＋名詞）などがあります。以下に掲げた品詞との関係をまとめた表は、問題に取り組む前提知識になりますので、必ず頭に入れておいてください。

文の要素と品詞との関係

(>) 2-03「文の要素と品詞との関係」

コア要素〔S, V, O, C〕	名詞、動詞、形容詞（補語の場合）
修飾句〔M〕	形容詞、副詞、前置詞句（前置詞＋名詞）

　では試験で出題されるレベルの文を使った次の基本確認問題で、この2つのタスクにトライしてみましょう。

▌基本確認問題2

　次の1.〜5.について、「SVを含む文のコア要素」と「修飾句部分」を区別しなさい。

1. Low incomes and widespread joblessness make life difficult in many of
   the poorest American neighborhoods.

2. Barnacle geese nest in high clifftop places, where no predator can
   endanger their young.

3. An efficient and high-tech innovation, the drone has become a much
   larger part of many social and economic activities.

4. Slavery, established very early in colonial America, was both severely
   criticized and fervently supported until its abolition after the Civil
   War.

5. In the frozen territory of Siberia is stored a wealth of minerals,
   although extraction can be costly and time-consuming.

解答・解説

1.

Low incomes and widespread joblessness make life difficult

                S   V   O   C

in many of the poorest American neighborhoods.

   M（副詞）

　動詞makeを使ったSVOCの文型で、**文のコア要素はLow incomes and widespread joblessness make life difficult**で、それ以降が 修飾句部分 です。

　動詞makeは頻出の基本動詞ですので、以下の用法を確実に覚えてください。あわせて、もう一つの頻出基本動詞findの用法もまとめておきます。

⊙ 2-04「makeの用法」

makeの用法

S make C.（SはCになる） She will **make** a good teacher.
S make O.（SはOを作る）She **made** coffee for us.
S make O₁ O₂.（SはO₁にO₂を作ってあげる）
　　　　　　　　　　　I will **make** you some sandwiches.
S make O C.（SはOをCにする） His attitude **made** him unpopular.
S make O do.（SはOに…させる）You always **make** me laugh.

⊙ 2-05「findの用法」

findの用法

S find O.（SはOを見つける）
　　　　I can't **find** a pen. / I **find** that honesty pays.
S find O₁ O₂.（SはO₁にO₂を見つけてあげる）
　　　　Can you **find** me my key?
S find O C.（SはOがCだとわかる）
　　　　We **found** the house very comfortable.
S find O to be C.（SはOがCだとわかる）I **found** him to be pleasing.

訳：低収入と広範な雇用不足がアメリカの最貧困層の多くで生活を困難にしている。

2.

Barnacle geese nest in high clifftop places, where no predator can
　　　S　　　　V　　M（副詞）　　　　　M（形容詞）
endanger their young.

103

no predator can endanger... 部分は、S（= no predator）V（= can endanger）を構成していますが、**where という関係副詞の中に入っている**ため、where 以下は high clifftop places という名詞の 修飾句（形容詞）です。

よってカンマより前に、この文のコア要素があ・る・は・ず**です。**

nest は「巣」という意味の名詞で使われますが、自動詞で「巣を作る」の使い方もあり、**これが動詞**です。つまり、**Barnacle geese nest が文のコア要素、それ以降が** 修飾句部分 **です。**

名詞に見えるが動詞としてもよく使われる単語を以下にまとめておくので、覚えてください。

名詞のほか、動詞でもよく使われる語 ▶ 2-06「名詞のほか、動詞でもよく使われる語」

function	自 作用する
question	他 …を疑問視する
influence	他 …に影響を与える
fashion	他 …を形成する／自 形成される
form	他 …を形成する／自 形成される
shape	他 …を形成する／自 形成される
feature	他 …を特集する、…を主演させる／自 主要な役割を持つ
manufacture	他 …を製造する
shelter	他 （悪天候から）…を保護する／自 避難する
matter	自 重要である
border	他 …に接する
complement	他 …を補完する
experiment	自 実験する
house	他 …を収容する
range	自 〔…の〕範囲に及ぶ

訳 ：カオジロガンは崖の上に巣を作る。そうした場所では天敵が自分たちの子供に危害を加えることはない。

3.

An efficient and high-tech innovation, the drone has become
　　M（副詞）　　　　　　　　　　　　　　　S　　　V

a much larger part of many social and economic activities.
　　　C　　　　　　　　M（形容詞）

　文頭に名詞An efficient and high-tech innovationがありますが、これは主語ではありません。**動詞 has become の前に名詞 the drone があり、こちらが主語**です。

　カンマの前にある名詞 An efficient and high-tech innovation は**Being が省略された分詞構文**、つまり **修飾句**（副詞）です（168ページ：重要文法事項2 分詞構文）。この分詞構文と主文の間に「切り離すカンマ」が入っています（182ページ：重要文法事項5 カンマ）。

As it is an efficient and high-tech innovation,
主語が一致（it = the drone）しているから、主語と接続詞 As をとり、動詞 is は分詞 being にする。
↓

Being an efficient and high-tech innovation,
分詞 Being は省略可能（省略してもしなくてもよい）
↓

An efficient and high-tech innovation,

the drone has become a much larger part of many social and economic activities.

　"名詞,＿S＿＿V＿."の場合、「**名詞＝S**」**の関係が成立する**と覚えておくとよいでしょう。

　つまり、**the drone has become a much larger part が文のコア要素、その前後が 修飾句部分 になります。**

訳 ：効率的で高度な技術を駆使した新製品であるので、ドローンは多くの社会経済活動においてますます大きな役割を果たすようになってきている。

Slavery, established very early in colonial America, was **both severely**
　　S　　　　　**M**（形容詞）　　　　　　　　　　　　　　　　V

criticized **and fervently** supported until its abolition after the Civil War .
　　　　　　　　　　　　　　　　　　　M（副詞）

　動詞は was (criticized and supported) です。established は動詞ではありません。-ed 形は動詞の場合もありますが、動詞ではない場合もありますので、注意が必要です（ 参照 116ページ「設問攻略のための Tip 3」）。

　主語 Slavery の後ろにカンマを挟んで置かれた established は、criticized や supported と同様、過去分詞（形容詞）であって、動詞ではありません。主語である名詞 Slavery を後ろから修飾している形容詞です。この **修飾句**（established very early in colonial America）を挿入するため、前後に「切り離すカンマ」を置いています。

　criticized や supported もそれ自体が動詞ではなく、いずれも be 動詞（was）の後ろの過去分詞で、受動態を作っています。

　結局、**Slavery was both severely criticized and fervently supported** が文のコア要素、それ以外が 修飾句部分 です。

　訳 ：奴隷制度は、植民地時代のアメリカで極めて初期に確立されたが、南北戦争後に廃止されるまで、痛烈に批判されもしたし、熱烈に支持されもした。

覚えておきたい 単語・フレーズ

slavery	名 奴隷制度
colonial	形 植民地時代の
abolition	名 廃止
abolish...	動 …を廃止する
the Civil War	名 南北戦争

5.

In the frozen territory of Siberia **is stored** a wealth of minerals,
　　M（副詞）　　　　　　　　　　　　　　　V　　　　　S

although extraction can be costly and time-consuming.
接続詞　　　M（副詞）

　the frozen territory は名詞ですが、**主語にはなれません！**　なぜなら**前置詞 In** の中の名詞だからです。同様に Siberia も**前置詞 of** の中の名詞だから**主語にはなれません**（参照 108ページ「設問攻略のための Tip 1」）。

　動詞は is (stored) です。ということは、この文では動詞の前には主語がないことになります。**主語は動詞の後ろにある名詞** a wealth of minerals です（a wealth of...〔豊富な…〕は単数扱いなので、受ける動詞は is）。このように主語と動詞の順序がひっくり返った文を**倒置文**と呼びます。倒置文にもいくつかのパターンがありますが（参照 177ページ：重要文法事項4 倒置）、この文は「場所を表す副詞」を文頭に出して、S と V の順序がひっくり返るパターンです。

In the frozen territory of Siberia is stored a wealth of minerals
　　　　場所を表す **副詞句**　　　　　　　動詞　　　　　主語
　（シベリアの凍土には）　（蓄えられている）（豊富な鉱物が）

　つまり、**is stored a wealth of minerals が文のコア要素**、それ以外が 修飾句部分 です。

【設問攻略のための Tip 1】　　　　　　　　⟩ 2-08「設問攻略のための Tip 1」

名詞を見たら、前置詞の中にあるかどうかをチェック！

　名詞を見たら、その名詞が前置詞の中にある名詞なのか、単独で使われている名詞なのかを必ず確認してください。前置詞の中にあるか外にあるかで、名詞の役割は以下のように大きく異なります。

> 「前置詞の中」にある名詞　⇒「前置詞＋名詞」の形で、修飾句（形容詞・副詞）になる
>
> 「単独」で使われている名詞　⇒ S, O, C（文の必須要素）になる

　つまり「**前置詞＋名詞**」は、基本確認問題の解説でも触れたように、「**あってもなくてもよいピース**」であり、文の中のどこに、**いくつ置いても（文法的には）問題ありません**。一方、「**単独名詞**」は必ず S, O または C になりますから、「**文に必要なピース**」であり、**どこにでも置けるものではなく、接続詞がないのにいくつ置いてもよいわけでもありません**。

　この感覚を持つことで、次のような「**原則とは異なる語順**」をとる文であっても、その構造を見抜くことができます。

1. You must match with a color card the color of each picture on the desk.

2. Paving the road made possible the mass transportation of foods by truck.

　名詞に着目してください。下記のように1.は、**第3文型でVとOの間に修飾句が挟まっている形**、2.は**第5文型でSVCOの語順**になっています。

1. <u>You</u> must match <u>with a color card</u> **the color** <u>of each picture on</u>
　S　　　V　　　　　　M　　　　　　　O　　　　　M　　　　　M

<u>the desk</u>.
（机の上にあるそれぞれの写真の色を、色のついたカードと一致させなければならない）

2. <u>Paving the road</u> made possible **the mass transportation** <u>of foods by</u>
　　　　　S　　　　　V　　　C　　　　　　O　　　　　　　M　　M

<u>truck</u>.
（その道路を舗装したことは、トラックによる食料の大量輸送を可能にした）

　1.では、前置詞の中にはない**単独名詞the color**があることに注意です。単独名詞なので S, O, Cのいずれかでなくてはならないため、これが**動詞matchの目的語**になります。

　同様に2.では、**the mass transportationも単独名詞**であるため、これが**動詞madeの目的語**になります。なお、the roadも単独名詞で動名詞pavingの目的語です。

　目的語とその修飾句部分（the color of each picture on the desk や the mass transportation of foods by truck）が with a color card や possible に比べて長く、通常の語順にすると with a color card や possible が何を修飾しているのかわかりにくくなるためこのような語順になりますが、「単独名詞」である the color や the mass transportation に注意を払うようになると、こうした例外的な語順でも構文を見抜けるようになります。

③英文構造のまとめ　〜空所補充問題へのアプローチ〜

②で見た1.〜5.の文構造を「カンマ」を手掛かりに整理してみます。ここでまとめる英文の基本構造とそれを踏まえた基本戦略は、すべての空所補充問題と間違い探し問題を解く上で、常に頭に置いておく必要があります。

2-09「英文の4つの基本構造と倒置文」

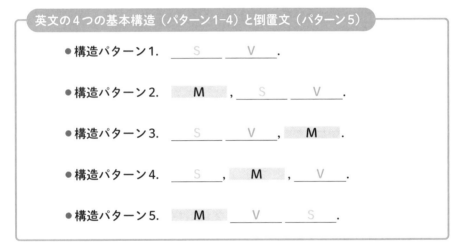

英文の4つの基本構造（パターン1-4）と倒置文（パターン5）

- ●構造パターン1.　_____ S _____ V _____ .
- ●構造パターン2.　 M ,_____ S _____ V _____ .
- ●構造パターン3.　_____ S _____ V , M .
- ●構造パターン4.　_____ S , M ,_____ V _____ .
- ●構造パターン5.　 M _____ V _____ S _____ .

英文の基本構造は、単文のみの形のＳＶ（＋Ｍ）を基本中の基本（パターン1）として、単文（主文）と修飾句を切り離す**カンマ（,）を使って、主文の前、後ろ、間にそれぞれ修飾句（M）を挿入**した形（パターン2, 3, 4）の4つです。これに、主文のSVの順序がひっくり返る倒置構造（パターン5）が例外としてあります。

空所補充問題では、文のコア要素と修飾句部分を見極めながら、設問文がこれら5つのどのパターンになっているかを把握したうえで、どのピースがすでに揃っていて、どのピースが欠けているのかを見極めればよいわけです。**本書では、欠けているピースが、コア要素である場合（アプローチ1）、修飾句である場合（アプローチ2〔カンマあり〕とアプローチ3〔カンマなし〕）に分けて、説明・演習**していきます。

◆ 空所補充問題へのアプローチ1-3

⊙ 2-10「空所補充問題へのアプローチ1-3」

● アプローチ1（構造パターン1, 2, 3, 4, 5）

例：構造パターン1

= コア要素のSが欠けている
空所にSが入る

例：構造パターン2

= コア要素のVが欠けている
空所にVが入る

例：構造パターン5

= コア要素のSVが欠けている
空所に疑問文の形（"do S V"など）が入る

● アプローチ2（構造パターン2, 3, 4）

例：構造パターン3

= カンマの前にコア要素が揃った完全文
空所に **修飾句**（文や動詞ではないもの）が入る

例：構造パターン4

= カンマ前後でコア要素が揃った完全文
空所に **修飾句**（文や動詞ではないもの）が入る

● アプローチ3（構造パターン1, 2, 3, 4, 5）

例：構造パターン1

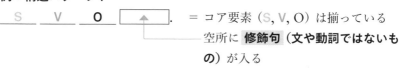

= コア要素（S, V, O）は揃っている
空所に **修飾句**（文や動詞ではないもの）が入る

❤ 欠けているピースの形（構造パターン1-4）

⊙ 2-11「欠けているピースの形（構造パターン1-4）」

● 構造パターン1（アプローチ1）

名詞

To do...（不定詞「…すること」）
Doing...（動名詞「…すること」）
That S V / Whether S V（接続詞＋文）

_____ ____V____ .

構造パターン1

- The choice is difficult.
- To choose a job is difficult.
- Choosing the right job is difficult.
- Whether it is the right job for you is uncertain.

● 構造パターン2（アプローチ2）

修飾句（副詞）

In... / With...（前置詞句）
To do...（不定詞「…するために」）
Doing... / (Being) ...（分詞構文）
When S V / Although S V
（接続詞＋文）

_____ , ____S____ _____ .

構造パターン2

- **Immediately**, she cut an orange in half.
- **With a knife**, she cut an orange in half.
- **To share it between the two of us**, she cut an orange in half.
- **Using a knife**, she cut an orange in half.
- **While she was talking on the phone**, she cut an orange in half.

● 構造パターン3（アプローチ2）

修飾句（形容詞）

which... / who...（関係詞節）
doing... / done...（現在分詞／過去分詞）
名詞（同格名詞）

構造パターン3

（**形容詞**）

- The government failed to control inflation, **the rate of which rose to 10%**.
- The government failed to control inflation, **caused by too much government borrowing**.

112

・The government failed to control inflation, **a continuing increase in prices**.

修飾句（**副詞**）
doing... / (being) ...（分詞構文）
with... / despite...（前置詞句）
and S V / but S V（接続詞＋文）

_____ S _____ V _____, _____ .

（**副詞**）
・The government failed to control inflation, **resulting in a fall in demand**.
・The government failed to control inflation, **despite the counter-inflation measures**.
・The government failed to control inflation, **but it was still optimistic about the outlook for economic growth**.

●**構造パターン4（アプローチ2）**

修飾句（**形容詞**）
which... / who...（関係詞節）
doing... / done...（現在分詞／過去分詞）
名詞（同格名詞）

修飾句（**副詞**）
although S V / if S V（接続詞＋文）

_____ S _____, _____ V _____ .

構造パターン4

（**形容詞**）
・The Titanic, **which hit an iceberg and sank**, carried only twenty lifeboats.
・The Titanic, **called "unsinkable,"** carried only twenty lifeboats.
・The Titanic, **the most luxurious ship**, carried only twenty lifeboats.

（**副詞**）
・The Titanic, **however**, carried only twenty lifeboats.
・The Titanic, **though more than two thousand passengers were on board**, carried only twenty lifeboats.

カンマだけで２つの文はつながらない！

文の後ろにカンマだけを置いて、さらに文が続くことはありません！　この「**カンマだけで２つの文を繋げることはできない**」ルールは、空所補充問題で不正解肢を切るときや間違い探し問題でも非常に有効な知識になりますので、必ず頭に入れておいてください。

繰り返しになりますが、パターン２や３のように、**文の前後に置くことができるものは、文ではなく 修飾句（M）**です。文の前後に**さらに文を置く場合は 接続詞 が必要**です。

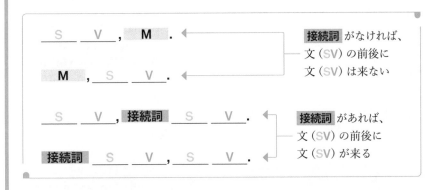

例えば **接続詞 but** を使えば、文の後ろにさらに文を繋げることができます。一方、同じ意味になる however をここで使うと誤りになります。なぜなら **however** は **副詞** だからです。

（○）The woman is very old, **but** she is lively.

（×）The woman is very old, **however** she is lively.

　　　（その女性は高齢だが、はつらつとしている）

以下は、 接続詞 ではなく 副詞 です。注意して覚えておいてください。

副詞	意味
however = nevertheless	しかし
therefore = thus = hence	したがって
thereby	それによって
thereafter = afterwards	その後

動詞と動詞のような形

　動詞は文であるために最低限必要な**コア要素**です（動詞がなければ文ではない！）。英文構造を見極める2つのタスク（  101ページ：②文の構造を見極める）を遂行する際に、この動詞**を見つけることが第一歩**になりますが、比較的楽に見つかる場合もあれば、「動詞のような形」が複数あって真の動詞が見つけにくい場合もあります。詳しくはこれ以降の例題やテスト問題に取り組む中で「動詞が否か」の見分け方をつかんでいただきたいのですが、ここでは"write"という語を例にして要点だけ確認します。

"write(s)"	動詞（**現在形**）	V
"wrote"	動詞（**過去形**）	V
"written"	分詞（**形容詞** または **副詞**）	M
"writing"	分詞（**形容詞** または **副詞**） 動名詞（名詞）	M S, O, C
"to write"	不定詞（**副詞** 的用法） 不定詞（**形容詞** 的用法） 不定詞（名詞的用法）	M M S, O, C

1. I **wrote** a poem about how I felt.
　　 V（動詞）
　（私は自分がどのように感じたのかについて詩を書いた）

2. She has the ability **to write** excellent English.
　　　　　　　　　 M（形容詞）
　（彼女は優れた英語を書く能力がある）

3. **Writing** in 1992, the author rejected the idea that television violence

　　　　M（副詞）

can encourage aggression in children.

（1992年に書いているが、著者はテレビの暴力が子供たちの攻撃性を促し得るという考えを否定した）

4. The book, **written** in plain English, tells you about global warming.

　　　　　　　　M（形容詞）

（その本は、平易な英語で書かれていて、地球温暖化について説明している）

-ing形やto do は動詞ではないことに注意してください。

　厄介なのが-ed形です。writeの場合は過去形（wrote）と過去分詞形（written）が異なるので前者は動詞、後者は形容詞または副詞だとわかりますが、多くの動詞では過去形と過去分詞形いずれも -ed形をとります。つまり **-ed形は動詞の場合もあれば動詞ではない場合もあり、その見極めが重要なポイント**になります。有効な見極め方の1つとして、-ed形がもともと他動詞である場合は、後ろに直接名詞が置かれていたら動詞の過去形（*ex*. **designed** the website）、前置詞句が置かれていたら過去分詞（*ex*. the website **designed** for you）です。

"-ing"形と"-ed"形のまとめ

-ing
- 名詞 ── 名詞（an **understanding** of the effect：影響についての理解）
- 名詞 ── 動名詞（**understanding** the effect：影響を理解すること）
- **形容詞** ── 形容詞（**interesting** stories：興味深い話）
- **形容詞** ── 現在分詞（**founding** members：創設メンバー）
- **副詞** ── 分詞構文（**Founding** the organization, she...：その協会を設立して、彼女は…）

-ed
- 動詞 ── 過去形（The languages **changed**.：全言語は変化した）
- **形容詞** ── 形容詞（It remains **unchanged**.：変わらないままだ）
- **形容詞** ── 過去分詞（a website **designed** for you：あなたのために設計されたウェブサイト）
- **副詞** ── 分詞構文（**Designed** to withstand an earthquake, the house...：耐震設計されて、その家は…）

"-ing"形（補足）

　先の表にまとめたとおり、-ing形には名詞を修飾する形容詞（*ex.* a running dog）（参照 158ページ「設問攻略のための Tip 7」）、動詞を修飾する副詞（*ex.* Writing in 1992）（参照 116ページ「設問攻略のための Tip 3」3.）のほか、名詞（「**動名詞**」と「**純粋な名詞**」）があります。

　1. I am incapable of understanding <u>how she felt</u>.
　　　　　　　　　　　動名詞
　（私には、彼女がどう感じていたか理解することはできない）

2. Do you have an understanding **of** how the economy functions?
　　　　　　　　　　　名詞

（経済がどのように動いているか理解していますか？）

　1. の understanding は動名詞です。前置詞 of の後ろに置くので、動詞を名詞の形にしています。**動名詞は「後ろに目的語を置ける」という動詞の性格を残しているので、そのまま後ろに目的語 how she felt を置いています。**

　他方、2. の understanding は純粋な名詞です。冠詞 an がついていることに加え、**目的語 how the economy functions をそのまま後ろに置かず、目的格を表す 前置詞 of（…を）を挟んでいる**点に注意してください。この understanding は純粋な名詞なので、さらに後ろに（目的語である）名詞を置くためには、名詞と名詞の接着剤になれる前置詞が必要になります。

　この understanding のような -ing の形をした「純粋な名詞」の例は以下のとおりです。

advertising（広告），farming（農業），fishing（漁業），findings（研究結果），flooding（氾濫），suffering（苦しみ），learning（学習），schooling（学校教育），upbringing（家庭のしつけ）

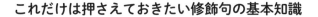
これだけは押さえておきたい修飾句の基本知識

　基本確認問題1で見たとおり、**どんな複雑な文であっても、文字どおり「飾り」に過ぎない 修飾句（M）を取り去ってしまえば、コア要素だけからなるシンプルな骨格（*）が浮かびあがってきます。**

　では修飾句部分はどのように見極めればよいのでしょうか？　**修飾句 とは「文（SV）や動詞（V）ではない形」です。具体的には「副詞」と「形容詞」があり、それぞれ多様な形をとる**ので確かに見極めは厄介です（参照 詳細は132ページ「修飾句（M）」の表）。たとえば基本確認問題2の 3. で見たように、一見名詞に見える文頭の An efficient and high-tech innovation は修飾句（副詞）でした。こういう厄介なものを別にして、ここまでの学習ですでに次の重要なポイントは押さえられます。このあとの問題に取り組む上で常に使う「基本知識」になりますので、必ず頭に入れておいてください。

・「前置詞＋名詞」は、修飾句
・-ing形と to do形は、名詞（コア要素）と 修飾句 の両方の可能性
・-ed形は、動詞の可能性もあるが、修飾句 の可能性もあり

＊「コア要素だけのシンプルな骨格」とは、文の要素だけの形（SV. SVC. SVO. SVOO. SVOCのいずれか）。

空所補充問題の実践

空所補充問題 アプローチ1

足りないコア要素（S, V, O, C）を補う

　空所補充問題を解くための準備は整いました。ここから前節で紹介した3つのアプローチを1つずつ実践していきます。最も基本的な空所補充問題へのアプローチは、文のコア要素である主語（S）、動詞（V）、目的語（O）、補語（C）のいずれか（あるいはそのいくつかのセット）が欠けている設問文が与えられ、それを補うものです。

_____ V O.	⇒抜けているピースはS（名詞）
S _____ O.	⇒抜けているピースはV（他動詞）
S discuss _____.	⇒抜けているピースはO（名詞）
S become _____.	⇒抜けているピースはC（形容詞または名詞）
S make O _____.	⇒抜けているピースはO（名詞）、C（形容詞または名詞）、原形不定詞、または修飾句（前置詞句など）

空所補充アプローチ1

空所以外を見て、文になるためには「どのピースが欠けているか？」をチェック！

Sharks, scorpions and alligators _____ essentially unchanged from millions of years ago.

(A) the remainder

(B) remain

(C) which remain

(D) remaining

解答・解説

正解 | (B)

1 構造の確認

〈構造パターン1： ___S___ [___] ___C___ .〉

Sharks, scorpions and alligators _____ essentially **unchanged** *from* millions *of* years ago.

⇒ 空所には **V**（動詞）が入る

-ed形は動詞の過去形あるいは過去分詞（形容詞）いずれの可能性もあります。 unchangedの場合は "unchange" という動詞は存在せず、unchangedは過去形ではなく形容詞です（ 参照 116ページ「設問攻略のための Tip 3」）。

2 選択肢の絞り込み

(A) 名詞

(B) **動詞** ⇒ **正解**

(C) 関係代名詞とその中に入る動詞

(D) 現在分詞（形容詞）

　なお、動詞remainは第1文型で使う場合は「（同じ場所に）留まる」の意味、第2文型で使う場合は「…のままである」の意味になります。ここでは後ろに補語をとる第2文型にあたり、補語として形容詞unchangedをとっています。

(>) 2–17「remainの用法」

remainの用法

Only the walls **remained** after the fire.
　　　　　第1文型　　　M
（火事の後、その壁だけが残った）
The donor wants to **remain** anonymous.
　　　　　第2文型　　　C
（その寄贈者は匿名のままでいることを望んでいる）

訳：サメやサソリやワニは、何百万年も前から本質的には変わっていない。

覚えておきたい 単語・フレーズ

remain	動 …のままである
essentially	副 本質的には
unchanged	形 変わらない

例題2

The Uncertainty Principle explains ＿＿＿＿ at a subatomic level, stating that their position and velocity cannot be measured simultaneously.
(A) the behavior of particles
(B) to be particles of behavior
(C) of the behaving particles
(D) a particle as behavior

正解 | (A)

1 構造の確認

〈構造パターン3： S　　V　　□　　**M** ．〉

~~The Uncertainty Principle~~ ~~explains~~ ＿＿＿＿＿ *at* a subatomic level, stating
that their position and velocity cannot be measured simultaneously.

⇒ 空所には**目的語（＝名詞）**が入る

2 選択肢の絞り込み

(A) **名詞** ⇒ 正解候補

(B) 不定詞（「名詞的用法」があるが、explain to doの形はとらない）

(C) 形容詞または副詞（前置詞of＋名詞）

(D) **名詞** ⇒ 正解候補

　文法的観点から(A)と(D)のいずれかに絞れましたので、あとは「意味」を考えて1つに絞る必要があります。(A)であれば「The Uncertainty Principleはparticlesの行動を説明している」となり、(D)であれば「The Uncertainty Principleはbehaviorとしてparticlesを説明している」となります。ここで注目したいのは、前置詞asの意味です。「…として」の訳でわかるとおり、"a particle = behavior"という同格を表します。語彙力が要求されますが、particleは粒子、behaviorは行動ですから、この2つをイコールで結ぶことはできません。したがって、意味的に(A)が適切です。

⟫ 2-18「as/likeの意味」

as/likeの意味

前置詞 as…「…として」（同格）	You can use a stand **as** a desk. 〔a stand（台）＝ a desk（机）〕
接続詞 as…「…のように」	Do **as** I say.
前置詞 like…「…のような」	He has a car **like** mine.

　なお、カンマの後ろstating...以下は分詞構文で、主文の述部（＝原子以下のレベルで、粒子の行動を説明している）に具体的情報を補足しています。

訳：不確定性原理は、原子以下のレベルで粒子の行動を説明している。つまり粒子の位置と速度は同時には測定されることはないことを示している。

覚えておきたい 単語・フレーズ

bahevior	名	行動
particle	名	粒子
state...	動	…を述べる
velocity	名	速度
measure...	動	…を測定する
simultaneously	副	同時に

例題3

_____ for a scarce commodity, be it silver, gold or pork bellies, will almost invariably drive up its price.

(A) A high demand
(B) Demand is high
(C) High is the demand
(D) The higher a demand

解答・解説

正解 (A)

1 構造の確認

〈構造パターン4：□ , **M** , <u>V</u> <u>O</u> .〉

_____ *for* a scarce commodity, be it silver, gold or pork bellies, <u>will</u> almost

125

invariably <u>drive up</u> **its price**.

⇒ 空所には**主語（＝名詞）**が入る

a scarce commodity は前置詞 for の中にある名詞なので主語になれません。be it silver, gold, or pork bellies は見慣れないかもしれませんが、とりあえず設問文は文の基本構造（ 参照 110ページ「英文の4つの基本構造と倒置文」）のうちの構造パターン4、" S , M , V ."の形ですから、これは修飾句（M）にあたる、と解釈できれば十分です（ 参照 詳細については下記「〔参考〕譲歩を表す仮定法現在」）。

2 選択肢の絞り込み
(A) **名詞** ⇒ 正解
(B) 文（SVC）
(C) 文（CVS）
(D) 文の一部（The 比較級 S V , the 比較級 S V .）

> 2-19「〔参考〕譲歩を表す仮定法現在」

参考 譲歩を表す仮定法現在

現代文法では使われなくなりつつある仮定法現在ですが、正式な書き言葉では未だに目にすることがあります。**仮定法現在では、if 節の中の動詞が原形**をとります（仮定法過去では if 節の中の動詞が過去形、仮定法過去完了では if 節の中の動詞が過去完了形をとることを思い出してください）。さらに、仮定法では if を省略して倒置する（疑問文の形をとる）ことができます。

<u>if it be</u> silver, gold, or pork bellies ⇒ <u>be it</u> silver, gold, or pork bellies

意味は「譲歩（仮に…であっても）」を表します。なお、「条件（もし…ならば）」の意味の場合は、今日では直説法（動詞は原形ではなく現在形）を用います。

　なお、設問文にはカンマが3つ使われています。1つ目と3つ目のカンマは「主文と修飾句を切り離すカンマ」です。この2つのカンマに挟まれた語句（be it silver, gold or pork bellies）は修飾句になります。2つ目のカンマは「同列に並べるカンマ」です。3つの名詞 "silver" "gold" "pork bellies" を同列に並べています。カンマには大きく分けてこの2種類の使い方があり、どちらの使い方になっているか特定できることが、英文構造を見極める上でとても大切になります（参照　詳しくは182ページ：重要文法事項5 カンマ）。

訳：稀少な商品、それが銀や金や豚の腹肉であっても、そうした商品に対する高い需要は、ほとんど必ずと言っていいほど価格を上昇させる。

覚えておきたい　単語・フレーズ

demand	名	需要
scarce	形	稀少な、乏しい
commodity	名	商品
invariably	副	ほぼ常に

例題4

Health experts have made "food deserts" of low-income areas ＿＿＿＿, specifically by encouraging sales of organic and other healthy items.

(A) improved targeting for
(B) for the improved targets of
(C) their targets for improvement
(D) for an improvement of targets

正解 | (C)

1 構造の確認

〈構造パターン3： S V O ☐ M .〉

Health experts have made **"food deserts"** *of* low-income areas ＿＿＿＿＿，
specifically *by* encouraging sales *of* organic and other healthy items.

⇒ 空所には、**修飾句、目的語（O）となる名詞、補語（C）となる名詞または形容
詞、あるいは動詞の原形が入る**

　頻出動詞makeの用法（参照 103ページ）を確認してください。目的語が動詞の
後ろにありますので、① make O（Oを作る）、② make O₁ O₂（O₁にO₂を作っ
てあげる）、③ make O C（OをCにする）、あるいは④ make O do（Oに…さ
せる）のいずれかになるはずです。つまり空所には①の場合は修飾句（例えば前
置詞＋名詞）、②の場合は目的語となる名詞、③の場合は補語となる名詞または形
容詞、④の場合は動詞の原形が入ります。この語法知識を使って選択肢を絞った
上で、絞り切れなければ意味も考える必要があります。

2 選択肢の絞り込み

(A) 名詞＋前置詞〔forの後ろに名詞がない〕
(B) 前置詞＋名詞＋前置詞〔ofの後ろに名詞がない〕
(C) **名詞**（② make O₁ O₂ または③ make O C）⇒ 正解候補
(D) **修飾句**（① make O for...）⇒ 正解候補

(C) Health experts have **made "food deserts"** of low-income areas **their**
　　　　　　　　　　　　　　　　　O　　　　　　　　　OまたはC

　　targets for improvement.
(D) Health experts have **made "food deserts"** of low-income areas for an
　　　　　　　　　　　　　　　　　O

　　improvement of targets.

　文法的には(C)(D)いずれも可なので、意味を考えます。(D)であれば「保健の

専門家はfood deserts（食料砂漠）を作った」となり、(C)であれば「保健の専門家はfood deserts（食料砂漠）を改善ターゲットにした」（make O Cの形）となりますので、意味的に(C)が適切です。

訳：保健の専門家は低所得地区の「食料砂漠」を改善ターゲットにし、特に有機農産物や他の健康によい食品の販売に力を入れている。

覚えておきたい 単語・フレーズ

expert	名	専門家
desert	名	砂漠
sales	名	販売

例題5

Not only ＿＿＿＿＿ for their role in insect life, but also for the possibility of creating similar flexible yet strong artificial materials.

(A) are the study of spider webs

(B) studying spider webs

(C) spider webs are studied

(D) are spider webs studied

解答・解説

正解 (D)

1 構造の確認

〈構造パターン5：　**否定**語句　＿＿＿＿.〉

Not only ＿＿＿＿＿ *for* their role *in* insect life, but also *for* the possibility *of* creating similar flexible yet strong artificial materials.

⇒ 空所には **疑問** 文の形（**do** S V... / is S...）が入る

選択肢の絞り込み

(A) 動詞＋名詞 ⇒ 正解候補

(B) 動名詞＋目的語

(C) 名詞＋動詞

(D) 動詞＋名詞 ⇒ 正解候補

　否定語句 Not only から文が始まっている点に注意してください。**否定の副詞や目的語を文頭に置くと、後ろは疑問文の形**をとります（参照 177ページ：重要文法事項4 倒置）。したがって、疑問文の形をとる (D) が正解です。

Not only are spider webs studied for their role in insect life, but also for...
否定 の副詞　疑問文の形

（通常の文： Spider webs are studied not only for their role in insect life, but also for...)

　(A) も疑問文の形をとりますが、主語が the study of spider webs（単数形）であるのに、受ける動詞が are になっていますので不適切です。

　なお spider webs は、名詞と名詞が2つ並んでいますが、前に置いた名詞 spider が形容詞の役割を果たして後ろに置いた名詞 webs を修飾する、「名詞の形容詞的転用」です（参照 140ページ「原則があれば例外もある その1」）。

訳 ：クモの巣は昆虫生活においてそれが果たす役割のためだけでなく、柔軟であるが高い強度をもつ類似の人工素材を合成する目的でも研究されている。

覚えておきたい 単語・フレーズ

flexible	形	柔軟な
artificial	形	人工の
material	名	素材

空所補充問題 アプローチ2

空所以外は文なのか、文ではないのか？

　ここでは、カンマを手掛かりにしながら設問文が構造パターン2, 3, 4のいずれにあてはまるか見極めることで、空所に入るピースを選ぶアプローチを学習します。空所とその前後だけに意識を向けるのではなく、**マクロな視点をもって設問文全体を俯瞰することがポイント**になります。

- 構造パターン2.　　**?**　,　S　　V　.

- 構造パターン3.　　S　　V　,　**?**　.

- 構造パターン4.　　S　,　**?**　,　V　.

　それぞれ　　　　　には文や動詞ではない形、つまり **修飾句M（＝副詞または形容詞）** が入ります。

　逆に次のような場合には、　　　　　には文あるいは動詞が入ります。

- 構造パターン2.　　M　,　**?**　.

- 構造パターン3.　　**?**　,　M　.

- 構造パターン4.　　S　,　M　,　**?**　.

空所補充アプローチ2

・設問文全体を見ながら、空所以外の部分が文であるのか文ではないのか確認
・文（SV）であれば、空所には修飾句（文や動詞ではない形）が入る
・文でなければ、空所には文（SV）あるいは動詞（V）が入る

修飾句とは、一言で言えば「文や動詞ではない形」ですが、働きの違いから「**動詞を含む述部を修飾する副詞**」と「**名詞を修飾する形容詞**」の2種類に分けられます（参照 下表）。文の前につけることができる修飾句（構造パターン2）は、前に修飾できる名詞はないことから「副詞」になります。一方、文の後ろまたは間に挟む修飾句（構造パターン3と4）は「副詞」になる場合もあれば「形容詞」になる場合もあります。とはいえ、このアプローチ2では「副詞なのか形容詞なのか」の区別はあまり気にせずに修飾句と一括りにして、「文や動詞ではない形」という点にだけ注意してください（細かな点については、アプローチ3で学習します）。

⊙ 2-20「修飾句（M）」

修飾句（M）	
副詞の主な形	形容詞の主な形
-ing（分詞構文）（*1 *2）	-ing（現在分詞）
-ed（分詞構文）	-ed（過去分詞）（*5）
to do（不定詞）	to do（不定詞）
前置詞＋名詞（*3）	前置詞＋名詞
関係詞＋（不）完全文 whatever... / whenever... など	関係詞＋（不）完全文（*6） which... / where... など
接続詞＋完全文（*4） although... / while... など	同格の接続詞that＋完全文
	同格の名詞

参考までに、前頁までに見た英文の中で、該当するものを以下に挙げます。

〈副詞〉

* 1　stating that their position and velocity cannot be measured simultaneously（参照 123ページ：例題2）
　　⇒ 動詞explains以下の述部を修飾

* 2　(Being) An efficient and high-tech innovation
　　（参照 105ページ：基本確認問題2-3）⇒ 動詞has become以下の述部を修飾

* 3　specifically by encouraging sales of organic and other healthy items
　　（参照 127ページ：例題4）⇒ 動詞have made以下の述部を修飾

*4　although extraction can be costly and time-consuming
（（参照）107ページ：基本確認問題2–5）⇒ 動詞is stored以下の述部を修飾

〈形容詞〉

*5　established very early in colonial America
（（参照）106ページ：基本確認問題2–4）⇒ 名詞Slaveryを修飾

*6　where no predator can endanger their young
（（参照）103ページ：基本確認問題2–2）⇒ 名詞high clifftop placesを修飾

┃ 例題6

_____ at several points, the Nile River does not flow as a single
continuous body of water from its source in sub-Saharan Africa to the
Mediterranean Sea.
(A) Has branched
(B) Been branching
(C) Branches
(D) Branching

解答・解説

正解｜(D)

①　構造の確認

〈構造パターン2：□□□□, ＿S＿ ＿V＿.〉

_____ *at* several points, the Nile River does not flow *as* a single
continuous body *of* water *from* its source *in* sub-Saharan Africa *to* the
Mediterranean Sea.

⇒ 空所には **修飾句（文や動詞ではない形）** が入る

②　選択肢の絞り込み

(A) 動詞

(B)（be動詞の）過去分詞been〔助動詞haveを伴って完了形を作るときに用いる〕

(C) **分詞構文**（名詞から始まる分詞構文）⇒ 正解候補
(D) **分詞構文**（過去分詞から始まる分詞構文）⇒ 正解候補

　(C)(D)のいずれが正しいか、意味を考えます。

(C) (Being) Branches at several points, the Nile River does not flow...
(D) Branching at several points, the Nile River does not flow...

　(C)はbeingが省略されて名詞から始まる分詞構文です（参照 105ページ：基本確認問題2-3）。**分詞構文の原則「主語の一致」**から、分詞構文の意味上の主語は主文の主語the Nile Riverと一致します。よって、「Branches = the Nile River」という関係が成立しなければなりません。branchは枝（支流、支社）の意味ですから「支流＝（本流である）ナイル川」というイコール関係は成立せず、不適切です。動詞branch（枝分かれする）を分詞にした(D)であれば適切です。

　なお、動詞flow以下は「**前置詞＋名詞**」の形の修飾句が羅列されているだけです（**as** a single continuous body **of** water **from** its source **in** sub-Saharan Africa **to** the Mediterranean Sea）。文法的には取っ払ってしまっても何の問題もなく、むしろ文の核 the Nile River does not flow（SV）がはっきり見えます（参照 147ページ「設問攻略のための Tip 5」）。

訳：いくつかの場所で支流に枝分かれしているので、ナイル川はサハラ砂漠以南の水源から地中海へ注ぐ絶え間ない単独の水域として流れているわけではない。

覚えておきたい 単語・フレーズ

branch	動 枝分かれする
	名 枝、支流、支社
source	名 源

例題7

Organized into groups called "parties," _____ .

(A) and are bonobos who live in notable social peace

(B) the peace is for social primates such as the bonobos

(C) which live among notable social peace of the bonobos

(D) bonobos are primates that live in notable social peace

解答・解説

正解 | (D)

①　構造の確認

〈構造パターン2：**M**, □□□□.〉

Organized into groups called "parties," _____.
　　　分詞構文

⇒ 空所には**文の形**（**SV...**）が入る

②　選択肢の絞り込み

(A) 接続詞andが入っている、主語がない〔SV... の形ではない〕

(B) **SV... の形** ⇒ 正解候補

(C) 関係代名詞whichから始まる〔SV... の形ではない〕

(D) **SV... の形** ⇒ 正解候補

　分詞構文の原則「主語の一致」を確認！（参照 168ページ：重要文法事項2 分詞構文）

　(B)では the peace が主語、(D)では bonobos が主語だから、

☑ (B)が正しい場合、**the peace** is organized into groups called "parties" が
　成立。

☑ (D)が正しい場合、**bonobos** are organized into groups called "parties" が
　成立。

　organize（～を系統立てて整理する、組織する）の意味も重要ですが、決め手
になるのは前置詞intoです。前置詞intoは「～の中へ」の意味のほか、次のよう

に「状態の変化」を表します。

（>) 2-21｜状態の変化を表す前置詞into｜

状態の変化を表す前置詞into

The caterpillar changed **into** a butterfly .
（さなぎが 蝶 になった）
The sofa can be converted **into** a bed .
（そのソファは ベッド になる）
The strawberries can be made **into** good jam .
（そのイチゴは 美味しいジャム になる）

　intoの前にある名詞が変化前の状態、intoの直後にある名詞が 変化後の
状態 を表す。

　上記の例でもわかるとおり、intoの前後にある2つのモノは、状態は変化して
いますが本質的には「同じモノ（例えば、さなぎは、蝶の変態過程の一つであっ
て本質的には同じ生物）」です。the peaceとgroups（集団）は「同じモノ」とは
考えにくいですが、bonobosとgroups（集団）は「同じモノ」と言えます
（primates that live...から少なくともbonobosは生物であることがわかります）。
したがって、bonobosを主語にした(D)が適切です。

訳 :「パーティー」と呼ばれる複数の集団に組織化され、ピグミーチンパンジー
は優れた社会集団平和の中で生息している霊長類である。

覚えておきたい 単語・フレーズ

organize...	動	…を組織する、系統立てる、整理する
primate	名	霊長類
notable	形	顕著な

| 例題8

The US Constitution divides power between the federal and state governments, _____ have distinct levels of authority.

(A) with

(B) because

(C) all of those

(D) both of which

解答・解説

正解 | (D)

1 構造の確認

〈構造パターン3：　S　　V　　O　,　[　　　]．〉

~~The US Constitution~~ divides **power** *between* the federal and state governments, _____ have distinct levels of authority.

⇒ 空所には **修飾句（文や動詞ではない形）** が入る

2 選択肢の絞り込み

(A) 前置詞withの後ろに動詞have〔前置詞の後ろは名詞！〕

(B) 接続詞becauseの後ろに動詞have〔主語がない！〕

(C) 文

(D) **関係詞節**（＝先行詞という名詞を修飾する「形容詞」）⇒ 正解

（参照 171ページ：重要文法事項3 関係詞）

The US Constitution divides power between the federal and state governments, both of which have distinct levels of authority.

　ここでは、先行詞 the federal and state governments（連邦政府と州政府）を補足説明する形容詞として、関係詞節 both of which …（その いずれもが異なる水準の権限を持っている）を後ろにつけています。

訳：アメリカ合衆国憲法は連邦政府と州政府との間で権力を分立させており、両政府は異なる水準の権限を持っている。

覚えておきたい 単語・フレーズ

constitution	名	憲法
divide...	動	…を分割する
the federal government	名	連邦政府
the state government	名	州政府
distinct	形	異なる
authority	名	権限

┃ 例題9

Amelia Earhart was not only an aviator but a social pioneer, _____ notions of women's rights to pursue careers.

(A) embraced the readiness

(B) readily embracing

(C) readied the embrace

(D) ready for embrace

解答・解説

正解 | (B)

① 構造の確認

〈構造パターン3：　S　　V　　C　,　[　　　].〉

Amelia Earhart was **not only an aviator but a social pioneer**, _____ notions of women's rights to pursue careers.

⇒ 空所には **修飾句（文や動詞ではない形）** が入る

2 選択肢の絞り込み

(A) 動詞（＋目的語）

(B) **分詞構文**（副詞readily＋分詞embracingから始まる分詞構文）⇒ 正解候補

(C) 動詞（＋目的語）

(D) **分詞構文**（形容詞readyから始まる分詞構文）⇒ 正解候補

　例題7で見た主文の前につける分詞構文と異なり、**主文の後ろにつける分詞構文では主語の一致原則は必ずしも適用されません**（参照 170ページ「原則があれば例外もある その4」）。したがってこの原則を使って(B)か(D)かを判断することはできません（なお、ここでは(B)(D)いずれも、主文の主語Amelia Earhartを意味上の主語にとることができます）。そこで、**空所の後ろの部分に目を向けます**。

(B)　, readily　　embracing　　notions of...
　　　　副詞　　　副詞／形容詞　　名詞

(D)　, ready　　for　　embrace　　notions of...
　　　　形容詞　　前置詞　　名詞　　　名詞

　空所に(B)を入れた場合、embracingの後ろにnotions of...という名詞が続きます。embracingは動詞embraceの-ing形ですから、後ろに目的語（名詞）をとることができます。(D)を入れた場合、前置詞forの後ろは名詞なのでembraceは名詞になりますが、その後ろにさらに名詞notions of...が続くことになります。

　名詞と名詞が2つ並ぶ形は原則的には不適切（参照 140ページ「原則があれば例外もある その1」）ですので、(B)が正解肢です。

Amelia Earhart was not only an aviator but a social pioneer,

readily embracing notions of women's rights to pursue careers.

訳 ：アメリア・イアハートは飛行士であったばかりでなく、社会の先駆者でもあり、キャリアを求める女性の権利を擁護する信条を進んで受容していた。

pioneer	名	開拓者、先駆者
readily	副	すぐに、進んで
embrace...	動	…を受容する
notion	名	概念、信条
right	名	権利
pursue...	動	…を追求する

【原則があれば例外もある その1】　　　 ◯ 2-22「原則があれば例外もある その1」

名詞と名詞が連続して2つ並ぶこともある！

　「名詞と名詞が2つ並ぶ形は原則的には不適切」と書きましたが、これにはかなり例外もあり、TOEFL ITP文法でもその例外用法が問われます。一つはSVOOやSVOCの構文です。目的語を2つとる場合（SVOO）や補語が名詞である場合のSVOCでは、名詞が2つ並びます。

They gave <u>the customers</u> <u>discounts</u>.
　　　　　　　名詞（O）　　　名詞（O）
（客に割引してあげた）

He made <u>the woman</u> <u>his assistant</u>.
　　　　　名詞（O）　　　名詞（C）
（彼はその女性を自分のアシスタントにした）

　もう一つは、関係詞が省略される際に、先行詞（＝名詞）と関係詞節内の主語（＝名詞）が見かけ上、連続する場合です。

There is <u>an important lesson</u> <u>the experience</u> has taught us.
　　　　　名詞（先行詞）　　　　　　名詞
（その経験が私たちに教えてくれた大切な教訓がある）

　これらは構文を確認することで、名詞と名詞が並んでいても正しいことがわかりますが、さらにやっかいなものに「**名詞の形容詞的転用**」があります。日本語でもそうですが、例えば「野球チーム」という語は「野球」という名詞と「チーム」という名詞が2つ並んだものです。これは前に置いた名詞「野球」が形容詞の役割を果たして、後ろに置いた名詞「チーム」を修飾します。通常の形容詞であれば、後ろに置いた名詞の「潜在的性質」を表しますが、「名詞の形容詞的転用」では、後ろの置いた名詞の「種類」を表します。日本語でも英語でも、このような形容詞的転用の例は無数にあります。以下にいくつか例を挙げます。

名詞（形容詞的転用）＋名詞		形容詞＋名詞	
baseball teams	野球チーム	good teams	よいチーム
energy resources	エネルギー資源	precious resources	貴重な資源
greenhouse effect	温室効果	adverse effect	悪影響
crisis management	危機管理	poor management	粗末な管理
safety standards	安全基準	absolute standards	絶対的な基準
consumer demand	消費者需要	high demands	高い需要
income tax	所得税	a heavy tax	重税
health food	健康食品	spicy food	辛い食品
water systems	水系	complex systems	複雑なシステム

　これらの語句はおそらく、慣用的に次第に「認められる」ようになってきたもので、どういう場合に「名詞の形容詞的転用」が可能か（water systemsは正しいのか？　the systems of waterとすべきか？）についての確たるルールはありません。ですからTOEFL ITPではその点はあまり気にする必要はありません。「名詞の形容詞的転用」に関連して**TOEFL ITP文法で問われるのは、次の2点です。**

1. **前に置いた名詞は原則複数形にならない**

（前に置いた名詞は形容詞の役割だから！）

（×）car**s** manufacturers → （○）car manufacturers

（自動車製造業者）

2. **語順**

（意味を考えよう！ 「ロスの体重」か？ 「体重のロス」か？）

（×）loss weight → （○）weight loss

（減量）

例題10

Black Swan events, _____ , have exceptionally powerful economic and political effects.

(A) rare and unpredictable phenomena

(B) their phenomenal unpredictability is rare

(C) which being rarely unpredictable phenomena

(D) are rare and unpredictable phenomena

解答・解説

正解｜(A)

1 構造の確認

〈構造パターン4：__S__ , ⬚ , __V__ __O__ .〉

Black Swan events, _____ , have **exceptionally powerful economic and political effects**.

⇒ 空所には **修飾句（文や動詞ではない形）** が入る

2 選択肢の絞り込み

(A) 分詞構文 または 同格名詞（形容詞） ⇒ 正解

(B) 文

(C) 関係詞節〔ただし関係詞の後ろに動詞がない！〕

(D) 動詞（＋形容詞）

　不正解の(C)も一見すると修飾句ですが、**関係詞を見たらその後ろに動詞があるか、必ずチェック**してください。原則的には、動詞がなければ誤りです！（参照▷ 171ページ：重要文法事項3 関係詞）。

　正解の(A)について詳しくみると、

```
                         being の省略
Black Swan events , (being) rare and unpredictable phenomena , have
        S                    同格名詞（形容詞）                V
exceptionally powerful economic and political effects.
```

　be動詞は「イコール関係」を表せますから、主語である Black Swan events ＝ rare and unpredictable phenomena という同格関係を表す形容詞（同格名詞）として、カンマの後ろに名詞を入れることができます。

訳：ブラックスワン事象とは、稀で予測不能な現象のことであるが、極めて大きな経済的かつ政治的な影響を及ぼす。

覚えておきたい 単語・フレーズ

phenomena（複数形）	名	現象
phonomenon（単数形）		
exceptionally	副	極めて
effect	名	影響

例題11

Charlie "Bird" Parker, _____ revolutionized jazz music, ultimately lost his life to substance abuse.

(A) refined his saxophone techniques that
(B) the techniques on his saxophone which
(C) whose saxophone techniques
(D) which saxophone techniques

解答・解説

正解 | (C)

1 構造の確認

〈構造パターン4： S , □ , V O .〉

Charlie "Bird" Parker, _____ revolutionized jazz music, ultimately lost his life *to* substance abuse.

⇒ 空所には **修飾句（文や動詞ではない形）** が入る

2 選択肢の絞り込み

(A) 動詞（＋目的語）
(B) **同格名詞（形容詞）** ⇒ 正解候補
(C) **関係詞節（形容詞）** ⇒ 正解候補
(D) **関係詞節（形容詞）** ⇒ 正解候補

　(B)の**名詞が修飾句になり得るのは、同格名詞になる場合に限るので、2つの名詞がイコール関係にあるか確認する必要**があります。例題10ではBlack Swan events = rare and unpredictable phenomenaというイコール関係が成立していましたが、ここではCharlie "Bird" Parker（人）とthe techniques（技術）にイコール関係は成立せず、同格名詞としては捉えられませんので不適切です。

　関係代名詞のwhoseから始まる(C)については、直後に名詞saxophone techniquesが置かれ、その**後ろは主語がない不完全文が続くので適切**（V =

revolutionized, O = jazz music）です。

　一方、関係代名詞whichから始まる(D)については、**後ろが完全文になってしまうため不適切**（S = saxophone techniques, V = revolutionized, O = jazz music）です（ 参照 171ページ「重要文法事項3 関係詞」）。

訳：チャーリー・バード・パーカーは、彼のサキソフォンの技術がジャズ音楽に革命をもたらした人物であるが、最終的には麻薬乱用で命を落とした。

覚えておきたい 単語・フレーズ

| substance | 名 物質、薬 |
| abuse | 名 乱用、虐待 |

例題12

The discovery of gold in the Americas made fortunes for some adventurers, _____, as this "easy money" discouraged other commercial activities.

(A) also for the Spanish Empire was detrimental

(B) but it was detrimental to the Spanish Empire

(C) was detrimental for the Spanish Empire

(D) and being detrimental to the Spanish Empire

正解 | (B)

1 構造の確認

〈構造パターン3：___S___ ___V___ ___O___ [____] , __M__ .〉

The discovery *of* gold *in* the Americas made **fortunes** *for* some adventurers,
_____, **as** this "easy money" discouraged other commercial activities.
　　　　接続詞

⇒ 空所には **修飾句（文や動詞ではない形）が入る**

2 選択肢の絞り込み

(A) 修飾句＋動詞

(B) 接続詞＋文（SV...） ⇒ 正解

(C) 動詞

(D) 接続詞＋分詞構文

　(D)の "being detrimental..." は**分詞構文（修飾句）ですが、そうであればその前にある接続詞andは不要**です。修飾句の代わりに、**接続詞をつけて文を繋ぐ形**になる (B) は文法的に適切です（ 参照 114ページ「設問攻略のためのTip 2」）。

訳 ：アメリカ大陸における金の発見は一部の投機家に富をもたらしたが、スペイン帝国にとっては好ましくないものだった。なぜならこの「手に入れやすいお金」は他の商業活動を阻害したからだ。

覚えておきたい 単語・フレーズ

fortune	名 富
detrimental	形 有害な

【設問攻略のための Tip 5】　　　　　　　　2-23「設問攻略のための Tip 5」

「前置詞＋名詞」は修飾句（M）。
取っ払ってしまえば文の構造が見やすくなる！

「設問攻略のための Tip 4」で、**修飾句を取り払うと、コア要素だけのシンプルな骨格が明確になる**ことに触れました。例題6では、以下のように修飾句の代表格である「**前置詞＋名詞**」を取り払った例を紹介しています。

The Nile River does not flow ~~as a single continuous body of~~ water
　　S　　　　　　　　V

~~from its source in sub-Saharan Africa to the Mediterranean Sea.~~

「**前置詞＋名詞」を取り払うのは、一見複雑な文の構造を単純化して見るときに有効です。**例えば、例題12の設問文の1つ目のカンマの前の文は、「前置詞＋名詞」（*of* gold, *in* the Americas, *for* some adventurers）を取り払ってしまえば、以下のように文の核となる部分がはっきり見えます。

The discovery ~~of gold in the Americas~~ made **fortunes** ~~for some~~
　　S　　　　　　　　　　　　　　　　　V　　　　O

~~adventurers.~~

選択肢(A)も「前置詞＋名詞」（for the Spanish Empire）を取り払ってしまえば、以下のようになり、「この選択肢は結局のところ、動詞（＋補語）だ」とはっきりわかります。

(A) also ~~for the Spanish Empire~~ was **detrimental**
　　副詞　　　　　　　　　　　　　V　　　C

147

「名詞のかたまり」を作る

　空所補充問題最後のアプローチは、カンマが直接手がかりにならず、かつ文の
コア要素も揃っている場合です。その場合、空所にはもちろん **修飾句** が入りま
す。修飾句には **副詞と形容詞** があることはすでに述べましたが（参照 132ページ
「修飾句（M）」の表）、TOEFL ITPで問われやすいのは形容詞の方です。名詞の後
ろに **形容詞** をつけて「名詞のかたまり」を作るアプローチをここで身につけま
しょう。**ミクロな視点で空所前後の修飾関係に焦点を合わせ、「どんな 形容詞 を
つけるか？」を見極めることがポイント**になります。

　名詞の後ろにつける **形容詞** には、形容詞＋α（ex. different from X）のほか、
現在分詞・過去分詞、不定詞、関係詞節、同格のthat節などがあります（参照
153ページ「原則があれば例外もある その2」）。このうち、形容詞＋αについては158
ページ（参照 「設問攻略のための Tip 7」）で詳しく解説します。また先行詞（＝名詞）
を修飾する関係詞については171ページ（参照 重要文法事項3 関係詞）、同格の that
節については183ページ（参照 「〔参考〕"that節"のまとめ」）を参照してください。こ
こでは現在分詞・過去分詞と不定詞（形容詞的用法）についてまとめておきます。

　言うまでもなく、**現在分詞・過去分詞と不定詞（形容詞的用法）はいずれも「形
容詞」**ですから、**名詞を修飾できる**、という共通点があります。一方で**修飾の仕
方と意味には違いがあります**。

1. Do you know ┌ the boy **talking** to that woman ┐ ?

　（あの女性に話しかけている男の子をご存知ですか）
　= Do you know the boy who **is talking** to that woman?

2. Do you know ┌ the man **taken** to the hospital by ambulance ┐ ?

　（救急車で病院に運び込まれた男性をご存知ですか）
　= Do you know the man who **was taken** to the hospital by ambulance?

3. There are ┌ things **to be done** ┐ .

（なされるべきことがある＝やるべきことがある）

= There are things which **should** be done.

4. There are ┌ things **to do** ┐ .

（なすべきことがある＝やるべきことがある）

= There are things which someone **should** do.

5. Humans have ┌ an ability **to learn** language ┐ .

（人間には言語を習得できる能力がある）

= Humans have an ability with which they **can** learn language.

（a）現在分詞・過去分詞

　1.では現在分詞、2.では過去分詞を使って、前にある名詞（the boy / the man）を修飾しています。現在分詞・過去分詞で名詞を修飾する場合、その**名詞と分詞の間には必ず "SVの関係" が成立している**ことに注意してください。1.では「**the boy**（男の子）が (is) **talking**（話しかけている）」という関係、2.では「**the man**（男性）が (was) **taken**（運び込まれた）」という関係が、それぞれ成立しています。また**現在分詞・過去分詞は「実際に起こっている（未完）、あるいは起こった（完了）」事実**を表します。

（b）不定詞（形容詞的用法）

　一方、**不定詞（形容詞的用法）の場合は、修飾される名詞と不定詞の間に "SVの関係" が成立していても、していなくてもよく、かなり自由な修飾関係が許容**されます。3.では「things（物事）が (should) be done（なされなければならない」というSVの関係が成立していますが、4.では成立していません。4.では「(someone) (should) **do things**（誰かが物事をすべきだ）」というように修飾される名詞は不定詞の目的語になっています（"VOの関係"）。さらに5. では名詞 an ability と不定詞 to learn language との間に "SVの関係" も "VOの関係" も成

立していません。次に意味ですが、**不定詞は分詞と異なり、原則としてshould（すべき）やcan（できる）といった「これからすること（将来の可能性）」を表します**。3. と 4. では should（…すべき）の意味、5. では can（…できる）の意味が込められます（a capacity to do, the potential to do も同様）。この原則とは別に、ほぼ慣用句として「…した最初の人／もの」を表す**the first to do...**の表現もTOEFL ITPでよく使われますので、覚えておいてください。

6. Columbus was not 　the first **to discover** the Americas 　.

　（コロンブスはアメリカ大陸を最初に発見した人間ではなかった）

【設問攻略のための Tip 6】　　　　　　 ▷ 2-24 「設問攻略のための Tip 6」

「名詞＋分詞」と「名詞＋不定詞」の違い

名詞 **doing**（現在分詞）　／　名詞 **done**（過去分詞）

・"SVの関係"（「名詞が〜している」／「名詞が〜された」）が必ず成立している。
・「今実際にしていること」「過去実際にされたこと」を表す。

名詞 **to do**（不定詞）

・"SVの関係" は成立してもしなくてもよい。
・should（すべき）、can（できる）など「将来の可能性」を表す。

空所補充アプローチ3

名詞の後ろに適切な形容詞（形容詞＋α、現在分詞、過去分詞、不定詞、関係詞節、同格のthat節など）をつけて、「名詞のかたまり」を作ろう！

基本確認問題3

適切な形の分詞または不定詞を選びなさい。

1. Every animal appears to have some capacity (learning / to learn) from experience.

2. Hydrogen sulfide is a colorless gas (possessing / to possess) an unpleasant smell.

3. A molecule is two or more atoms (joining / joined / to join) together.

解答・解説

1.

正解｜ to learn（学ぶことのできる）

　capacity（≒ ability）は「能力」の意味。つまり「（経験から学習）**できる**」という **"can"の意味**だから、不定詞to learn が適切です。また、capacity と learning は S V の関係も成立しないため現在分詞learning は不可。

Every animal appears to have some capacity to learn from experience.
（あらゆる動物は経験から学習することができる何らかの能力を持っているようだ）

正解｜possessing（持っている）

「（不快な臭いを）**これから持つ**」のであればto possessですが、ここでは「（不快な臭いを）**実際に持っている**」という意味だから、現在分詞possessingが適切です。

Hydrogen sulfide is a colorless gas possessing an unpleasant smell.
（硫化水素は不快な臭いを持つ無色の気体だ）

3.

正解｜joined（結合した）

「**これから**結合する原子」ではないので、to join は不適切です。

ではjoiningかjoinedかですが、joinには自動詞「結合する」と他動詞「…を繋げる」の両方の用法があります。joiningは自動詞「結合する」の能動で「結合している（原子）」という意味になりますが、他動詞「…と繋がる」の受動は「繋げられた」という意味になり、joinedも良さそうです。

2.のpossess（= have）は「持っている」という意味の「状態」を表す動詞でしたが、joinは「結合する／…を繋げる」という意味の「動作」を表す動詞です。**動作を表す動詞では**状態を表す動詞と違い、**現在分詞（-ing形）と過去分詞（-ed形）で動作が「進行中（未完）か完了したか」という違い**が出ます。ここでは、「今結合しつつある（未完）」のではなく「**すでに結合された（完了）**」の意味なので、過去分詞joinedが適切です。

A molecule is two or more atoms joined together.
（分子は2つ以上の原子が結合したものだ）

【原則があれば例外もある　その2】　　⊚ 2-25「原則があれば例外もある　その2」

名詞の後ろにある分詞は、形容詞とは限らない！

　名詞の後ろにある分詞（-ing/-ed形）は、常に形容詞として前にある名詞を修飾して大きな名詞のかたまりを作るのかというと、そうではないケースもあります。その分詞は「副詞」で、前にある動詞を修飾する場合です。

（例1）The pH <u>was adjusted to 7.5</u> **using the buffer**.

　　　　（ペーハーは、その緩衝剤を使って7.5に調節されていた）

　例1の分詞using the bufferは、前にある名詞7.5（＝pH値）を修飾して「その緩衝材を使った7.5」となるわけではなく、動詞部分was adjusted to 7.5を修飾する副詞（＝分詞構文）です。

　構造パターン3ではカンマをつけて後ろに分詞構文を置きましたが、そのカンマをとった形がこの例文です。カンマの有無による違いは、**カンマをつける場合、後ろにつける分詞構文は補足説明（意味的に無くてもよい情報）**になりますが、カンマをつけない場合、**後ろにつける分詞構文は限定説明（意味的に必須な情報）**になります。

　例2（下記）ではカンマをつけて後ろに分詞構文を置いていますが、カンマ以下（指を使って）は意味的に無くてもよい情報（＝「インド方式で食べた」がどんな方式か知らない読み手に対する補足説明）です。それに対し、例1では書き手は単に「ペーハーは7.5に調節されていた」と言いたかったのではなく、「その緩衝剤を使って7.5に調節されていた」と言いたかったので、カンマをつけていません。

（例2）They <u>ate</u> food in the manner of India, **using their fingers**.

（彼らはインド方式で食べた。つまり指を使ってだ）

▎例題13

Plants such as cacti evolved a capacity to store water in large amounts
_____ during dry periods.

(A) taps

(B) tapping

(C) it tapped

(D) to be tapped

解答・解説

正解｜(D)

1️⃣ 構造の確認

〈構造パターン1： S　V　O　M　□　M ．〉

Plants *such as* cacti evolved **a capacity** *to store* water *in* large amounts
_____ *during* dry periods.

⇒ 空所には **修飾句（文や動詞ではない形）が入る**

2️⃣ 選択肢の絞り込み

(A) 名詞 or 動詞

(B) 動名詞 or 現在分詞 ⇒ 正解候補

(C)〔tapが他動詞とすれば〕whichが省略された 関係詞節 ⇒ 正解候補

(D) 不定詞 ⇒ 正解候補

ミクロな視点で、以下の部分に焦点を絞って見てみましょう。

大きな名詞のかたまり（「〜な大量の水」）

上の図のとおり、下線部には名詞 water in large amounts（大量の水）を修飾する **形容詞** が入ります。ではどの選択肢が適切な形の「形容詞」でしょうか？　(B) は**現在分詞**と捉えれば形容詞になります。(C) は一見すると文ですが、関係代名詞 which が省略されている（which it tapped during dry periods）と考えれば形容詞になります。(D) は**不定詞**でこれも**形容詞**になり得ます。(B)(C)(D) のいずれが適切かは、修飾の仕方と tap という動詞の意味・使い方の知識が必要になります。

まず tap は他動詞で use（〜を利用する）の意味で用います。(B) water in large amounts tapping during dry periods については、**名詞 water in large amounts と現在分詞 tapping の間に「大量の水が…を利用する」という SV の関係が成立する**ことになりますが（ 参照 150ページ「設問攻略のための Tip 6」）、これは意味的にも文法的にも（tap の目的語がない）不適切です。

次に (C) water in large amounts (which) it tapped during dry periods については、動詞 tapped の目的語が先行詞 water in large amounts（大量の水）になるので、修飾関係としては適切です。問題は主語 it が何を指すかが不明な点と tap が過去形である点です。意味的には「それが利用した大量の水」となりますが、「それ」は主文の主語の Plants such as cacti（複数形：参照 246ページ「不規則な複数形の可算名詞」）を指すと考えられるので、it ではなく they でなければなりません。また「利用**した**水を貯蔵できる」も意味の上で不自然です。

最後に (D) water in large amounts to be tapped during dry periods については、既述のとおり**不定詞は修飾関係に自由度が高く、その点は問題ありません**（ここでは SV の関係が成立）。また意味の上でも、to be tapped は **can** の意味（使用されることのできる）で water in large amounts を修飾でき、適切です。

訳：サボテンのような植物は、乾季に利用可能な大量の水を貯蔵できる能力を進化させてきた。

覚えておきたい 単語・フレーズ

evolve...	動	…を発展させる
store...	動	…を貯蔵する
tap	動	…を利用する

例題14

Designed for use in _____, surgical robots can function with an increasingly high level of autonomy.

(A) operations are complex in nature

(B) complexity operations of nature

(C) operated for complex nature

(D) operations complex in nature

解答・解説

正解｜(D)

①　構造の確認

〈構造パターン2：　**M**　［　　　　］，　S　　V　，　**M**　．〉

Designed *for* use *in* _____, surgical robots can function *with* an increasingly high level *of* autonomy.

⇒ 空所（前置詞 **in** の後ろ）には、**名詞**が入る

② 選択肢の絞り込み

(A) 文

(B) 名詞＋名詞＋修飾句

(C) 修飾句（分詞）

(D) **名詞**＋形容詞＋修飾句 ⇒ 正解

　ミクロな視点で、前置詞inの後ろに焦点をあてます。

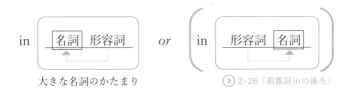

大きな名詞のかたまり　　　　　　2-26「前置詞inの後ろ」

　上の図のように、**前置詞の後ろには名詞**が来ます。単独の名詞でももちろんよいのですが、その名詞に「形容詞」をつけてもよいわけです。「形容詞」を名詞の前につけるか後ろにつけるかは、「形容詞」が1単語であれば名詞の前につけますし、「形容詞」が複数の単語から成る場合には名詞後ろにつけます（詳細は後述します）。

　(A)の場合、前置詞inの後ろに名詞operationsが来ますが、その後ろにareという動詞が来てしまいます。**前置詞の後ろに文は置けません**ので誤りです。(C)の場合は、前置詞inの後ろに過去分詞operatedという形容詞だけが来ますのでこれも誤りです。

　(B)と(D)の場合であれば、前置詞inの後ろにそれぞれ名詞complexity、operationsが来ています。ただし、(B)では名詞complexityの後ろに、さらに名詞operationsが続きます。例題9でも説明しましたように、名詞と名詞が連続するのは原則誤りです。

（×）complexity operations
　　　　名詞　　　　名詞

（○）complex operations
　　　形容詞　　　名詞

157

(D) では前置詞 in の後ろに名詞 operations が来ることになります。その後ろに形容詞 complex が来ています。先述のとおり、**単独の形容詞であれば名詞の前に置きますが、後ろに前置詞句を伴った形容詞の場合は名詞の後ろに置きます**（形容詞の一つである、現在分詞や過去分詞の形では馴染みがあるルールだと思います）。したがって、(D) が適切です。

【設問攻略のための Tip 7】　　　　　　　　⊘ 2-27「設問攻略のための Tip 7」

名詞を修飾する形容詞の位置

・単独の形容詞は、名詞の前に置く。

（参照 159 ページ「原則があれば例外もある　その 3」）

・前置詞句を伴って「長くなった形容詞」は、名詞の後ろに置く。

a <u>running</u> <u>dog</u>（走っている犬）
　現在分詞　名詞

a <u>dog</u> <u>running</u> around the pond（池の周りを走っている犬）
　名詞　　　**現在分詞** ＋前置詞句

a <u>similar</u> <u>problem</u>（類似の問題）
　形容詞　　名詞

a <u>problem</u> <u>similar</u> to mine（私の問題と類似の問題）
　名詞　　**形容詞** ＋前置詞句

<u>complex</u> <u>operations</u>（複雑な手術）
　形容詞　　　名詞

<u>operations</u> <u>complex</u> in nature（性格的に複雑な手術）
　名詞　　　**形容詞** ＋前置詞句

訳：外科手術用のロボットは、性格的に複雑な手術での使用のために設計されているため、ますます高度な自主性を持って機能を果たすことができる。

覚えておきたい **単語・フレーズ**

design...	動	…を設計する
operation	名	手術
complex	形	複雑な
nature	名	性質
function	動	機能する
autonomy	名	自主性

【原則があれば例外もある その3】　　　　(>) 2-28「原則があれば例外もある その3」

単独の形容詞や分詞でも、名詞の後ろに置くことがある！

「単独の形容詞は名詞の前に置く」という言い方は実は正確ではありません。正しくは**「限定用法で使う単独の形容詞は、名詞の前に置く」**です。

限定用法とはその名のとおり、修飾する名詞の性質を限定する用法です。例えば、I like beautiful flowers. では、形容詞 beautiful が名詞 flowers の性質を限定しています。これにより、花全般が好きだと言っているのではなく、「花は花でも"美しい"花限定で好きだ（美しくない花は好きではないけど…）」という意味になります。

一方、**単独の形容詞でも叙述用法で使う場合は、名詞の後ろに置きます。**名詞の性質を限定するのと違い、叙述用法とはその名のとおり、名詞が持つ性質の一つを叙述する（書き述べる）用法です。This flower is beautiful. では、形容詞 beautiful は This flower が持つ性質の一つを叙述しています。

叙述用法には、この例のように補語として形容詞を用いる場合だけでなく、名詞の後ろに形容詞を置く場合も含みます。

①This is the most beautiful flower **known**.〔叙述用法〕
②This is the most beautiful **known** flower.〔限定用法〕

①では単独の形容詞（過去分詞known）が後ろからflowerを修飾（叙述）しています。②では単独の形容詞（過去分詞known）が前からflowerを修飾（限定）しています。②の限定用法の場合、名詞flowerを過去分詞**known**（既知の）で限定しているので、「これが、**既知の花に限定すれば、その中で最も美しい花だ（未知の花を含めれば、もっと美しい花もあり得るが…）**」という意味になります。もし「未知のものにはもっと美しいものもあり得るから、あくまで既知のものに限定する」というニュアンスをあまり強く出したくなければ、①の叙述用法This is the most beautiful flower known.（これが最も美しい花だ。既知の花の中でということではあるが…）とすればよいわけです。

また、形容詞の中には**名詞の前に置くか（限定用法）、後ろに置くか（叙述用法）で意味が変わるもの**があります。例えば**present**は名詞の前に置くと「現在の」の意味になり、後ろに置くと「出席している」の意味になりますので、「出席している」の意味で使う場合は単独でも名詞の後ろに置いて、people present（出席している人々）とします。また**apparent**は原則として、名詞の前に置くと「一見したところの」の意味（apparent resemblances：一見した類似点）、名詞の後ろに置くか補語にすると「明らかな」の意味（The difference was apparernt. : 違いは明らかだ）になります（なお、副詞apparentlyは「一見したところ」の意味のみで、「明らかに」の意味では使いません）。

例題15

The international cultural atmosphere and free trade of the Republic of
Venice made it one of ＿＿＿＿ states of its time.

(A) the most open world's

(B) world's mostly open

(C) more open world's

(D) the world's most open

解答・解説

正解 ｜ (D)

①　構造の確認

〈構造パターン1：　S　　V　　**O**　　**C**　(= one of ☐☐☐ states...).〉

The international cultural atmosphere and free trade *of* the Republic *of*
Venice made **it** one *of* ＿＿＿＿ states *of* its time.

⇒ 空所には**名詞states を修飾する　形容詞**が入る

②　選択肢の絞り込み

(A) 最上級の形容詞＋所有格

(B) 所有格＋副詞＋**形容詞**　⇒　正解候補

(C) 比較級の形容詞＋所有格

(D) 所有格＋最上級の**形容詞**　⇒　正解候補

　名詞states を修飾する「所有格」と「（比較級／最上級の）形容詞」の語順の問題です。

　所有格と形容詞で名詞を修飾する場合、**「所有格」＋「形容詞」＋「名詞」の語順**になります。この語順は、形容詞がそのままの形（原級）であろうと、比較級の形であろうと、最上級の形であろうと変わりません。

1. She is one of my able students.
   所有格 + 形容詞 + 名詞
   （彼女は有能な私の学生のうちの一人だ）
2. She is one of my more able students.
   所有格 + 形容詞（比較級）+ 名詞
   （彼女はさらに有能な私の学生のうちの一人だ）
3. She is one of my most able students.
   所有格 + 形容詞（最上級）+ 名詞
   （彼女は最も有能な私の学生のうちの一人だ）

　この語順になっているのは (B) と (D) です。次に所有格を見ます。上の3つの例文では所有格はmyですが、普通名詞に 's をつけて所有格にすることも可能です。

4. She is one of a teacher's able students.
   所有格 + 形容詞 + 名詞
5. She is one of a teacher's more able students.
   所有格 + 形容詞（比較級）+ 名詞
6. She is one of a teacher's most able students.
   所有格 + 形容詞（最上級）+ 名詞

　例文を見ておわかりのように、普通名詞に 's をつけた所有格を使う場合、語順は代名詞myを使う場合と何ら変わりはありません。細かな点になりますが、普通名詞はたとえ 's をつけて所有格にする場合であっても、**可算名詞であれば冠詞をつけるか複数形にするかしなければならない**ことに注意してください。teacherは可算名詞だから、冠詞aあるいはtheをつけなければいけませんので、a teacher'sとします。しつこいですが、冠詞aは名詞teacherについているのであって、末尾の名詞students（複数形）とは関係ありません。

　この点を踏まえると、(B) はworld's mostly open (states) となりますが、可算名詞worldに冠詞がついていない点が不適切です。一般に「世界」を意味する場合は、冠詞theをつけますので、the world's ... statesとすべきです。もう1点、形容詞openの前に副詞mostlyを置いていますが、意味の上でやや不自然です（「大抵の場合は開かれた国々」）。一方、(D) the world's most open (states) は、語順

162

も冠詞theがついている点も適切です。

　以下の類似語は混同しやすい分、TOEFL ITP文法でもよく問われますので覚えておいてください。

類似語 most/mostly/almost

(>) 2-29「類似語 most/mostly/almost」

	品詞	意味	例文
most	名詞	大多数／大部分	(1)
	形容詞	大多数の／大部分の	(2)
	形容詞（many/muchの最上級）	最も多くの／最も大きな	(3)
	副詞（最上級をつくる）	最も	(4)
mostly	副詞	大抵の場合	(5)
almost	副詞	ほぼ	(6)

〈例文：名詞〉

(1) Most of the students are female. / Most of the information is wrong.

〈例文：形容詞〉

(2) **Most** students are male. / **Most** information is right.

(3) This class has the **most** children. / He has the **most** money.

〈例文：副詞〉

(4) She is the **most** experienced teacher.

(5) He is **mostly** kind.

(6) **Almost** all of the students are female.

> 訳：国際的文化の風潮と自由貿易によって、ヴェネチア共和国はその時代、世界で最も開かれた国家の一つになった。

覚えておきたい 単語・フレーズ

state	名 国家、州

重要文法事項

　ここでは、TOEFL ITP文法セクションを解くにあたって、とくに覚えておくべき文法事項を説明します。

重要文法事項1　並列

　2つ以上の「もの」を並べるとき、英語ではandやorなどを使います。2つの場合は"X and Y"、3つの場合は"X, Y and Z"または"X, Y, and Z"の形をとります。

　並べる「もの」は、名詞とは限りません。動詞＋αであったり、前置詞句であったり、文を構成するどの部分であっても（文全体であっても）並べることができます。

　ただし、並列にはとても重要なルールが1つあります。それは並べる「もの」はすべて同じ品詞で同じ形でなければならない、というルールです。このルールを頭に置くことで、何と何が並列されているか、を見抜くことができます。以下の5つの例文で、並列されている「もの」を特定してみてください。

2-30｜並列の原則ルール

並列の原則ルール

並べる「もの」はすべて<u>同じ品詞</u>で<u>同じ形</u>でなければならない

▌基本確認問題4

次の5つの文の中にある"and"あるいは"or"を見つけなさい。また並列している「同じ品詞／同じ形」をした要素（2つあるいは3つ）を特定しなさい。

1. Low incomes and widespread joblessness make life difficult in many of the poorest American neighborhoods.

2. Sharks, scorpions and alligators remain essentially unchanged from millions of years ago.

3. An advertisement may convey actual information, propagate an illusion, or secretly play upon the subconscious values of its audience.

4. People vary considerably in their ability to gain rapport with others and in the accuracy of their feelings about others.

5. It is wrong to believe that there are exact rules by which we can tell art from what is not art, and that, on the basis of these rules, we can then grade any given work according to its merits.

▌解答・解説

1.

Low incomes **and** widespread joblessness make life difficult in many of the poorest American neighborhoods.

Low incomes	⌐ make life difficult in many of the poorest
and	American neighborhoods.
widespread joblessness	⌐ 「形容詞＋名詞」の形をした「もの」が2つ並列

Sharks, scorpions **and** alligators remain essentially unchanged from millions of years ago.

Sharks,
scorpions
  and
alligators
      remain essentially unchanged from millions of years ago.

「名詞」が3つ並列

An advertisement may convey actual information, propagate an illusion, **or** secretly play upon the subconscious values of its audience.

An advertisement may

    convey actual information,
    propagate an illusion,
      or
    secretly play upon the subconscious values of its audience.

「動詞＋α」の形をした「もの」が3つ並列

People vary considerably in their ability to gain rapport with others **and** in the accuracy of their feelings about others.

People vary considerably

    in their ability to gain rapport with others
      and
    in the accuracy of their feelings about others.

前置詞句（in...）の形をした「もの」が2つ並列

5.

It is wrong to believe that there are exact rules by which we can tell art from what is not art, **and** that, on the basis of these rules, we can then grade any given work according to its merits.

It is wrong to believe　┌　that there are exact rules by which we can tell art
　　　　　　　　　　　　│　from what is not art,
　　　　　　　　　　　　│　　　**and**
　　　　　　　　　　　　│　that, on the basis of these rules, we can then
　　　　　　　　　　　　└　grade any given work according to its merits.

that節（that S V）の形をした「もの」が２つ並列

重要文法事項2　分詞構文

分詞構文は、主文の述部（動詞以下の部分）を修飾する**副詞**です。その名前が示す通り分詞（-ing形／-ed形）をとることが多いですが、be動詞の分詞beingは省略される場合があるので見かけ上は分詞の形をとらず、**形容詞（下記の例文3.）や名詞（下記の例文4.）の形をしている場合もあります**。

分詞構文では主語が省略されるので、主文の前に置く分詞構文は、その意味上の主語が主文の主語と一致していなければなりません。設問文や選択肢で分詞構文を見たら、まずこの「主語の一致」をチェックしてください。

2-31「主文の前に置く分詞構文のルール」

主文の前に置く分詞構文のルール

分詞構文の（省略された）意味上の主語＝主文の主語

（参照 170ページ「原則があれば例外もある その4」）

〈例文〉

1. **Feeling** nervous about my exams, I couldn't sleep.
   （試験が心配で、眠れなかった）
   ☑ "Feeling"（感じた）の主語は、"I"（私）

2. **Written** in plain English, the book is easy to read.
   (= **Being** written in plain English)
   （平易な英語で書かれているので、その本は読みやすい）
   ☑ "Written"（書かれた）の主語は、"the book"（その本）

3. **Easy** to read, this book is right for beginners.
   (= **Being** easy to read)
   （読みやすいので、この本は初心者に向いている）
   ☑ "Easy"（読みやすい）の主語は、"this book"（この本）

4. **Vegetarians**, the gorillas eat the leaves, blossoms, and fruit of many kinds

　(= **Being** vegetarians)

　of plants.

　(ゴリラは菜食主義者で、多くの種類の植物の葉、花、実を食する)

　☑ "Vegetarians"（菜食主義者）の主語は、"the gorillas"（ゴリラ）

5. Cancer can be cured **if detected** early.

　　　　　　　　　(= if **cancer is** detected early)

　(がんは、早期に発見されれば治癒しうる)

　She got injured **while playing** soccer.

　　　　　　　(= while **she was** playing soccer)

　(彼女はサッカーをしている最中に怪我をした)

　接続詞（if/while）を残した形の分詞構文。1.～3.の例文のように読み手にとって意味が明らか（「…なので」＝"Because"）ではない場合に、意味（「もしも…」／「…している間に」）を明確にするため、しばしば接続詞を残します。別の言い方をすれば、**従属節の中の主語（cancer/she）とbe動詞（is/was）を省略した形**です。

6. The top three countries that produce the most grain are China, the United

　States, and India, **each producing** more grain than the European Union.

　(穀物生産量トップ3は中国、アメリカ、インドであり、それぞれEU全体よりも多くの穀物を生産している)

　主語（each）を残した形の分詞構文（独立分詞構文）。1.～5.の例文のように「主文の主語＝分詞構文の意味上の主語」というルールが成立しない場合に、主語を残した形をとることができます。例文6では分詞構文の意味上の主語は、主文の主語The top three countries（トップ3の国々）ではなく、each (country)（各国）なので、これを残してeach producing... としています。

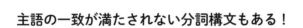

主語の一致が満たされない分詞構文もある！

　「分詞構文の意味上の主語は、主文の主語と一致する」というルールは、主文の前に置く分詞構文の絶対ルールですが、例題9で触れたように、主文の<u>後ろ</u>に置く**分詞構文にはこのルールは必ずしも適用されません。**

Oil leaked from the factory, <u>resulting in a dangerous area for marine life</u>.
（その工場からオイルが漏れて、海洋生物にとって危険な地域になった）

　後ろに置いた分詞構文（海洋生物にとって危険な地域になった）の意味上の主語は、主文の主語Oilではなく、強いて言えば「その工場からオイルが漏れたこと」です。この例文では、後ろに置いた分詞構文は主文（＝オイル漏れ）の結果（＝海洋生物にとって危険な地域になる）を補足的に説明しています。このように、**後ろに置いた分詞構文は、主文で述べたことの結果や具体的内容などを補足説明**します。ここでは主文（＝オイル漏れ）の結果（＝海洋生物にとって危険な地域になる）を説明しています。内容的に補足説明であればよく、主語の一致は満たされていなくても構いません。

重要文法事項3　関係詞

　関係詞節は、名詞（＝先行詞）を修飾する代表的な**形容詞**です。設問や選択肢で関係詞を見たら、次の5点を確認してください。

関係詞節の確認項目

(>) 2-33「関係詞節の確認項目」

1. 単独の関係代名詞（which, who, that, whatなど）の後ろが<u>不完全文</u>になっているか？
（不完全文とは、S〔主語〕、O〔目的語〕、またはC〔補語〕がない文のことです）

2. 前置詞が前についた関係代名詞、あるいは関係副詞の後ろが<u>完全文</u>になっているか？
（関係副詞とは、where, when, why, howの4つを指します）

3. 関係詞（関係代名詞または関係副詞）の後ろに<u>動詞</u>があるか？
（完全文であろうと不完全文であろうと、関係詞の後ろにV〔動詞〕はあります。 参照 176ページ「原則があれば例外もある その6」）

4. whichの先行詞が「人以外」か？　whoの先行詞が「人」か？　whatの先行詞は「存在しない」か？

5. 関係代名詞thatの前にカンマがついていない**か？**
（ 参照 175ページ「原則があれば例外もある その5」）

　以下の例文では主文を色文字、関係詞節をハイライト で表しています。関係詞節は、先行詞（名詞）を修飾する形容詞ですが、 関係詞 を含む関係詞節 は文の要素がすべてそろった完全文になっていることが確認できます。先行詞（太文字）を含む主文ももちろん文の要素がすべてそろった完全文です。ただし、関係代名詞 what は先行詞がないため、 what は関係詞節の一部であると同時に、主文の

一部にもなる「共通要素」である点がwhich/who/thatなどと異なります。

1. This is a company which manufactures textile.

　　　　　　　　　S ＋ Sがない不完全文

（これは繊維を製造する会社だ）

☑ 単独の関係代名詞whichの**後ろはSがない不完全文**。動詞manufacturesは
　　ある。

☑ whichの先行詞は、人以外（a company）

2. This is the company which Saki works at.

　　　　　　前置詞の目的語 ＋ 前置詞の目的語がない不完全文

（ここはSakiが働いている会社だ）

☑ 単独の関係代名詞whichの**後ろはOがない不完全文**（*）。動詞worksはある。

☑ whichの先行詞は、人以外（the company）

　　＊なお、**後ろにOがない不完全文が来るときの関係代名詞は省略することも可能**です（⇒
　　　This is the company she works at.）。

3. This is not a good company that it used to be.

　　　　　　　　　C ＋ Cがない不完全文

（ここはかつてそうだった優れた会社ではもうない）

☑ 単独の関係代名詞thatの**後ろはCがない不完全文**。動詞beはある。

☑ 関係代名詞thatの後ろにカンマはない。

4. This is the company at which Reika works.

　　　　　　　　　M ＋ 完全文

（ここはReikaが働いている会社だ）

☑ 前置詞＋関係代名詞at whichの**後ろは完全文**。動詞worksはある。

☑ whichの先行詞は、人以外（the company）

5. This is the company where Yuma works.

　　　　　　　　　M ＋ 完全文

（ここはYumaが働いている会社だ）

☑ 関係副詞whereの**後ろは完全文**。動詞worksはある。

☑ where の先行詞は、場所を表す名詞（the company）

6. There are **two big companies**, one of which manufactures automobiles.
both of which manufacture automobiles.
neither of which manufactures automobiles.
he performances of which are equally high.

$\qquad$ S ＋ Sがない不完全文

（2つの大手の会社があり、そのうちの1つは自動車を製造している）

（2つの大手の会社があり、そのいずれもが自動車を製造している）

（2つの大手の会社があり、そのいずれも自動車を製造していない）

（2つの大手の会社があり、その業績は等しく高い）

　一見、例文4と同様、関係代名詞whichの前に前置詞ofがついた形をとっていますが、例文4と異なり、先行詞は前置詞の前にある名詞one/both/neitherではなく、さらに前にある名詞 two big companies です。その場合**後ろは不完全文**になります。

7. The company whose reputation had been damaged went out of business.
= The company the reputation of which had been damaged went out of business.

S ＋ Sがない不完全文

（評判が傷つけられたその会社は倒産した）

　関係代名詞whoseは所有格ですので、直後に名詞（reputation）続きます。その名詞より**後ろは不完全文**になります。whoseの代わりにof whichを使うこともできます。その場合、語順がwhose reputationからthe reputation of whichになります（**a camera**'s image が the image **of a camera** になるのと同じです）。**whoseの先行詞は人でも人以外でもとれる**ことも覚えておいてください。

8. This is what Emily wanted us to know.
S　V　C/ O ＋ Oがない不完全文

（これはEmilyが私たちに知ってほしかったことだ）

☑ 関係代名詞whatの**後ろはOがない不完全文**。動詞wantedはある。

☑ whatの先行詞はない（what = the thing which）。

173

9. <u>The woman</u> <u>lived</u> <u>in</u> $\boxed{\text{what}}$ is now Tokyo.
　　　 S 　　　V 　 前置詞 名詞/ **S＋Sがない不完全文**

（その女性は現在の東京にあたる所で暮らしていた）

☑ 関係代名詞whatの**後ろはSがない不完全文**。動詞isはある。

☑ whatの先行詞はない（what = the place which）。

　単独の関係代名詞（which, that, who, whom）の場合（例文1. 2. 3.）、名詞であるwhichが**文の要素（S, OまたはC）**なので、その後ろは不完全文になる。

　前置詞＋関係代名詞の場合（例文4）、"前置詞＋which（＝前置詞＋名詞）"は**修飾句（M）**なので、その後ろは完全文である。

　one of whichなどの場合（例文6）、"one of which（＝名詞）"が**文の要素（S, OまたはC）**なので、その後ろは不完全文になる。

　関係代名詞whoseの場合（例文7）、所有格であるwhoseの後ろに必ず名詞が続く。"whose＋名詞"が**文の要素（S, OまたはC）**なので、その後ろは不完全文になる。

　関係代名詞whatの場合（例文8, 9）、名詞であるwhat（＝<u>the thing</u> which / <u>the place</u> which）が**文の要素（S, OまたはC）**なので、その後ろは「<u>常に</u>」不完全文になる。「常に」とは、whatの前に前置詞がついている場合（例文9）でも、後ろは不完全文になるということ。whichやwho/whomでは先行詞が主文の要素になるが、whatは先行詞がないため $\boxed{\text{what}}$ 自身が主文（例文8, 9ではwhatの前にある文）の要素にもなる。つまり、$\boxed{\text{what}}$ は後ろの関係詞節の要素であると同時に、主文の要素にもなる共通要素。whatの前に前置詞がついている場合、その"前置詞＋what"は主文の要素であって関係詞節の要素ではないので、**後ろは不完全文になる**。

【原則があれば例外もある その5】　(●) 2-34「原則があれば例外もある その5」

関係代名詞thatの前にカンマがつくこともある！

　関係代名詞thatの前にカンマはつかない（", that..."という形はない）という言い方は、正確ではありません。正確には**「関係代名詞thatは非制限用法で用いることはできない」**です（非制限用法とは、簡単に言えば、関係詞節の内容を使って先行詞の意味を絞りこむ〔＝制限する〕のではなく、「因みに…」的に補足情報を追加する用法）。「関係詞の前にカンマをつけると非制限用法になるから、同じことでは？」と思われるかもしれませんが、非制限用法にするためでなく、別の目的でつけたカンマがたまたま関係代名詞thatの前についてしまった場合、thatは制限用法だから正しい使い方になります。別の目的とは、次の例文のように、先行詞の後ろに同格名詞を挿入するためにカンマをつける場合などです。ただし、TOEFL ITPであえてこのケースを文法の設問にすることはまずないので、テスト対策としては**「カンマ thatはない」**と覚えておいてよいと思います。

The tree trunks in a certain region of England were white because of **a type of fungus**, a lichen, that grew on them.
（イングランドのある地域の木の幹は、その幹上で成長した菌の一種である地衣類のため、白かった）

　関係代名詞thatの前にカンマがついていますが、正しい用法です。先行詞はa type of fungus（菌の一種）で、それを制限する関係詞節that grew on them（幹で成長した）を後ろに置きますが、その間に、先行詞と同格名詞であるa lichenを挿入しています。つまり**thatの前のカンマは非制限用法のためのカンマではなく、a lichenという同格名詞を挿入するためのカンマ**です（ 参照 カンマの種類については182ページ：重要文法事項5 カンマ）。なおここで制限用法を使っているのは、書き手は単に「菌の一種のため」と言いたかったのではなく、「その幹上で成長する菌の一種（＝地衣類）のため」というように、菌の意味を制限したかったからです。

a type of fungus, a lichen, that grew on them

　　　　先行詞　　　　同格名詞　関係代名詞that

【原則があれば例外もある その6】　　　　2-35「原則があれば例外もある その6」

関係詞の後ろに動詞がないこともある！

　確認項目3.（参照 171ページ）で、関係詞の後ろにはたとえ不完全文であろうとも少なくとも動詞はある、と述べましたが、動詞がない例外用法が1つあります。「前置詞＋関係代名詞＋不定詞」の形になる場合です。

The child has no one **on whom to depend**.

　　　　　　　　　　= The child has no one to depend **on**.

（その子には頼れる人が誰もいない）

This is an instrument **with which to measure** weight.

　　　　　　= This is an instrument to measure weight **with**.

（これは重さを測る装置だ）

　右の文は、末尾が前置詞で終わる不定詞（形容詞的用法）を使って、前にある名詞を修飾しています。この名詞を先行詞に見立てて、前置詞とともに関係詞を使った（on whom / with which）のが左の文です。不定詞を使った右の文でも全く同じことを表せますので頻度は高くはないですが、この「前置詞＋関係代名詞＋to do」の形も特に書き言葉で使用されます。

176

重要文法事項4　倒置

　日本語でも「この数値が重要です」と言う代わりに「重要なのは、この数値です」と言ったり、「有名な俳優が私の隣に座っていた」と言う代わりに「私の隣に座っていたのは、有名な俳優だった」と言ったりして、「この数値」「有名な俳優」を相手に強調することができます。英語でも同様に、相手の注意を引く表現（「重要なのは」「私の隣に座っていたのは」）を文頭に置き、強調したい語句（主語である「この数値」「有名な俳優」）を文末に置くことで、強調表現をつくることができます。このとき、SVの順序がひっくり返る「倒置」が起こります。

　倒置構文にはいくつかのパターンがありますが、TOEFL ITP文法でよく問われる次の4つのパターンはしっかり習得しておいてください。いずれのパターンにも共通している点は、**「動詞または助動詞（＊）の前に、主語になる名詞がない」**形をとることです。

＊助動詞とは、will, can, may, must のほか、**疑問文で文頭に出す** do, does, did、完了形で使う have, had など

1. 否定＋疑問文　パターン

否定の副詞や目的語 が文頭　→　その後ろは疑問文の形

① **Seldom** do I hear such a heartwarming story.
　　否定の副詞　　　　　　疑問文の形
（めったにそんな心温まる話は耳にしない）
通常の文：I seldom hear such a heartwarming story.

② **Only with her** could I be my real self.
　　　　否定の副詞　　　　　　疑問文の形
（彼女といるときだけ私は本当の私でいられる）
通常の文：I could only be my real self with her.

③ **Not until you told me** had I noticed it.

      否定の副詞   疑問文の形

（君に言われてはじめてそのことに気付いた）

通常の文：I had not noticed it until you told me.

2. MVS パターン

場所・範囲などを表す副詞句 が文頭 → その後ろはV＋S【第1文型の倒置】

① **On the desk** lay several guidebooks with information on Paris.

    副詞（場所）   V   S

（机の上に置いてあったのは、パリの情報が掲載されているガイドブックだ）

通常の文：Several guidebooks with information on Paris lay on the desk.

                          S   V   **M**

② **Among the guests** was a strange old man with untidy hair in a ragged

      副詞（範囲）   V   S

coat.

（ゲストの中にいたのは、ぼさぼさの髪にぼろぼろのコートを身にまとった風変りな老人だった）

通常の文：A strange old man with untidy hair in a ragged coat was among

                          S   V   **M**

the guests.

3. CVS パターン

補語 が文頭 → その後ろはV＋S【第2文型の倒置】

① **More important** is whether you are driven.

    形容詞（C）   V   S

（さらに重要なのは、君がやる気があるかどうかだ）

通常の文：Whether you are driven is more important.

                  S   V   **C**

② **Coming next** are machines with a sense of ethical behaviors.
　　現在分詞 (C)　　V　　　S

（次にやって来るのは、倫理観を持つ機械だ）

通常の文：Machines with a sense of ethical behaviors are coming next.
　　　　　　 S　　　　　　　　　　　　　　　　　　　　　　V　　　C

③ **Located on the south side of the river** is the town, which has only a
　　　　　　過去分詞 (C)　　　　　　　　　　　　V　　S

small population.

（その川の南側に位置しているのがその町で、わずかな人口しかいない）

通常の文：The town, which has only a small population, is located on the
　　　　　　 S　　　　　　　　　　　　　　　　　　　　　　　　　V　　　C

south of the river.

> 2-36「『第1文型』『第2文型』といった括りは柔軟に解釈しよう！」

「第1文型」「第2文型」といった括りは柔軟に解釈しよう！

　ここで言う「第2文型（SVC）」はいわば**広義の第2文型**です。例えば②の例文は第1文型の現在進行形と整理してもよいでしょうし、③の例文は第3文型の受動態とも整理できます。他方、進行形で使っている現在分詞（-ing形）や受動態で使っている過去分詞（-ed形）はいずれもbe動詞の後ろに来る「形容詞」ですから、これらを補語とすれば**進行形の文や受動態の文はSVCの第2文型**とも解釈でき、CVSパターンの倒置文にできます（本書でもしばしば言及している「5文型」は、理解の手助けのための分類であって厳密な分類ではないため、「何文型になるか？」を一意に決めることに意味はありません）。

　同様に、2.で見た「第1文型（SVM）」も**広義の第1文型**です。例えば上記で第2文型と解釈し得るとした③の例文 The town is located on the south of the river. は第1文型と解釈することもできます。

第2文型：The town is located on the south of the river.
　　　　　 S　　V　　　　　　 C

179

第1文型：<u>The town</u> <u>is located</u> <u>on the south of the river</u>.
　　　　　　　S　　　V　　　　　　　**M**

　第1文型と解釈すれば、MVSパターンで書くことも可能です。

On the south of the river <u>is located</u> <u>the town</u>, which has only a small
　　　　　M　　　　　　　　　V　　　　S

population.

---

4. than 疑問文 / as 疑問文　パターン

比較級や原級の構文で、接続詞thanやasの後ろで倒置<u>してもよい</u>。

① Rachel spends more ｜than｜ does Phoebe.
　　　　　　　　　　　　　　　疑問文の形
（レイチェルはフィービーよりも支出が多い）

② Monica can run as fast ｜as｜ can Chandler.
　　　　　　　　　　　　　　　疑問文の形
（モニカはチャンドラーと同じくらい速く走ることができる）

※2.～4.のパターンでは、主語が代名詞の場合（he/she/theyなど）倒置は起こらない。

⊙ 2-37「〔参考〕なぜ倒置する？」

参考　なぜ倒置する？

　「文頭で相手の注意を引き、記憶に残りやすい文末に強調したい語句を置く」という強調表現では、第1文型SVMや第2文型SVCで相手の注意を引くMやCを文頭に置いただけでは（MSV, CSV）、**意味的には重要ではないV（be動詞やlieなどの「ある」「…である」という意味の動詞）**が文

末に来て強調されてしまうので、**これを避けるために**倒置（SVの語順の逆転）が起こります。また上記4.で触れたように、代名詞が主語の場合に倒置が起こらないのも同じ理由（具体性に欠ける代名詞が文末に来て強調されてしまうから）です。

　では**第3文型では**どうでしょうか？　相手の注意を引くためO（目的語）を文頭に置いた場合でも**倒置は起こりません**。単にOSVとなります。これは、第1文型や第2文型の動詞と異なり、第3文型動詞は「意味のある」動詞だから、文末に置いて強調しても問題ないからです。

<u>That</u> <u>we</u> <u>don't know</u>.
　O　　S　　　V
（そのことを私たちは知らない）

　また第1文型や第2文型でも動詞が文末に来るのでなければ、倒置する必要はありません。

<u>With the statement</u> <u>I</u> <u>am</u> <u>in disagreemt</u>.
　　　　M　　　　　　　S　V　　　　M
（その意見に関して私は反対だ）

重要文法事項5　カンマ

　カンマには大きく分けて「切り離すカンマ」と「並べるカンマ」の2種類があります。この2種類のカンマを見誤ると、不適切な箇所で文を区切って誤訳につながります。カンマを正しく見分けることは英文構造をつかむ上でとても重要です。

1. 主文と修飾句を「切り離す」カンマ

（a）補足説明のサイン

　主文を置いて、後ろにその補足説明を加える場合、「これより後ろは、ただの補足説明」（なんならこれ以後は読まなくてもよい）というサインとして **カンマ** を置きます。構造パターン3で使われるカンマが代表例です。関係詞の非制限用法で使うカンマもこれに含まれます。

（例）The Uncertainty Principle explains the behavior of particles at a subatomic level, stating that their position and velocity cannot be measured simultaneously. (参照 123ページ：例題2)

（b）挿入のサイン

　文中に修飾句を挿入する場合に、挿入句の前後につける **カンマ** です。①と同じく、挿入句はただの補足説明なので、なんならこの挿入句はすっ飛ばして読んでよい、というサインです。多くの場合、すっ飛ばして前後をくっつけ直して読むと読みやすくなります。構造パターン4で使われるカンマが代表例です。

（例）Slavery, established very early in colonial America, was both severely criticized and fervently supported until its abolition after the Civil War. (参照 106ページ：基本確認問題2-4)

2. 語句を「同列に並べる」カンマ

(c) 並列のサイン

"<u>X</u>，<u>Y</u>，and <u>Z</u>"（"<u>X</u>，<u>Y</u> and <u>Z</u>"としても可）のように、語句を並列する際に使う **カンマ** です。

（例）<u>Sharks</u>，<u>scorpions</u> and <u>alligators</u> remain essentially unchanged from
　　　　　X　　　　　Y　　　　　　　Z
　　　millions of years ago.（参照 122ページ：例題1）

(d) 形容詞並列のサイン

2つ以上の形容詞で名詞を修飾する場合、「形容詞 **，** 形容詞 名詞」のように1つ目の形容詞と2つ目の形容詞の間に置く **カンマ** です（カンマをつけずに形容詞を並べてもよいのですが、つけることが多いようです）。

（例）The Puritans were so focused on the goal of a <u>pure</u>，<u>religious</u>
　　　　　　　　　　　　　　　　　　　　　　　　　形容詞　　形容詞
　　　<u>commonwealth</u> that they reacted harshly against anything that
　　　　　名詞
　　　threatened that goal.
　　　（清教徒たちは、汚れのない宗教的な社会という明確な目標を持っていたので、その目標を脅かすいかなるものに対しても激しく抵抗した）

> 2-38「〔参考〕"that節"のまとめ」

参考 "that節"のまとめ

　上記の最後の例文（以下に再掲）では3つのthatが使われています。

The Puritans were so focused on the goal of a pure, religious
commonwealth **that** they reacted harshly against anything **that**
　　　　　　　　　　①　　　　　　　　　　　　　　　　　　　　②

threatened **that** goal.
③

①は接続詞の that、②は関係代名詞の that、③は指示語（形容詞）の that です。that の種類は大きくこの3つに分かれますが、ここでは**接続詞の that** について解説します。

接続詞 that の後ろには完全文を置き、いわゆる"that 節"を作ります。この that 節は第1節でも触れたように、名詞、形容詞、副詞のいずれかの役割を果たします。

①名詞の役割　　　＝ 文の中の**S, O または C** になる
②形容詞の役割 ＝ 前に置いた**名詞を修飾**する（**同格**の that 節）
③副詞の役割　　　＝ 文の中の**動詞や形容詞を修飾**する（**原因**や**結果**を表す）

①名詞の役割

That she is honest is true.
　　　　S
（彼女が正直であるということは本当だ）
We know **that** she is honest.
　　　　　　　　O
（彼女が正直であるということを知っている）
The truth is **that** she is honest.
　　　　　　　　C
（真実は、彼女が正直であるということだ）

②形容詞の役割（同格の that）

※限られた名詞にしか使えないことに注意！
（ **参照** 下記「同格の that 節を導く名詞の例」）

I cannot ignore the fact **that** he is deeply unhappy.
　　　　　　　　　　　　　　　同格
（彼が非常に不幸であるという事実を無視することはできない）

③副詞の役割

※ so/such の後ろ、感情を表す形容詞の後ろなど限られた条件でしか使えないことに注意！

She looked **so** angry **that** I could not talk to her.

結果

（彼女はとても怒っているように見えたので、話しかけることができなかった）

I am pleased **that** you're getting better.

原因

（良くなっていて嬉しいです）

※同格の that 節を導く名詞の例
fact, statement, knowledge, idea, belief, opinion, news, doubt, evidence, proof, evidence, suggestion, assumption, condition, hypothesis, theory, principle, conclusion, possibility, probability, risk など

▌基本確認問題5

　次の文で使われているそれぞれのカンマは、「補足説明」のサイン、「挿入」のサイン、「並列」のサイン、「形容詞並列」のサイン、のいずれにあたるか答えなさい。

1. It is wrong to believe that there are exact rules by which we can tell art from what is not art, and that, on the basis of these rules, we can then grade any given work according to its merits.

2. A high demand for a scarce commodity, be it silver, gold or pork bellies, will almost invariably drive up its price.

3. Below the crust is the mantle, a dense, hot layer of semi-solid rock approximately 2,900 km thick.

1.

並列　挿入

It is wrong to believe that there are exact rules by which we can tell art from what is not art, and that, on the basis of these rules, we can then grade any given work according to its merits.（参照）167ページ：基本確認問題4–5）

> **挿入句**はすっ飛ばして前後を繋げ合わせ、**並列**を整えると、
>
> It is wrong to believe
> ```
>    ┌─ that there are exact rules by which we can tell art from what is
>    │  not art
>    │      ,and
>    └─ that we can then grade any given work according to its merits.
> ```

2.

並列

A high demand for a scarce commodity, be it silver, gold or pork bellies, will almost invariably drive up its price.

挿入

（参照）125ページ：例題3）

> **挿入句**はすっ飛ばして前後を繋げ合わせると、
>
> A high demand for a scarce commodity will almost invariably drive up its price.
>
> 挿入句内の**並列**を整えると、
> ```
>    be it ┌─ silver,
>          │  gold
>          │   or
>          └─ pork bellies
> ```

186

3.

補足説明

Below the crust is the mantle, a dense, hot layer of semi-solid rock
approximately 2,900 km thick.

形容詞並列

（地殻の下にマントルがあり、それは厚さおよそ2,900kmの高温・高密度の半固
体状岩盤層である）

主文と補足説明を切り離すカンマだから

（主文）Below the crust is the mantle,

　　（補足説明）a dense, hot layer of semi-solid rock approximately
　　　　　　　　2,900 km thick.

形容詞並列を整理すると、

　　　　a dense, hot layer of semi-solid rock
　　　　　形容詞　形容詞　名詞

間違い探し問題の実践

間違い探し問題 アプローチ1

文の構造をチェック！

　間違い探しの問題でも、空所補充問題と同様、まずは与えられた設問文全体の構造を確認してください。具体的には以下の点の確認です。

CHECK! ☑

☐ ＳとＶの確認
　└ S はあるか？　あり過ぎないか？　V はあるか？　あり過ぎないか？
　（ 接続詞 がない限り、ＳとＶは１つずつ）

┃基本確認問題6

　下線部には文法上誤りが含まれています。正しい形に直しなさい。

1. A new drug <u>which may help</u> smokers break their habit, from which they have a one in four chance of dying.

2. The new drug, which was developed to help smokers break their habits, <u>it proved</u> to be ineffective.

解答・解説

1.

正解 ｜ which may help ⇒ may help

S（= A new drug）を受ける**Vがありません**。

（○）<u>A new drug</u> <u>may help</u> smokers break their habit, from which they have a one in four chance of dying.

（ある新薬は喫煙者の４人に１人が死亡するとされる喫煙習慣を断つのに役立つかもしれない）

2.

正解 ｜ it proved ⇒ proved

Sが2つあります（The new drug と it）。

（○）<u>The new drug</u>, which was developed to help smokers break their habits, <u>proved</u> to be ineffective.

（その新薬は、喫煙者が喫煙習慣を断つのに役立てるために開発されたが、効果がないことが実証された）

CHECK! ☑

□ SとVを見つけたついでに、V（動詞）について以下の点を確認

- SとVの呼応関係は正しいか？〔is？　are？　3単現のsは要る？　要らない？〕
- 態は正しいか？〔能動態？　受動態？〕
- 時制は正しいか？〔「時制を決定づける語句」（下表）が文中にないか？〕
- 正しい動詞か？〔is（…である）？　have（…を持っている）？/ do（…をする）？ make（…をする）？〕

時制を決定づける語句

2-39「時制を決定づける語句」

in 1860	1860年に	過去形
in the nineteenth century	19世紀に	
thirty years **ago**	30年前に	
since 1860	1860年以来	現在完了形
for the past ten years **in the last** ten years	過去10年間	
thirty years **before**	それより30年前	過去完了形
nowadays = these days	近頃、最近	現在形
recently = lately	最近	現在完了形または過去形

　逆に言えば、上表のような**「時制を決定づける語句」が設問文中になければ、どの時制を使うかは書き手次第であり、文法的な正誤は判断できません**（「過去の時点の話」と捉えれば過去形、「その過去の行動やそれがもたらす影響が現在にまで至る」と考えれば現在完了形、「過去の時点もそうだが、現在、未来も変わらない事実・習慣」として捉えるならば現在形、というように書き手の捉え方次第です）。

▌基本確認問題7

　下線部には文法・語法上誤りが含まれています。正しい形に直しなさい。

1. The number of cars <u>have increased</u> for decades.

2. Toma <u>was increased</u> the amount of time at his job.

3. The number of cars <u>has increased</u> last year.

4. Hiroaki <u>did</u> a great effort to develop a deep understanding of computer science.

解答・解説

1.

正解｜have increased ⇒ has increased

S（= The number）は三人称単数だから、助動詞haveはhasにします。

（○）The number of cars <u>has increased</u> for decades.
　　（車の数は何十年にわたって増加し続けている）

2.

正解｜was increased ⇒ increased

O（= the amount）があるので、動詞increaseは能動態で使います。

（○）<u>Toma</u> <u>increased</u> the amount of time at his job.
　　（Tomaは勤務時間を増やした）

3.

正解｜has increased ⇒ increased

"last year"は過去を表す語句（「現在時点」は含まない）で過去形を用います。

（○）<u>The number</u> of cars <u>increased</u> last year.
　　（車の数は昨年増加した）

4.

正解｜did ⇒ made

「努力する」は動詞make（=「（行動）を起こす」）を用いて、make an effortとします。makeとdoはいずれも行動を表す名詞を目的語にとって「…する」の意味で使います。makeは「（新たな）行動を起こす」場合に使い、doは日常的な

行動をとる場合に多く用います。この2つの誤用はよく問われます。以下に代表的な例を挙げておきますので、確認しておいてください。

(>) 2-40「make 名詞 / do 名詞」

● make 名詞

make a mistake（間違いを犯す）　　make an appointment（会う約束をする）

make a choice（選択する）　　make a decision（決定する）

make an effort（努力する）　　make a fortune（富を築く）

make a promise（約束する）　　make a speech（講演する）

make a wish（お願いをする）　など

● do 名詞

do exercise（運動する）　　do housework（家事をする）

do homework（宿題をする）　　do the laundry（洗濯する）

do research（研究をする）　　do shopping（買い物をする）

do good（役に立つ）　　do harm = do damage（害になる）　など

（○）Hiroaki made a great effort to develop a deep understanding of computer science.
（Hiroaki は情報科学についての理解を深めるため多大な努力を払った）

【設問攻略のための Tip 8】　　　　(>) 2-41「設問攻略のための Tip 8」

受動態（過去分詞）の直後に名詞が続いたら疑え！

1.（×）The bridge was connected two villages .
　　　　　　　　受動態　　　　　名詞

2.（×）A variant form of oxygen known ozone works as a barrier
　　　　　　　　　　　　　　過去分詞　名詞

against ultra-violet radiation.

　上記の2つの文は、いずれも誤りです。1.の場合は能動態に、2.の場合は前置詞asを挿入する必要があります。

1.（○）The bridge connected two villages.
　　　（その橋は2つの村を繋げていた）

2.（○）A variant form of oxygen known as ozone works as a barrier against ultra-violet radiation.
　　　（オゾンとして知られる酸素の同素体は、紫外線を防ぐバリアとして機能している）

　第3文型（SVO）の受動態では、動詞の後ろにあった目的語の名詞は主語として文頭に出すため、**過去分詞の後ろには名詞は絶対に来ません！**（あるとしても前置詞を伴った名詞のみ）。

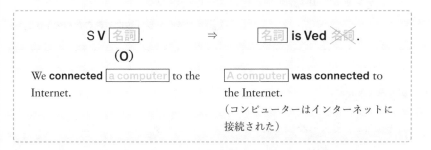

　一方、第4文型（SVOO）や第5文型（SVOC）の受動態では、目的語（名詞）を主語に出しても、もう1つ目的語あるいは補語が残るので、過去分詞の直後に名詞が続くことはあり得ます。

3. The baby was given the name of Kotoka.
　〔← They gave the baby the name of Kotoka.〕
　　　　　　　　　　O₁　　　　O₂
　（その赤ちゃんはKotokaという名が与えられた）

4. He <u>was made</u> [a scapegoat] for the failure.

〔← They made <u>him</u> <u>a scapegoat</u> for the failure.〕
                        O   C

（彼はその失敗のスケープゴートにされた）

　過去分詞の後ろには名詞が来る可能性は否定できませんが、数の上では、動詞は圧倒的に第3文型動詞が多く、第4文型・第5文型をとる動詞は例外と言えます。**受動態（過去分詞）の直後に名詞が続いていたら「間違っている可能性が高い」**と疑ってみてください。

CHECK! ☑

□ 構造パターン1.〜5.のいずれかに当てはまっているか？
　└ 文と文が、 接続詞 なく繋がっていないか？

（参照 114ページ「設問攻略のための Tip 2」）

基本確認問題8

　下線部には文法・語法上誤りが含まれています。正しい形に直しなさい。

1. I read many books, <u>none of them</u> were helpful.

解答・解説

1.

正解 | none of them ⇒ but none of them *or* none of which

　2つの文がカンマだけでつながっているので誤りです。直し方は次の2通りあります。

（1）接続詞を入れる

（○）I read many books, <u>but</u> none of them were helpful.

> 接続詞 ＋ 文

（2）2つの文のいずれかを文ではない形容詞または副詞にする

（○）I read many books, <u>none of which</u> were helpful.

> 修飾句（形容詞）

（多くの本を読んだが、どの本も役に立たなかった）

| 例題16

The Chicago Board Options Exchange, founded in 1973, <u>it trades</u> a wide
A

<u>range of</u> commodities, <u>including</u> pork bellies, silver, <u>and oil</u>.
　　B　　　　　　　　　　C　　　　　　　　　　　　D

解答・解説

> 正解 | (A) it trades ⇒ trades

[1] 構造の確認

〈構造パターン4〉

```
                                           ┌─ S（指示語）＋ V ─┐
```

The Chicago Board Options Exchange, *founded in* 1973, *it trades* **a wide**
range *of* commodities, *including* pork bellies, silver, <u>and oil</u>.

　名詞＋前置詞　　　　　　前置詞　　　　　　並列、名詞（不可算）

[2] 選択肢の検討

　動詞 trades の主語は文頭の The Chicago Board Options Exchange だから、**主
語(A) it は余分**です。

　(B)の a wide range of... は「広範囲の…」を意味する表現です。

　(C)の including... は「…を含む」を意味する前置詞です。

(D)のoilは「石油」を意味する不可算名詞です。

> **訳**：シカゴオプション取引所は、1973年に設立され、豚の脇腹肉、銀、石油などを含めた広範囲の商品を取引している。

覚えておきたい 単語・フレーズ

found...	**動**	…を設立する
trade...	**動**	…を取引する
commodity	**名**	商品

例題17

The <u>nearly</u> unregulated model of American businesses promoted by
      A

both firms <u>and</u> political leaders in the late 19th century <u>resulting</u> in
        B   C

fast economic growth, <u>but</u> few worker rights.
                   D

解答・解説

正解 | (C) resulting ⇒ resulted

1 構造の確認
〈構造パターン3〉

The <u>nearly</u> unregulated model *of* American businesses *promoted by*
both firms <u>and</u> political leaders *in* the late 19th century *resulting in*
fast economic growth, **but** few worker rights.

both X and Y   接続詞   -ing形（副詞、形容詞、名詞）

2 選択肢の検討

The nearly unregulated model が主語ですが、**これを受ける動詞がありません。**
promoted は直後に by... が来ていることからわかるように過去分詞（形容詞）です。よって分詞の形の (C) resulting を動詞 resulted にする必要があります。

(A) の nearly (= almost) は「ほぼ」という意味の副詞で、後ろの過去分詞（形容詞）unregulated を修飾しています。

(B) の and は、both firms and political leaders (both X and Y) の形をとる相関接続詞です。

(D) の接続詞 but の後ろには名詞だけしかありませんが、カンマの前にある文中の SV (The nearly unregulated model ... resulted in) が全く同じになるのでこの部分が省略され、異なる部分である in 以下の名詞だけ記述しており、これは誤りではありません。こうした「省略」は英文で頻繁に起こります。間違い探し問題で指摘すべき「文法的な誤り」（ 参照 例題18）との見分けが難しく感じるかもしれませんが、以下のルール（ 参照 198ページ「設問攻略のための Tip 9」）に従っている限り、文法的な誤りではないことを覚えておいてください。

訳 ：19世紀末に企業と政治指導者たちによって促進されたほぼ規制のないアメリカ的事業モデルは、急速な経済成長をもたらしたが、労働者の権利についてはほとんど改善しなかった。

覚えておきたい 単語・フレーズ

nearly	副	ほぼ
result in...	動	結果…になる
firm	名	企業

省略のルール

andやbutなどの等位接続詞で2つの文を繋げる場合、後ろの文では前の文との共通部分は省略できる（＝後ろの文では、異なる部分だけを記述）。

（例）

共通

S V O₁, but S V O₂.　　　　　⇒　S V O₁, but **O₂**.

S₁ V from X and S₂ V from Y.　⇒　S₁ V from X and **S₂ from Y**.

共通

基本確認問題9

次の2つの文中の下線部において、省略された語を補って文全体の意味を考えなさい。

1. At high elevations the air remains cold and <u>the snow deep</u>.

2. It is wise to fear some snakes, but <u>not all</u>.

解答・解説

1.

At high elevations the air remains cold and <u>the snow **remains** deep</u>.
（高地では、空気は冷たく、雪は深いままだ）

$\boxed{\text{2.}}$

It is wise to fear some snakes, but **it is** not **wise to fear** all **snakes**.
（一部の蛇を恐れることは賢明だが、すべての蛇を恐れることは賢明ではない）

▌例題18

The United States Supreme Court <u>hears</u> only a few cases annually,
　　　　　　　　　　　　　　　　　A

each one <u>impacts</u> <u>how lower</u> courts <u>make</u> their decisions.
　　　　　　B　　　　　C　　　　　　　D

解答・解説

正解｜(B) impacts ⇒ impacting

① 構造の確認

〈構造パターン3〉

The United States Supreme Court <u>hears</u> **only a few cases** annually,

each one <u>impacts</u> **how lower** courts <u>make</u> **their decisions**.

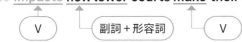

② 選択肢の検討

　カンマの前後でそれぞれ文ができていますが、**カンマだけで2つの文を繋げることはできません**（ 参照 114ページ「設問攻略のためのTip 2」）。接続詞を挿入（下記①）するか、いずれかの文を文ではない修飾句にする必要があります。修飾句にする方法は、文であるための必要条件である「動詞」を削除（下記③）あるいは分詞にする（下記④）か、主語であった名詞を関係代名詞にして全体を形容詞にする（下記② 参照 137ページ：例題8）といった方法があります。

＿＿S＿＿ ＿＿V＿＿ , ＿＿S＿＿ ＿＿V＿＿ . は、誤り！

主な修正方法は、
① ＿＿S＿＿ ＿＿V＿＿ , 接続詞 ＿＿S＿＿ ＿＿V＿＿ .
（接続詞を挿入）
② ＿＿S＿＿ ＿＿V＿＿ , ＿which V＿ .
（主語だった名詞を関係代名詞にして関係詞節にする）
③ ＿＿S＿＿ ＿＿V＿＿ , ＿＿名詞＿＿ .
（動詞を削除して、主語だった名詞を同格名詞にする）
④ ＿＿S＿＿ ＿＿V＿＿ , ＿S doing＿ .
（動詞を分詞にして、独立分詞構文にする）

　修正箇所で言えば、①や②の修正方法であれば後ろの文の主語の部分、③や④の修正方法であれば後ろの文の動詞の部分になります。ここでは④の「動詞を分詞にする」の方法をとれば、each one impacting how... という独立分詞構文ができますので、(B)impactsを分詞impactingにすればよいです。

　(A)の動詞hearsは、主語がThe United States Supreme Court（単数）ですから、3単現のsがついて適切です。

　(C)については、疑問副詞howの後ろに文（主語lower courts〔下級裁判所〕、動詞make）が続いています。

　(D)の動詞makeは、目的語にtheir decisionsをとって「決定を下す」を意味します。

訳：アメリカ合衆国最高裁判所は年間数件しか審理しないが、その各判例は下級裁判所の判決の下し方に大きな影響を与える。

例題19

A minority report, written by one or more judges <u>to express</u> their
$\qquad\qquad\qquad\qquad\qquad\qquad\qquad\qquad$ A

disagreement with certain verdicts, <u>are</u> <u>normally submitted</u>
$\qquad\qquad\qquad\qquad\qquad\qquad$ B $\qquad$ C

together with <u>majority opinions</u>.
$\qquad\qquad\qquad$ D

解答・解説

正解 | **(B) are ⇒ is**

1 構造の確認

〈構造パターン3〉

to do（副詞、形容詞、名詞）

A minority report, *written by* one or more judges *to express* their
disagreement *with* certain verdicts, are normally **submitted**
together *with* majority opinions.

名詞＋名詞　　V　　副詞＋形容詞

2 選択肢の検討

　主語 A minority report **は単数**ですから、受ける**動詞**(B)はareではなくisにすべきです。

　(A)の不定詞to express... は「…を表明するために」という副詞的用法で、過去分詞（形容詞）writtenを修飾しています（その過去分詞writtenは主語のA minority reportを修飾）。

　(C)のnormally submittedは副詞normally（＝通常は）が過去分詞submitted（＝提出される）を修飾しており、適切です。

(D) のmajorityは名詞で「多数、過半数」を意味します（反対語はminority「少数」）。この名詞majorityの後ろに名詞opinionsが続いていますが、これは「名詞の形容詞的転用」（参照 140ページ「原則があれば例外もある その1」）です。前に置いた名詞majorityが形容詞の役割を果たして後ろに置いた名詞opinionsを修飾しています（「多数意見」の意味）。**TOEFL ITPで名詞の形容詞的転用を見たら、前に置いた形容詞の役割を果たす名詞は原則複数形にならない点と、名詞の語順が正しいかの2点に注意**すればよいのですが、2点ともここでは問題ありません。なお、後ろに置いた名詞は単数形（A minority report）にも複数形（majority opinions）にもなり得ます。

訳：少数意見は、ある評決に対する反対意見を表明するために1人ないしは複数の裁判官によって書かれたものであるが、通常、多数意見とともに提出される。

覚えておきたい 裁判関連用語

verdict	評決
jury/juror	陪審団／陪審員
judgment	判決
judge	裁判官
prosecutor	検察官
plaintiff	原告
defendant	被告
witness	証人
the Supreme Court	最高裁判所
the Judicial system	司法制度

間違い探し問題 アプローチ2

品詞をチェック！

　文の構造に誤りがなさそうであれば、次に品詞に目を向けてください。以下の表は主な品詞の誤用をまとめたものです。

⊙ 2-44「主な品詞の誤用」

☑ 形容詞 ⇔ 名詞	・形容詞は**名詞を修飾**するか、補語になって**名詞の性質**を表す ・名詞は**S, O, C** になる
☑ 形容詞 ⇔ 副詞	・形容詞は**名詞を修飾** ・副詞は**動詞、形容詞、副詞を修飾**
☑ 名詞 ⇔ 動名詞 (参照 118ページ「"-ing"形（補足）」)	・名詞は**原則2つ並ばない** ・動名詞は**後ろに目的語（名詞）を置ける**
☑ 現在分詞 ⇔ 過去分詞	・現在分詞は**能動・進行**（…している）の意味 ・過去分詞は**受動・完了**（…された）の意味
☑ 接続詞 ⇔ 前置詞 (参照 206ページ「同じ意味になる接続詞と前置詞」の表)	・接続詞の**後ろは文** ・前置詞の**後ろは名詞**

▌基本確認問題10

　下線部には文法・語法上誤りが含まれています。正しい形に直しなさい。

1. <u>Intensity</u> heat was released.

2. The problem is <u>difficulty</u>.

3. This is an <u>extreme</u> difficult problem.

4. This tool is for <u>measure</u> weight.

5. Can you see a sign <u>placing</u> on the outside of the door?

6. <u>During</u> he was visiting New York, Sota enjoyed a Broadway musical.

解答・解説

1.

正解 | Intensity ⇒ Intense

名詞heatを修飾できるのは、形容詞intenseです。
（○）<u>Intense</u> heat was released.（強烈な熱が放出された）

2.

正解 | difficulty ⇒ difficult

　補語は名詞と形容詞の2つの場合があり、その違いに注意が必要です。**名詞を補語にする場合、主語になる名詞と補語になる名詞はイコール関係**になります。形容詞の場合、主語がもつ性質を補語になる形容詞が表します。The problem（その問題）とdifficulty（困難さ）はイコール関係にはならないため、形容詞difficultを用います。

> ⊘ 2-45「補語（名詞の場合／形容詞の場合）」

名詞 is 名詞	Bullying is a **problem**.（いじめは問題だ） ⇒ "Bullying" = "a problem" （イコール）
名詞 is 形容詞	Bullying is **secretive**.（いじめは明るみに出ない） ⇒ "Bullying" が持つ性質の一つは "secretive"

（○）The problem is <u>difficult</u>.（その問題は難しい）

3.

正解 | extreme ⇒ extremely

形容詞 difficult を修飾できるのは、副詞 extremely です。
（○）This is an <u>extremely</u> difficult problem.（これは極めて難しい問題だ）

4.

正解 | mesure ⇒ measuring

前置詞 for の後ろには名詞が来ます。measure は名詞にもなりますが、後ろにさらに名詞 weight をつなげることはできません。動名詞 measuring であれば後ろに目的語として名詞を置くことができます。
（○）This tool is for <u>measuring</u> weight.（この道具は重さを図るためのものだ）

5.

正解 | placing ⇒ placed

名詞 a sign を修飾する形容詞として、現在分詞（...ing）や過去分詞（...ed）を使うことは可能です。いずれにしても名詞との間に「SV の関係」が成立するので、名詞を S としたとき能動態になるのか受動態になるのかで判断します。"A sign is placed."（看板が置かれている）となりますので、過去分詞 placed にします。
（○）Can you see a sign <u>placed</u> on the side of the door?
　　（そのドアの脇に置かれた看板が見えますか）

6.

　後ろに完全文 he was visiting New York がありますので、前置詞 During ではなく接続詞 While にします。

（○）<u>While</u> (he was) visiting New York, Sota enjoyed a Broadway musical.
　　　接続詞（後ろに文を置く）

　　　（New York 滞在中に Sota はブロードウェイのミュージカルを楽しんだ）

　なお前置詞 during を使う場合は、後ろに動名詞は置けませんが、名詞はもちろん置けますので次のような表現にします。

（○）<u>During</u> a visit to New York, Sota enjoyed a Broadway musical.
　　　前置詞（後ろに名詞を置く）

同じ意味になる接続詞と前置詞

2-46「同じ意味になる接続詞と前置詞」

	接続詞（後ろは文）	前置詞（後ろは名詞）
…の間	while	during
…のように	as	like
…だが	although/though	despite
…なので	because/since/for	because of / owing to

例題20

<u>Although</u> now a desert that is <u>immensity</u>, <u>millions of</u> years ago
　　　A　　　　　　　　　　　　　　　　　B　　　　　　C
the Sahara was <u>a moist</u>, green region.
　　　　　　　　　　　D

解答・解説

正解 | (B) immensity ⇒ immense

1 構造の確認

〈構造パターン2〉

Although now a desert *that* is immensity, millions of years ago
the Sahara was **a moist**, green region.

冠詞＋形容詞

2 選択肢の検討

　カンマの前には接続詞Althoughを残した分詞構文（参照 169ページ：重要文法事項2 分詞構文 5.）がありますが、中にある名詞a desertの後ろに、関係代名詞that＋不完全文is immensityがついています。

a desert│that is immensity　→　（文の形にすると）A desert│ is immensity.
先行詞　　　　関係詞節　　　　　　　　　　　　　　　　　　　？

　補語であるimmensityは名詞なので、主語であるa desert（砂漠）と補語であるimmensity（巨大さ）との間にはイコール関係が成立しなければなりませんが、成立しません（参照 204ページ「補語（名詞の場合／形容詞の場合）」）。(B) immensityは、主語の性質の一つを表す**形容詞**immenseにする必要があります。

　(A)のAlthoughは接続詞で、後ろに文ではなく名詞が来ていますが、上述のとおり、接続詞を残した分詞構文（あるいは従属節の中の主語と be動詞を省略した形）で問題ありません。

Although (the Sahara is) now a desert that is immense,
　　　　　　Sと be動詞

　(C)のmillions of...は「何百万もの…」を意味する表現です。

(D) の a moist は冠詞 a と形容詞 moist ですが、冠詞 a は後ろの名詞 region につき、その名詞 region に 2 つの形容詞 moist と green が並列されています（参照183ページ：重要文法事項 5 カンマ 2.）。

a <u>moist</u> , <u>green</u> <u>region</u>
  形容詞   形容詞 名詞

訳 ：現在は巨大な砂漠であるが、何百万年も前、サハラは湿潤な緑の多い地帯であった。

覚えておきたい 単語・フレーズ

immense	形 巨大な
moist	形 湿潤な

例題21

Lions, <u>whose</u> size and strength <u>enable them</u> to overpower most animals,
        A   B

are <u>paradoxical</u> too slow to chase prey over <u>long distances</u>.
     C   D

解答・解説

正解 (C) paradoxical ⇒ paradoxically

1 構造の確認
〈構造パターン3〉

動詞＋名詞（指示語）

Lions, *whose* size and strength <u>enable them</u> to overpower most animals,

関係代名詞

are **paradoxical** too slow to chase prey over <u>long distances</u>.

形容詞

形容詞＋名詞

② 選択肢の検討

　be動詞areの後ろに形容詞paradoxicalが続いていますが、さらに後ろに副詞＋形容詞too slowがあります。**形容詞を修飾できるのは副詞**ですから、(C)の形容詞paradixcalは、形容詞slowを修飾できる副詞paradoxicallyにすべきです（形容詞slowが文の補語になる）。

　(A)の関係代名詞whoseからmost animalsまで（カンマで挟まれた部分）は、主語であるLionsを補足説明する形容詞です。関係代名詞whoseは「人」「人以外」のいずれの先行詞にも用いることができるので、先行詞Lionsに対して適切です。

　(B)のenableは重要動詞の一つです。用法は以下のとおり。また目的語themはLionsを指します。

> ❯ 2-47「enable/able/capableの用法」
>
> ## enable/able/capableの用法
>
> | | |
> |---|---|
> | S enable O to do... | SはOが…するのを可能にする |
> | S is able to do... | Sは…できる |
> | S is capable of doing... | Sは…できる |

　(D)のlong distancesは、形容詞＋名詞の形で適切です。また名詞distanceは可算でも不可算でも用いることができます。

訳：ライオンは、その大きさと強さによって大抵の動物を倒すことができるが、逆説的に言えば走るのが鈍く長距離にわたって獲物を追いかけることができない。

paradoxically	副	逆説的に言えば
prey	名	獲物

例題22

The streamlined body and <u>short</u> flippers of the penguin make <u>it</u> ideal
$\qquad$ A $\qquad$ B

for <u>hunt</u> fish underwater, but clumsy and slow <u>on land</u>.
$\quad$ C $\qquad$ D

解答・解説

正解 | (C) hunt ⇒ hunting

1 構造の確認
〈構造パターン 3〉

形容詞　　　　　　名詞（指示語）

~~The streamlined body and short flippers~~ *of* the penguin make **it ideal**
for <u>hunt</u> fish underwater, **but clumsy and slow** *on* land.

接続詞

名詞 or 動詞　　　　　　　　　　　　　　　　前置詞＋名詞

　カンマの前で、すでに何度か目にしたmake O Cの形をとった完全文がで来て
います。なお、接続詞but以下は文の形になっていませんが、省略と考えれば妥
当です。カンマの前にある文SVOC中のSVO部分（The streamlined body and
short flippers of the penguin make it）が全く同じになるのでこの部分が省略さ
れ、異なる部分のC（補語＝clumsy and slow on land）だけが記述されています
（参照 198ページ「設問攻略のためのTip 9」）。

② 選択肢の検討

前置詞forの後ろに、名詞huntと名詞fishが続いています。**名詞が2つ連続して並ぶことになり不適切**です。(C)のhuntは動詞でも用いますので、動名詞huntingとすれば後ろの名詞fishを目的語としてとることができます。

なお、fishは単数形、複数形ともに"fish"で、ここでは冠詞がついていないので複数形で用いています。

(A)のshortは形容詞で、後ろの名詞flippersを修飾しています。

(B)の指示語itは前にある名詞the penguinを指しています。

(D)のon landは「陸上で」の意味で、landはここでは不可算名詞です。

訳：流線形の体と小さなひれのため、ペンギンは水中で魚を捕らえるのに理想的だが、陸上ではぎこちなく、のろい。

覚えておきたい 単語・フレーズ

ideal	形	理想的な
hunt...	動	…を狩る

語順をチェック！

　語順の誤りも間違い探し問題でしばしば問われる点です。特に問われるのは、以下の2点です。

CHECK! ☑

□『形容詞 ⇒ 名詞』の語順になっているか？
□『副詞 ⇒ 形容詞』の語順になっているか？

　例題14（参照 156ページ）でも説明したように、**単独の形容詞は修飾される名詞の前**に置きます。「名詞の形容詞的転用」（参照 140ページ「原則があれば例外もある　その1」）も同様で、形容詞に転用されている名詞は修飾される名詞の前に置きます（参照 例外については159ページ「原則があれば例外もある　その3」）。

　副詞の位置は、動詞を修飾する場合は動詞の前に置いたり後ろに置いたり（助動詞がある場合はその後ろに置く）、あるいは文頭や文末に置くなど自由度が高いですが、形容詞を修飾する場合には**副詞は形容詞の前**に置きます（参照 例外については214ページ「原則があれば例外もある　その7」）。

▌基本確認問題11

　下線部には文法・語法上誤りが含まれています。正しい形に直しなさい。

1. The ring is made of <u>gold pure</u>.

2. Some food requires <u>control temperature</u> for safety.

3. We are <u>an organized highly</u> team.

解答・解説

1.

正解 | gold pure ⇒ pure gold

名詞 gold の前に形容詞 pure を置きます。

（○）The ring is made of <u>pure gold</u>.（その指環は純金でできている）

2.

正解 | control temperature ⇒ temperature control

control（制御）、temperature（温度）共に名詞ですが、「温度制御（温度を制御すること）」では「温度」が形容詞的役割を果たして、名詞「制御」を修飾しているので、形容詞的役割の名詞 tempearture を前に置きます。

（○）Some food requires <u>temperature control</u> for safety.
　　　（一部の食品は安全のため、温度制御を必要とする）

3.

正解 | an organized highly ⇒ a highly organized

形容詞 organized の前に副詞 highly を置きます。

（○）We are a <u>highly organized</u> team.
　　　（私たちは非常によくまとまったチームだ）

副詞enoughは修飾する形容詞の後ろに置く！

上記の3. We are a **highly organized** team.のように、副詞highlyは修飾先の形容詞organizedの前に置くのが原則です。しかし副詞enoughは修飾先の形容詞の後ろに置きます。

She is **old enough** to take care of herself.
　　　　形容詞　副詞
（彼女は自分で自分の面倒をみることのできる年齢だ）

なお、enoughを形容詞として使う場合は、原則どおり名詞の前に置きます。

There is **enough pizza** to go around.
　　　　　形容詞　　名詞
（みんなに行きわたるだけのピザはある）

| 例題23

From time immemorial, writers have used their impulse creative
　A　　　　　　　　　　　　　　　　B　　　　　　　C
to deal with notions of heroism, tragedy and love.
　　　　　　　　D

解答・解説

正解 | (C) impulse creative ⇒ creative impulse

1 構造の確認

〈構造パターン2〉

前置詞　V（現在完了形）

From time immemorial, writers have used **their impulse** creative
to deal with notions of heroism, tragedy and love.

名詞＋形容詞

名詞＋前置詞

2 選択肢の検討

　動詞have usedの目的語their impulseの後ろに形容詞creativeが続いています。単独の形容詞で名詞を修飾する場合、「**形容詞⇒名詞」の語順**が原則ですから、(C) impulse creativeはcreative impulseの語順にすべきです。

　(A)のFrom time immemorialでは、前置詞fromの後ろに名詞timeが続いているので適切です。ここでは名詞timeを単独の形容詞immemorialが後ろから修飾していますが、これは慣用句として使われる、いわば例外です（フランス語"temps immémorial"由来）。意味は「（記録や記憶を超えた）遥か古代から」。

　(B)のhave usedは現在完了形ですが、始点を表すFrom time immemorialがあるだけですので文法的な時制の拘束は特にありません（「今に至るまで」であれば現在完了形、「過去の時点で終了」であれば過去形、「過去、現在、未来を通じて変わらない事実」であれば現在形を用いればよい）。

　(D)のnotions ofについては、名詞notion（考え、概念）は可算名詞として使えますので、複数形にするのは適切です。

> **訳**：いにしえより、書き手は英雄的気質、悲劇、愛といった概念を扱うため、強い創造力を駆使し続けている。

| notion | 名 概念 |
| tragedy | 名 悲劇 |

例題24

<u>Known for</u> <u>its</u> <u>elusive extremely</u> lifestyle is the aardvark, a nocturnal
　　　A　　　B　　　　C

<u>mammal native</u> to Africa.
　　　　D

解答・解説

正解 (C) elusive extremely ⇒ extremely elusive

1 構造の確認
〈構造パターン 5 + 3〉

　動詞isの前に主語（＝単独の名詞）がありません（名詞lifestyleは前置詞forの中）。したがって主語は動詞の後ろにある名詞the aardvarkです。つまりカンマの前まででCVSの形の倒置文ができています（参照 177ページ：重要文法事項4 倒置）。

通常の文　<u>The aardvark</u> <u>is</u> <u>known for its extremely elusive lifestyle</u>.
　　　　　　　S　　　　　V　　　　　　　　C

倒置文　<u>Known for its extremely elusive lifestyle</u> <u>is</u> <u>the aardvark</u>.
　　　　　　　　　　　C　　　　　　　　　　　　　　V　　　S

　この文の後ろにカンマを打って、形容詞の役割を果たす同格名詞a nocturnal animalが続いています（the aardvarkとの同格名詞）。

☑ 選択肢の検討

　前置詞forの後ろを見ると、its elusive extremely lifestyleと「形容詞＋副詞＋名詞」の語順になっています。副詞extremely（極めて）が形容詞elusive（わかりにくい）を修飾し、形容詞elusiveは後ろに続く名詞lifestyle（生活様式）を修飾する**正しい語順**は「**副詞＋形容詞＋名詞**」ですから、(C) elusive extremely ⇒ extremely elusiveとすべきです。

　(A)のKnown for...（…で知られている）は、上記のとおり補語の役割を果たし適切です。

　(B)のitsは、主語であるthe aardvarkを指します。

　(D)のmammal nativeは「名詞＋形容詞」の語順ですが、形容詞nativeに前置詞句to以下がついて長くなったため（native to...：…原産の〜）、後ろから名詞a nocturnal animal（夜行性動物）を修飾し適切です。

訳：極めてわかりにくい生活様式で知られているのはツチブタで、アフリカ原産の夜行性動物である。

覚えておきたい 単語・フレーズ

| elusive | 形 わかりにくい |
| nocturnal | 形 夜行性の |

並列、関係詞、原級・比較級を見たら、前後をチェック！

□ "and"や"or"を使って、同じ品詞、同じ形のものが並列されているか？

"X, Y, and Z"という並列では、"X""Y""Z"の3つは同じ品詞、同じ形になります。並べてあるものを見て、「仲間外れ」があればそれが誤りです（参照▶164ページ：重要文法事項1 並列）。

▌基本確認問題12

下線部には文法・語法上誤りが含まれています。正しい形に直しなさい。

1. Yoko is energetic, driven, resilient, and <u>tenderness</u>.

2. I like to play the piano, <u>going snowboarding</u>, and read books.

解答・解説

1.

正解 | tenderness ⇒ tender

energetic, driven, resilient, tenderness の4語が並列されています。このうち最初の3つは形容詞だから、仲間外れである名詞tendernessを形容詞tenderにします。

（○）Yoko is energetic, driven, resilient, and <u>ternder</u>.

（Yokoは元気いっぱいで、やる気があって、立ち直りが早く、優しい）

2.

正解｜ going snowboarding ⇒ go snowboarding

play the piano, going snowboarding, read books の3つの語句が並列されています。このうち1つ目と3つ目は不定詞to doの原形をとっていますので、仲間外れの動名詞-ing形のgoingを原形goにします。

（○）I like to play the piano, go snowboarding, and read books.

（私はピアノを弾くこと、スノボに行くこと、読書することが好きだ）

CHECK! ☑

□ which か in which か？　which か who/whom か？

関係代名詞を見たら、関係詞の「前後」を確認することで、正しい使い方をしているかを確認してください。具体的には次の2点です。

①単独の関係代名詞の後ろは、不完全文
前置詞＋関係代名詞の後ろは、完全文

②who/whom の先行詞は「人」
which の先行詞は「人以外」

┃ 基本確認問題13

下線部には文法・語法上誤りが含まれています。正しい形に直しなさい。

1. There is a hotel on the hill <u>which</u> you can see the whole town.

2. There is a hotel on the hill <u>from which</u> overlooks the whole town.

3. A marine biologist is a scientist <u>which</u> studies life in the sea.

4. A state absorbed many immigrants, the great majority <u>of which</u> were poor.

解答・解説

1.

正解 | which ⇒ from which

　単独の関係代名詞（which）の後ろが**完全文**（SVO）になっているので、前置詞＋関係代名詞（from which）にします。

（○）There is a hotel on the hill <u>from which</u> you can see the whole town.
　　（街全体を見渡すことのできるホテルが丘の上にある）

2.

正解 | from which ⇒ which

　前置詞＋関係代名詞（from which）の後ろが**不完全文**（Sがない）になっているので、単独の関係代名詞（which）にします。

（○）There is a hotel on the hill <u>which</u> overlooks the whole town.
　　（街全体を見渡すことのできるホテルが丘の上にある）

3.

正解 | which ⇒ who

　関係代名詞（which）の前にある**先行詞**がscientist（科学者＝**人**）なので、whoにします。

（○）A marine biologist is a scientist <u>who</u> studies life in the sea.
　　（海洋生物学者は、海中の生物を研究する科学者だ）

4.

正解 | of which ⇒ of whom

　前置詞＋関係代名詞（of which）の形をしていますが、その後ろは**不完全文**（S がない）になっています。そこだけ見れば、2.と同様、前置詞ofを削除して、人を先行詞にとる関係代名詞whoにすればよいように思われますが、文全体を見ると不適切になります。なぜなら、カンマの前にある名詞many immigrants（多くの移民）とカンマの後ろにある名詞the great majority（その大多数）は同格にならないからです。the great majority（その大多数）の「その」がmany immigrants（多くの移民）にあたり、「多くの移民の大多数」という関係のはずです。

　（×）A state absorbed <u>many immigrants,</u> <u>the great</u> majority who were poor.

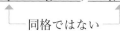
└──── 同格ではない ────┘

　したがって2.と異なり、**先行詞**はofの直前にある名詞the great majorityではなく、その**もう1つ前の名詞** many immigrantsになります。その場合、the great majority（of which）がSの役割を果たすため、その後ろは不完全文でよいのです。**先行詞** immigarants（移民＝**人**）で、前置詞ofの後ろだから目的格のwhomにします。

　（○）A state absorbed many immigrants, the great majority of <u>whom</u> were poor.
　　　（ある州は多くの移民を取り込んだ。その移民の大多数は貧しかった）

CHECK! ☑

□ **原級？　比較級？　最上級？**

　原級にすべきところが比較級になっていたり、その逆であったりしないか、比較級にすべきところが最上級になっていたり、その逆であったりしないか確認してください。原級のサイン（as）、比較級のサイン（more/-er, than）、最上級のサイン（most/-est）を見たら、その前後を確認してください。具体的には次の3つ

の点です。

①原級は as 〜 as... の形、比較級は more/-er 〜 than... の形
②比較級は2者の比較、最上級は3者以上の比較
③原級・比較級・最上級と強調語句のマッチング（＊下表）

▶ 2-49「原級・比較級・最上級の代表的な強調語句」

＊原級・比較級・最上級の代表的な 強調語句

原　級	**very** good	
比較級	**much** better	**far** better
最上級	**by far** the best	the **very** best

▌基本確認問題14

下線部には文法・語法上誤りが含まれています。正しい形に直しなさい。

1. I earn almost <u>more</u> money as you do.

2. It takes a <u>long</u> time to get there by bus than by train.

3. Of the two computers, this computer is the <u>cheapest</u>.

解答・解説

1.

正解 | more ⇒ as much

後ろに **as** you do があるから原級の形にします。なお副詞 almost（ほぼ）は、意味上、原級であれば修飾できますが（「ほぼ同じ」）、比較級は修飾できません（「ほぼもっと」？）。

222

（○）I earn almost <u>as much</u> money as you do.

（私はあなたとほぼ同じくらい稼いでいる）

2.

正解｜long ⇒ longer

後ろに **than** by train があるから比較級の形にします。

（○）It takes a <u>longer</u> time to get there by bus than by train.

（そこに行くには電車よりバスの方が長くかかる）

3.

正解｜cheapest ⇒ cheaper

Of the **two** comuputers（その**2つの**コンピューターのうち）からわかるとおり、2つのものを比較しているので、比較級の形にします。

（○）Of the two computers, this computer is the <u>cheaper</u>.

（その2つのコンピューターのうち、こちらのコンピューターが安い方だ）

原級の2つ目のasや比較級のthanは前置詞ではなく、接続詞

　原級の2つ目のasや比較級のthanは接続詞（あるいは関係代名詞）なので、後ろには文が続きます。ただし、as以下やthan以下には、その前にある主文と重複する語句が使われることが多いため、しばしばその重複語句を省略した文（動詞もしばしば省略されるので、一見すると文には見えない文）が続きます。

〈原級〉My brother is as tall as I. の作り方

①2つの文（My brother is tall. と I am tall.）を **接続詞 as** で繋げる。比較基準を表す形容詞／副詞（*ex.* tall）の前に「同じくらい」の意味の **副詞 as** をつける代わりに、2つ目の **繰り返しになる形容詞／副詞は取り除く**。

My brother is **as** tall **as** I am ~~tall~~.

②2つ目のas以下で、繰り返しになる語句（動詞を含む）があれば、省略してもよい（しなくてもよい）。

My brother is **as** tall **as** I.

〈比較級〉It takes a longer time to get there by bus than by train. の作り方

①2つの文（It takes a long time to get there by bus. と It takes a long time to get there by train.）を **接続詞 than** で繋げる。比較基準を表す形容詞／副詞（*ex.* long）の前に「もっと」の意味の副詞moreをつけるか、形容詞／副詞を **-er** 形にする。その代わりに2つ目の **繰り返しになる形容詞／副詞は取り除く**。

It takes a long**er** time to get there by bus **than** ~~it takes a long time~~ to get there by train.

② 2つ目のthan以下で、<u>繰り返しになる語句（動詞を含む）</u>があれば、省略してもよい（しなくてもよい）。

It takes a long**er** time to get there by bus **than** by train.

　上記の原級や比較級の文の作り方からわかるように、**接続詞** である**2つ目の as** や **than** の前には、もとの文に **副詞as** や **more** を挿入した文があり、**後ろには省略された文が続く**のが、原級や比較級の構文の基本構造です（ 参照 198ページ「設問攻略のためのTip 9」）。

　このことから、例えば以下の正誤がすぐに見極められます。

○ I earn **as much as** you.
　（君と同じくらい私は稼いでいる）
× They offered me <u>money as much as</u> you.
　（彼らはあなた方と同額を提示してくれた）

　2つ目のas（接続詞）の前にある文から、**1つ目のas（副詞）を取り除く**と、前者はI earn much. という正しい文になるのに対し、後者はThey offer me <u>money much</u>. という誤った語順の文になるからです（正しくはThey offered me **as much money as** you.）。

The Statue of Liberty <u>was</u> actually conceived, designed and even <u>building</u>
　　　　　　　　　　　　　A　　　　　　　　　　　　　　　　　　　　　B
in France, <u>and</u> only afterward shipped to <u>the</u> United States.
　　　　　　　C　　　　　　　　　　　　　　　　　D

解答・解説

正解｜(B) building ⇒ built

1 構造の確認

〈構造パターン3〉

The Statue of Liberty <u>was</u> actually **conceived, designed and** even **building**
in France, **and** only afterward **shipped** *to* <u>the</u> United States.

2 選択肢の検討

　動詞wasの後ろに過去分詞conceivedとdesigned、そしてcurrent分詞buildingが並列されていますので、**最後の現在分詞buildingが仲間外れ**です。意味的にも「建設された」という受動の意味ですから、(B) buildingを過去分詞builtにすべきです。

　(A)の動詞wasは、主語The Statue of Libertyが単数で、時制を決定づけるワードもないことから、過去形wasで問題ありません。

　(C)の接続詞andは、2つの文を繋げるandです。ただしand後ろの文では、前の文の主語と動詞（The Statue of Liberty was）が共通しているため省略し、異なる部分（only afterwad shipped to the United States）のみが記述されています（ **参照** 198ページ「設問攻略のためのTip 9」）。

（D）のthe は、複数のものを1つに括って集合全体を表すthe です。50州全体を括ってアメリカ合衆国という集合体を表すthe United States、加盟国全体を括って国連という集合体を表すthe United Nations などがあります（**参照** 236ページ「問答無用で冠詞the をつけるケース」）。

訳 ：自由の女神像は実際にはフランスで構想、設計、建設され、その後になってはじめてアメリカ合衆国に船で輸送された。

覚えておきたい 単語・フレーズ

| statue | 名 像 |
| afterward | 副 その後 |

例題26

Alzheimer's is <u>a</u> disease <u>which</u> information transmission <u>between</u> brain
　　　　　　　　A　　　　　　　B　　　　　　　　　　　　　　　　　C
cells <u>is</u> blocked by protein fragments, degrading memory and reason.
　　　D

解答・解説

正解 | (B) which ⇒ in which

1 構造の確認
〈構造パターン3〉

冠詞　関係代名詞　前置詞

Alzheimer's **is a disease** *which* information transmission *between* brain
cells is blocked *by* protein fragments, *degrading* memory and reason.

V

2 選択肢の検討

名詞 disease を関係詞 which 以下が修飾しています。**単独の関係詞 which の後ろは不完全文のはず**です。確認すると、information transimission が主語、動詞は is blocked (by...) という受動態になっており、完全文です。したがって (B) which は、前置詞を伴った形 in which とすべきです。

(A) の冠詞 a は可算でも不可算でも用いることができる名詞 disease についています。関係詞以下で限定されていますが、「which 以下によって限定される病気のうちの1つ」であれば a になり、「which 以下によって限定される病気がただ1つしかない」のであれば the になります。ここでは前者ということになります（参照 238ページ「a なのか the なのか？」)。

(C) の between は「2者間」を表す前置詞です。多くの場合、2つの名詞 (X and Y) が続きますが、3つ以上のものでも構いません。例えば X と Y と Z という3つのものを between の後ろに置くと、X と Y との間、Y と Z との間、Z と X との間、という複数の2者関係を表します。ここでの brain cells も当然3つ以上ありますが、やはり複数の2者関係を表していて適切です。

(D) の動詞 is は主語が information transmission（単数形）ですから適切です。

なお、カンマの後ろの degrading memory and reason は分詞構文で、前にある文 information transimission ... is blocked by protein fragments を補足説明（「結果」の説明）しています。

訳 ：アルツハイマー病は脳細胞間の情報伝達がタンパク質の破片によって遮断され、記憶や理性を退化させる病気の一つだ。

覚えておきたい 単語・フレーズ

trasnsmission	名 伝達	fragment	名 断片
cell	名 細胞	reason	名 理性
protein	名 たんぱく質		

▎例題27

Under quantum levitation, <u>materials</u>, supercooled to <u>temperatures</u>
　　　　　　　　　　　　　A　　　　　　　　　　　　　　　　B
much <u>low</u> than freezing, can float <u>in the air</u>.
　　　　C　　　　　　　　　　　　　　　D

解答・解説

正解｜(C) low ⇒ lower

[1] 構造の確認

〈構造パターン2＋4〉

名詞 (S)　　　　　　　　　名詞

Under quantum levitation, materials, *supercooled to* temperatures
much <u>low</u> than freezing, can float *in the air*.

　　　形容詞　　　　　　　　　　　　前置詞＋冠詞＋名詞

[2] 選択肢の検討

　主語の補足説明として、主語と動詞の間に過去分詞（形容詞）supercooled... が挿入されています。この挿入された部分をみると、名詞temperaturesを後ろから形容詞＋α（low ＋ than freezing）が修飾していますが、**直後に than があること**から (C) low は比較級lowerにすべきです。また前に置いた**強調語が much**であることからも比較級でなければなりません。

　(A)の名詞（主語）materials は可算でも不可算でも用いることができます。

　(B)の名詞temperatures も可算でも不可算でも用いることができます。

　(D)では前置詞in の後ろにthe air が続きますが、「大気」を意味するときはair に冠詞the をつけます。

訳 ：量子浮遊の下では、物質は凝固点よりずっと低い温度に過冷却され、大気中に浮遊し得る。

float	動	浮遊する
the air	名	大気

間違い探し問題 アプローチ5

名詞、冠詞、前置詞の使い方をチェック！

　最後は、みんな苦手な（？）名詞、冠詞、前置詞です。これらについてはルールをあてはめて正誤を判断するだけでなく、その名詞が可算名詞なのか不可算名詞なのか、その前置詞はどういう意味・用法なのか、といった知識の部分も問われるためかなり厄介です。対策として、まずは名詞や冠詞の「基本的ルール」を確認します。また名詞についての最低限の知識については、代表的な不可算名詞・可算名詞のリスト（参照 244〜247ページ「覚えておきたい代表的な不可算名詞・可算名詞」）を掲載していますので、少しずつ覚えていってください。

CHECK! ☑

□ 単数形？　複数形？

　名詞には可算と不可算の2種類の用法があります。常に可算扱いの名詞（*ex.* center：中心）、常に不可算の名詞（*ex.* information：情報）もありますが、実は多くの名詞が可算・不可算の両方の用法で使えます（*ex.* a light rain：小雨、high winds：強風）。 TOEFL ITPに対処するため「常に不可算扱い」の代表的な名詞を覚えておいてください（参照 244ページ「不可算名詞」）。

　可算・不可算に関するルールは次のとおりです。

ⓢ 2-51「可算・不可算に関するルール」

可算・不可算に関するルール

・可算扱いの名詞はハダカでは使えない（冠詞をつけるか、複数形にしなければいけない）
・不可算扱いの名詞はハダカでも使える（複数形にはならない。冠詞a/anはつかない。冠詞the も原則不要だが、設問文中で特定化された特別なモノであれば必要）

下線部には文法・語法上誤りが含まれています。正しい形に直しなさい。

1. Kay improved the design of <u>product</u>.

2. Plants absorb <u>the carbon dioxide</u>.

3. I am interested in <u>biology</u> of aging.

解答・解説

1.

正解 | product ⇒ a product / the product / (the) products

product（製品）は可算名詞なので、冠詞をつけるか複数形にします。

（○）Kay improved the design of a product.
（Kayはある製品の設計を改良した）

2.

正解 | the carbon dioxide ⇒ carbon dioxide

carbon dioxide（二酸化炭素）は不可算名詞なので、設問文中で特定化された特別な二酸化炭素でない限り、冠詞theは不要です。

（○）Plants absorb carbon dioxide.
（植物は二酸化炭素を吸収する）

3.

正解 | biology ⇒ the biology

biology（生物学）は不可算名詞です。設問文中で特定化されていない一般的な「生物学」であれば冠詞は不要ですが、ここでは of aging（老化の）という特別な生物学なので、冠詞が必要です。

（○）I am interested in the biology of aging.

（私は老化の生物学に興味がある）

CHECK! ☑

□ many? much? / few? little?

形容詞 many は、可算名詞の複数形の前につけて「多数の」を意味します。形容詞 much は、不可算名詞の前につけて「多量の」を意味します。ただし、比較級・最上級はともに more, most です。

これと意味も関係も同じものが、a large number of と a large amount of です。関係は同じで意味が逆になるのが (a) few と (a) little です（参照 235ページ「可算名詞／不可算名詞の修飾」）。

基本確認問題16

下線部には文法・語法上誤りが含まれています。正しい形に直しなさい。

1. Young drivers have twice as much accidents as old drivers.

2. The road was crowded with many traffic.

3. Dr. Fujiwara advised me to smoke less cigarettes and drink less alcohol.

解答・解説

1.

正解 | much ⇒ many

accident（事故）は可算名詞（複数形の"s"がついている）なので、可算名詞の前につける形容詞manyにします。

（○）Young drivers have twice as <u>many</u> accidents as old drivers.
（若いドライバーは高齢のドライバーの2倍の数の事故に遭う）

2.

正解 | many ⇒ much

traffic（交通量）は不可算名詞（複数形の"s"がついていない）なので、不可算名詞の前につける形容詞muchにします。

（○）The road was crowded with <u>much</u> traffic.
（その道路は多くの交通量で混雑していた）

3.

正解 | less ⇒ fewer

cigarette（たばこ）は可算名詞（複数形の"s"がついている）なので、不可算名詞の前につける形容詞littleの比較級であるlessは使えません。可算名詞の前につける形容詞fewの比較級fewerにします。なお、alcohol（酒）は不可算名詞なので（複数形の"s"がついていない）littleの比較級であるlessが使えます。

（○）Dr. Fujiwara advised me to smoke <u>fewer</u> cigarettes and drink less alcohol.
（Fujiwara先生は喫煙と飲酒の量を減らすように私に助言した）

2-52「可算名詞／不可算名詞の修飾」

可算名詞を修飾			不可算名詞を修飾		
many	more	the most	much	more	the most
多数の			多量の		
a large number of	a larger number of	the largest number of	a large amount of	a larger amount of	the largest amount of
多数の（＊）			多量の（＊）		
a few	fewer	the fewest	a little	less	the least
少数の（"few"は「ほとんどない」）			少量の（"little"は「ほとんどない」）		

＊ a large number of / a large amount of という表記からわかるとおり、**名詞 number（数）や amount（量）は、それ自体は可算名詞である**ことに注意（冠詞をつけるか複数形にする必要がある）。

many や few を含め、修飾される名詞の単複を決定づける代表的な形容詞について、2点補足しておきます。

補足 1　**every/each の後ろは単数形、several/few の後ろは複数形！**

以下の表にある数量詞（形容詞）は、後ろに置く名詞の単複を決定します。

2-53「数量詞（形容詞）の後ろに置く名詞の単複」

後ろは複数形	後ろは単数形
many a (large) number of (a) few several various	every（＊） each

＊「4年毎に」という場合は "every four years"

（×）each employees　　　⇒　　（○）each employee
（×）several important factor　⇒　　（○）several important factors

all, most, other, some, anyの後ろは複数形になるとは限らない！

　all, most, other は、後ろの名詞が可算名詞であれば複数形になりますが、不可算名詞も修飾できるため、その場合はもちろん複数形にはなりません。

（×）all student　　　　⇒　（○）all students

（×）all informations　⇒　（○）all information

　また、some や any は、不可算名詞も修飾でき、さらに後ろの名詞が可算名詞であっても意味によっては単数形をとります。

（○）some information（一部の情報）

（○）some boys（何人かの男の子）　（○）some boy（ある男の子）

CHECK! ☑

□ a?　the?

　冠詞 a は「他にもある」、the は「この世でただ一つ」を表わしますが、そのどちらが適切かは文脈によります（参照 238ページ「a なのか the なのか」）。そうしたケースでは「文法的にどちらが正しいか」を問うことは難しく、TOEFL ITP でも問われることはまずありません。問われるのは「慣例的に the を使う」という以下のケースになりますので覚えてください。

⊙ 2-54「問答無用で冠詞 the をつけるケース」

問答無用で冠詞 the をつけるケース

①**序数、最上級、only、same、next、last などで特定化する場合**

the fifteenth century（*）, *the* biggest park

the only friend, *the* same watch, *the* next bus

＊序数であっても win first prize, finish in fifth place などは the が不要

②複数のものを１つの集合体として括って、その全体を表す場合

　　the United States（アメリカ合衆国）

　　the Hawaiian Islands（ハワイ諸島）

　　the Rocky Mountains（ロッキー山脈）

　　the Great Lakes（五大湖）

③もともと世の中に１つしかないものとして特定化される場合（天体・方角など）

　　the universe, *the* sun, *the* Earth（＊）, *the* world, *the* west

　　＊地球を一惑星として捉えるときは、無冠詞でもよい（Earth, Venus）

④目的語の体の一部を表す場合

　　catch him by *the* arm（彼の腕をつかむ）

　　look her in *the* eye（彼女の目をじっと見る）

⑤単位を表す場合

　　sell by *the* gallon（ガロン単位で売る）

　　pay by *the* hour（時間給で支払う）

基本確認問題17

　下線部には文法・語法上誤りが含まれています。正しい形に直しなさい。

1. Slavery was abolished in the United States in nineteenth century.

2. When moon set in the west, it was a crescent moon.

1.

正解 | nineteenth ⇒ the nineteenth

序数（nineteenth）の前には冠詞theをつけます。なお、**the** United Statesは50州（states）の集合体を括った表現なので、同様に冠詞theをつけます。

（○）Slavery was abolished in the United States in <u>the nineteenth</u> century.
（奴隷制度はアメリカ合衆国で19世紀に廃止された）

2.

正解 | moon ⇒ the moon

moon（地球の惑星である月）には、冠詞theをつけます。なお、三日月は月の見え方の1つなので、冠詞aをつけてa creasent moonとします（満月はa full moon）。また方角にも冠詞theをつけて**the** westとします。

（○）When <u>the moon</u> set in the west, it was a crescent moon.
（月が西に沈んだとき、その月は三日月だった）

2-55「aなのかtheなのか？」

aなのかtheなのか？

すでに述べたとおり、**a**なのか**the**なのかは多くの場合、文脈によります。例えば先ほど見た「製品の設計図」を例にすると、名詞designと名詞productには以下の4通りの冠詞のつけ方があり、どれも文法的に正しい使い方です。

（○）**the** design of **a** product（ある製品の設計図）
（○）**the** design of **the** product（その製品の設計図）
（○）**a** design of **a** product（ある製品の設計図の1つ）

（○）a design of **the** product（その製品の設計図の１つ）

（×）the design of product

　まずproduct（製品）を「ある１つの製品（製品Ａか製品Ｂか製品Ｃのいずれか）」とぼかして言いたいのか、「その製品（製品Ｃ！）」と特定化したいのかによって、productにつける冠詞を**a**にするか**the**にするかが決まります。次にdesign（設計図）については、どの製品のことを言っているのかぼかしている場合にしろ（a product＝製品Ａ？　Ｂ？　Ｃ？）、はっきりさせている場合にしろ（**the** product＝製品Ｃ！）、その製品の設計図が１つしかなければ設計図は特定化されるので**the** designです。一方、その製品の設計図が複数あれば（製品Ｃには設計図Ｘと設計図Ｙと設計図Ｚがある）、そのうちのどの設計図なのかはっきりしないので**a design**になります。

　TOEFL ITP試験でよく問われるのは「designに冠詞theがついているので、productにはつけなくてもよいのでは？」という文法上の誤解（見逃し）です。**冠詞は名詞ごとに手当しなければならない**ので、可算名詞productは名詞designとは別に冠詞（aまたはthe）をつけるか複数形にするかしなければなりません。ただし次の場合は「例外」として**可算名詞であっても無冠詞**にします。

● **無冠詞になる例外用法**

1.「ある種の〜」の後ろに置く名詞

a kind of <u>insect</u>	**many kinds of** <u>insect(s)</u>
（ある種の昆虫）	（多くの種類の昆虫）
a sort of <u>problem</u>	**all sorts of** <u>problem(s)</u>
（ある種の問題）	（あらゆる種類の問題）
a type of <u>job</u>	**different types of** <u>job(s)</u>
（あるタイプの仕事）	（異なるタイプの仕事）

2. 補語や同格で用いる**役職**を表す名詞

He was elected <u>captain</u> of the team.

（彼はそのチームのキャプテンに選出された）

Woody Allen, <u>actor and director</u>, was born in NY.

（Woody Allenは俳優兼監督で、NYで生まれた）

☐ it?　them?

　指示語it/itsは単数形の名詞（不可算名詞を含む）を指します。一方、指示語they/them/theirは複数形の名詞を指します。同じことが指示語thatかthoseかにもあてはまります。

▎基本確認問題18

　下線部には文法・語法上誤りが含まれています。正しい形に直しなさい。

1. This animal is a wombat and Australia is home to <u>them</u>.

2. The aircraft assembled here are lighter than <u>that</u> used by that airline.

解答・解説

1.

正解｜them ⇒ it

"them"が指す名詞は"a wombat（単数形）"だから、itにします。

（○）This animal is a wombat and Australia is home to <u>it</u>.
　　（この動物はウォンバットで、オーストラリアがその生息地だ）

2.

正解｜that ⇒ those

"that"が指す名詞は"The aircraft"です。複数形の"s"がついていないためわ

かりにくいですが、動詞がareであるため、複数形だとわかります。よってthose
にします。aircraftは単数形も複数形も同じaircraftです（**参照** 245ページ「単複同
形の可算名詞」）。

（○）The aircraft assembled here are lighter than <u>those</u> used by that airline.
　　　（ここで組み立てられた航空機は、あの航空会社で使用された航空機より
　　　機体が軽い）

　上記以外の指示代名詞に、「それ以外のもの」を表すanotherやothersがありま
す。単数・複数の区別と冠詞の要不要については下表のとおりです。

> 2-56「another/othersの単数・複数の区別と冠詞の要不要」

another **the** other	それ以外のもののうちの **1つ** それ以外のものすべて（＝1つ）	単数扱い
other**s** **the** other**s**	それ以外のもののうち **いくつか** それ以外のものすべて（＝ **複数** ）	複数扱い

　なお、"another"は形容詞にもなります。また冠詞をつけず複数形のsもつか
ない"other"は形容詞です（× <u>others</u> children ⇒ ○ <u>other</u> children：それ以外の
子供たち）。

CHECK! ☑

□ **その前置詞は正しい？**

　前置詞の誤用として問われやすい例をいくつか紹介します。

（a）2語以上の相関語句（熟語）で使われる前置詞

＞ 2-57｜相関語句で使われる前置詞｜

from X **to** Y = **from** X **until** Y ≈ **from** X **through** Y	XからYまで
instead **of**... = **in** place **of**...	…の代わりに
other **than** (= except...)	…を除いた
apart **from** = aside **from** = except **for**...	…を除いて
regardless **of**...	…とは関係なく
in spite **of**... (= despite...)	…にもかかわらず
in addition **to**...	…に加えて

例：× instead <u>than</u> going by bus ⇒ ○ instead <u>of</u> going by bus

　前置詞ではありませんが、以下の相関語句で使われる**接続詞**にも注意してください。

＞ 2-58｜相関語句で使われる接続詞｜

either X **or** Y	XまたはY
neither X **nor** Y	XでもYでもない
both X **and** Y	XもYも
not X **but** Y	XでなくY
not only X **but** also Y	XばかりでなくYも
between X **and** Y	XとYの間に

例：× neither coffee <u>and</u> tea ⇒ ○ neither coffee <u>nor</u> tea

（b）受動態の後ろで使われる前置詞

⊙ 2-59「受動態の後ろで使われる前置詞」

be related **to**...	…と関係している
be associated **with**...	…と関係している
be compared **with/to**...	…と比較される
be defined **as**...	…と定義される
be referred to **as**...	…と呼ばれる
be characterized **by**...	…で特徴づけられる
be represented **by**...	…に代表される
be known **for** (**to/as**) ...	…で（…に／…として）知られている
be made **into** (**of/from**) ...	…に作り変えられる（…で作られている）
be made up **of**... = be composed **of**...	…で構成される

例：× The region is known <u>by</u> its good wines.
　　⇒ ○ The region is known <u>for</u> its good wines.

　上記の表でそれぞれ使われている前置詞は、あくまで頻繁に使われる「代表例」であって、他の前置詞は使わないということではありません。例えばbe related の後ろにbyが来ることもあり得ます（They are not related by blood. 彼らは血によって関係づけられてはいない＝血のつながりはない）。したがって本来は機械的でなく意味を考えた上で適切な前置詞かどうか判断すべきですが、まずは頻出表現として上表の語句とその正確な意味を覚えてください。

▌基本確認問題19

　下線部には文法・語法上誤りが含まれています。正しい形に直しなさい。

1. <u>In</u> 1860 to 1890, the population increased by 20 percent.

2. Physics is closely related <u>by</u> maths.

解答・解説

1.

（○）<u>From</u> 1860 to 1890, the population increased by 20 percent.
（1860年から1890年にわたって、人口は20%増加した）

2.

（○）Physics is closely related <u>to</u> maths.
（物理学は数学と密接に関係している）

覚えておきたい代表的な不可算名詞・可算名詞

①不可算名詞

2-60「不可算名詞」

information（情報）	furniture（家具）	equipment（装備）	clothing（衣類）
machinery（機械類）	scenery（景観）	poetry（詩）	jewelry（宝石類）
baggage（手荷物）	news（ニュース）	evidence（証拠）	mail（郵便物）
advice（助言）	progress（進展）		

学問名〔economics（経済学）physics（物理学）など〕
病名〔measles（はしか）diabetes（糖尿病）など〕

The company invested in new <u>machineries</u> and <u>equipments</u>.
            ×   ×

⇒ The company invested in new <u>machinery</u> and <u>equipment</u>.
           ○   ○

（その会社は新しい機械と装備に投資した）

②常に複数扱いの可算名詞

2-61「常に複数扱いの可算名詞」

people（人々）　cattle（牛）　police（警察）　clergy（聖職者）

The police <u>has</u> a clue.　　⇒　　The police <u>have</u> a clue.

　　　　　　×　　　　　　　　　　　　　　○

（警察は手がかりをつかんでいる）

③単複同形の可算名詞

2-62「単複同形の可算名詞」

means（手段）　　series（連続）　species（種）
aircraft（航空機）　spacecraft（宇宙船）
fish（魚）　　salmon（鮭）　tuna（鮪）　sheep（羊）　deer（鹿）
percent（1/100）

Sheep <u>is</u> grazing in the field　⇒　<u>Sheep are</u> grazing in the field.

　　　　　×　　　　　　　　　　　　複数形 ○

　　　　　　　　　　　　　　　　　（<u>A sheep</u> is grazing in the field. も正しい）

（羊がその牧草地で草を食べている）

2-63「〔参考〕『集合名詞』は、単数形なら単数扱い、複数形なら複数扱い」

参考 「集合名詞」は、単数形なら単数扱い、複数形なら複数扱い

group（集団）　crowd（群衆）　audience（聴衆）　family（家族）
class（クラス）　team（チーム）　committee（委員会）　staff（スタッフ）
crew（乗組員）　personnel（職員）　government（政府）
company（会社）など

　本書で不可算名詞に整理した名詞（informationやfurnitureなど）、常に複数扱いの可算名詞に整理した名詞（peopleやpoliceなど）以外の、上記に挙げた「集合名詞」は**単数形で、複数のメンバーから構成される1つの集合体**」を表します。集合体なので「1名」は表しません（× She is a new staff. 彼女は新しいスタッフだ）。この「複数のメンバーで構成される集合体」という点以外は、これらの「集合名詞」は少なくともTOEFL ITP（アメリカ英語）では一般の名詞と同じ扱いになると考えてください。つま

り、集合体が1つであれば冠詞a/theをつけた単数形になって単数扱い、集合体が２つ以上あれば語尾にsをつけた複数形になって複数扱いします。

※イギリス英語では、これらの集合名詞は単数形であっても、各構成員に焦点を当てる場合は複数扱いする傾向にあります (The group are all females. その集団の構成員はみな女性だ)。単数形で単数扱いするのか複数扱いするのかについては (高校の英文法ではしばしば重視されますが) 英米で扱いが異なるため、TOEFL ITPでは問われません。

A *group* of 20 girls <u>was</u> standing by the school gate.
（20名の女の子の集団が校門のそばに立っていた）

Two groups <u>are</u> compared.
（２つの集団が比較されている）

④不規則な複数形の可算名詞

child < children, woman < women, foot < feet, tooth < teethのような、's'をつける以外の形をとる複数形

◯ 2-64「不規則な複数形の可算名詞」

単数形	複数形	意味
-um	**-a**	
datum	data	データ
medium	media	媒体
bacterium	bacteria	細菌
equilibrium	equilibria	平衡、均衡
curriculum	curricula	履修課程
millennium	millennia	千年
-on	**-a**	
phenomenon	phenomena	現象
criterion	criteria	基準

-us	-i	
stimulus	stimuli	刺激
cactus	cacti	サボテン
nucleus	nuclei	核
fungus	fungi	菌類
radius	radii	半径
alumnus	alumni	卒業生（男性）
-a	**-ae**	
alumna	alumnae	卒業生（女性）
larva	larvae	幼虫
pupa	pupae	さなぎ
alga	algae	藻類
antenna	antennae	触覚
formula	formulae	公式
-is	**-es**	
analysis	analyses	分析
oasis	oases	オアシス
axis	axes	軸
basis	bases	土台
hypothesis	hypotheses	仮説
thesis	theses	学位論文
-ex	**-ices**	
index	indices	指数
matrix	matrices	行列
vertex	vertices	頂点

<u>A</u> Catholic himself, John F. Kennedy gathered <u>much supporters</u> from his
A   B

coreligionists, <u>which proved</u> crucial in his presidential <u>election victory</u>.
                      C   D

解答・解説

正解 | (B) much supporters ⇒ much support

1 構造の確認

〈構造パターン2＋3〉

A Catholic himself, John F. Kennedy gathered **much supporters** *from* his
coreligionists, *which* proved crucial in his presidential election victory.

2 選択肢の検討

　much は不可算名詞に、many は可算名詞につける形容詞です。よって、可算名詞 supporters を much で修飾するのは誤りで、much support（多くの支持）あるいは many supporters（多数の支持者）とする必要があります。ここでは動詞が gather で「支持を集める」の意味になるため、(B) much supporters は much support とすべきです。

　(A)の冠詞 A は名詞 Catholic（カトリック教徒）についています。なお、この A Catholic himself という名詞は分詞構文で、Being a Catholic himself の being が省略された形です。このような、名詞だけの分詞構文は TOEFL ITP でもよく見かける形です（**参照** 169ページ：重要文法事項2 分詞構文 4.）。

　___**名詞**___, ___S___ ___V___.（S は「**名詞**」であるが、その S は V する）

（C）の which proved は、単独の関係代名詞whichの後ろにSがない不完全文 proved curical...が続いていて、先行詞は直前のcoreligionistsではなく前文全体（John F. Kennedy gathered much support from his coreligionists）であることから適切です。なお動詞proveはここでは後ろに補語となる形容詞crucialをとり、「…であることがわかる」の意味です。

（D）の election victory は、前にある名詞electionが形容詞の役割を果たして後ろの名詞victoryを修飾する「名詞の形容詞的転用」（参照 140ページ「原則があれば例外もある その1」）です。

訳：自身がカトリック教徒であるジョン・F・ケネディは同宗信徒から多くの支持を集め、そのことが大統領選挙の勝利において決定的なものとなった。

覚えておきたい 単語・フレーズ

Catholic	名 カトリック教徒　cf. Protestant	名 新教徒
crucial	形 極めて重要な	
election	名 選挙	

With natural <u>treasures</u> such as gold, diamonds and uranium, South

A

Africa <u>was contested</u> through various <u>mean</u> by both native tribes <u>and</u>

B   C   D

Europeans for hundreds of years.

解答・解説

正解 | (C) mean ⇒ means

1 構造の確認

〈構造パターン2〉

名詞

With natural <u>treasures</u> *such as* gold, diamonds and uranium, South Africa was contested *through* various <u>mean</u> *by* both native tribes <u>and</u> Europeans *for* hundreds of years.

V（受動態）　　　名詞　　　both X and Y

　1つ目のカンマは（gold と diamonds と uranium を）同列に並べるカンマ、2つ目のカンマは修飾句と主文を切り離すカンマです（**参照** 182ページ：重要文法事項5 カンマ）。

2 選択肢の検討

　前置詞 through の後ろに形容詞＋名詞の形 various mean が続いていますが、**形容詞 various（= several different）の後ろには複数形**の名詞が来ます（**参照** 235ページ「数量詞（形容詞）の後ろに置く名詞の単複」の表）。よって (C) mean は、「手段」を意味する means（複数形、ただし単数形も同じ形）とすべきです（**参照** 下表）。

> 2-65「mean/means/meaning」

単数形	複数形	意味
mean	means	平均
means	means	手段
meaning	meanings	意味

(A)のtreasuresは「宝、貴重品」の意味で、可算でも不可算でも用いることができます。

(B)のwas contestedについては、動詞contestは「…を獲得しようとして争う」の意味で用います。ここでは受動態で「South Africa獲得を巡って争われた」となるので適切です。

(D)のandはboth X and Yの形をとる相関接続詞です。

訳：金、ダイヤモンド、ウランといった貴重な天然資源があったため、南アフリカを巡って原住民の部族とヨーロッパ人の双方は何百年にわたり様々な手段を用いて争った。

覚えておきたい 単語・フレーズ

contest...	動 …を獲得しようとして争う
tribe	名 部族

When <u>raised</u> by <u>humans</u>, large predators such as orcas often cannot
$\qquad$ A $\qquad$ B

<u>be released</u> into <u>wild</u>.
$\qquad$ C $\qquad$ D

解答・解説

正解 | (D) wild ⇒ the wild

1 構造の確認

〈構造パターン2〉

過去分詞＋前置詞

接続詞

When raised *by* humans, large predators *such as* orcas often cannot
be released *into* wild.

名詞

V（受動態）　名詞

2 選択肢の検討

　前置詞intoの後ろに名詞wildが続いていますが、**名詞wildは冠詞theをつけて「野生（人間に制御されていない）」の意味**になりますので、(D) wildはthe wildとすべきです（**参照** 下表）。

> 2-66「theをつけるべき名詞とつけるべきでない名詞の例」

theをつけるべき名詞とつけるべきでない名詞の例

the wild	野生
the country = **the** countryside	田舎
nature（＊）	自然
space = **the** universe	宇宙

＊the natureは「その自然」という意味にならず「その本質」という意味。

(A)の(When) raised byは、接続詞を残した分詞構文（従属節の中のSとbe動詞の省略）です（= When (*large predators are*) raised by humans）。

(B)のhumansは「人間」を意味する名詞の複数形です。名詞の場合humanは可算名詞ですので、a humanあるいはhumansとします。またhumanは形容詞で「人間の」を意味する場合もあり、human beingsなどとします（同様の例にAmericanがあり、名詞ならan American / Americans、形容詞ならAmerican peopleとなる。参照 下表）。

> 2-67「『人間』『生物』を意味する可算名詞と不可算名詞」

「人間」「生物」を意味する可算名詞と不可算名詞

人間、人類		生物、生命	
humans	〔可算〕	living things	〔可算〕
human beings	〔可算〕	life forms	〔可算〕
mankind = humankind	〔不可算〕	organisms	〔可算〕
man	〔不可算〕	life	〔不可算〕
humanity	〔不可算〕	creatures (= animals 動物)	〔可算〕

(C)のbe releasedは、助動詞cannotの後ろですから原形のbeの後ろにrelease（…を放つ）の過去分詞が来る受動態で適切です。

訳：人間によって飼育されると、シャチのような大型の捕食動物は野生に返すことができなくなる。

覚えておきたい 単語・フレーズ

| raise | 動 …を育てる |
| predator | 名 捕食者 |

例題31

Because a single African wild dog pack can include dozens of animals,
    A   B

they can overcome larger prey or rivals.
  C   D

解答・解説

正解 | (C) they ⇒ it

1 構造の確認

〈構造パターン2〉

接続詞 ・・・ 名詞＋前置詞

Because a single African wild dog pack can include dozens *of* animals,
they can overcome **larger prey or rivals**.

指示語（S） ・・・ 形容詞（比較級）

2 選択肢の検討

主語である**指示語 they は複数形の名詞を指します**が、指しているのは単数形の a single African dog pack です。したがって、(C) they は it とすべきです。

(A)の接続詞 Because は、後ろに文が続いており、また内容も主文の理由になっているので適切です。

(B)の dozens of... は「何十もの…」を意味します。同様の表現に以下のものがあります。

⊙ 2-68「dozens of... の類似表現」

hundreds of...	何百もの
thousands of...	何千もの
tens of thousands of...	何万もの
hundreds of thousands of...	何十万もの
millions of...	何百万もの

上表の表現を除きこれらの数詞にsがつかないことにも注意してください。

（例）　× two hundreds　　⇒　　○ two hundred（200）

　　　　× three thousands　⇒　　○ three thousand（3,000）

　（D）のlargerは、形容詞largeの比較級ですが、「African wild dogよりも大きな」を意味しており適切です。なお、名詞preyは不可算名詞で「獲物」を意味します（参照 下表）。

⊙ 2-69「名詞prey他（可算／不可算）」

prey	〔不可算〕	獲物
predators	〔可算〕	捕食動物
game	〔不可算〕	野生動物
wildlife	〔不可算〕	野生動物
livestock	〔不可算〕	家畜

訳：単一のリカオンの群れは何十匹もで構成されるため、その群れは自分たちよりも大きな獲物や敵を打ち倒すことができる。

Regardless of its size or population, each American state is represented
        A   B   C

to two senators.
D

解答・解説

正解 | (D) to ⇒ by

1 構造の確認

〈構造パターン2〉

前置詞　　　　　指示語（所有格）　　　　　　　　　　　　　　　V

Regardless of its size or population, each American state is represented

to two senators.

前置詞

2 選択肢の検討

　受動態is representedの後ろに前置詞toが続いていますが、"S represent O"（SがOを代表する）の受動態は、**S is represented by O（SがOに代表される＝SはOを選出する）が正しい表現**ですから、(D) toはbyとすべきです。

　(A)のRegardless of... は「…には関係なく」の意味。同義語にirrespective of... があります（ 242ページ「相関語句で使われる前置詞」の表）。

　(B)のitsは、後ろの主文の主語each American stateという単数形の名詞を指しており、適切です。このように、主文が後ろに来る場合、前にある指示語が後ろにある主文の中の名詞を指すこともあります（主文に主要な情報を集めたいため）。

（例）When her wedding day arrived, Diane was really nervous.

（結婚式の日が来ると、ダイアンはとても不安になった）

(C)のisは、主語が単数（each American state）ですから適切です。eachやeveryの後ろは単数形名詞が続くことにも注意してください（参照 235ページ「数量詞（形容詞）の後ろに置く名詞の単複」の表）。

（例）**Every** word and gesture shows the person's feelings.
　　　　　単数形　　　　単数形
（すべての言葉や身振りはその人の感情を表す）

訳：面積や人口に関係なく、アメリカの各州は2名の上院議員を選出する。

覚えておきたい 単語・フレーズ

regardless of...	前 …には関係なく
represent...	動 …を代表する
senator	名 上院議員

第3章

リーディング問題の対策

リーディングセクションの問題形式とは？

Section 3　Reading Comprehension
　文章題5題　設問数：各文章10問程度（計50問）

　文章を読み、その内容や語彙についての設問に答えます。与えられた4つの選択肢から適切なものを1つ選びます。

学習の流れをチェックしよう！

🔽 **第1節　設問を解くための基本戦術（p.260〜）** 基礎

　TOEFL ITPの読解問題を解くとはどのような作業なのか、具体的に見ていきながら大部分の設問に共通する「基本戦術」を学びます。

🔽 **第2節　「設問を解くための基本戦術」の実践（p.266〜）** 応用

　短い文章を使って、第1節「設問を解くための基本戦術」を実践・習得することが目的です。間違えた設問については、解説を参考にしながら、正解するために何が足りなかったのかを分析・自覚することが非常に大切です。

🔽 **第3節　本文（パッセージ）を効率的に読むための基本戦術（p.287〜）** 基礎

　本文を効率的に読むためにはどうしたらよいか、その「基本戦術」を学習します。設問を解く際に、どれくらいの時間をかけてどのように読めばよいかについて確認しましょう。

🔽 **第4節　総合実践（p.291〜）** 応用

　実際に試験で出題される長さの例題を使って、第1節「設問を解くための基本戦術」と第3節「本文を効率的に読むための基本戦術」の双方を実践します。さまざまな設問を通じて、正解肢にたどり着くためのプロセスを体感・会得してください。

🔽 **第5節　設問タイプ別攻略法（p.331〜）** 参照

　設問タイプごとに概要と攻略法が整理されています。第4節「総合実践」及び「第2部 模擬テスト」で問題演習をする前後に参照してください。

設問を解くための基本戦術

　TOEFL ITPリーディングは、「**本文を読み**、**設問**に目を通して、4つの**選択肢**から1つ選ぶ」という作業です。

　この「**本文**」「**設問**」「**選択肢**」という3つの要素の関係を明らかにしながら、正解するためのプロセスを紹介します。まず、ざっとで構いませんので、「アメリカにおける教育改革の必要性とその条件」について書いた、以下の本文と設問及びその選択肢に目を通してみてください。

▌サンプル

　　　　The most important factor and hope is education. Most of our dropouts become lost between the ages of 11 and 15, the middle school years, not high school. The classroom teacher then
Line　becomes the most important person in keeping that child
(5)　from leaving school and entering the world of aimless, increasingly violent peers. However, that's only if we devote the resources, have the trained teachers, the time, and the public backing to reach our young people and help them to survive and succeed in life. Were that the case, there would be dramatic
(10)　improvement and less lost youth—and we as a society would benefit heavily.

本文

　　Q. It can be inferred from the passage that children who leave school

設問

選択肢

　(A) walk aimlessly up and down the streets
　(B) lose their way and have to ask someone for directions home

(C) become exposed to a lifestyle lacking direction
(D) run away from home

当然のことながら、「設問」「選択肢」「本文」の3者は密接な関係にあります。ほとんどの設問では、図1の関係になります。

図1　　　　　　　　　　　　　　　　　　　(▷) 3-01「設問・選択肢・本文の関係1」

「**設問**」は、「本文」該当箇所を特定する**手がかり**を与えるもの
「**選択肢**」は、「本文」該当箇所やそれ以外を適切あるいは不適切に**言い換え**たもの

もう一つ、サンプルの設問と異なり、設問の中に手がかりがないタイプもあります。With which of the following statements would the author most likely agree?（著者が最も同意しそうな選択肢は次のどれか？）や The passage supports which of the following statements?（本文が支持するのは次のどれか？）といった設問です。このタイプの設問では、**各選択肢**がそれぞれの手がかりを与えると同時に、本文の言い換えにもなります（図2）。

図2　　　　　　　　　　　　　　　　　　　(▷) 3-02「設問・選択肢・本文の関係2」

ここで強調しておきたいことは、2つの図を見てわかるとおり、いずれのタイプの設問であれ、解く際には**手がかりを与えてくれる設問あるいは選択肢と、正解の根拠となる本文とを必ず往復する**ことです。この地道な往復作業がTOEFL ITPリーディングの本質です。

261

では、設問に手がかりがあるタイプ（図1）について、先ほど目を通したサンプルを使って具体的に正解に至る作業工程を見ていきましょう。

Step 1
設問から手がかりを見つけ、本文該当箇所を探す

設問

It can be inferred from the passage that | children who leave school
　　　　　　決まり文句　　　　　　　　　　　手がかり

　"It can be inferred from the passage that..." はTOEFL ITPの設問の決まり文句の一つです。「本文からthat以下が推測できる」という意味で、解答者に「はっきりそうだと本文に書いてあるわけではないが、本文内容に基づいて妥当な内容と言えるのはどれか？」と尋ねています（参照 詳細は336ページ：設問タイプ3）。

　本文該当箇所を特定する「**手がかり**」は、その後ろにある **children who leave school** です。これに近い語句を本文から探すと、4–5行目に in keeping **that child** from **leaving school** が見つかります。正解内容を表す本文該当箇所は、この語句を含む以下の部分になります。

本文該当箇所

...in keeping | that child | from | leaving school | and entering the world of aimless, increasingly violent peers.

Step 2

探し出した本文該当箇所を読み解く

"keep X from doing" は「Xが〜するのを防ぐ」という重要表現です。この doing の部分に、"leaving school" と "entering the world of aimless, increasingly violent peers" が **and** を使って並列されています。

in keeping | that child | from

     leaving school

     and

     entering the world of aimless,
     increasingly violent peers

（その子供が leaving school して entering the world of aimless, increasingly violent peers するのを防ぐ点で）

単に並列しているだけですので、「children who leave school（学校を中退した子供）が絶対に enter the world（その世界に入る）」とまでは解釈できませんが、そうなる可能性が十分あるとは言えるでしょう（この点が、推測の infer 設問になっている理由です）。

したがって、"entering the world of aimless, increasingly violent peers" が設問で問われている答えの候補になります。

本文該当箇所　entering the world of aimless, increasingly violent peers

①　　　　　　　　　②

選択肢(C)　become exposed to a lifestyle lacking direction

　選択肢(C)を見てみましょう。①の部分を比べると、使っている単語は異なりますが「…**の世界に入る（entering the world of…）**」と「**…な生活様式にさらされる（become exposed to a lifestyle…）**」とに大きな意味の違いはありません。②の部分についても「**目的のない（aimless）**」と「**方向性を欠いた（lacking direction）**」はほぼ同じ意味にとれます。それぞれ妥当な言い換えになっていますので、選択肢(C)が正解です。

　一方、選択肢(A) walk **aimlessly** up and down the streetsでも本文該当箇所にある語と同じaimlesslyが使われていますが、「**あてもなく通りをぶらぶら歩く**」という具体的な行動は、本文該当箇所の「目的を見失い暴力的になった仲間の世界に入る」という生き方を言い換えたものとは言えません。選択肢(B)のlose their way（道に迷う）や選択肢(D)のrun away from home（家から逃亡する）といった行動も、目的を見失った生き方とはあまり関係ありません。

　TOEFL ITPの学習を始めたばかりの方が最初に陥りがちな落とし穴が「**本文該当箇所と同じ単語を使っている選択肢を選んでしまう**」ことです。上の例で言えば"aimlessly"が入った(A)に惹かれた方は注意してください。

　正解肢は「本文と同じ単語を使った選択肢」ではなく、本文該当箇所を別の語句を使って言い換えたものです。だからこそ、語彙などが原因で本文該当箇所や各選択肢の意味が明確にとれない場合、**すべての選択肢を徹底比較**して慎重に選ばなければ、間違った選択肢にひっかかる可能性が高まります。

設問を解くための基本戦術

Step 1　設問・選択肢から手がかりワードを見つけ、本文該当箇所を「探す」

Step 2　探し出した本文該当箇所を「読み解く」

Step 3　読み解いた本文該当箇所とすべての選択肢を「徹底比較する」

本文訳

　将来に希望を与える最も重要な要素は、教育である。アメリカの学校中退者のほとんどは、11歳から15歳のとき、つまり高校時代ではなく中学時代に、自分の進むべき道を見失う。だからこそ担任の教師は、その子が中退し、目的を見失ってますます暴力的になっている仲間たちの世界に入るのを防ぐ点で、一番のキーパーソンになるのだ。しかしあくまでそれは、若者たちの心に手を差し伸べ、人生における様々な問題を彼らが乗り越えて成功するのを手助けするための資源を我々が投じ、そのために訓練された教師、必要な時間、さらに国民からの支援があってはじめて可能なのである。そうなれば状況は劇的に向上し、若者が道を見失うこともなくなっていくだろう。そして社会全体として大きな恩恵を受けることになるだろう。

設問：学校を中退した子供たちはどうすると本文から推測できるか？

(A) あてもなく街をぶらぶら歩く

(B) 道に迷い、家への帰り方を人に尋ねる羽目になる

(C) 進むべき方向を失った生活にさらされる

(D) 家から逃亡する

「設問を解くための基本戦術」の実践

　基本戦術の3つのステップを実践してみましょう。以下に掲げた2つの例題は、1段落だけの短い本文と典型的なタイプの設問1つからなっています。難易度は例題1の設問が中程度レベル、例題2の設問が難問レベルです。時間無制限、自分の英語力のすべてを注いで、順に2つの例題に取り組んでみてください。くれぐれも**先に解答・解説を見ないでくださいね**（文章がさっぱり理解できないという方は辞書で単語の意味を調べながらでも構いません）。

　最初の例題1の設問を解き終えたら答え合わせをしてください。難なく正解された方は解説部分を飛ばして「読解問題に取り組む心構え」（参照 272ページ〜）に目を通し、次の例題2へ進んでください。不正解だった（あるいは自信はなかったが正解してしまった）方は、申し訳ありませんが我慢して長い解説（「正解肢を見つけよう！」「他の選択肢で確認しよう！」）をよく読みながら、**正解にたどり着くために自分には何が足りなかったのか、ぜひここでしっかり分析・自覚して**ください（例題2も同様に行ってください）。この分析と自覚は、これから積み重ねていく演習を有意義なものにするための必要条件になります。無自覚のまま演習量だけ増やしても、スコアアップに効果的な学習にはなりません。

例題1

    Accurate temperature measurement is critical for many human activities. This is done most readily by thermometers. The most well-known thermometer is probably the mercury

Line thermometer: a mercury-filled glass bulb with a numerically

(5) scaled stem. Mercury is used for its unique properties: like all metals, it conducts heat well, but, unlike any other metal, it does not solidify at room temperatures. It expands when heated, and contracts when cooled, as a result, moving up and down within the glass stem. Moreover, its expansion and contraction are

(10) consistent along a temperature scale. This uniformity is critical to accuracy. Alcohol thermometers predate mercury ones and only freeze at much lower temperatures. However, alcohol evaporation is difficult to prevent. This has led to their limited use in comparison to mercury thermometers.

    Q. The author implies that mercury is more widely used in
       thermometers than alcohol because it
    (A) does not become solid at room temperature
    (B) readily moves up and down within a glass stem
    (C) is more likely to remain inside a glass stem
    (D) freezes at a lower temperature

正解 | (C)

1 正解肢を見つけよう！

Step 1

☑ 設問から手がかりワードを見つける

設問文：

> mercury is **more** widely used in thermometers **than** alcohol

because it...

次の2点を読み取ってください。
- **使用度** に関して mercury と alcohol を **比較**
- **理由** について問われている

☑ 手がかりワードを本文中で探す

本文該当箇所（最終文）：

This has led to their limited use **in comparison to** mercury

thermometers.

　mercuryだけでなく、もう一つの手がかりワードalcoholも入っていることに気づいたでしょうか？　指示語 **their** が2文前の主語 **Alcohol** thermometersを指しています。

Step 2

☑ **探し出した本文該当箇所を読み解く**

本文該当箇所の囲み部分と設問文の囲み部分は、表現が逆になっているだけで同じ内容です。

本文：

mercury **thermometers に比べて** alcohol **thermometers は limited use だ**

設問文：

mercury は alcohol に比べて **thermometers で more widely used だ**

間違いなく該当箇所であることが確認できました。次に設問で何が問われているのか改めて確認します。言うまでもなく 設問は because 以下、つまり囲み部分の「**理由**」を尋ねています。対して、本文該当箇所も lead to を使って**因果関係**を表しています。

設問文 " Y because X." 「Yの理由がXだ」

本文 "X lead to Y ." 「Xが原因で、結果Yになる」

Yは同じ内容だったので、Xも同じはずです。したがって設問の答えは、本文主語の "**This**" です。

☑ **あとは指示語の問題**

"**This**" が指す箇所は、前文 "**alcohol evaporation is difficult to prevent**（アルコールの揮発を防ぐのは困難だ）" です。

☑ 本文該当箇所と選択肢を徹底比較する

　本文内容の「alcoholの揮発を防ぐのは困難」は,「alcoholは揮発してしまうので, mercuryと比べ残存しにくい」と言い換えることができますので, **(C) (it) is more likely to remain inside a glass stem**（水銀は〔アルコールと比べると〕ガラス管内部に残存しやすい）が合致します。

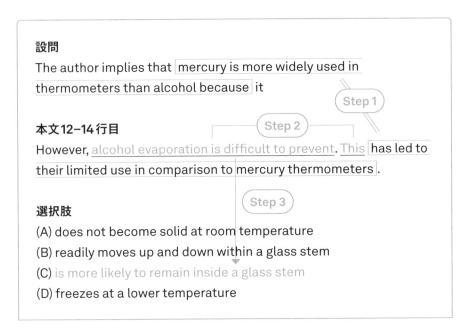

設問

The author implies that mercury is more widely used in thermometers than alcohol because it

Step 1

本文12-14行目

Step 2

However, alcohol evaporation is difficult to prevent. This has led to their limited use in comparison to mercury thermometers.

Step 3

選択肢

(A) does not become solid at room temperature

(B) readily moves up and down within a glass stem

(C) is more likely to remain inside a glass stem

(D) freezes at a lower temperature

②　他の選択肢を確認しよう!

　たとえ正解肢らしきものが見つかっても, **他の選択肢も確認することはミスを最小限に抑えるために必須の作業**です。例えば本文該当箇所や目をつけた選択肢にわからない単語が入っていた場合（evaporationなど）, 誤った解釈をする可能性は十分にあり, 結果, 間違った選択肢を選んでしまうからです。他の選択肢も可能な限り比較検討することで, そのリスクを最小限に抑えることができます。

　選択肢(A)については, 本文6-7行目に"it does not solidify at room temperatures"が見つかり, 確かにmercuryの特徴として本文に記述されていま

す。しかしこの箇所では**アルコールと比較しておらず**、設問で問われているアルコールと比べて温度計に広く使われている理由としては不適切です。考えてみれば、非金属であるアルコールも室温では固体ではありませんね。

選択肢(B)も同様です。本文8–9行目に "as a result, moving up and down within the glass stem" が見つかり、mercuryが熱により膨張・収縮する結果として起こることとして本文に記述されていますが、これも**アルコールと比較していません**。

選択肢(D)については、本文11–12行目に "and only freeze at much lower temperatures" が見つかります。この箇所は比較級 much lower を使ってアルコールと比較しています。しかしこの文の**主語は "Alcohol thermometers" であり、設問のit（= mercury）ではありません**。つまり本文では、ずっと低い温度で凝固するのはアルコールの方だと言っているのであって、言い換えればmercuryの方はずっと高い温度で凝固することになります。加えて、本文のこの箇所はアルコールを使う長所を記述しており、設問が尋ねている理由には該当しません。

本文訳

正確な温度測定は多くの人間活動にとって極めて重要だ。この測定は温度計を使って非常にたやすく行われる。最も良く知られた温度計はおそらく水銀温度計だろう。数値目盛りが刻まれた管をもつ、水銀で満たされたガラス器である。水銀が使われるのはそれが持つ特有の性質のためである。すなわち水銀は、すべての金属がそうであるように熱伝導に優れているが、他の金属と異なり唯一室温で凝固しない。水銀は熱を加えられると膨張し、冷却されると収縮し、結果ガラス管内を上下することになる。さらに水銀の膨張と収縮は温度に対して一定の比率を保つ。この一定であることが正確性に対して極めて重要なのだ。アルコール温度計は水銀温度計より以前に作られ、水銀温度計よりもずっと低い温度でしか凝固することはない。しかしながら、アルコールの揮発を防ぐのは困難だ。この結果、アルコール温度計の使用は水銀温度計と比較して限られてきた。

読解問題に取り組む心構え　その1-4

心構え その1 　設問中の手がかりワードの確認なくして、正解はない！

「Step 1 設問中の手がかりワードを本文中から探す」が、正解するためにいかに大切かをおわかりいただけたでしょうか。誤りの選択肢は、本文に書いていない、本文と矛盾している、といった場合もありますが、必ずしもそうとは限りません。例題1の選択肢(A)や(B)のように内容それ自体は本文と合致する場合もあるからです。小学校の国語の授業で、おそらく先生に散々注意された「そこは問題で問われているところではないでしょ！　問題で何を問われているのかちゃんと確認して！」という、あれです。

心構え その2 　正解肢は、本文該当箇所を別の表現で言い換えたもの！

せっかく手がかりワードから適切な本文該当箇所を見つけ（Step 1）、その意味がとれても（Step 2）、選択肢を選び損なっては元も子もありません。「Step 3 すべての選択肢を徹底比較する」のポイントは、例題1でも説明したように「**本文にある表現・単語と似ていたから**」という理由だけで選んではいけない、ということです。実際、例題1で不正解だった選択肢(A)(B)(D)はともに本文にある表現と見た目は非常に似ています。逆に正解だった選択肢(C)は本文にある表現と一見すると最も似ていません。特に "The author implies that... （著者は…を暗に示している）" や "It can be inferred from the passage that... （…が本文から推測できる）" といった尋ね方の設問では、**正解肢は本文に書いてある内容を別の表現・語句を使って言い換えたもので、本文にある表現とは外見上は似ていない**、くらいに思ってください。

また、選択肢を表面的に訳し「本文にはそんなこと書いていなかった気がする」

と思って最初に消去した選択肢が、実は正解肢だった、ということはTOEFL ITP
の学習を始めたばかりの頃によく起こります。**外見的な類似性に惑わされず、表
面的な和訳から生じる選択肢への偏見を排除して、公平な目ですべての選択肢を
本文該当箇所と見比べて**ください。特に正解肢が本文該当箇所を大きく言い換え
たものである場合、正解肢が見えにくいことがあります。その際には**消去法も有
効**です。本文該当箇所とは論理的に整合しない選択肢を消去していけば、残った
選択肢が正解になります。

"*When you have eliminated the impossible, whatever remains, however
improbable, must be the truth.*"
（不可能なものを取り除けば、**たとえ一見あり得そうにないもの**が残ったとしても、
それが間違いなく真実だ）

Sherlock Holmes

心構え

その3 ## 因果関係や対照関係をつかむことこそ、読解の真髄！

TOEFL ITPで扱う文章は、著者が主観的意見を展開するものではなく、事実
を客観的に淡々と述べるものがほとんどです。いくつかの事実を時系列に並べて
説明することもありますが、多くの場合、論理関係に基づいて整理・展開されま
す。主な論理関係に、因果関係と対照関係があります。**読解とは極論すれば、こ
うした因果関係や対照関係（類似や相違）などを正確につかむ**ことと言えるかも
しれません。さらに例題1がそうだったように、因果関係や対照関係は設問で問
われやすい箇所です。以下に挙げた因果関係や対照関係を表す主な用語はぜひ覚
えてください。

因果関係を表す主な表現

X 結果	is caused by result from is attributed to is ascribed to is put down to stem from arise from is due to	Y. 原因	Y 原因	is the cause of result in lead to bring about give rise to contribute to account for explain	X. 結果

$\underline{S_1}$　$\underline{V_1}$　because　$\underline{S_2}$　$\underline{V_2}$.
$\underline{S_1}$　$\underline{V_1}$　since　$\underline{S_2}$　$\underline{V_2}$.
$\underline{S_1}$　$\underline{V_1}$　as　$\underline{S_2}$　$\underline{V_2}$.

$S_1 V_1 =$ 結果、$S_2 V_2 =$ 原因（理由）

$\underline{S_1}$　$\underline{V_1}$　so (that)　$\underline{S_2}$　$\underline{V_2}$.

$S_1 V_1 =$ 原因（結果）、$S_2 V_2 =$ 結果

対照関係を表す主な表現

Compared with Y, X is...
X is ... in comparison with Y.
X is ..., as opposed to Y.
X stand in stark contrast to Y.

Yと比較すると、Xは…

Yとは対照的にXは…

XはYと正反対である。

$\underline{S_1}$　$\underline{V_1}$　while　$\underline{S_2}$　$\underline{V_2}$.
$\underline{S_1}$　$\underline{V_1}$　whereas　$\underline{S_2}$　$\underline{V_2}$.
$\underline{S_1}$　$\underline{V_1}$　although　$\underline{S_2}$　$\underline{V_2}$.
$\underline{S_1}$　$\underline{V_1}$. On the other hand,　$\underline{S_2}$　$\underline{V_2}$.
$\underline{S_1}$　$\underline{V_1}$. By contrast,　$\underline{S_2}$　$\underline{V_2}$.
$\underline{S_1}$　$\underline{V_1}$. Meanwhile,　$\underline{S_2}$　$\underline{V_2}$.

S_1はV_1する。一方S_2はV_2する。

対照関係を表す表現で、もう一つ絶対に忘れてはいけないのが**比較級**です。**比較級は2つのものの相違を表す**もので、**比較級を見たら必ず、「何と何（＝2つの比較対象）が、どんな基準で比較されているか／異なるか」を丁寧に確認**してください。例題1の選択肢(D)を思い出してください。"at much lower temperatures" は、「alcohol thermometers と mercury thermometers の凝固する温度を基準に比較され、（どちらがlowerかと言うと）alcohol thermometers のほうがずっと低い」と確認できなければ、この選択肢にひっかかってしまうかもしれません。

改めて例題1の文章で使われている、 因果関係 と 対照関係 を整理してみます。

Accurate temperature measurement is critical for many human activities. This is done most readily by thermometers. The most well-known thermometer is probably the mercury thermometer: a mercury-filled glass bulb with a numerically scaled stem. Mercury is used for its unique properties: ① **like** all metals, it conducts heat well, but, ② **unlike** any other metal, it does not solidify at room temperatures. ③ It expands when heated, and contracts when cooled, **as a result**, moving up and down within the glass stem. Moreover, its expansion and contraction are consistent along a temperature scale. ④ This uniformity is **critical to** accuracy. ⑤ Alcohol thermometers predate mercury ones and only freeze at **much lower** temperatures. ⑥ **However**, alcohol evaporation is difficult to prevent. ⑦ This has **led to** their limited use **in comparison to** mercury thermometers.

①mercury と他の金属との 類似点 〔＝ mercury の長所〕
②mercury と他の金属との 相違点 〔＝ mercury の長所〕
③mercury に関する 因果関係 〔＝ mercury の長所（熱による膨張・収縮 ⇒ ガラス管内を上下）〕
④mercury に関する 因果関係 〔＝ mercury の長所（温度に対する膨張率が一定 ⇒ 正確性）〕
⑤alcohol と mercury との 相違点 〔＝ alcohol の長所〕
⑥alcohol と mercury との 相違点 〔＝ alcohol の短所〕
⑦alcohol に関する 因果関係 及び mercury との 比較

因果関係や対照関係だけでもかなり使われていることがおわかりいただけるでしょう。先ほど挙げた主な表現以外にも、③（＝分詞構文）や ④（＝ be critical to... ＝…に極めて重要だ）のように、表現方法も多岐にわたります。このことからも**「表面的に和訳すること」と「論理展開を読み解くこと」とは似て非なる作業**と言えるでしょう。言うまでもなく TOEFL ITP の読解で要求されるのは後者です。論理展開さえ読み解くことができれば、正解肢を選ぶのに和訳できる必要はありません（「mercury ＝水銀」という知識は、正解するのに不要です）。

心構え

その4 ｜ 指示語を見たら、何を指しているか常に確認！

読解において極めて重要なワードが「指示語」です。設問を解く際にも**本文該当箇所にしばしば指示語が含まれ、それが何を指しているかつかまないと正解できない**ものも多くあります。

例えば、例題1の本文箇所 "This has led to their limited use in comparison to mercury thermometers." を思い返してみてください。この文を最初に読んだとき、「mercury thermometers と alcohol thermometers との違いを述べた文だ」と読み取れたでしょうか？　もし「mercury thermometers はわかるけど、alcohol thermometers と比較してる？？」と思ったのなら、常に指示語を確認する習慣がまだついていない、ということになります。既に説明したように、"their limited use" の their は alcohol thermometers を指します。「それらの限られた使用」と訳しただけでは、この文が設問の答えを表す文だと見極めることすらできなくなります。さらに正解肢を選ぶには、主語の This が指す内容も確認しなければなりませんでした。

文章を読む際、**it や them を「それ」「それら」とだけ訳して読み進んでいるとしたら、大いに反省し今すぐ改めてください！**　それは表面的な和訳をつけているだけで、内容を読み解いてはいません。指示語は文と文との展開をつなぐ重要な架け橋。設問で問われているか否かに関わらず、常に指示語の内容を確認しながら読み進める習慣をぜひ身につけてください。

例題2

Music scholars of the 19th century identified the music of Appalachia as directly descended from the British and Irish islands. Under this framework, Appalachian songs are a
Line preservation of history, with a deep and unbroken tie to
(5) Anglo-Celtic culture. However, scholars in more recent years have compiled research that has brought far more complexity to this music. Among others, they have discovered Native American, East European, and African American influences in the music. The archetypical Appalachian instrument banjo, for
(10) instance, was actually developed by blacks.

Q. Which of the following can be inferred about the 19th century perceptions of Appalachian music?

(A) Scholars disregarded the historic value of Appalachian styles.

(B) Anglo-Celtic musical influences on Appalachian music were underestimated.

(C) Diverse ethnic origins of Appalachian music were overlooked.

(D) Appalachian music unified the sharply different musical styles of Britain and Ireland.

正解 | (C)

1 正解肢を見つけよう!

Step 1

☑ 設問文から手がかりワードを見つける

the 19th century perceptions of Appalachian music
　　　（19世紀）　　　　（考え方）

特に「19世紀の考え方」である点に注意です。

☑ 手がかりワードを本文中で探す

本文（第1文）

Music scholars of the 19th century identified the music of Appalachia **as directly descended from the British and Irish islands.**

identify は「…を特定化する／見極める」の意味ですから、perceptions（考え方）を表していると言えます。

Step 2

☑ 探し出した本文該当箇所を読み解く

"S identify X as Y." 「SはXはYだと見極める」

Music scholars of the 19th century	the music of Appalachia	directly descended from the British and Irish islands

the 19th century perceptions of Appalachian music

設問で問われている the 19th century perceptions of Appalachian music（Appalachian music についての19世紀の考え方）とは、"directly descended from the British and Irish islands" であると言えます。

Step 3

☑ **本文該当箇所と選択肢を徹底比較する**

本文該当箇所との共通ワードBritain and Irelandが入った選択肢(D)から検討します。

本文

「**the British and Irish island** から直接**descend**された」

選択肢(D)

「**Britain** と **Ireland** との **the sharply different musical styles** を **unify** した」

descendedやunifiedの意味がわからない場合でも、sharply different（大きく異なる）とは本文に書かれていないことは確認できると思います。よって (D) は不適切です。なお (be) descended from... は「…から伝来している／…を祖先にもつ」、unifyは「…を統合する」の意味です。

残念ながら、他にBritish/Irishやdescendedといった語句を含む選択肢は見当たりません。

手がかりワードの入った文からは正解肢が見つからない！

☑ **手がかりワードの入った文からさらに前後に読み進めて、Step 2 と Step 3 を繰り返す**

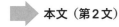 **本文（第2文）**

Under **this** framework, Appalachian songs are a preservation of **history**, with a deep and unbroken tie to **Anglo-Celtic** culture.

this framework ＝前文の identify 以下
→第2文は、第1文（Appalachian music についての **19世紀の** 考え方）を引き
継ぐ内容

"history"/"historic"の共通語を持つ選択肢(A)と、"Anglo-Celtic"という共
通語を持つ選択肢(B)を検討します。

Step 3 選択肢を比較検討

本文
「Appalachian songs は **a preservation of history** であり、**Anglo-Celtic**
culture と **a deep and unbroken tie** を持つ」
選択肢(A)
「**Scholars** は **the historic value of** Appalachian styles を **disregard** した」
選択肢(B)
「Appalachian music に対する **Anglo-Celtic music** の影響は **underestimate**
された」

(A)と本文が合致するか否かを判断するには、動詞 **disregard** の意味がポイン
トになります。少なくとも dis- という接頭語からネガティブな感じがとれます。本
文の「a preservation of history だ」はポジティブな表現なので、(A)は本文と合
致しません。なお disregard は「…を無視する」の意味です。

(B)と本文が合致するか否かを判断するには、動詞 **underestimate** の意味がポ
イントになります。これも under- という接頭語からネガティブな感じがとれます。
本文の「unbroken tie を持つ」の unbroken（壊れない）はポジティブ系になるの
で、(B)も本文と合致しません。なお、underestimate は「…を過小評価する」の
意味です。

(A)(B)(D) が否定できたので、正解は (C) になりそうです。その根拠を見つけるため、さらに第3文へ読み進めます。

➡ 本文（第3文）

However, scholars in more recent years have compiled research **that has brought far more** complexity **to** this music.

（ しかし 、scholars in more recent years はこの音楽に far more complexity をもたらしてきた研究を compile してきた）

| Step 2 | 第1文と第2文とのつながりをチェック |

....

・主語が「19世紀の scholars」から「 **19世紀以降の scholars** 」に変わった
・前文との 逆接関係 を示す However がある
・ 対照関係 を表す 比較級 far more complexity がある

....

　上記の3点から、第3文は第1・2文とは対照的な内容になっていることがわかります。19世紀の scholars の考え方とは異なる、19世紀以降の scholars の考え方の説明で、その違いとは比較級 "far more complexity"（ずっと複雑）です。

	誰が？	何をした？
第1文 第2文	19世紀の scholars	Appalachian music は Britain and Ireland から直接もたらされたから、その地域の文化 Anglo-Celtic culture 強い関係がある これよりも
第3文	scholars in more recent years	far more complexity

「ずっと複雑」とは具体的にどういうことなのか、続く第4文で確認します。

Among others, they have discovered Native American, East European, and African American influences in the music.

（they(= scholars in more recent years) は Native American, East European, and African American influences を Appalachian music の中に発見した）

　第1文から第4文をまとめた内容と選択肢(C)は合致します。

Step 3 　選択肢を比較検討

・・

本文（第1-4文）
　「19世紀のscholars の考え方 とは違い、Appalachian music は Britain and Ireland だけでなく、他の複数の文化の影響を受けていたことを19世紀以降のscholars は突き止めた」

選択肢(C)
　「（19世紀のscholarsの考え方では）Appalachian music の多様な民族的起源がoverlook されていた（＝見過ごされていた）」

・・

本文訳

　かつて19世紀の音楽研究家は、アパラチアンミュージックはイギリスおよびアイルランド諸島から直接伝来したと考えていた。この考え方の下、アパラチアンミュージックとは歴史を語り継ぐもので、アングロ＝ケルト文化と深く途切れることのない繋がりを持つとされている。しかし近年の研究家は、この音楽はさらにずっと複雑なものであることを示す研究をまとめている。中でも、この音楽にはアメリカ原住民、東ヨーロッパおよびアフリカ系アメリカ人の影響があることを研究家は突き止めた。例えば初期のアパラチアン楽器であるバンジョーは、実際には黒人によって開発されたものだった。

〈Stepのまとめ〉

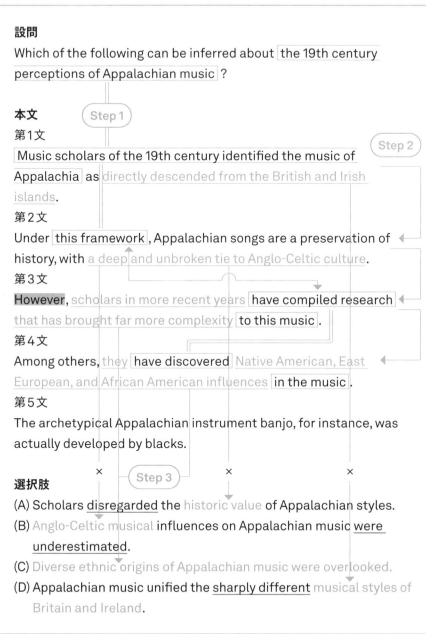

設問

Which of the following can be inferred about the 19th century perceptions of Appalachian music ?

本文　Step 1

第1文　Step 2

Music scholars of the 19th century identified the music of Appalachia as directly descended from the British and Irish islands.

第2文

Under this framework, Appalachian songs are a preservation of history, with a deep and unbroken tie to Anglo-Celtic culture.

第3文

However, scholars in more recent years have compiled research that has brought far more complexity to this music.

第4文

Among others, they have discovered Native American, East European, and African American influences in the music.

第5文

The archetypical Appalachian instrument banjo, for instance, was actually developed by blacks.

選択肢　Step 3

(A) Scholars disregarded the historic value of Appalachian styles.

(B) Anglo-Celtic musical influences on Appalachian music were underestimated.

(C) Diverse ethnic origins of Appalachian music were overlooked.

(D) Appalachian music unified the sharply different musical styles of Britain and Ireland.

手がかりワードが入った文から正解肢が見つからなければ、その前後の文に目を広げる！

　手がかりワードが入った文の前後の文に目を広げていく際、文と文との論理関係をつかむことが大切です。順接関係（前の文をわかりやすく説明あるいは引き継いで発展させた内容を展開）なのか、逆接あるいは対照関係（前の文に相反する内容や対照的な内容を展開）なのかをつかみながら、**常に手がかりワードとの関係を確認**してください。前後の文のつながりについては次節で詳しく述べます。

　例題2では手がかりワードの入った文からさらに3文読み進めることでやっと正解肢の根拠箇所にたどり着きましたが、これはかなり難易度が高い稀なケースです。ほとんどの設問はせいぜい1～2文読み進めれば根拠箇所にたどり着くので、その点は安心してください。

物言う「時制」に耳を傾けて！

　例題2の第1文から第4文に至るまで、時制が大きく変化していたことにお気づきでしょうか。第1文は過去形、第2文は現在形、第3文と第4文は現在完了形になっています。**過去形は文字通り「現在はそうではないが、かつてはどうだったか（どうしたか）」、現在形は「過去→現在→未来にわたる不変の事実」、現在完了形は「過去始めた行為あるいはそれがもたらす影響が今に至るまで続いていること」**を表します。ここにはありませんが、**過去完了形は「ある過去の時点よりもさらに前はどうだったか（どうしていたか）」**を表します。

時制の関係

3-05「時制の関係」

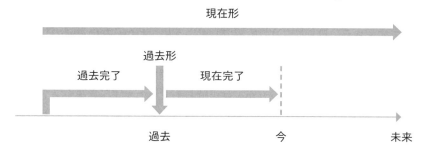

例題2の第1文ではAppalachian musicに関して第1文は過去どうだったか説明し、暗に「今は違う」と言っています。第2文で今も変わらぬ事実を述べつつ、今はどう違うのかは第3文と第4文で説明されています。この部分の話の大きな流れは、時制を確認するだけでもつかめることになります。同じ時制が続く場合はそこから得られる情報はあまりないですが、**時制が変化している場合にはそこから意外なほど重要な情報が得られます**。

心構え
その7 **やっぱり単語力は大事！ そしてあがくことも大事!!**

本文中で知らない単語を目にするのは当たり前ですが、設問に答えるためにはある程度の語彙力は必要です。例題2で言えば、各選択肢に出てくる動詞、disregard, underestimate, overlook, unifyなどは覚えてほしい単語で、実際これらの意味がわからないと正解肢にたどり着くのに苦労します。「**選択肢にある単語はほぼわかる**」という語彙レベルを目標に、語彙力を高める努力を続けてください。

現状そこまでの語彙力がなく、**選択肢にわからない単語があると正解できないのかというと、決してそうではない**ことも強調しておきたい点です。仮に1つの選択肢の意味がわからなくても、**残り3つの選択肢をしっかり吟味**すれば、消去法を使って正解肢にたどり着けます。3つの選択肢の中で正解と確信できたものがあればそれを選べばよく、ないと確信できれば意味のわからなかった選択肢を選べばよいわけです。

第3章 リーディング問題の対策

複数の選択肢中に知らない単語があったとしても、選択肢(A)や(B)の確認でしたように「**ポジティブなのかネガティブなのか？**」に大別して捉えるのは非常に有効です。さらに選択肢(D)の確認でしたように、**わからない単語の前後にある語句を比較検討**することで、本文該当箇所と選択肢が合致しているか否かについては推測可能な場合もよくあります。この点で選択肢が日本語の場合よりも、英語であるTOEFL ITP形式の方が実は正解しやすいのです。意味が完全にはわからない中での作業は苦痛ですが、あがいてみることで正解肢にたどり着く可能性を上げることができます！

　語彙力が不十分だと自覚している読者は特に、すべての選択肢について一語一句を吟味する「苦しいあがき」こそが正解肢にたどり着くために必須だと覚悟してください。早速、この後の例題やテスト問題を使ってあがいてみてください。試験本番であがけた方は、確信は得られないので解いた直後のできた感はあまりなくても、結果は思いのほかよいはずです。

本文を効率的に読むための基本戦術

第1節では設問の基本的解き方を紹介しました。ここでは、本文をどの程度理解できればよいのか、効率的に読むにはどうすべきか、について説明します。

1. 本文を先に読むか、設問に先に目を通すか？

本文と設問が同時に与えられるITPでは、本文を先に読むことも、設問に先に目を通すことも可能です。おおまかに言って、次の3通りの方法があり得るでしょう。

（A）本文全体を一読した後、各設問を解く
（B）各設問にざっと目を通した後、本文を読みながら設問を解く
（C）本文第1段落だけ一読し、答えられる設問を解き、次に第2段落だけ一読し、答えられる設問を解き…を繰り返す

個人差がありますので、一概にどの方法が良いとは言い切れません。問題演習の際、それぞれの方法を試してみて、**ご自身に合った方法を見つけてください。**

（B）と（C）については、利点はありますが、注意すべき点もあります。（B）の利点は、先に目を通した設問内容からある程度本文内容の「予測」ができ、読みやすくなること、本文を読みながら該当箇所にぶつかるごとに設問に答えられるので効率が上がることです。一方注意すべき点は、本文内容について設問や選択肢をもとにした「思い込み」が生じ、その思い込みに合わそうと本文を曲解しながら読むリスク（本文中の内容のうち「思い込み」に沿った表現を過度に重視して、沿わない表現は軽視する「確証バイアス」が生じるリスク）、あるいは、先に目を通した設問内容がほとんど頭に残らず、結果的に先に目を通した時間が無駄になり効率性がかえって下がるリスクです。

（C）については、こうしたリスクは生じませんが、本文を途切れ途切れに読むことになるため本文理解度が落ちるリスク、答えの根拠が複数の段落にまたがる設問に答えにくくなるリスクがあります。

　ちなみに頭の回転が遅く、確証バイアスに囚われやすい筆者にとっては、方法（B）や（C）はベネフィットよりリスクの方が大きいので、オーソドックスな方法（A）をとります。以下では、方法（A）を念頭に本文の読み方をご紹介します。

2. 一読で本文の完全な理解を目指さない！

　TOEFL ITP リーディングでは文章題1つ解くのに平均11分かけられます。10問前後ある設問を丁寧に解く時間を確保しておくためには、平均350語から成る**本文を一読する時間は3分程度、多くても4分**です。TOEFL ITP にまだ不慣れな方にとって、これはかなり厳しい時間制約です。筆者が初めてTOEFLを受験したとき、「文章を理解しなければ設問が解けるわけはない」と思い込み、文章理解に努めた結果（「努めた」だけで、結局ほとんど理解できませんでしたが…）、5つ目の文章題にたどり着いたときにはほとんど残り時間はなく、設問は全部「えんぴつ転がし」する羽目になりました。かなり難解な単語も散見される本文を3〜4分でほぼ完全に理解することは、TOEFL ITP 初心者には「はっきり言って無理」だと筆者も身をもって思います。

　では、どうするか。自ずと答えは決まります。「本文のほぼ完全な理解」という目的は、慣れてくるまでは捨てましょう！　幸いなことに本文全体の理解を問う設問は全体の1割程度しかありません。ほとんどは特定箇所の部分的解釈を問う設問で、極論すればその箇所さえ理解できれば設問には正解できます。本文を一読する主たる目的は、「**設問を解く際に、該当箇所が本文のどの辺りにあったか探しやすくするため**」と割り切ってください。

3. 本文を効率的に読むための基本戦術

　とは言え、本文全体の要旨を問う設問もあるので、3〜4分という時間制約の中、ある程度は本文全体の内容をつかめるに越したことはありません。これを達成するための基本戦術を紹介します。

（>）3-06「本文を効率的に読むための基本戦術1」

基本戦術1

- 第1段落の第1〜2文と最終文はしっかり読んで、文章全体のトピックをつかむ
- 第2段落以降は第1文をしっかり読んで、第1段落でつかんだトピックがどのように展開されているか確認する

　第1段落はほぼ確実に**本文全体のトピックが紹介される**最も重要な段落です。この段落に限っては、丁寧に時間を費やしてすべて読んでください。中でも第1文、第2文あるいは最終文のいずれかにトピックが明記されていることが多いです。

　第2段落以降はその**トピックについての議論が展開**されますが、多くの場合、各段落の**第1文が段落要旨**になります。第1文は丁寧に読んでください。それ以外の部分は「補足的に説明している部分」だと思って、さっと読み流す（わからなければ読み飛ばす）くらいの気持ちでよいかと思います。

　もう一つ、文章の流れを見失わないためにキーとなるのが「**論理マーカー**」です。

（>）3-07「本文を効率的に読むための基本戦術2」

基本戦術2

- 逆接を表す however、対照関係を表す by contrast、別の観点を付け加える also を見たら、リセットして「流れがここから変わる」と自分に言い聞かせる！
- 特に逆接を表す論理マーカー however, yet, but の後ろには著者が強調したい内容がくる

　あまり意識されていないかもしれませんが、前後に並んだ文同士は多くの場合「順接関係」にあり、議論は一定の同じ方向に進んで行きます。**後ろには、前文の内容を別の言葉で言い換えて説明した文、あるいは理由や結果またはそれに続く出来事など内容を発展させた文が続きます。**難しい単語が入っていたり内容が抽

象的であったりして意味がわかりにくい文に遭遇しても、慌てる必要はありません。次の文あるいはその次の文で、同じことを別の言葉で説明している可能性が高いからです。その**いずれかの文が理解できれば、少なくとも議論の方向性を見失うことはありません。**基本戦術1に挙げた文以外であれば読み飛ばして次の文へ進んでください（ちなみに、目を通していただいたこの段落も前後の文が順接関係になって、一定の同じ方向に議論が進んでいることが確認できると思います）。

　もちろん、議論は常に同じ道をただ一直線に進んで行くばかりとは限りません。時に反転して同じ道を逆走してみたり（逆接）、別の道に移って逆方向に進んでみたり（対照）、方向は変えないまでも別の道に移って同方向に進み続ける（追加）こともあるでしょう。こうしたとき著者はしばしば「論理マーカー」という方向指示器を用いて、「○○方向へ曲がるよ！」と私たち読者に注意喚起してくれます。言うまでもなく**論理マーカー（＝方向指示器）を見落とすと、読者は議論がどこへ向かっているのか見失って迷子になります。論理マーカーを見たら「流れが変わった」と自分に言い聞かせください。論理マーカーが入った文をしっかり読み、一度立ち止まって、それまでの流れの方向とこれから向かう方向を確認してください。**

　特に、**however に代表される逆接の論理マーカーは、**直前までの議論は「前置き」でここから著者の主張が始まる、というときにしばしば使われますので、**要旨をつかむときに要チェック**です（参照 覚えておくべき論理マーカーについて：80ページ「議論の方向を変える『論理マーカー』」）。

　以上が効率的に読むための基本戦術です。あくまで「基本」であり、実際には上記にあてはまらないパターンも多くあります。重要箇所を嗅ぎ分け、流れを見失わず展開を追える力を身につけるには、経験（＝いろいろなタイプの文章を読むこと）が必要になります。これから演習を積んでさまざまな構成の文章と出会う中で、こうした力を磨いていってください。

総合実践

　本節では、試験で実際に出題される長さの文章で、第1節と第3節でご紹介した「設問を解くための基本戦術」と「本文を効率的に読むための基本戦術」ならびに第2節でご紹介した「読解問題に取り組む心構え（その1～7）」を実践・応用してみましょう。文章、設問ともに難易度は中程度です。設問は10問で実際の試験のようにいろいろなタイプの設問から成っています。各設問タイプの詳細な説明とその攻略法は第5節に掲載しています。例題を解く前に目を通しても構いませんし、解説には設問タイプ番号を掲載していますので、解いた後で解説を読む際に参照していただいても構いません。解答時間は試験では11分ほどですが、時間は気にせず全ての選択肢を吟味しながら「あがいて」みてください。

Questions 1–10

After independence from Britain in the late 1700's, American suffrage remained exclusive to property-owning white males who totaled only around 6% of the entire population. Slaves,

Line constituting a large portion of some states, could not vote

(5) anywhere as they were not considered citizens. Moreover, voting laws were set by states, not the national government, the South having the strictest laws while the North, in general, had more liberal ones.

By the 1800's, African American leaders such as Frederick

(10) Douglas were working with women's rights advocates such as Susan B. Anthony. Douglas, a self-educated former slave who went on to become one of America's greatest orators, backed universal suffrage and universal equality. Anthony, also a fierce critic of black bondage and a proponent of the female vote, was

(15) a natural ally. The apex of their joint action was an attempt to add a universal suffrage amendment to the American Constitution after the Civil War ended. After very intense arguments, Congress decided to grant suffrage only to black males. This result was a disappointment, and essentially broke up

(20) the alliance of African Americans and white women.

Women in favor of women's suffrage, or "suffragettes," continued to push their ideas. Many American men—and some women—opposed these efforts as they believed that women actively voting or becoming leaders would cause social chaos.

(25) Some also cited religious grounds, particularly Biblical scriptures. Moreover, some men—and the alcohol industry—feared female voters would outlaw alcohol.

In the South, suffragettes made extremely slow progress. Yet, that turned out to be an exception. Women's suffrage made much

(30)　better gains through the Northeast and West, World War I causing further acceleration of this trend. Women took the place of millions of men who had been recruited into the military. For many—from factory and construction workers to clerks—it was their first formal job, but they proved that they could perform as
(35)　competently as men in critical roles. The argument that women were "weak" and "needed male guidance" was permanently laid to rest.

　　　The 19th Amendment gave white women suffrage in 1920 —which was promptly exercised for Prohibition, the outlawing
(40)　of alcohol—while black American men were not given the vote that they had been promised. True universal suffrage would not come to the United States until the 1960s, and not before intense protests, mass lynching, court battles, and several more wars.

1. What does the passage mainly discuss?
   (A) The initially tight restrictions on voting rights in America
   (B) The development of a nationwide social movement
   (C) The difficulty of deciding who could be American citizens
   (D) The varying enthusiasm for Prohibition in different states

2. The author implies that Frederick Douglas
   (A) narrowly escaped becoming a slave in his youth
   (B) helped other slaves to become self-educated
   (C) shared important political ideas with an activist
   (D) focused primarily on voting rights for women

3. What does the author mean by stating "This result was a disappointment" (line 19)?
   (A) A planned superior outcome was not reached.
   (B) Political alliances across races delayed a law.
   (C) Congress failed to expand suffrage in any way.
   (D) White women rejected support from African Americans.

4. According to the passage, all of the following were reasons some people opposed women's suffrage EXCEPT
   (A) It could end some men's leisure activities.
   (B) Women being active would be disruptive.
   (C) Large public groups could often act illegally.
   (D) Religious teachings were in opposition.

5. The word "exception" in line 29 refers to
   (A) states
   (B) suffrage
   (C) gains
   (D) progress

6. The word "acceleration" in line 31 is closest in meaning to
   (A) agreement
   (B) speed
   (C) growth
   (D) improvement

7. Which of the following can be inferred about World War I?
   (A) It turned some clerks into factory workers.
   (B) It rapidly increased Southern industrial output.
   (C) It resulted in the recruitment of female soldiers.
   (D) It caused significant labor shortages in the country.

8. According to the passage, the participation of women in work outside the home proved that
   (A) men and women could compete for higher positions
   (B) skillful work was not dependent on one's gender
   (C) offices should have hired fewer staff during war
   (D) male guidance was necessary for women most of the time

9. The author's tone in the final paragraph is best described as
   (A) ironic
   (B) skeptical
   (C) assertive
   (D) optimistic

10. What does the paragraph following the passage probably discuss?
    (A) The women who opposed the suffragette movement
    (B) The struggle of black people over several decades
    (C) The importance of stopping violence between races
    (D) The continuing damage resulting from global conflicts

1.	B	2.	C	3.	A	4.	C	5.	D
6.	C	7.	D	8.	B	9.	A	10.	B

解答・解説

1. (B)

設問

What does the passage mainly discuss?

第1段落

After independence from Britain in the late 1700's, American suffrage remained exclusive to property-owning white males who totaled only around 6% of the entire population. Slaves, constituting a large portion of some states, could not vote anywhere as they were not considered citizens. Moreover, voting laws were set by states, not the national government, the South having the strictest laws while the North, in general, had more liberal ones.

第2段落

By the 1800's, African American leaders such as Frederick Douglas were working with women's rights advocates such as Susan B. Anthony. ...（略）...

第3段落

Women in favor of women's suffrage, or "suffragettes," continued to push their ideas. ...（略）...

第4段落

In the South, suffragettes made extremely slow progress. Yet, that turned out to be an exception. Women's suffrage made much better gains through the Northeast and West, World War I causing further acceleration of this trend. … （略）…

第5段落

The 19th Amendment gave white women suffrage in 1920 — which was promptly exercised for Prohibition, the outlawing of alcohol — while black American men were not given the vote that they had been promised. … （略）…

選択肢

(A) The initially tight restrictions on voting rights in America

(B) The development of a nationwide social movement

(C) The difficulty of deciding who could be American citizens

(D) The varying enthusiasm for Prohibition in different states

[1] 正解肢を見つける

　本文全体の要旨を問う設問です。第3節でご紹介した「本文を効率的に読むための基本戦術」を実践してみます。第1段落は第1–2文と最終文（つまり今回はこの段落内すべての文）を見て、文章のトピックをつかみます（基本戦術1）。第2段落以降は第1文に注目して、トピックの展開を確認します（基本戦術1）。ただし第4段落では **逆接の論理マーカー Yet** が第2文にあるので、この第2文とその内容を具体的に説明している第3文も確認します（基本戦術2）。

第1段落
〈第1〜2文＋最終文〉 〔トピック〕American suffrage（参政権） 〔= vote = voting laws〕1700年代後半

第2段落	第3段落	第4段落	第5段落
〈第1文〉 1800年代 African American leadersと women's rights advocatesの協力	〈第1文〉 women's suffrage に賛同した女性たち	〈第1〜3文〉 women's suffrage は南部以外では進展	〈第1文〉 1920年に white women's suffrage

すべての段落を まとめる	American women's suffrage movement from the 1700's to the 1900's （**1700年代から1900年代までのアメリカの女性参政権運動**）

選択肢（B）	The development of a nationwide social movement （ある全国的社会運動の発展）

2 他の選択肢の確認

　消去法を使って確認してみます。具体的には、すべての段落をカバーしていない、つまり一部の段落・本文箇所でしか触れられていない選択肢や、本文で触れられていない内容を含む選択肢を消去していきます。

　選択肢（A）The initially tight restrictions on voting rights in America（アメリカの参政権に対して当初厳しかった規制）については、第1段落の要旨（第1文 "remained exclusive"〔排他的だった〕）であり、**それ以外の段落では触れられていません**。

　選択肢（C）The difficulty of deciding who could be American citizens（アメリカ市民であることを決定することの困難）については、奴隷に参政権が与えられていなかった理由としてアメリカ市民とみなされていなかった、という記述は

第1段落にありますが、市民か否かの決定が"The difficulty"（困難）といった記述は**本文に見当たりません**。

　選択肢(D) The varying enthusiasm for Prohibition in different states（禁酒法に対する州ごとの温度差）のProhibitionについては、第3段落最後と第5段落最初でしか触れていない上、The varying enthusiasm（州ごとの熱意の違い）についての記述は**本文に見当たりません**。

　このように、誤りの選択肢は一部の段落の要旨（選択肢(A)）であったり、本文中の語句を使いながらも触れていない内容を含んだり（選択肢(C)のdifficulty、(D)のvarying）しています。

　参考のため、各段落の要旨は以下のとおり。

第1段落：1700年代末のアメリカの参政権の実情
第2段落：1800年代の黒人と白人女性への参政権付与に向けた共同運動とその決裂
第3段落：女性参政権活動家たちの推進活動とそれに対する反対思想
第4段落：第一次大戦を機にした女性参政権運動の隆盛
第5段落：女性参政権の付与とその後

2. (C)

設問

The author implies that Frederick Douglas

Step 2：読み解く

Step 1：手がかりワード

本文（第2段落）

By the 1800's, African American leaders such as Frederick Douglas were working with women's rights advocates such as Susan B. Anthony. Douglas, a self-educated former slave who went on to become one of America's greatest orators, backed universal suffrage and universal equality. Anthony, also a fierce critic of black bondage and a proponent of the female vote, was a natural ally. The apex of their joint action was an attempt to add a universal suffrage amendment to the American Constitution after the Civil War ended. After very intense arguments, Congress decided to grant suffrage only to black males. This result was a disappointment, and essentially broke up the alliance of African Americans and white women.

Step 3：選択肢

選択肢

(A) narrowly escaped becoming a slave in his youth
(B) helped other slaves to become self-educated
(C) shared important political ideas with an activist
(D) focused primarily on voting rights for women

1 正解肢を見つける

Frederick Douglas に関する事実を問う設問です。

Frederick Douglas

African American leaders such as **Frederick Douglas** were working with women's rights advocates such as Susan B. Anthony.

Douglas（のようなアフリカ系アメリカ人指導者たち）は Anthony（のような女性の権利支持者）と一緒に運動していた

shared important political ideas with an activist （ある活動家と重要な政治的理念を共有していた）

　特定の事柄や人物（= Susan B. Anthony）を、不定冠詞a/anを使って不特定な事柄や人物（= an activist）に言い換えるやり口は、設問1（American women's suffrage movement ⇒ a nationwide social movement）同様、TOEFL ITPでは時々見かけるので慣れてください。また、were working with women's rights advocates部分は、「were working with...（共に運動していた）」ことから協力関係にあることは推測できるので、「shared important political ideas with...（重要な政治的理念を共有していた）」と大きな食い違いはありません。

読み解くポイント1　　　　　　　　　　　　　　　　（>）3-08「読み解くポイント1」

「前置詞に至るまで一語一語に気を配れたか」～それが成否を分ける！

　本文該当箇所を読み解く（Step 2）際には、一語一語に細心の注意を払ってください。注意すべきポイントの一つは、"were working with women's rights advocates"という語句が正確に解釈できたかどうかです。後ろには"women's rights advocates such as Susan B. Anthony"と続きますが、advocatesという単

語の意味を知らなくてもあきらめずに粘ってください（心構えその7）。TOEFL ITPの良いところは、本文該当箇所や選択肢にたとえわからない単語があっても、粘った人には救いの手を差し伸べる何らかの工夫がされている点だと筆者は勝手に思っています。話を戻すと、advocatesの後ろに、**例示を表す 'such as'** を使って "such as Susan B. Anthony" とあるから、advocatesの一例がAnthonyになります。そうであれば意味はともかくadvocatesは「人」を表す語だとわかり、'work with 人' は「人と一緒に作業（ここでは、運動）する」という意味になります。

　それにしても「共に運動していた」からと言って、それを「重要な政治的理念を共有していた」と言い換えるのは、ちょっと飛躍があるのでは？　と感じる読者もいるかもしれません。そこで確認のため、DouglasとAnthonyについてそれぞれ記述したさらに後ろの2文を見てください。Douglasは "backed universal suffrage and universal equality（万人の参政権と平等を支持した）," Anthonyは "a fierce critic of black bondage and a proponent of the female vote（黒人奴隷身分の激しい批評家で女性投票権の支持者）" とあることから、「重要な政治的理念を共有していた」ことが無理なく推測できると思います。

　他方、"were working with women's rights advocates" 中の**前置詞with を軽視して**「女性の権利関係の仕事をしていた」といった意味だろうと思い込むと、選択肢(D)という落とし穴にはまります。この文ではwomen's rightsはあくまでAnthonyの説明であって、Douglasの説明ではありません。確かに後述から、Douglasはuniversal suffrageの支持者であり、women's right支持者であるAnthonyと協力関係にあったから女性参政権にも携わっていたことはわかります。しかし、女性参政権に "focused primarily（何よりも一番に注力していた）" とは本文に書かれていないため、(D)は正しいとは言えません。**本文該当箇所とともに、選択肢についても慎重に一語一語徹底的にチェックすることで、不正解肢にひっかかるリスクを最小化することができます。**本文該当箇所をなんとなく思い込みで解釈し、その思い込みに近そうな選択肢を選んでいる限り、TOEFL ITPリーディングのスコアはなかなか上がらないことをぜひ肝に銘じてください（心構えその2）。

　残りの選択肢(A)(B)も本文中の語句を使ってはいますが、それぞれ本文とは合

致しません。本文にある語slaveを使っている選択肢(A)はnarrowly escaped becoming...（かろうじて奴隷になることから逃れた）、やはり本文にある語self-educatedを使っている選択肢(B)はhelped other slaves to become...（他の奴隷たちが独学することを手助けした）となっていますが、本文にはダグラス自身が"a self-educated former slave（独学したかつての奴隷）"とあり、「逃れた」とも「他人の独学を手助けした」とも書いてはありません。

「おれがラビットのように臆病だからだ。が、臆病のせいでこうして生きている」

ゴルゴ13

3. (A)

設問
What does the author mean by stating " This result was a disappointment " (line 19)?

本文（第2段落）
By the 1800's, African American leaders such as Frederick Douglas were working with women's rights advocates such as Susan B. Anthony. Douglas, a self-educated former slave who went on to become one of America's greatest orators, backed universal suffrage and universal equality. Anthony, also a fierce critic of black bondage and a proponent of the female vote, was a natural ally. The apex of their joint action was an attempt to add a universal suffrage amendment to the American Constitution after the Civil War ended. After very intense arguments, Congress decided to grant suffrage only to black males. This result was a disappointment, and essentially broke up the alliance of African Americans and white women.

指示語の確認（下線部：This result = Congress decided to grant suffrage only to black males）

読み解く・選択肢

選択肢
(A) A planned superior outcome was not reached.
(B) Political alliances across races delayed a law.
(C) Congress failed to expand suffrage in any way.
(D) White women rejected support from African Americans.

---

1 正解肢を見つける

　本文中の表現（This result was a disappointment）で著者は何を言いたかったのかを問う設問です。

指示語の確認	**This result** = 前文 Congress decided to grant suffrage <u>only</u> to black males（議会は黒人男性に<u>のみ</u>参政権を認める決定を下した）

 【心構えその4】指示語を見たら、何を指しているか常に確認！

（参照▶276ページ）

＼読み解く／	「<u>only</u> to black males（黒人男性のみ）が、**a disappointment（失望）**だった」 →当初の期待は黒人男性だけでなく、**もっと広範囲を対象にしたものであったはず（＊）**

選択肢(A)	A planned superior outcome was not reached.（意図していた、もっと優れた結果に到達しなかった）

＊当初の期待の具体的内容は、"This result..."から2文遡ったところにある、"an attempt to add a universal suffrage amendment（すべからく参政権を付与する amendment を加えようとする試み）"です。つまり、「すべからく参政権を」という期待が、「黒人男性のみに参政権」という結果に終わった（＝女性には認められなかった）ことを"a disappointment"と著者は表現しています。

[2] 他の選択肢の確認

選択肢(B) Political alliances across races delayed a law. については、delayed a law（法の成立を遅らせた）という記述は本文に見当たりません。また、"This result was a disappointment"のあとに、"and essentially broke up the alliance of African Americans and white women（そしてアフリカ系アメリカ人と白人女性の同盟は実質的に崩壊した）"とあるので、崩壊したのは期待外れの結果を受けて起こったことで、期待外れの結果そのものではありません。

選択肢(C) Congress failed to expand suffrage in any way. については、議会は黒人男性には参政権を認めたので、failed to expand...（拡張に失敗した）は本文と合致しません。

選択肢(D) White women rejected support from African Americans. につい

ては、White women rejected support...（白人女性が支持を拒絶した）という記述は本文に見当たりません。

4. (C)

設問
According to the passage, all of the following were reasons some people opposed women's suffrage EXCEPT

Step 1：手がかりワード

本文（第3段落）
Women in favor of women's suffrage, or "suffragettes," continued to push their ideas. Many American men — and some women — opposed these efforts as they believed that women actively voting or becoming leaders would cause social chaos. Some also cited religious grounds, particularly Biblical scriptures. Moreover, some men — and the alcohol industry — feared female voters would outlaw alcohol.

Step 2：読み解く

選択肢
(A) It could end some men's leisure activities.
(B) Women being active would be disruptive.
(C) Large public groups could often act illegally.
(D) Religious teachings were in opposition.

Step 3：選択肢

1 正解肢を見つける
　一部の女性が女性参政権に反対した理由として**当てはまらない**ものを問う設問です。

設問中にある手がかりワード

・reasons〔理由〕
・some people opposed women's suffrage

Step 1

本文22-24行目

Many American men — and some women — opposed these efforts as they believed that women actively voting or becoming leaders would cause social chaos.

Step 2

＼読み解く／

・接続詞 as（= because）の後ろが理由。
・ただし、続く後ろの文に also、さらに後ろの文に Moreover があるので、3つの文で3つの理由を挙げている。

Step 3

(D) Religious teachings were in opposition.

理由2.
cited religious grounds, particularly Biblical scriptures

(B) Women being active would be disruptive.

理由1.
believed that women actively voting or becoming leaders would cause social chaos

(A) It could end some men's leisure activities.

理由3.
feared female voters would outlaw alcohol

＼結果／
opposed women's suffrage

選択肢 (C)

Large public groups could often act illegally.（大規模の集団はしばしば違法行為を犯す）

読み解くポイント2

$\underset{①}{\underline{S \; V}}$ as $\underset{②}{\underline{S \; V}}$. $\underset{③}{\underline{S}}$ also $\underline{V}$, Moreover, $\underset{④}{\underline{S \; V}}$.

を見て、「文①の理由は、文②と文③と文④の3つ」と読み解く！

(also と moreover は、<u>同方向の議論に別の観点を追加する論理マーカー</u>)

② 他の選択肢の確認

　選択肢(B)では、本文中の "women actively voting or becoming leaders（女性が積極的に投票したり指導者になったりすること）" が "Women being active（女性が積極的であること）" に言い換えられ、本文中の "would cause social chaos（社会的混乱を引き起こすだろう）" が "would be disruptive（問題を引き起こすだろう）" に言い換えられています（ 参照 下記〔文法補足〕）。

本文23-24行目	women actively voting or becoming leaders would cause social chaos
選択肢(B)	Women being active would be disruptive

合致

〔文法補足〕動名詞と意味上の主語

Women being active は動名詞 being（〜であること）の前に、意味上の主語 Women をつけた形です。したがって「女性が積極的であること」という意味になります。

　選択肢(D)では、本文中の "religious grounds（宗教的な根拠）" を "religious teaching（宗教的な教え）" と言い換えています。本文ではそれを "cited（引き合いに出した）" としていますが、文脈上、それは反対する根拠として示したことを意味するため、選択肢では宗教的な教えは（女性参政権に）"were in opposition（反していた）" とはっきりした表現を使っています。

本文25行目	cited religious grounds
選択肢 (D)	Religious teachings were in opposition

合致

選択肢(A)では、本文中の"alcohol"（酒類)"を"some men's leisure activities（一部男性の余暇活動)"と言い換えています。本文ではそれを"would outlaw（非合法化するだろう)"としていますが、選択肢ではわかりやすく"could end（終わらせるだろう)"と表現しています。

本文26-27行目	female voters would outlaw **alcohol**
選択肢 (A)	It could end **some men's leisure activities**

合致

5. (D)

設問

The word "exception" in line 29 refers to

本文（第4段落 第1–3文）

In the South, suffragettes made extremely slow progress. Yet, that turned out to be an exception . Women's suffrage made much better gains through the Northeast and West, World War I causing further acceleration of this trend.

指示語の確認

選択肢

(A) states　　(B) suffrage　　(C) gains　　(D) progress

---

1 正解肢を見つける

"exception"（例外）という語が何を指しているのかを問う設問です。

＼読み解く／	Yet, that turned out to be an exception.（しかし、'that' は結果として 'an exception' になった）〔'S turn out to be C.'（S は結果として C になる）〕→ 'that' = 'an exception'
指示語の確認	'that' = 前文 In the South, suffragettes made extremely slow progress.（南部では、女性参政権活動家は極めて遅い進展を収めた）
＼読み解く／	南部の遅い進展〔選択肢 (D) progress〕 = 'that' = 例外〔exception〕

310

6. (C)

設問

The word "acceleration" in line 31 is closest in meaning to

本文

Women's suffrage made much better gains through the Northeast and West, World War I causing further acceleration of this trend.

選択肢

(A) agreement　　(B) speed　　(C) growth　　(D) improvement

---

1 正解肢を見つける

'acceleration' という語の意味を問う設問です。

acceleration が入った文	..., World War I causing further **acceleration** of this trend （第一次世界大戦がこの傾向の更なる acceleration を引き起こした）
基本名詞 acceleration の 知識	速度が増すこと（＝加速）
選択肢 (C)	growth（＝ increase）増加

2 他の選択肢の確認

　(A) agreement は「同意」、(B) speed は「速度」、(D) improvement は「改善」の意味です。

7. (D)

設問

Which of the following can be inferred about World War I ?

Step 1：手がかりワード

本文（第4段落）

In the South, suffragettes made extremely slow progress. Yet, that turned out to be an exception. Women's suffrage made much better gains through the Northeast and West, World War I causing further acceleration of this trend. Women took the place of millions of men who had been recruited into the military. For many—from factory and construction workers to clerks—it was their first formal job, but they proved that they could perform as competently as men in critical roles. The argument that women were "weak" and "needed male guidance" was permanently laid to rest.

Step 2：指示語の確認（下線部）

選択肢

Step 3：選択肢

(A) It turned some clerks into factory workers.

(B) It rapidly increased Southern industrial output.

(C) It resulted in the recruitment of female soldiers.

(D) It caused significant labor shortages in the country.

---

1 正解肢を見つける

第一次世界大戦に関して推測可能な事実を問う設問です。

設問中にある 手がかりワード **Step 1**	World War I

本文 29-31行目	Women's suffrage made much better gains through the Northeast and West, **World War I** causing further acceleration of <u>this trend</u>.（女性参政権運動は北東部や西部ではずっと大きな収穫を収めた。第一次世界大戦がこの傾向にさらに拍車をかけた）

Step 2

指示語の確認	<u>this trend</u> = 'Women's suffrage made much better gains'

 World War Iが女性参政権運動の収穫を加速化させたことはわかるが、どのようにして加速化させたのかはわからないので、選択肢が選べない。
→【心構えその5】もう少し目を広げて確認！（参照 284ページ）

本文 31-32行目	Women took the place of millions of men who <u>had been recruited</u> into the military（女性は、軍に**徴募されていた**何百万もの男性の代わりを務めた）

【心構えその6】過去完了形を見たら、時系列を整理！（参照 284ページ）

〔過去完了形：基準となる「ある過去の時点」（例えば、同じ文中の過去形が表す時点）よりも前に起こっていたことを表す時制〕

本文 32行目	millions of men who <u>had been recruited</u> into the military（何百万もの男性が軍に徴募された）

 その後

本文 31-32行目	Women <u>took the place</u> of millions of men（女性が何百万もの男性の代わりを務めた）

「男性の代わり」とは男性のどのような役割の代わり？
後ろに続く文に具体的説明があるはず！

<table>
<tr><td>本文32-34行目</td><td>For many—**from factory and construction workers to clerks**—it was their first **formal** job
→男性が徴募される前に就いていた職業の代わり</td></tr>
<tr><td>＼読み解く／

Step 3

選択肢(D)</td><td>・男性の徴募（過去完了形）と女性による穴埋め（過去形）には
タイムラグがある（ほぼ同時であれば、どちらも過去形が使われる）
・このタイムラグが生じている間は少なくとも、労働力不足が生じたはず</td></tr>
<tr><td></td><td>It caused significant labor shortages in the country.
（第一次大戦はアメリカに大きな労働力不足を引き起こした）</td></tr>
</table>

〔文法補足〕独立分詞構文

Women's suffrage <u>made much better gains through the Northeast and West</u>,

主文の述部を補足説明

World War I causing further acceleration of this trend .

　World War I causing further acceleration of this trend 部分は独立分詞構文です。**分詞構文は「副詞」ですので、動詞を含んだ述部**（made much better gains through the Northeast and West）**を修飾**します。独立分詞構文の前にカンマがついていますので、補足説明（関係詞で学習した非制限用法）になります。ここでは「北東部や西部ではずっと大きな収穫を得た」の補足説明として、「第一次大戦がそれをさらに加速化させた」を添えています。

2 他の選択肢の確認

　選択肢(A)では 'turn X into Y（XをYに変える）' を使って「clerks を factory workers に変えた」と言っています。一方本文では "For many—from factory and construction workers to clerks（工場や建設現場労働者から事務員に至るまでの多くの女性にとって）" というように、ここでの 'from X to Y' は「XからYへの変化／移動」ではなく、直前の語 many について「XからYまでの具体的範

囲」を示しています。

選択肢(B)では "increased Southern industrial output（南部の工業生産高を増加させた）" とありますが、本文を見ると accelerate（= increase）させたのは "the acceleration of this trend" という表現から、this trend（この傾向）であって南部の工業生産高ではありません。

選択肢(C)では "resulted in the recruitment of female soldiers（女性兵士の徴募という結果になった）" つまり female soldiers を recruit したことになっていますが、本文を見ると recruit されたのは millions of men（何百万もの男性）であって女性ではありません。

8. (B)

設問

According to the passage, the participation of women in work outside the home proved that

Step 1：手がかりワード

本文（第4段落）

In the South, suffragettes made extremely slow progress. Yet, that turned out to be an exception. Women's suffrage made much better gains through the Northeast and West, World War I causing further acceleration of this trend. Women took the place of millions of men who had been recruited into the military. For many ― from factory and construction workers to clerks ― it was their first formal job, but they proved that they could perform as competently as men in critical roles. The argument that women were "weak" and "needed male guidance" was permanently laid to rest.

Step 2：読み解く

Step 3：選択肢

選択肢

(A) men and women could compete for higher positions

(B) skillful work was not dependent on one's gender

(C) offices should have hired fewer staff during war

(D) male guidance was necessary for women most of the time

---

1 正解肢を見つける

女性が家庭の外で働くようになったことで証明した事実を問う設問です。

設問中にある 手がかりワード	the participation of **women** in work outside the home **proved**
本文32-35行目	For **many**—from factory and construction workers to clerks—it was their first formal job, but **they proved** that they could perform as competently as men in critical roles　　　　　　〔指示語 **they** = many = Women〕
＼読み解く／	that they could perform <u>as competently as</u> men <u>in critical roles</u>（女性は男性と同じくらい有能に、重要な役割において業務の履行ができる）
選択肢(B)	<u>skillful work</u> was <u>not dependent on</u> one's gender（仕事が上手くできるかどうかは性別によらなかった）

⊙ 3-10「読み解くポイント3」

読み解くポイント3

they proved that they could perform... を見たら、指示語theyとは誰／何か、必ず確認！（「彼らは」と訳して満足しない！）

2 他の選択肢の確認

　選択肢(A)では "could compete for higher positions（より高い地位を目指して競争できる）" とありますが、higher positions（より高い地位）やcompete（競争する）といった記述は本文には見当たりません。

　選択肢(C)では、"should have hired fewer staff during war（戦争中は雇用する職員を減らすべきだった）" とありますが、本文にhired fewer staff（雇用の減少）についての言及はありません。

　選択肢(D)の "male guidance was necessary（男性の指導が必要だった）" は、本文中の "needed male guidance" に相当しますが、本文ではこのargument（主

第3章　リーディング問題の対策

張）は was laid to rest（終わらされた）と書かれています。was laid to rest は難しい表現ですが、前文（they proved that they could perform as competently as men in critical roles）からの流れを考えて、**「ネガティブな意味だろう」という推**測さえできれば、この選択肢も切ることができます（心構えその7）。

9. (A)

設問タイプ 7　比較対照関係

設問
The author's tone in the final paragraph is best described as

選択肢
(A) ironic　　(B) skeptical　　(C) assertive　　(D) optimistic

[1] 正解肢を見つける

　最終段落における著者の議論のトーン（調子）を問う設問です。最終段落で著者のトーンを決定づける語句を探すと、第1文に**対比を表す 'while'** が見つかります。対照的なワードに着目しながら**対照関係**を読み解きます。

white women **suffrage** in 1920—which was **promptly exercised** for Prohibition	black American men were **not given** the vote that they **had been promised**

　white women と black American men の二者について、前者は suffrage（参政権）を promptly exercised（即座に付与された）一方、後者は not given the vote（投票権を与えられなかった）という対比です。the vote の後ろにある関係詞節の中の**過去完了形**（had been promised）に注意しましょう（参照 284ページ「心構えその6」、設問7）。「すでに以前に約束されていた」投票権です。

　第2段落に戻って確認すると、設問3で確認したとおり、白人女性と黒人の参

政権付与のための共闘の結果、議会で認められた（＝約束された）のは黒人男性の参政権だけ（本文17–19行目）でした。にもかかわらず、参政権付与が先に実施されたのは、そのときは認められず後になって認められた白人女性の方だった**のは選択肢(A) ironic（予想や期待に反した事実が起こり、普通ではない）と言えるのでこれが正解**です。

　さらに最終段落の第2文にあるように、参政権を約束されていた黒人男性が実際にその権利を手にするまでに長い時間と争いを要し、その間に多くの血が流されることになったこともironicと言えるかもしれません。

2 他の選択肢の確認

　(B) skepticalは「懐疑的な」、(C) assertiveは「断定的な」、(D) optimisticは「楽観的な」の意味です。

> 3-11「読み解くポイント4」

読み解くポイント4

　S V while S V.を見たら、
while前後の2文の対比関係を読み取る！（対照的なワードに着目！）

設問

What does the paragraph following the passage probably discuss?

本文（第5段落）

The 19th Amendment gave white women suffrage in 1920 — which was promptly exercised for Prohibition, the outlawing of alcohol — while black American men were not given the vote that they had been promised. True universal suffrage would not come to the United States until the 1960s, and not before intense protests, mass lynching, court battles, and several more wars.

選択肢

(A) The women who opposed the suffragette movement

(B) The struggle of black people over several decades

(C) The importance of stopping violence between races

(D) The continuing damage resulting from global conflicts

---

1 正解肢を見つける

　本文の後ろに続く段落の内容を問う設問です。どんな内容であれ、それが後ろに続く可能性を完全に否定することは困難でしょう。ですから想像力の翼を拡げ過ぎず、このタイプの設問では後ろに続く内容として「最も説明がつけやすいもの」、すなわち「本文の末尾と最も近い内容」を選んでください。

末尾の文	True universal suffrage would not come to the United States until the 1960s, and not before intense protests, mass lynching, court battles, and several more wars. (すべての成人市民を対象にした真の参政権がアメリカにもたらされるのは1960年代まで待たねばならず、それまでの間、激しい抵抗運動、大量の私的殺戮、法廷闘争、さらに何度かの戦争を経ることになる)
＼読み解く／	True universal suffrage とは？ 前文 while black American men were not given the vote（一方で黒人男性には参政権が与えられなかった）状態との対比
末尾と整合する内容を予想	1960年代の黒人男性への参政権付与に至るまでの苦しい闘いの描写？
選択肢(B)	The struggle of black people over several decades（数十年にわたる黒人の苦闘）

2 他の選択肢の確認

　選択肢(A) The women who opposed the suffragette movement（婦人参政権に反対した女性）については、上で確認したとおり、最終文は女性ではなく黒人男性に参政権を与える闘争についての記述です。

　選択肢(C) The importance of stopping violence between races（人種間の暴力を抑制する重要性）については、最終文に mass lynching（大量の私的殺戮）などviolence（暴力）を表す語も使われています。ただし、これは黒人男性に参政権を付与するまでの様々な形の闘争の例の一つとして挙げられており、暴力問題だけを取り上げているわけではありません。

選択肢(D) The continuing damage resulting from global conflicts（世界全体に及ぶ対立から生じたその後長く続く損害）については、最終文にseveral more wars（さらにいくつかの戦争）という語句がありますが、これがglobal（地球規模の）とは書かれていません。

読解問題に取り組む心構え　その8-9

> **心構え**
> **その8**
>
> 選択肢は共通語の有無で選ぶのではない！
> 共通語を足がかりにその前後にあるワードの合致で判断する！

「心構えその2」（**参照**272ページ）で正解肢は本文該当箇所を別の表現に言い換えたものである、とお話しました。不正解肢は本文内容と合致しない、あるいは本文には書かれていない内容のものです。よくある不正解肢のタイプの一つに、設問7の選択肢（B）や（C）のように、**本文と同じ（あるいは同じ意味の）動詞を使っているが目的語が異なる**ものがあります。その場合、仮に共通語である動詞の意味がはっきりわからなくても、「**目的語が異なるから本文と合致しない**」としてその選択肢を消去することができます。

本文の "acceleration of this trend" は、"accelerated this trend（動詞＋**目的語**）" を名詞化した形（「この傾向を加速させること」）です。選択肢（B）では、動詞accelerate（〜を加速する）をincrease（〜を増やす）に言い換えている点は妥当ですが、その**目的語**はSouthern industrial outputです。this trend ≠ Southern industrial output（**目的語が異なる！**）だから、（B）と本文は合致しません。

323

選択肢（C）　the recruitment **of** female soldiers（女性兵を徴募すること）
　　　　　　　　　　　　　　　　　目的語

‖

recruited female soldiers
　　　　　目的語

≠　**（本文）** millions of men who had been recruited
　　　　　目的語　　　　　　（すでに徴募されていた何百万もの男性兵）

　（C）についても同様です。本文のmillions of men は、関係代名詞 who の後ろの受動態 "had been recruited" の主語なので、動詞 recruit の**目的語**と言えます。一方選択肢（C）では動作を表す名詞 recruitment の後ろに、**目的格を表す of** を挟んで**目的語**の female soldiers を置いています。動詞 recruit を名詞 recruitment に言い換えている点はもちろん妥当ですが、その目的語が異なる（millions of men ≠ female soldiers）ため、（C）と本文は合致しません。

　先述の acceleration of this trend と the recruitment of female soldiers はいずれも、動作を表す名詞（acceleration, recruitment）の後ろに**目的格を表す of** を挟んで目的語を置く形で、**文を名詞で言い換える**ときによく使われます。

⊙ 3-12「目的格を表す of」

　　　　動詞＋目的語　⇔　**名詞（動作）＋ of ＋名詞（目的語）**
　　　　（**O を V する**）　　　　（**O を V すること**）

（例）**develop** basic skills ⇔ the **development** of basic skills
　　　　　　　　　　　（基礎となる技術を発展させること）
　　　understand the problem ⇔ an **understanding** of the problem
　　　　　　　　　　　　　　（その問題を理解すること）

╲心構え╱

その9　3つのキーワードから「議論の流れ」をつかむ！

　設問4で扱った本文第3段落を使って「議論の流れ」をつかむための重要なポイントを確認します。この段落（以下に再掲）を構成する4文はそれぞれどんな関係にあるか、改めて考えてみましょう。

Women in favor of women's suffrage, or "suffragettes," continued to push their ideas. Many American men—and some women—opposed these efforts as they believed that women actively voting or becoming leaders would cause social chaos. Some also cited religious grounds, particularly Biblical scriptures. Moreover, some men—and the alcohol industry—feared female voters would outlaw alcohol.

　「議論の流れ」をつかむキーになる語句は次のとおりです。

⊙ 3-13「『議論の流れ』をつかむための3つのキーワード」

┌─ 「議論の流れ」をつかむための3つのキーワード ─┐

1. 論理マーカー
2. 指示語
3. 言い換え語句

　「1. 論理マーカー」は、「本文を効率的に読むための基本戦術2」（参照 289ページ）で述べたとおり、議論の方向指示器の役割を果たします。「2. 指示語」や「3. 言い換え語句」は、それ自体が議論の方向性を示すものではありませんが、「心構えその4」（参照 276ページ）で述べたとおり、前後の文の内容を繋ぐ架け橋になるものです。第3段落では、この3つがフルに用いられています。

① Women in favor of women's suffrage, or "suffragettes," continued to push their ideas. ② Many American men—and some women—opposed **these efforts** as they believed that women actively voting or becoming leaders would cause social chaos. ③ Some also cited religious grounds, particularly Biblical scriptures. ④ Moreover, some men—and the alcohol industry—feared female voters would outlaw alcohol.

　第1文と第2文の関係を確認してみましょう。第2文に「 指示語 」と「 言い換え 」を組み合わせたthese efforts（こうした努力）があります。これは第1文のcontinued to push their ideas（自分たちの考えを推し進め続けた）という内容を指しながら、それを「努力」という語に言い換えたものです。これで第1文と第2文のつながりは見えました。では具体的にはどんな関係にあるのでしょうか？第2文では「多くのアメリカの男性と一部の女性」を主語にして、「these efforts（＝第1文の内容）に"opposed"（…に反対した）」となっています。つまり第1文と第2文に明確な**対照関係**を読み取ることができます。

	誰が？	何した？	その理由は？
第1文	women in favor of women's suffrage 〔対照〕	continued to push their ideas 〔対照〕	
第2文	many men and some women	opposed these efforts	理由〔as〕 women actively voting or becoming leaders would cause social chaos
第3文	some	理由 cited religious grounds	追加〔also〕
第4文	some men—and the alcohol industry	理由 feared female voters would outlaw alcohol	追加〔moreover〕

　第2文と第3文、第3文と第4文の関係はすでに設問4で解説したとおりです。

第3文に「**論理マーカーalso**」、第4文に「**論理マーカーmoreover**」を使うことで、それぞれ前文の内容に**別の観点を加え**ています。具体的には、第2文のas以下で述べた理由に、第3文でもう一つの理由、第4文でさらにもう一つの理由を付け加えています。

「第1文と第2文が対照関係なのであれば、論理マーカー（by contrastなど）を第2文の冒頭につけてくれたほうががわかりやすいのに…」と思われた読者もいらっしゃるかもしれません。わかりやすさという点ではそのとおりですが、書き手が敢えて論理マーカーをここで使わなかったのは、一つには上記で説明したように、指示語であり言い換え語でもあるthese effortsをopposedという語で明確に否定することで、論理マーカーを使わなくても前後の対照関係は明らかだと考えたからでしょう。さらに第3文や第4文で論理マーカーを使っているので、論理マーカーだらけになることを避けたかったこともあるかもしれません。

論理マーカーは流れの変化を示す重要な方向指示器です。しかし使い過ぎると注意喚起効果が薄れてしまう上、文の流れがスムーズでなくなるため（長所が小さくなって短所が大きくなる）、変化が起こるときにいつも使うわけではありません。**「論理マーカー」以外のキーワードである「指示語」や「言い換え」にも注意**しながら議論の流れをつかむ練習を積んでみてください。

覚えておきたい 単語・フレーズ

第1段落

suffrage	名 参政権
exclusive	形 排他的な、限定される
property-owning	形 財産を保有している
slave	名 奴隷
constitute...	動 …を構成する = comprise = make up
portion	名 部分 = part
state	名 ①国家　②州
vote	動 投票する
strict	形 厳格な ⇔ liberal
liberal	形 寛大な ⇔ strict

第2段落

women's rights	名	女性の権利
advocate	名	支持者
		⇔ critic（批判する人）/ skeptic（懐疑論者）
	動	…を支持する
former	形	前の
on	副	続けて
orator	名	雄弁家、演説者
back...	動	…を支持する = support
universal	形	普遍的な、万人に共通する
equality	名	平等
fierce	形	激しい
critic	名	批判する人
bondage	名	束縛
proponent	名	支持者 ⇔ opponent（敵対者）
ally	名	味方 = advocate = proponent
apex	名	頂点
amendment	名	修正
the American Constitution	名	アメリカ合衆国憲法
the Civil War	名	南北戦争
intense	形	強烈な
Congress	名	議会
grant	動	〔資格・認可〕を与える
break up	動	〔関係が〕終わる
alliance	名	提携、同盟

第3段落

in favor of...		…を支持して
chaos	名	無秩序
cite...	動	…を引用する
religious	形	宗教の　cf. religion：名 宗教
grounds	名	根拠
scriptures	名	聖書
outlaw...	動	…を非合法化する

第4段落

progress	名 進展
turn out to be...	動 …になる
exception	名 例外
gain	名 収穫、利益
acceleration	名 加速
military	名 軍隊
clerk	名 事務員
competently	副 能力をもって
critical	形 重要な
lay ... to rest	動 …（の懸念）を鎮める ＝ put ... to rest

第5段落

promptly	副 遅滞なく ＝ immediately
Prohibition	名 禁酒（酒類の製造販売禁止）
court	名 法廷、裁判所

本文訳

　1700年代末のイギリスからの独立後も、アメリカの参政権は全人口のおよそ6％にしか満たない、一定の財産を保有する白人男性に限られていた。奴隷はいくつかの州では大きな割合を構成していたが、市民とみなされず、どこの投票所でも投票することはできなかった。さらに、選挙に関する法律は連邦政府ではなく、州ごとに規定されており、北部諸州では一般にリベラルな法律である一方、南部諸州は最も厳格な法律を採用していた。

　1800年代には、フレデリック・ダグラスをはじめとしたアフリカ系アメリカ人の指導者たちが、スーザン・アンソニーのような女性の権利拡張支持者たちと運動を共にしていた。ダグラスは奴隷の身から独学で、アメリカでも最も偉大な雄弁家にまでのぼりつめ、すべての成人市民に対する参政権付与と平等を支持していた。アンソニーもまた、黒人の奴隷身分を激しく批判し女性の投票権を支持していため、二人の協力関係は自然なものだった。南北戦争終結後、合衆国憲法に、すべての成人市民への参政権を付与する憲法修正条項を加える試みに至って、二人の共闘は頂点に達した。非常に激しい議論の末、議会は黒人男性にのみ参政

権を認める決定を下した。この結果は期待外れであったため、アフリカ系アメリカ人と白人女性との協力関係は実質的に解消した。

　それでも、女性の参政権を唱える女性たちは自分たちの考えを推し進めていった。多くのアメリカ人男性と、それに一部の女性も、こうした女性参政権活動家の努力に反対していた。彼らは、女性が積極的に投票活動を行い指導的な立場になれば、社会的な混乱を招くと信じていたからである。また宗教的な根拠、特に聖書を引き合いに出して反対する者もいた。さらに男性の一部と、それに酒類製造販売業界は、女性たちに投票権を与えると酒類を非合法化してしまうだろうと恐れた。

　女性参政権活動家たちが収めた進展は、南部では極めて遅々としていたが、それは例外的なものであった。北東部や西部では女性参政権運動はずっと大きな収穫を得て、第一次世界大戦によってその傾向はさらに加速化した。女性は軍に徴募された何百万もの男性の代わりを務めた。工場や建築現場作業員から事務員に至るまで、多くの女性労働者にとって初めての正規の仕事であったが、女性たちは男性と同程度の水準で重要な役割の業務を履行できることを証明して見せた。女性は「弱く」「男性の指導を必要とする」という主張は、偽りと証明され永久に封じられることになった。

　合衆国憲法修正第19条により、1920年に白人女性の参政権が認められ、禁酒、すなわち酒類製造販売禁止に向けて即座に参政権の付与が執行された。一方黒人男性にはすでに約束されていた投票権が実際に付与されることはなかった。すべての成人市民を対象にした真の参政権がアメリカにもたらされるのは1960年代まで待たねばならず、それまでの間、激しい抵抗運動、大量の私的殺戮、法廷闘争、さらに何度かの戦争を経ることになるのだ。

設問タイプ別攻略法

TOEFL ITP リーディングで与えられる設問には、以下のタイプがあります。

①本文中の一部に示された事実を問う設問
②本文中の一部に示された論理関係を問う設問
③本文中の一部記述から事実や論理関係を推測させる設問
④特定の事例に触れた目的や、特定の表現を使った意図を問う設問
⑤本文の前後の内容を予想させる設問
⑥本文全体あるいは特定の段落の要旨を問う設問
⑦本文全体あるいは複数の段落の構成や議論のトーンを問う設問
⑧語彙を問う設問
⑨指示語の内容を問う設問

　出題頻度としては、「①②③事実関係や論理関係の確認・推測」が、全設問（50問）のおよそ5割（25問）前後を占めます。次いで「⑧語彙」が3割（15問）程度、「⑨指示語」が1割（5問）程度、他に「⑥要旨」が4問程度、「④事例等に触れた目的」が2問程度、それぞれ毎回出題されます。「⑤前後予想」や「⑦構成・トーン」は出題される回もあれば、されない回もあります。

　以下では、タイプ別に概要とその攻略法を紹介します。「第4節 総合実践」と「第2部 模擬テスト」に掲げた問題の各設問の解説に「設問タイプ番号」を掲げていますので、解説を読む際、必要に応じてこちらを参照してください。

設問タイプ①

本文中の一部に示された事実を問う設問

設問例

According to the passage, which of the following is true of valley glaciers?

（本文によると、valley glaciers に当てはまるのは次のどれか？）

どのような設問？

いつ、どこで、誰が、何を、どのように、といった本文の一部にある事実を問う設問です。「○○について正しい／正しくないのはどれか？」、「○○の例として、著者が触れている／触れていないのはどれか？」あるいは「本文に合致する／合致しないのはどれか？」といった問い方や、「○○については本文中のどこで触れているか？」というように言及箇所を選ばせる設問もあります。

基本戦術

「探す」「読み解く」「徹底比較する」の3ステップ

第1節の「設問を解くための基本戦術」で示した**3つのステップ**（以下に再掲）**を着実に踏んで**ください。

Step 1	設問・選択肢から手がかりワードを見つけ、本文該当箇所を「探す」
Step 2	探し出した本文該当箇所を「読み解く」
Step 3	読み解いた本文該当箇所とすべての選択肢を「徹底比較する」

その他の設問例

・According to the passage, **where** was 'X'?
（本文によると、Xがあった**場所**は？）

・Which of the following is an **advantage** of 'X' that is mentioned in the passage?
（本文で触れられているXの**利点**は？）

・Which of the following is **NOT mentioned** by the author as 'X'?
（本文中で「Xだ」とは**言っていないもの**はどれか？）

・**Where in the passage** does the author describe 'X'?
（Xについて描写しているのは、**本文のどこ**か？）

・Which of the following **pictures** best represents 'X'?
（どの**図**がXを最もよく表しているか？）

・The author gives an explanation for all of the following **words EXCEPT**
（〔本文中で言及している単語のうち〕著者が内容を説明して**いない単語**はどれか？）

・**Which** of the following is best supported by the passage?
（本文に最も合致するのは**どれ**か？）

・According to the passage, all of the following are **true EXCEPT**
（本文によると、以下のうち**正しくない**のは？）

設問タイプ②
本文中の一部に示された論理関係を問う設問

設問例

Why did mock raccoon-skin caps become popular with young people?
（若者の間で模造の raccoon-skin 帽子が流行った理由は？）

どのような設問？

　本文の一部で示されている因果関係や対照関係などを問う設問です。「○○した のはなぜか？」「××は何にたとえられるか？」「XとYはどういう点で異なる か？」といった形で問われます。

基本戦術

「探す」「読み解く」「徹底比較する」の3ステップ

　基本的には設問タイプ1と同じステップを踏めばよいのですが、正答の根拠と なる本文箇所が、手がかりを使って探し出した箇所からやや離れたところにある 傾向があります。例えば「○○はなぜか？」と理由を問う設問の場合、本文では 「○○」に言及したあと、込み入った理由や複数の理由をいくつかの文にわたって 丁寧に説明することもあるからです。「××は何にたとえられるか？」を問う設問 の場合も同様に、「××」に言及してある箇所から、その特徴を説明しているいく つかの文にまで必要に応じて目を広げてください。また、XとYとの共通点や相 違点を問う設問の場合、Xについて説明している本文箇所とYについて説明して いる本文箇所の両方に目を向けて、その中から「XとYの両方」に言及している 箇所を探し出す必要があります。**「手がかりワード」の入った文を起点として、前 後のいくつかの文にまで幅広く目を通す**ことがポイントです。

その他の設問例

- ‘X’ is significant **because**
  （Xが重要である**理由**は？）
- What was a **consequence** of ‘X’?
  （Xがもたらした**結果**は？）
- In what way does ‘X’ **differ** from ‘Y’?
  （XはYとどう**異なる**か？）
- According to the passage, ‘X’ and ‘Y’ were **similar** in which of the
  following ways?
  （XとYはどのような点で**似ている**か？）

設問タイプ③
本文中の一部記述から事実や論理関係を推測させる設問

設問例

Which of the following can be inferred from the passage about UVC light?
（UVC light について推測できることは次のどれか？）

どのような設問？

　本文の記述から、どのようなことが推測できるかを問う設問です。「推測」といっても、何ステップにもわたるような大掛かりな推測ではなく、設問タイプ1や2と比べて、本文からの**言い換え度がやや大きい**選択肢を選ぶ程度のことです。この推測タイプでは、"can be inferred," "imply," "would be likely to do" といった表現が使われます。事実を推測させるものもあれば論理関係を推測させるものもあります。

基本戦術

「探す」「読み解く」「徹底比較する」の3ステップ

　設問タイプ1とまったく同じステップを踏んでください。ただし見かけ上、正解肢は本文で使われていない表現を使ってやや大きく言い換えている分、正解肢が見えにくくなります。そうした場合、**「消去法」は有効**です。本文と照合しながら、明らかに誤っている選択肢を削っていき、残った選択肢について、**本文該当箇所と単語レベルで外見的に類似しているか否かではなく、論理的に整合しているか否かをよく確認**してみてください。削った選択肢と比べて、許容できる範囲の言い換えであれば、（正しいものを選べ、という設問の場合）それが正解の候補です。

推測設問以外のどのタイプの設問でも、選択に迷う場合に消去法は有効です。

その他の設問例

- The author **implies** that 'X' is
  （著者は、Xは何であると**示唆**しているか？）
- It **can be inferred** from the passage that 'X' was so named for which of the following reasons?
  （本文から、XがXと名付けられた理由として**推測される**のはどれか？）
- It **can be inferred** from the third paragraph that all of the following may have used 'X' **EXCEPT**
  （第3段落から、Xを使ったかもしれないと**推測される**ものから**除かれる**のはどれか？）
- Based on the information in the passage, which of the following was **probably** true about "X"?
  （本文の情報から、Xについて**おそらく**真実だったと思われるは次のどれか？）
- With which of the following statements would the author be **LEAST likely** to agree?
  （著者が同意する**可能性が最も低い**ものはどれか？）

設問例

Why does the author mention head-tracking displays?
（著者が head-tracking displays に触れた理由は？）

What does the author mean by stating that "A similar behavioral pattern can be shown by some social insects (line 5)"?
（5行目に「同じような行動パターンは社会性昆虫の一部に見られる」とあるが、どういう意味か？）

どのような設問？

著者が挙げた事例や表現について、その目的や意図を問う設問です。

基本戦術

「探す」「読み解く」「徹底比較する」の3ステップ

　ある事象を説明したいとき、解りやすく説明するためしばしば具体的説明をその事象の後ろに置きます。例えば次のような場合です。

Burning fossil fuels contributes to temperatures rising. For example, when **coal** is burned, it releases carbon dioxide into the atmosphere, resulting in a carbon budget on the earth out of balance...
（化石燃料を燃やすと気温上昇の一因になる。例えば石炭を燃やすと、大気中に二酸化炭素が放出され、地球の炭素収支バランスが崩れてしまう…）

　coal（石炭）という例を挙げた目的は、その前文の「化石燃料を燃やすと、気温上昇の一因になる」ことを説明するためです。

　この例のように、**事例を挙げた「目的」は、事例の前に書いてあることが多い
ですが、後ろに書く場合もあります**ので、事例の前後の文を確認してください。

その他の設問例

・The author **mentions** "X" in line 15 **because**
　（著者は15行目のXに**言及している理由**は？）
・The author **mentions** "X" in line 12 **as an example of**
　（著者は12行目のXに**言及している**のは、**何の具体例として**か？）
・**What** does the comment "S V" in lines 8–9 mean?
　（8–9行目の「SがVする」というコメントは、**どういう意味**か？）

本文の前後の内容を予想させる設問

設問例

What is the most likely subject of the paragraph following this
passage?
（本文の次に続く段落の主題として最も可能性の高いのは？）

どのような設問？

どんな内容が本文の前にあったか、あるいは後ろに続くかを予想させる設問です。

前後予想攻略法

第1文／最終文 と最も関係が深いものを選ぶ

どんな話が本文の前後に来るのか、想像の翼を広げ過ぎてはいけません。「可能性」は誰にも否定できませんから。TOEFL ITPではあくまで最も合理的説明がつくものを選ぶことを要求されています。そのためには単純に、**前であれば最初の文、後ろであれば最後の文と最も関係が深いもの**を選んでください。**消去法も有効**です。次に該当するものを削ってください。

・最初（最後）の文とほぼ無関係な内容の選択肢（←その話が続く合理的理由が
　見当たらない）
・本文ですでに説明済みの内容の選択肢（←同じことを繰り返す必然性はない）

その他の設問例

· The final paragraph of the passage **will probably continue** with a discussion of
（最終段落に**続く**議論は？）

· Which topic **will be most probably discussed** in the paragraph **following** the passage?
（本文のあとに**続く**段落で**議論される可能性が最も高い**主題はどれか？）

設問タイプ⑥

本文全体あるいは特定の段落の要旨を問う設問

設問例

What does the passage mainly discuss?

（本文全体の要旨は？）

どのような設問？

　本文全体の主題や、特定の段落の要旨を問う設問です。本文全体の主題を問う設問は、5題中3～4つの文章題でそれぞれ1問ずつ出題され、第1問目に置かれることが多いです。

1 本文全体の主題

要旨攻略法

一部の段落でしか触れていない内容の選択肢を消去する

　このタイプの設問がしばしば「難しい」のは、他の設問タイプと異なり本文の部分的解釈ではなく本文全体の解釈が要求されること、さらに間違いとなる選択肢が内容的には「間違っていない（本文に書いてあることと合致する）」こともしばしばあることです。正解肢はすべての段落をカバーした内容でなければならないので、そうした選択肢に対しては「本文内容と合致はするが、本文全体のまとめではない」というアプローチを取らなければなりません。具体的には、**消去法を使って一部の段落でしか触れていない選択肢を削る**のが有効です。

　引っ掛けの選択肢の一つとして、本文全体で言及しているキーワードを使った選択肢があります。キーワードを使うこと自体にもちろん問題はありませんが、キーワード前後の語句に目を光らせ、本文全体の内容に対してキーワードが過剰に狭められていないかといった点に注意してください。例えば、本文が「アメリ

カ人作家 Mark Twain の<u>生涯にわたる業績</u>」について述べている場合、"Mark Twain's <u>early life</u>" といった選択肢は不適切です。一方、キーワードの Mark Twain を an American writer と言い換えている "The accomplishments of an American writer" であれば、正解肢になり得ます。

　引っ掛けの選択肢のもう一つが、最後の段落の要旨を表すものです。最後の段落内容は記憶に残りやすく、「最後に書いてあるから、結論だ」と思い込んで（そんなことはありません！）飛びつきがちです。あくまで「**すべての段落でカバーされているか？**」を必ず確認してください。

2 特定の段落の要旨

> **段落要旨攻略法**
>
> **典型的な段落構成3タイプのどれにあたるか、見極める**

典型的な段落構成には以下の形があります。

....

段落タイプ1　イントロ（第1文〜）＋要旨（第2文以降のいずれかの文）
段落タイプ2　要旨（第1文）＋説明（第2文以降）
段落タイプ3　具体例1＋具体例2＋具体例3

....

　段落タイプ1や2の場合は、段落の冒頭あるいは第2文以降にある**要旨を表す文を探し**、それを言い換えた選択肢を選べばよいわけです。段落タイプ3はやや厄介です。**段落全体に目を通し、複数の具体例は共通して何を説明しようとしているのかを読み取り**、それを表す選択肢を選ぶ必要があります。

　いずれにせよ段落全体にざっと目を通して、設問で問われている段落がこの3つのどのタイプに属するかを見抜かなければなりません。その意味で段落要旨を問う設問は「経験に基づく洞察力」が問われる、概して難しいタイプの設問です。一般的には、段落タイプ1は第1段落に多く、段落タイプ2、3は第2段落以降に見られることが多いです。

・Which of the following best expresses the **main idea** of the passage?
（本文の**主旨**を最もよく表しているのは？）

・With which of the following subjects is the passage **primarily concerned**?
（本文の**主題**は？）

・What is the **author's purpose** in the second paragraph?
（**著者は何のために**第2段落を書いているのか？）

設問タイプ⑦
本文全体あるいは複数の段落の構成や議論のトーンを問う設問

設問例

In what order does the author discuss several techniques for dealing with air pollution?
（著者はどのような順番で複数の大気汚染対策技術を議論しているか？）

どのような設問？

　本文は、事象を時代順に並べているのか（chronological sequence）、人気順に並べているのか（from most popular to least popular）、定義を述べたあと具体的事例を挙げているのか（definition and example）、複数の事例を比較対照しながら議論を進めているのか（compare and contrast）といった、本文全体の構成や段落間の関係を問う設問です。また、著者の議論のトーンは、推論的なのか（speculative）、懐疑的なのか（skeptical）、中立的なのか（neutral）といった設問もあります。

構成・トーン問題攻略法

構成やトーンを特徴づける、キーワードを探す

　設問タイプ6と同様、本文全体あるいは指示された段落全体に目を向けなければならないためやや難しいタイプの設問ですが、やるべきことは単純です。**本文中から構成やトーンを特徴づけるキーワードを探せばよい**のです。例えば、「時代順」だとすれば「年号」などに着目すればよく、「比較対照」かどうかは“by contrast,”“while,”“compared with...”といった用語を探せばよいわけです。またトーンや姿勢の場合も、may, canといった推量を表す助動詞やinfer, presume, forecast, projectといった推量を表す動詞が多用されていれば「推論的」、doubt, mislead, exaggerateといった否定的な語句があれば「懐疑的」と言える

でしょう。

　このタイプの設問を難しく感じるもう一つの理由に、選択肢に並ぶ用語の意味がわかりにくい点があります。以下に選択肢で使われる、トーンや姿勢を表す用語例を掲げていますので、意味が曖昧なものがあれば必ず英和辞典と英英辞典の両方を使って調べておいてください。

| その他の設問例 |

・Which of the following best expresses the **structure** of the passage?
　（文章**構造**を最もよく表しているのは次のどれか？）
・What is the **relationship between the two paragraphs** in the passage?
　（本文は2段落構成であるが、その**2段落の関係**は？）
・Which of the following best describe the **author's tone** in the last paragraph of the passage?
　（最終段落における**著者の議論のトーン**は？）
・What is the **author's attitude** toward the claims made by "X"?
　（Xの主張に対する**著者の姿勢**は？）

トーン・姿勢を表す用語例　　　　　　　　　⊙ 3-14「トーン・姿勢を表す用語例」

favorable	sympathetic	assertive
critical	apathetic	speculative
skeptical	optimistic	appreciative
neutral	pessimistic	impartial
ambivalent	radical	impersonal
enthusiastic	conservative	objective

設問タイプ⑧

語彙を問う設問

設問例

The word "ubiquitous" in line 17 is closest in meaning to
（17行目のubiquitous という語と最も意味が近いのは？）

どのような設問？

　本文中の語句と近い意味になる語句を選ばせる設問です。主に次の3つのタイプに分かれます。

語彙タイプ1　かなり難解な単語
　　　　　　　⇒ 文脈から推測

語彙タイプ2　多義語
　　　　　　　⇒ 複数の正しい類義語群から、本文で使っている意味を表す語を選ぶ

語彙タイプ3　日常語であるが定義の理解が曖昧な可能性が高い語
　　　　　　　⇒ 似通った意味をもつ語群から、正確な定義を表す語を選ぶ

語彙問題攻略法

必ず本文に戻って、文脈から意味を確認・推測する。それでもわからなければ直感で。

　ここでは3つのタイプごとに、具体的な例を使って見ていきましょう。**タイプ1**は、見かけ上最も難しく感じますが、実は一番簡単なタイプです。例えば

「**dexterous に最も近い意味の単語は？**」という設問で、次の選択肢が与えられたとします。

(A) dirty
(B) careless
(C) capable
(D) invisible

　本文を見ると、次のように使われていたとしましょう。

To build with any efficiency and skill, the colonial craftsperson needed a **dexterous** hand when wielding two kinds of axes.
（高い効率性と技術をもってモノ造りをするために、植民地時代の職人は2種類の斧をふるう○○な手腕が必要だった）

　"To build with any efficiency and skill" という目的を考えれば、おそらく **positive** な意味で、例えば efficient とか skillful に近いだろうと推測できると思います。よって一番近いのは (C) capable（有能な、巧みな）です。

　タイプ2は注意が必要です。たとえば「**maintain に最も近い意味の単語は？**」という設問で、次の選択肢が与えられたとします。

(A) nurture
(B) insist
(C) keep
(D) deny

　「知ってる、知ってる。『維持する』だから…」と本文を確認せずに、(C) keep に飛びついてはいけません！　本文を見ると、次のように使われていたとします。

They **maintain** that they uphold the constitution.
（彼らは、自分たちは憲法を守っていると○○**している**）

この場合の正解肢は、maintain が持つもう一つの意味、(B) insist（主張する）です。

おそらく**タイプ3**が3つの中で一番厄介です。例えば「**inviting**に最も近い意味の単語は？」という設問で、次の選択肢が与えられたとします。

(A) tempting
(B) welcoming
(C) hospitable
(D) generous

「『招く』感じだから…」という意識で選ぼうとすると、どれも良さそうに見えてしまいます。仮に本文での使い方が、次のようだったとします。

The primary goal was to create an **inviting** and comfortable pedestrian experience.
（主たる目標は、○○で快適な歩行環境を創り出すことだった）

'goal'（目標）であって'comfortable'（快適な）と並列されていることから、**positive**な意味であることは想像がつくと思いますが、並んでいる選択肢はすべてpositiveです。このタイプ3については、似ている意味の選択肢が与えられるので、本文に当てはめてみてもそれなりに意味が通ってしまう選択肢が複数見つかり容易に絞れません。結局のところ「普段から**英英辞典**を引いて、正確な定義を確認しているか？」という読者の習慣にかかってきます（この例でもわかるとおり、英和辞典だけでは不十分です）。ちなみに英英辞典Oxfordでは、"making you want to do sth"と定義されていますので、(A) tempting（魅力的な）が最も近いでしょう。

まとめると、たとえ**よく知っている単語であっても、多義語である可能性がある**ので必ず本文に戻って使われ方を確認してください。逆に**知らない単語であっても、文脈から推測できる**ことがしばしばあります。ただし、（タイプ3のように）本文に戻って検討しても正解が見つからない場合もあります。正解への決定材料が、受験者がもともと持っている語彙知識である場合です。決定材料がない

のにあれこれ考えても空回りするだけですから、本文での使われ方をヒントに可能な範囲で選択肢を絞って、**最後は直感で選ぶ**しかありません。

　このように、語彙設問においても本文に戻る必要はありますが、材料不足の中で空転して時間を浪費しないように注意してください。本番ではむしろ、**語彙問題でなるべく時間を節約して、その分をそれ以外のタイプの設問に回した方が得策**です。そして普段は、**英英辞典で定義と例文を丁寧に確認する習慣**をぜひ身につけてください。

> ### その他の設問例

・The phrase "tap into" in line 8 is **closest in meaning** to
　（8行目にある tap into と**最も意味が近い**のは？）

設問タイプ⑨
指示語の内容を問う設問

設問例

The word "it" in line 24 refers to
（24行目のit が指すのは？）

どのような設問？

　指示語（it, them, those など）が何を指しているかを問う設問です。指示語以外にも、代名詞（one, others など）、関係代名詞（which など）の先行詞、あるいは冠詞the（*）がついた名詞について問う場合もあります。

＊冠詞theがついた名詞とは、例えば「"step"とは、どういうステップを指すのか」という設問が与えられ、本文を確認すると"the step"となっている。

指示語攻略法

単数名詞か複数名詞かに注意しながら、前に戻って何個か候補をピックアップ。最後の決め手は、当てはめたときの意味・文法の妥当性。

　以下のステップを踏みながら選択肢を絞っていけば、比較的容易に正解できる設問です。

Step 1　単数形（it, her など）か複数形（they, those など）かに注意。単数形の指示語であれば単数形の名詞が、複数形の指示語であれば複数形の名詞がターゲットになる。

Step 2　指示語がある位置から、原則として前に戻りながら（*1）、ターゲットとなる名詞を5個程度ピックアップする（*2）。

> Step 3　ピックアップしたものを該当の指示語に当てはめて、意味的・文法的に適切なものを選ぶ

*1　指示語が従属節の中にある場合、後ろの主節の中の名詞を指すこともあります。

*2　前に戻って探す場合、同じものを指す指示語（it, they など）をいくつか経由しながら、2〜3文遡ることもあります。

　Step 1は、例えば 'books' という複数形の名詞を、指示語 'it' で受けることは許されない（'book' という単数形の名詞を指示語 'they' で受けることも許されない）、という**基本ルール**を表しています。指示語 it が指す内容を問う設問で、本文中には複数形 'books' という表現しかないにも関わらず、選択肢に 'book' という単数形の選択肢があった場合、それは問答無用で誤りです。

　Step 2と3については、確かに指示語の位置から最も近くにある名詞や、指示語が主語の場合は前の文の同じ要素である主語などが「優先順位の高い候補」ですが、それらを必ず指すわけではありません。書き手は、読み手が混乱しない範囲で自由に指示語を使えます。したがって、最終的には当てはめて**「意味が妥当かどうか」で判断するしかありません**。次の2つの例文（例文1、2）を使って、3つのステップを踏みながら指示語が指す名詞を探してみましょう。

例文1

　Technology, at least until the First World War, came after science. Apart from defense, **it** was predominantly the area of closely guarded commercial secrecy by private industry.

Step 1（単複確認）

　it ⇒ 単数形名詞

Step 2（ピックアップ）

　1. defense, 2. science, 3. the First World War, 4. Technology

Step 3（意味確認）

　1. Apart from defense, the defense was...

　　（defense を除けば、その defense は…）

　　⇒ 論理的に不適切

2–4. Apart from defense, _____ was predominantly the area of closely guarded commercial secrecy by private industry.

（防衛分野を除けば、_____は民間企業によってしっかり防御された商業秘密にあたる分野であった）

⇒「民間企業によってしっかり防御された商業秘密にあたる分野」

= **technology**

例文2

Parents can legally imprison children for hours in a bed-room, or for days in a house, because the only laws that restrain **them** are those against cruelty to children and such behavior is rarely considered cruel.

Step 1（単複確認）

them ⇒ 複数形名詞

Step 2（ピックアップ）

1. laws, 2. days, 3. hours, 4. children, 5. parents

Step 3（意味確認）

1. the only laws that restrain the laws...

（その法律を抑止する唯一のその法律…）

⇒ 主語と目的語が同じなら、再帰代名詞（themselves）でなければならないから、語法的にあり得ない

2–5. the only laws that restrain _____ are those against cruelty to children

（_____を抑止する唯一の法律は、子供たちに対する虐待を禁止する法律だ）

⇒（「抑止する」のは、行動する側の）**parents**

その他の代名詞（one, ones, others など）、関係代名詞（which など）、前出の語句を別の語句で言い換えた語についても見つけ方は同様です。以下に簡単な例文を挙げておきますので、確認してみてください。

例文3

She found an apartment, at double the rent of her previous **one**.

例文4

Students will be assessed to find out what system of teaching suits them best. While some learn best from books, **others** find it easier to absorb information from discussion groups.

例文5

George peeped through the window into the room, at the far end of **which** was a heavily built man devouring his pancakes greedily.

例文1–5の訳例と解答

例文1：技術は、少なくとも第1次世界大戦までは、科学に次ぐものであった。防衛分野を除けば、**それ（＝技術）**は主に、民間企業によってしっかりと防御された商業秘密にあたる分野だった。**it** = technology

例文2：親は合法的に子供を何時間も寝室に閉じ込めたり、何日も家に閉じ込めたりすることができる。なぜなら**彼ら（＝親）**の行動を抑止する唯一の法律は、子供に対する虐待を禁じる法律であり、閉じ込めるような行為はめったに虐待とはみなされないからである。**them** = parents

例文3：彼女はアパート物件をみつけたが、以前の**もの（＝アパート）**の2倍の賃料だった。**one** = apartment

例文4：学生にとって最も適切な教え方を見出すため、学生を対象に評価を実施する。実際、本から学習するのが最もよいとする学生もいれば、集団での議論を通じて情報を得るほうが楽だという**学生**もいる。**others** = (other) students

例文5：ジョージは窓から部屋を覗き込んだ。すると**その部屋**の一番奥に、パンケーキをがつがつ貪っている大男がいた。**which** = the room

その他の設問例

・The word "they" in line 23 **refers to**
（23行目の they が**指す**のは？）

・The word "which" in line 6 **refers to**
（6行目の which が**指す**のは？）

・The word "process" in line 12 **refers to**
（12行目の process が**指す**のは？）

第2部

模擬テスト

Listening Comprehension,
Structure and Written Expression,
and Reading Comprehension

ここでは、模擬テストに臨んでみましょう。

これまで「第1部 セクション別対策」で、リスニングの「ポジティブ／ネガティブ感覚」、文法の「コア要素と修飾句を見分ける力」、読解の「探す→読み解く→徹底比較の3ステップ」を中心に学んできました。実際の試験では、これらの力を発揮する制約条件として「制限時間」があり、その時間内の「集中力維持」が問われます。

制限時間内に必要な作業をこなしながら集中力を維持してパフォーマンスを落とさないためには、経験を積んで慣れていただくしか方法はありません。ただし「慣れ」とは正解肢にたどり着くための作業をいかに省くか、ということでは決してありません。雑に解いて正答率が落ちてしまったら元も子もありませんから。「慣れ」とは、ここに至るまでに習得した丁寧さ（作業量）は変えずに、遂行するスピードを高める、ということです。

Section 1

Listening Comprehension
模擬テスト

> ## ガイド

> ### リスニングセクションに取り組むにあたって

Part Aについて

　Part Aに取り組む際は、Part Aの「聞き取りのポイント」（ 参照 28ページ）に注意しましょう。さらに、30問に連続して取り組むときには、

「テンポを崩さないこと」

（悩んだら、見切りをつけて次の設問文と選択肢をチェック）

を目標にしてみましょう。「テンポ」とは、

「設問1の設問文と選択肢をチェック」 → 「設問1の音声を聞く」 → 「設問1の正解肢を選ぶ」 → **「設問2の設問文と選択肢をチェック」** → 「設問2の音声を聞く」 → 「設問2の正解肢を選ぶ」…

というテンポです。特に**「音声が流れ出す前にその設問文と選択肢を確認しておく」**ことが重要です。断片的であっても情報を得て心の準備を整えてから会話を聞くのとそうでないのとでは、理解度に大きな違いを生むことは想像できると思います。このテンポは気を付けないとすぐに崩れてしまいます。「正解肢を選ぶのに手間取っていたら、次の設問の選択肢をチェックする前に音声が流れてきてしまった…」なんて経験は、試験を受けたことがある方なら誰しもあるのではない

でしょうか？　気持ちはよくわかりますが、試験では明らかにマイナスです。正解肢に悩んだ時点で、会話の内容は聞き取れていない可能性が高く、情報不足の中で悩んだところで正解する確率は上がりません。見切りをつけて、次の設問に備える方が得策です。設問文と選択肢の確認のポイントは以下のとおりです。

....

　Part Aで、音声を聞く前の確認ポイント
　　①設問文から設問タイプを確認し、それに応じた心構えをする
　　②選択肢の中の「共通語」をチェックする

....

①設問タイプの確認と心構えは以下のとおりです。

● 直球の'mean'タイプ
　（What does the woman mean? / What does the woman suggest the man do? / What will the woman probably do? など）
　　心構え：First Speakerの発言から話題（トピック）をつかむ
● 変化球の'imply'タイプ
　（What does the man imply? / What can be inferred about the man? など）
　　心構え：First Speakerの発言から返答を予想
● 会話全体の状況（場所など）を問うタイプ
　（Where does this conversation probably take place? / What are the men doing? など）
　　心構え：会話全体から場所や状況を特定するキーワードを拾う
　　　　　　　（なお、コメントタイプは直球の場合と変化球の場合の両方がある）

②共通語のチェックについて、例えば、例題1（参照 33ページ）の選択肢をもう一度見てみましょう。

(A) **Karen** will lend him the **notes** on Monday.
(B) **Karen** will ask the professor for the **notes**.
(C) **Karen** will borrow the **notes** from him.
(D) **Karen** will give him a copy of her **notes**.

　共通語は、Karenとnotesです。このことから、会話は「ノートに絡む内容でKarenが登場する」ことがわかります。実際、Karenがノートをコピーさせてくれる内容でした。聞きなれない人名や地名などの固有名詞は聞き取りにくいので、選択肢で事前に確認しておくのはかなり有効です。

Part BとPart Cについて

　それぞれ第3節と5節で紹介した「聞き取りのポイント」（参照 60ページ、73ページ）を再確認してください。加えて、Part A以上に**事前に設問文を確認しておくことが重要**です。長い会話やトークを聞く際、どの部分を集中して聞けばよいかがわかるからです。Part B, Cの例題で扱った設問文を改めて見てみましょう。

Part Bの例題（参照 61ページ）

1. What does the man want to **talk to** the woman **about**?
2. According to the man, **why** should the speakers **fill out the application form soon**?
3. What does the man suggest **housemates** often **fight** about?
4. What are the speakers going to do **next**?

　設問1から会話冒頭部分で男性が女性に話しかけた<u>トピック</u>、設問2の"why" "fill out the application form soon"から、<u>何かの申込書の記入をすぐに始める理由</u>、設問3の"housemates" "fight"から<u>寮友同士の口論</u>、について注意して聞き取ればよいことがわかります。また設問4の"next"から、会話最後の部分の内容（会話の後にどんな行動を取るのか）が問われているため、<u>たとえ途中部分がわからなくても、会話の末尾部分を聞き取ることができれば正解肢が選べる</u>ことがわかります。

Part Cの例題（参照 74ページ）

1. What is the **purpose** of the talk?
2. What is one **reason** the **bald eagle** was chosen as **a national symbol**?
3. What **characteristic** of the **eagle** is crucial in **the defense of its nest**?
4. What aspect of **bald eagles** is not talked about?

設問2、3、4からトピックはbald eaglesで、設問1の"purpose"から<u>トーク冒頭部分で語られる講演目的</u>、設問2の"reason""a national symbol"からその<u>eaglesが国のシンボルになっている理由</u>、設問3の"characteristic""the defense of its nest"から<u>巣を守る際のそのeaglesの特徴</u>、について注意して聞き取ればよいことがわかります。

　このように、会話・トーク内容のイメージや、どこに注意して聞けばよいかがわかりますので、限られた短い時間内ですが、設問文を事前チェックすることで正解率を上げることができます。

Part BとPart Cで、会話・トークを聞く前の確認ポイント
各設問文のワードから、「何が問われているか」を確認する

テストの流れ

　Part A、B、C 合計50問（約30分）です。

　音声をスタートさせてテストを開始しましょう。音声トラックは順番に続けて再生させてください。設問の音声の後には解答時間のポーズが入っています（ **参照** 音声ダウンロードについては14ページ）。

　集中力維持の練習のためにも、全Part一挙に取り組んでみましょう。

　テストが終了したら、「解答・解説」（ **参照** 406ページ～）で正解を確認し、スコアを算出してみましょう。間違っていたり、答えに自信がなかった設問があったら、解説の説明を参考にもう一度じっくり見直してください。必要に応じて「対策編」も復習しましょう。

Part A

1. What does the man mean?
   (A) He could order something for the woman.
   (B) He'd be happy to make a phone call.
   (C) He wants the woman to order him a drink.
   (D) He'd like some pizza for dinner.

2. What does the woman suggest the man do?
   (A) Ask someone to help him.
   (B) Stop working for the day.
   (C) Continue working in the lounge.
   (D) Buy some beverage.

3. What does the woman mean?
   (A) She'll give the man a ride to a restaurant.
   (B) She'd like to repay the man's kindness.
   (C) She wants to start moving after dinner.
   (D) She has decided to stay in her current dorm room.

4. What are the women doing?
   (A) Trying to buy a map.
   (B) Purchasing books in a store.
   (C) Walking in the street.
   (D) Riding a bus.

5. What does the man mean?
   (A) The woman should think of
       another option.
   (B) Miami is too expensive for
       them.
   (C) They cannot afford to travel
       this year.
   (D) Miami is an ideal city for their
       vacation.

6. What does the man mean?
   (A) Donations in cash are
       preferred.
   (B) The group needs a lot of
       money.
   (C) There are several ways to
       donate.
   (D) There are many people who
       contribute.

7. What will the woman probably
   do?
   (A) Travel somewhere out of
       town.
   (B) Postpone her meeting with
       Rebecca.
   (C) Go to the party with her
       friends.
   (D) Help the man prepare for the
       party.

8. What does the man mean?
   (A) He won't be seriously hurt.
   (B) He could teach the woman
       economics.
   (C) It's a good idea to have this
       class.
   (D) He is sure the woman doesn't
       need a tutor.

9. What happened with the book?
   (A) Professor Moore sent it.
   (B) Alison borrowed it for Helen.
   (C) Helen took it to the library.
   (D) Alison forgot to get it.

10. What does the woman mean?
    (A) She is too busy to look at the list.
    (B) She wants the man to call her office.
    (C) She has time to review the list.
    (D) She thinks the list is unnecessary.

11. What will the man probably do?
    (A) Call the woman that night.
    (B) Notify four people about a party.
    (C) Tell the woman whom to invite.
    (D) Move the party to a later time.

12. What does the woman imply?
    (A) Boarding has already started.
    (B) The man should check the weather forecast.
    (C) She is sure they'll miss their flight.
    (D) They won't have to wait long.

13. What does the man imply?
    (A) The woman should contact the counselor.
    (B) He has successfully applied to medical school.
    (C) The woman should not go to college.
    (D) There will be good news in the next letter.

14. What does the man want to know?
    (A) How much the woman earns.
    (B) When the store will close.
    (C) Whether the woman can keep working.
    (D) If the woman is happy to leave her job.

15. What does the man imply?
    (A) He has not been going running regularly.
    (B) The woman is running too slowly for him.
    (C) The woman has no right to criticize him.
    (D) Running too fast will make the woman tired.

16. What does the woman say about tickets for the football game?
    (A) Jackie has just sold her some tickets.
    (B) There are only two left at the ticket office.
    (C) A pair of them were given to Jackie.
    (D) Jackie may be able to give some to the man.

17. What does the man mean?
    (A) He regrets mentioning Eric's girlfriend.
    (B) He thinks the woman should apologize.
    (C) He doesn't understand why Eric is upset.
    (D) He feels he has done the right thing.

18. What does the woman suggest the man do?
    (A) Study harder for algebra.
    (B) Discuss the project with Jack.
    (C) Start a new project.
    (D) Refuse to help Jack.

19. What does the woman mean?
    (A) She wants to go out with the man.
    (B) She has finished her assignments.
    (C) She will meet the man at the library.
    (D) She is working to meet her deadlines.

20. What does the man imply about the suitcase?
    (A) Its price tag is missing.
    (B) It is very expensive.
    (C) It is too small for a long trip.
    (D) Its material is not durable.

21. What does the man imply?
    (A) He refused to tutor Martha.
    (B) He enjoys his lessons.
    (C) Martha is grateful to him.
    (D) He finds the tutoring hard.

22. What does the man imply the woman should do?
    (A) Apply to a school with a reputable history.
    (B) Select a university close to where she lives.
    (C) Consider job prospects after graduation.
    (D) Help him find a well-paying job.

23. What can be inferred about the man?
    (A) He had expected Philip to fail.
    (B) He is afraid of not passing his own test.
    (C) He heard that Philip has succeeded in his test.
    (D) He thinks Philip's teacher was unfair.

24. What does the woman mean?
    (A) She doesn't like the grocery store.
    (B) She thinks the store is now closed.
    (C) She expects the store to go out of business.
    (D) She knows about better stores in the neighborhood.

25. What does the woman mean?
    (A) She also enjoyed the lecture.
    (B) She did not like the professor.
    (C) She did not understand what the man said.
    (D) She does not have any classes in literature.

26. What had the woman assumed?
    (A) Derek wouldn't go to practice.
    (B) Derek would give the man a ride.
    (C) The man would drive to practice.
    (D) She would have to take the man.

27. What does the man say about Gregory?
    (A) He isn't interested in chemistry.
    (B) He has entered a contest.
    (C) He was signed up by Mary.
    (D) His professor helped him with a test.

28. What can be inferred about the conversation?
    (A) The woman wants the man to come with her.
    (B) The woman forgot to invite the man.
    (C) The man hasn't attended a rock concert since he was four.
    (D) The man misses going out with his friends.

29. What are the men doing?

    (A) Getting a shirt repaired.

    (B) Shopping for clothes.

    (C) Returning items to a shop.

    (D) Looking for a department store.

30. What does the woman suggest that the man do?

    (A) Have a professional deal with the locker.

    (B) Avoid using the locker for a while.

    (C) Store his belongings somewhere else.

    (D) Ask the instructors for some help.

31. Where did the woman see the man yesterday afternoon?
    (A) In a class.
    (B) In the library.
    (C) At the football game.
    (D) At a school party.

32. Why did the man decide to enroll in the calculus course?
    (A) To prepare to change majors.
    (B) To learn to teach statistics.
    (C) To earn a class certificate.
    (D) To gain a career skill.

33. What does the man think is a disadvantage of the tutoring center?
    (A) It is only open a few hours a day.
    (B) It deals mainly with advanced math courses.
    (C) It offers no opportunity for quiet study.
    (D) It requires students to register for assistance.

34. What do the speakers agree would be helpful for the man's progress in the class?
    (A) Having an opportunity to relax.
    (B) Devoting more hours to study.
    (C) Improving calculation techniques.
    (D) Spending more time on campus.

35. Where will the woman go on her vacation?
    (A) Indonesia.
    (B) Mexico.
    (C) Cambodia.
    (D) Hawaii.

36. What will the sea turtle rescue center give Mali?
    (A) They provide food and somewhere to sleep.
    (B) They award volunteers with a certificate.
    (C) They will pay her for her work.
    (D) They will offer her a full-time job after graduation.

37. What do the speakers agree is the major advantage of volunteering for a vacation?
    (A) It will give her the experience she needs to become a vet.
    (B) It is the most enjoyable way to spend time.
    (C) It will allow the woman to get work experience and travel.
    (D) It is a great way to relax over the summer break.

38. What does the man think is a problem with the woman's volunteering plan?
    (A) There are too many volunteers.
    (B) She isn't qualified enough to help.
    (C) She doesn't know when she'll return.
    (D) She might not get the rest she needs.

39. What is the purpose of the meeting?
   (A) To collect signatures on a document.
   (B) To inform committee members of a decision.
   (C) To hear staff members giving their views.
   (D) To decide whether to change a policy.

40. What is one advantage of putting more food recycling bins around?
   (A) The waste can be used to feed plants.
   (B) Students won't have to walk so far.
   (C) The bins will remind everyone to recycle.
   (D) Students need not separate their waste.

41. Who is conducting the meeting?
   (A) A student representative.
   (B) The marketing manager.
   (C) An environmental officer.
   (D) The company president.

42. What is the problem with serving drinks in glasses?
   (A) They have to be stored somewhere.
   (B) They are easy to break.
   (C) They have to be washed.
   (D) They cost more than paper cups.

43. What is the purpose of the talk?
    (A) To describe a mountainous
        region in Asia.
    (B) To explain research into a
        scientific process.
    (C) To show how to identify
        different kinds of rock.
    (D) To give an overview of how a
        volcano erupts.

44. What are "country rocks"?
    (A) Hot, liquid rocks.
    (B) The surrounding host.
    (C) The mass of large crystals.
    (D) Cooling magma.

45. How does magma cause a pluton
    to form?
    (A) It heats up and explodes.
    (B) It melts rocks above ground.
    (C) It builds up over time.
    (D) It cools down and expands
        inside the crust.

46. How are batholiths different
    from stocks?
    (A) Batholiths contain only
        granite.
    (B) Batholiths formed in an
        earlier period.
    (C) Batholiths are greater in size.
    (D) Batholiths have a more
        irregular shape.

47. What is the talk mainly about?
    (A) Negotiations about practical matters after American independence.
    (B) Reasons why Britain was reluctant to agree to American independence.
    (C) Comparisons between the American and French Revolutions.
    (D) Three Americans who convinced Britain to return its prisoners of war.

48. What does the professor say about the American flag?
    (A) Historians are not sure when it was first flown.
    (B) Each of the colors has a significant meaning.
    (C) Its design was influenced by the signing of a document.
    (D) The number of stars represents the number of states.

49. Why were the British generous about boundaries?
    (A) They took control of an island instead.
    (B) They wanted to trade with the USA.
    (C) They misunderstood the map.
    (D) They didn't want another revolution.

50. What will probably happen next?
    (A) The professor will show a video.
    (B) The students will give presentations.
    (C) The professor will collect essays.
    (D) The students will look at a diagram.

This is the end of Section 1.

Structure and Written Expression
模擬テスト

ガイド

文法セクションに取り組むにあたって

　空所補充問題でも間違い探し問題でも最初にすべきことは共通で、次の2点です。

1. **SとV**はどこにあるか？
2. **5つの構造パターン**のどれにあてはまるか？
   （**参照** 110ページ「英文の4つの基本構造と倒置文」）

1. まずは、コア要素SとVを見極めてください。例えば空所補充で、空所以外にVがなければ空所にはVが入ります。間違い探しでもVが見つからなければ、下線部のいずれか（例えば-ing形）をVにする必要があります。あわせて、SとVの呼応（「能動態？　受動態？」「三単現のsは必要？　不要？」など）もチェックしてみましょう。

2. 次に、設問文が5つの構造パターンのどれにあてはまるか確認してください。

　特に間違い探しでは、ついそれぞれの下線部だけを見て正誤を判断してしまいがちです。しかし**「間違い」**の多くは、**文全体を眺めて周りのピースとの関係から見抜く間違いであって、単体のピースだけ見ていても間違いは見抜けません。**したがって「文全体の構造」を確認することがポイントです。「接続詞がないのに2文がつながっていないか？」「並列構造がくずれていないか？」「なぜ文のここに名詞（S、O、Cになる；that節なども含む）や形容詞（名詞を修飾するか補語に

なる）が置かれているのか？」といった点をチェックしてください。構造上問題がなさそうだ、と確認できれば、その後に細かな点（例えば名詞の可算／不可算など）に目を向けてください。

空所補充であれば、「**空所以外が文なのか文ではない（＝修飾句）のか？**」を確認してください。また空所が文中にある場合には、空所とその前との接合部にばかり目が行きがちですが、**空所の後ろとの接合部にも気を配ってください。**

テストの流れ

空所補充問題15問と間違い探し問題25問（合計40問／25分）です。

タイマーを25分にセットして、取り組んでください。

テストが終了したら、「解答・解説」（参照 472ページ〜）で正解を確認し、スコアを算出してみましょう。間違っていたり、答えに自信がなかった設問があったら、解説の説明を参考にもう一度じっくり見直してください。必要に応じて「対策編」も復習しましょう。

Structure

1. _____ that motivates the search for ever-faster commercial transportation is a need to save time.
   - (A) The major factor
   - (B) As the major factor
   - (C) Major factors
   - (D) Major factor is

2. Seemingly _____ to the casual observer, the sloth is actually a creature that conserves energy by minimizing activities.
   - (A) laziness
   - (B) lazily
   - (C) it is lazy
   - (D) lazy

3. Diego Rivera achieved more global fame than any Mexican artist of his time, _____ never forgot to promote his country's culture.
   - (A) nevertheless the painter renowned
   - (B) yet the renowned painter
   - (C) the painter renowned yet
   - (D) despite renowned the painter

4. The Panama Canal, constructed at one of the narrowest parts of the isthmus, _____ an engineering marvel.
   - (A) for the remains of
   - (B) which remain
   - (C) remains
   - (D) remain at

5. _____ abundant krill, fish and other life, Arctic seas are ideal feeding grounds for grey whales.
   - (A) To be filled with
   - (B) The Full
   - (C) They are full of
   - (D) Filled with

6. The weakest force in the universe,
   _____ exerted by all matter,
   from tiny particles to
   supermassive black holes.
   (A) the force of gravity
   (B) and the force of gravity
   (C) gravity is a force
   (D) is gravity a force

7. Ancient Egyptian farms were
   wholly dependent on seasonal
   floods, _____ them to bring
   enough water to their fields.
   (A) the only way for
   (B) of the only way were
   (C) that were the only way for
   (D) which the only way for

8. Fiber optic lines, with their ability
   _____ signal strength especially
   well, are much better for
   telecommunications than
   conventional copper.
   (A) maintains
   (B) for the maintenance of
   (C) maintaining
   (D) to maintain

9. Unique animals such as the ring-
   tailed lemur seem _____ on the
   island of Madagascar.
   (A) to flourish
   (B) flourishing
   (C) that they flourish
   (D) are flourished

10. Solar panels, _____ sunlight
    into energy, could conceivably be
    placed in orbit to power cities
    back on earth.
    (A) converted
    (B) which they convert
    (C) which convert
    (D) in which convert

11. DNA is _____ than computers, translating genetic material at over a 99.99% accuracy rate.
    (A) an accurate conveyor of information much more
    (B) a conveyor of information much more accurate
    (C) a conveyor of information much more accurately
    (D) a much more accurate conveyor of information

12. Bacteria existing on underwater volcanic _____ the capacity of life to exist even in extreme circumstances.
    (A) the vents showing
    (B) vents show
    (C) showing the vents
    (D) vents showing that

13. A seagull can stay in the air almost indefinitely by gliding on air currents, _____ wingspan being long enough to keep the bird aloft for months.
    (A) whose
    (B) its
    (C) and its
    (D) it's

14. Not before the invention of the electric light bulb _____.
    (A) made work that was for evening factories
    (B) was possibly made for the evening factory work
    (C) factory work that was made possible
    (D) was evening factory work made possible

15. Creatures such as the angler fish survive in _____ that even minimal sunlight never enters their environment.
    (A) the very deep waters
    (B) deep, waters are so
    (C) waters are very deep
    (D) waters so deep

Written Expression

16. Jesse James, rebel, train robber, <u>and</u> legend of the Old West, <u>he</u>
                                         A   B

    embodies America's longtime <u>fascination</u> with <u>bold</u> outlaws.
                                       C   D

17. Rice paddies set <u>within</u> earthen dams <u>allowing</u> rice
                        A   B

    to be grown <u>on</u> hills <u>or other</u> elevated land.
                 C   D

18. <u>By the</u> 1950's, internal guidance systems were already <u>being tested</u>,
   A   B

    for rockets <u>navigation</u> air <u>or</u> space.
                C   D

19. Reducing the present emission level of <u>harmful gases</u> calls for <u>much</u>
                                           A   B

    support than <u>does</u> the production <u>of affordable</u>, eco-friendly vehicles.
                  C   D

20. A hyperloop train could only reach a speed over 750 miles per <u>an hour</u> in
                                                              A

    a vacuum, <u>a space</u> completely <u>empty of</u> air, dust or other <u>matter</u>.
             B   C   D

21. Private vehicles are <u>the primary</u> mode <u>of transportation</u> in the

                              A   B

    United States, <u>despite</u> the country has made tremendous investments

                       C

    <u>in</u> public transportation.

    D

22. Decolonization after <u>World War II</u> <u>was</u> reduced the territories of the

                             A   B

    <u>once-powerful</u> Dutch Empire to <u>what is now</u> the Kingdom of the

         C   D

    Netherlands.

23. Gold has remained globally <u>valuable for</u> thousands of years, <u>creates</u>

                                 A   B

    continued <u>high</u> demand <u>for the precious</u> metal among many investors.

               C   D

24. Deep within each <u>ant colony</u> <u>are</u> hidden the grubs, <u>infants young</u>

                       A   B   C

    too <u>vulnerable</u> for aboveground actions.

       D

25. Psychological fixation <u>is</u> a condition <u>in what</u> a person becomes
                           A   B
    excessively focused on <u>some object</u>, be it an environment, idea or
                                  C
    even <u>another person</u>.
              D

26. The danger of <u>hippo</u> is far greater than any other large African <u>animal</u>,
                       A   B
    since they kill more <u>humans</u> than big cats <u>combined</u>.
                              C   D

27. Edith Wharton, <u>recognized as</u> one of the <u>earliest</u> feminist American
                        A   B
    <u>writers</u>, covered women's issues ranging from class structures <u>in</u>
      C   D
    female property rights.

28. Solar energy <u>has become</u> an <u>increasingly viable</u> power source,
                      A   B
    with more powerful solar cells <u>are</u> available <u>at lower</u> prices.
                                        C   D

29. <u>The origin</u> of the universe is known <u>as</u> the Big Bang, but
     A   B

its <u>exactly</u> causes are still <u>a matter</u> of debate.
     C   D

30. Medical intern programs offer <u>an</u> unique opportunity for students
                                      A

<u>to transition</u> from theoretical knowledge <u>to</u> <u>the realities</u> of hospitals.
     B   C   D

31. A Company has recently developed synthetic diamonds,

<u>which</u> are grown from carbon in laboratories and appear nearly <u>identical</u>
   A   B

to <u>its</u> <u>naturally occurring</u> counterparts.
   C   D

32. Puerto Rico, though <u>lacks</u> the status <u>of a</u> state, is <u>eligible for</u> federal
                         A   B   C

<u>assistance</u> as an American territory.
   D

33. Only the <u>most fiercest</u> male elephant seals <u>can obtain</u> a section
       　　　　 A　　　　　　　　　　　　　 B
    of a beach for mating, as <u>they must</u> survive <u>regular</u> and intensive
    　　　　　　　　　　　　 C　　　　　　 D
    rounds of fighting with other males.

34. The US Treasury Department oversees money <u>printing</u> equipment,
    　　　　　　　　　　　　　　　　　　　　　　 A
    <u>presidential</u> protection, and <u>investigates</u> that <u>involve</u> counterfeiting.
    　 B　　　　　　　　　　 C　　　　　 D

35. Text <u>that has</u> undergone strong cryptography is <u>security</u> for <u>use</u>,
    　　 A　　　　　　　　　　　　　　　　　 B　　 C
    although no code can be thought of <u>as entirely</u> breakable.
    　　　　　　　　　　　　　　　 D

36. Dark energy, estimated to comprise 68% of the universe, <u>exists</u> <u>as</u>
    　　　　　　　　　　　　　　　　　　　　　　 A　 B
    one of the most <u>mysterious phenomenon</u> <u>known</u>.
    　　　　　　 C　　　　　　 D

37. Motivating <u>much of</u> Confucius's philosophy was the idea
                A

    <u>of</u> human <u>relations</u> should be well-ordered and <u>hierarchical</u>.
    B   C   D

38. The Bubonic plague was an epidemic <u>that affected</u> millions of
                                   A

    people <u>worldwide,</u> <u>but</u> its cure residing simply <u>in better</u> sanitation.
            B   C   D

39. The Alaskan ground squirrel <u>conserves</u> energy by hibernating
                          A

    <u>through</u> the entire winter, and it does so by ceasing <u>nearer</u> all
     B   C

    <u>bodily</u> functions.
     D

40. Great <u>poet</u> like that of Emily Dickinson, Walt Whitman and Robert Frost
         A

    can open doors <u>to</u> the <u>readers' own</u> suppressed <u>feelings</u>.
               B   C   D

This is the end of Section 2.

Reading Comprehension
模擬テスト

ガイド

リーディングセクションに取り組むにあたって

　対策編の「設問を解くための基本戦術」（参照 260ページ）、「本文を効率的に読むための基本戦術」（参照 287ページ）をもう一度確認してください。さらに、例題演習を通して正解するために足りていなかった点があれば、それらを一つ一つ見直してください。

テストの流れ

　5つの文章（パッセージ）問題（合計50問／55分）です。

　テストに取り組む際は、タイマーを55分にセットしてください。55分後に丁寧な作業でどこまで進めたか確認してみましょう。55分の段階で解ききれなければ、時間を追加してすべての設問（50問）を解ききってください。

　テストが終了したら、「解答・解説」（参照 518ページ～）で正解を確認し、スコアを算出してみましょう。間違っていたり、答えに自信がなかった設問があったら、解説の説明を参考にもう一度じっくり見直してください。必要に応じて「対策編」も復習しましょう。

The American Southwest is an arid region, the annual rainfall being less than 10 inches. This meant that the Native Americans living in the area since the Stone Age had to carefully manage their dwellings, water *Line* and food. These tribes shared many of the same cultural traditions, (5) such as animism, a belief in spirits infusing nature. Practices such as polygyny, the husband having multiple wives, were also common. Yet, even with this same cultural overlay, the tribes maintained substantially different modes of living.

The Hopi were an agricultural people who used dry farming (10) techniques, such as mixing pumice into soil to reduce water evaporation. They also farmed along higher-precipitation mesa tops, and constructed small earthen dams and reservoirs. "Hopi" means "peaceful people," which was fitting since the tribe channeled most of its time into agricultural pursuits. The Hopi also included trained (15) warriors, however, if only to fend off raiders.

Like the Hopi, the Quechan were primarily farmers, although they supplemented this with trade and hunter-gatherer activities. In stark contrast to the Hopi, they exploited floodplain farming by growing crops along riversides. "Quechan," in fact, means "people of the river." (20) Seasonal rivers overflowing their banks provided natural irrigation for their farmlands.

Best known for their fighting and hunting prowess, the Apache relied heavily on raiding in order to secure resources. Therefore, Apache boys went through intensive martial training almost from the (25) time they could walk. However, the Apache were not entirely martial, and at times subsisted by herding, hunting, and even farming. The Jicarilla Apache, for instance, combined seasonal riverside farming with regular raids on rivals.

The Navajo deployed a mix of activities, including (30) hunting-gathering, trading, herding, and agriculture, and were quick to borrow cultural and economic practices from outsiders. This meant the tribe needed a great deal of flexibility. The eclectic nature of Navajo activities was illustrated in the coming-of-age ceremonies for boys, which stressed the equal importance of using both weapons and farm (35) implements.

Any peace between the tribes tended to be uneasy, so all Native American men in the region were trained for battle and frequently engaged in warfare. The first Europeans arriving in the region in the 1500s were initially regarded as just another tribe and were treated as (40) such, the Native tribes fighting, allying, or trading with them as circumstances dictated. It was only after another two and half centuries that these newcomers could establish themselves as the "dominant tribe" of the Southwest.

1. Which of the following statements best expresses the main idea of the passage?
   (A) Native Americans of the Southwest shared a similar culture.
   (B) Groups adapted to the environment in different ways.
   (C) Survival was difficult for all inhabitants of the American Southwest.
   (D) Native tribes rapidly lost the American Southwest to Europeans.

2. The paragraph preceding this passage probably discusses
   (A) The challenges of preserving natural wildlife and soils
   (B) The environmental conditions that affect all inhabitants
   (C) The reasons for Europeans to enter the American Southwest
   (D) The impact of European contact on Native Americans

3. The phrase "fend off" in line 15 is closest in meaning to
   (A) resist
   (B) veto
   (C) surprise
   (D) avoid

4. The word "exploited" in line 18 is closest in meaning to
   (A) investigated
   (B) developed
   (C) abused
   (D) utilized

5. The author compares the Hopi to the Quechan in order to illustrate which of the following points?
   (A) Irrigation is necessary for all types of farming.
   (B) Some areas are just too dry to cultivate successfully.
   (C) Access to natural resources influences the way of life.
   (D) Some tribes had better technical skills than others.

6. The word "prowess" in line 22 is closest in meaning to
   (A) belief
   (B) security
   (C) assignment
   (D) capability

7. According to the passage, all of the following were true of the original inhabitants of the American Southwest EXCEPT
   (A) Religion centered on the surrounding nature.
   (B) Farming was at least sometimes engaged in.
   (C) A tribe never specialized in any particular activity.
   (D) Relations between groups were usually peaceful.

8. What can be inferred from the passage about the farming practices of the Native Americans of the Southwest?
   (A) The Quechan managed to control floods for farming.
   (B) The Hopi developed relatively advanced irrigation systems.
   (C) The Apache at times cooperated with the Quechan in seasonal riverside farming.
   (D) The Navajo employed dry farming methods to conserve water.

9. What does the author mean by stating that "these newcomers could establish themselves as the "dominant tribe" of the Southwest"?
   (A) Native tribes were easily suppressed by powerful outsiders.
   (B) Independent native tribes preferred dealing with Europeans.
   (C) Europeans could eventually control the entire region.
   (D) Partnerships between the most dominant tribes blocked European advances.

10. The word "uneasy" in line 36 is closest in meaning to
   (A) damaged
   (B) tense
   (C) unlikely
   (D) distant

Questions 11–20

John Steinbeck (1902–1968) has been widely acclaimed as one of
America's greatest authors. Born in California, he was shaped by
frontier life and his experience as a young man performing difficult
Line rural work, right alongside immigrant farm laborers. This personal
(5) familiarity with those struggling people would later be reflected in his
writing style. Specifically, what made the mannerisms, hardships and
challenges faced by his characters realistic was his great wealth of
knowledge about these subjects.

Efforts to tie Steinbeck to a specific writing style have been
(10) problematic. Unlike many authors, he was difficult to pin down in this
area. *The Grapes of Wrath* employs a documentary, narrative type of
writing. In this work, readers follow the Joad family as it traverses
1930s-era America in desperate search of work. *The Pearl* is set among
miserably poor native villages; it focuses on the consequences of sudden
(15) wealth—in the form of a large pearl found by an indigenous family.
This novella is a fabular-style morality tale of greed and corruption of
innocence. *East of Eden*, the most ambitious of his works, covering the
Old West from Chinese railway workers to Civil War veterans to Irish
pioneers, is a piece executed in the epic style. In contrast, *Of Mice and
(20) Men*, a tragic story about rural farm workers culminating in murder
(something common to many Steinbeck works), is written in a
colloquial style where the story unfolds naturally, in the same way as
ordinary people speak.

Critics have often termed his writing style experimental—adopting
(25) a new approach or technique in each work—an opinion which
Steinbeck himself seemed to agree with in interviews. However, despite
these variations in style, there are consistent themes: poor or native
people losing their land, racial conflict, and heartless and immoral
elites. A focus on what he felt was the harshness of capitalism is also
(30) apparent in many of his works. In these aspects, he is similar to Upton
Sinclair or Sinclair Lewis. Ultimately though, Steinbeck's works can be

best described as organic, his writing style changing in accordance with the topic of each book.

11. What does the passage mainly discuss?
    (A) The education of an author
    (B) The techniques used in literature
    (C) The influence of books on culture
    (D) The changes in American society over time

12. According to the passage, which of the following was true about John Steinbeck's youth?
    (A) He owned a significant amount of land where immigrants worked.
    (B) He allowed laborers to organize into unions within his firms.
    (C) He became familiar with ways to struggle against elites.
    (D) He gained insight into a topic through direct experience.

13. The word "subjects" in line 8 is closest in meaning to
    (A) people
    (B) majors
    (C) nouns
    (D) references

14. The phrase "pin down" in line 10 is closest in meaning to
    (A) identify
    (B) commit
    (C) agree
    (D) disclose

15. Which of the following books would serve as a template for issues facing unemployed migrants?
    (A) *The Grapes of Wrath*
    (B) *The Pearl*
    (C) *East of Eden*
    (D) *Of Mice and Men*

16. Based on the information in the passage, a story that presented a contrast between right and wrong would be considered
    (A) documentary
    (B) historical
    (C) fabular
    (D) colloquial

17. The author mentions Chinese railway workers in line 18 in order to
    (A) illustrate the diversity of characters
    (B) show how various races worked together
    (C) criticize the injustice faced by some laborers
    (D) focus on the background of a single ethnic group

18. The word "harshness" in line 29 is closest in meaning to
    (A) expansion
    (B) thriving
    (C) severity
    (D) goodness

19. Which of the following is NOT
    mentioned in the passage as a
    feature of Steinbeck's writing?
    (A) The impact of economic
        systems on people
    (B) The slow growth of industrial
        technologies
    (C) The use of violence in certain
        situations
    (D) The challenges in holding
        onto land

20. According to the passage, the
    works of Upton Sinclair and
    Sinclair Lewis are similar to
    those of Steinbeck in their
    (A) writing styles
    (B) themes
    (C) settings
    (D) characters

Questions 21–30

The solar system has four ringed gas giants: Neptune, Uranus, Saturn, and Jupiter. Of these, Saturn easily has the most impressive rings, their thickness ranging from several meters to several kilometers.

Line
(5)
Their brightness comes from sunlight bouncing off the materials —primarily ice and water—contained within the rings.

Early observers noted that Saturn had four large, bright rings, with the D ring closest to the planet, followed by the C, B, and A rings and the smaller, dimmer ones F, G, and E. These major rings are not uniform, however. Satellite imagery has revealed that there are

(10)
thousands of smaller rings within the major ones, and visible gaps separate both major and minor rings. The large gaps are areas of low density, and are mainly the result of large fragments or "moonlets" within the rings, which displace smaller particles from their rotational paths, creating open lanes that they alone inhabit. The largest and most

(15)
visible gap—the Cassini Division between the A-Ring and the B-Ring—is caused by the gravitational pull of Saturn's moon Mimas. The smaller gaps, such as Maxwell, are mainly caused by the gravitational effect of particles acting on one another until separation between orbital rings occurs.

(20)
For centuries, researchers were not sure of the origins of the rings. Enhanced spectroscopic analysis, or the study of the interaction between matter and radiation, only deepened the riddle, as they revealed that the rings were 95% ice, and not a relatively even mix of dust and ice as previously believed.

(25)
One current theory is that the rings resulted from former icy moons of Saturn. As they approached the planet too closely, they were pulled apart by its tremendous gravity. The remnants assumed a disc-shaped orbit due to naturally-occurring stabilizing processes: orbits are most stable when they are at the equator section of a planet, perpendicular to

(30)
the axis of planetary rotation.

Although Saturn's rings are the largest and brightest in the solar system, on a cosmic scale they will actually be short lived. They are steadily losing material due to violent collisions between the fragments. Most of it is replaced, primarily by meteor and micrometeoroid

(35) impacts. Even so, the rings are experiencing a gradual net loss. The attrition will continue for some millions of years, until they disappear entirely.

21. Which of the following is NOT mentioned about Saturn's rings?
    (A) Their arrangement
    (B) Their composition
    (C) Their brightness
    (D) Their temperature

22. The word "uniform" in line 9 is closest in meaning to
    (A) durable
    (B) sharp
    (C) proper
    (D) consistent

23. The word "which" in line 13 refers to
    (A) rings
    (B) lanes
    (C) fragments
    (D) gaps

24. Mimas is mentioned in order to
    (A) distinguish between moons and planets
    (B) explain the advantages of satellite images
    (C) show that the rings mainly consist of dust
    (D) illustrate factors that can affect ring matter

25. According to the passage, the smaller gaps between Saturn's rings have been formed due to
    (A) The interplay of gravity between ring particles
    (B) The impact of meteors on Saturn's rings
    (C) The rotation of the moons around the planet
    (D) Saturn's gravity pulling small particles inward

(B)

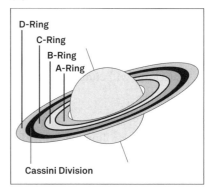

26. Which of the following pictures best represents the structure of Saturn's rings?

(A)

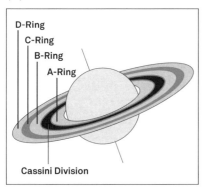

(C)

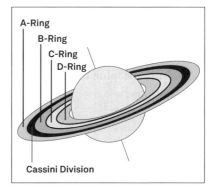

(D)

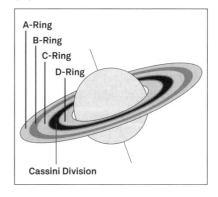

27. In paragraph 3, the author discusses spectroscopic analysis to illustrate which of the following points?
 (A) The origins of a planet may never become clearly known.
 (B) Speculation about the composition of the rings proved right.
 (C) High radiation levels are necessary to detect chemical elements.
 (D) Additional information made a problem more unclear.

28. What can be inferred about the origin of Saturn's rings from the passage?
 (A) Ice and other materials were stripped off Saturn's moons by the gas giant's gravity.
 (B) Material from the surface of Saturn drifted into space.
 (C) The debris from collisions between Saturn's moons destroyed the innermost rings.
 (D) Passing micrometeoroids were pulled in by Saturn and broken up.

29. According to the passage, discs are a naturally-occurring orbital shape because
 (A) they can better withstand gravitational forces
 (B) particles become strongly attracted to one another
 (C) they provide a stable course for bodies in motion
 (B) the planetary axis tilts back and forth regularly

30. According to the passage, it is forecast that the rings of Saturn
 (A) will eventually cease to exist entirely
 (B) will outlast those of Neptune
 (C) will stop shrinking after a time
 (D) will slowly change color over millions of years

Questions 31–40

European colonies were developed under mercantilism: the widespread belief in national self-sufficiency. Colonies were to supply European homelands with commodities—and serve as a protected *Line* market for European manufactures. From this planned self-sufficiency (5) they could gain military and economic security, thought the Europeans.

No different were the British colonies, and colonial American grains, ores, and wood flowed across the Atlantic to Britain. However, unlike Spain or Portugal-controlled South American colonies, the North American ones were diversified: they did not totally rely, for instance, (10) on just a few crops or precious metals for export—as was the case in colonies like Peru or Brazil.

Colonial Americans laid the foundations for a high-growth economy by producing a large variety of commodities: timber, molasses, tobacco, cotton and other farm products. These could be sold (15) in markets under what essentially amounted to barter: a system of direct trading without money. The typical colonial did not have any cash because households, which were overwhelmingly rural, could produce everything that they needed, barter accounting for the rest. This is why the free-market British economist Adam Smith noted that (20) colonial Americans were fast becoming wealthy, but, interestingly enough, lacked money.

Finance did advance in Colonial America, but specie—gold or silver—was in short supply; what little existed was normally quickly used to pay for imported goods. The colonial period therefore saw a (25) growing use of locally-issued paper currency, although holders always assumed the risk of depreciation. This was because the currency was not universally accepted, and often lost value quickly.

American manufacturing also developed during the colonial period. Most of it was in the form of "cottage industries," goods made within (30) households. These homes made entire products—textiles, for instance, or farm tools—with no outside help. Each person created a product from start to finish, which was a less advanced method compared to the European manufacturing process where every worker was responsible for only one task.

(35)   By the middle of the 18th century, these cottage industries were gradually giving way to more advanced, European-level modes of production, including in steel. However, not until a total of 6 colonial steel furnaces were established in the 1750's did Britain take serious note of this nascent industrialization. Alarmed by the prospect of

(40)   competition with its home industries, London imposed a series of restrictions on American manufacturers, such as banning further furnaces. This was in addition to earlier restrictions which limited the import and export market of colonials to the British Isles. This resulted in an increasing number of colonials seeing London as an impediment

(45)   to both political freedom and economic opportunity. London had a ready counter, though. The royal government insisted that these regulations were necessary and moreover had no significant impact on colonial economic growth. Nevertheless, this intensifying tension between the colonies and home country finally erupted into open

(50)   rebellion in 1776.

31. What does the passage mainly discuss?
(A) The early establishment of European settlers in the Americas
(B) The conflicts among colonial Americans over economic policy
(C) The difficulties involved in organizing European colonies
(D) The rise of colonial American economic power

32. According to the passage, what was the most important economic principle behind the European creation of colonies?
(A) Mercantilism
(B) Free-market economies
(C) Barter
(D) Colonial economic prosperity

33. What is the main topic of the second paragraph?
   (A) The rise of the Portuguese and Spanish empires
   (B) The comparison between two different economic regions
   (C) The challenges colonial Americans had in catching up with rivals
   (D) The chief British exports to other European countries

34. The word "These" in line 14 refers to
   (A) Americans
   (B) foundations
   (C) commodities
   (D) markets

35. Why does the author mention Adam Smith in line 19?
   (A) To exemplify a noted economist who praised British growth
   (B) To illustrate that wealth requires large monetary savings over time
   (C) To suggest that colonial Americans worked very hard to earn money
   (D) To indicate that colonial American economic development was different from other countries

36. What can be inferred about the currency in circulation in colonial America?
   (A) Low-valued currency was often the only option for American colonials.
   (B) Colonial farmers could only accept specie for the goods that they sold.
   (C) There was a growing confidence in colonial currency among the British.
   (D) Colonial American importers usually preferred specie over local currency.

37. The word "depreciation" in line 26 is closest in meaning to
(A) insult
(B) loss
(C) taxation
(D) damage

38. It can be inferred from the passage that manufacturers in colonial America would have most benefitted from
(A) factories placed in more rural areas of the region
(B) transfer of tools from more advanced economies
(C) more division of tasks in assembly processes
(D) better training of cottage industry workers

39. The word "counter" in line 46 is closest in meaning to
(A) number
(B) foil
(C) match
(D) response

40. With which of the following statements would the author be LEAST likely to agree?
(A) The European colonies were planned to meet the national needs of their home countries.
(B) Colonial American growth heavily derived from the economic output of rural families.
(C) Colonial Americans required substantial financial investment from the home country in order to succeed.
(D) Britain was unable to control the economic direction of its colonies, despite its political power.

Questions 41–50

Many creatures—both big and small—are social. Swarms, however, emerge from creatures that are social and those that are not. They are large, quickly formed groups that collectively carry out tasks
Line impossible for individuals. The very scale of this can be immense at
(5) times. Swarming may be defined as a group moving speedily and with great agility. With this type of fluidity, they achieve goals that individuals cannot—and without a specific leader or plan. Although swarming is most often associated with insects, the behavior itself can be carried out by any living thing.

(10) Swarms can offer defensive advantages. When mackerels suffer a multi-predator attack, something a single fish would have little chance of surviving, they form a fish ball, a rotational, blurry swimming pattern. This has the same visually confusing impact on attackers as the stripes of a zebra herd. Swarms can also aid reproduction. Bees may
(15) swarm, for instance, when a part of a crowded hive has to leave with a queen bee. It is also a crucial goal of the leavers that they both remain in a group and find a location that can sustain a colony long-term. Through swarms, this imperative is achieved. In fact, studies have shown that bee swarms consistently find the best locations for new
(20) hives.

Swarming may be based on collective density. That is, when crowding reaches a certain point, the creatures undergo a "phase transition," a very rapid group signaling that prompts them to organize. Swarming is further aided by phenotype plasticity: the ability
(25) to substantially change ordinary behavior prompted by a changed environment. In the case of locusts, scarcity of vegetation in a certain region provides this environmental catalyst—changing them from solitary insects to social creatures. As a result, locusts crowded into a small area with limited vegetation will have significant probability of
(30) swarming.

"Swarm intelligence" may have many uses. If cancer is, as some researchers suspect, a "cocktail" of fast-mutating cells, perhaps only an equally mobile, independent collective of medicine-carrying nanobots —in effect, a swarm—could effectively neutralize them. And just as

(35) human consciousness is not in a specific location in the brain, but in an unpredictably shifting—but not purposeless—pattern of neurological grids, the ability of software to "swarm" in such patterns, could form the basis of highly evolved Artificial Intelligence.

41. What was most likely the topic of the paragraph preceding this passage?
   (A) Why some creatures live in groups
   (B) How species survive on their own
   (C) Where social and solitary species compete
   (D) What types of creatures have the highest intelligence

42. The word "scale" in line 4 is closest in meaning to
   (A) layer
   (B) degree
   (C) coverage
   (D) note

43. The word "fluidity" in line 6 is closest in meaning to
   (A) liquidity
   (B) hesitation
   (C) flexibility
   (D) inconsistency

44. Why does the author mention "a zebra herd" in line 14?
   (A) To show why zebras usually stay close together
   (B) To exemplify how certain formations can serve as effective protection
   (C) To illustrate the motion patterns of various types of animals
   (D) To demonstrate that striped animals can also form a type of defensive ball shape

45. The word "imperative" in line 18 refers to
    (A) goal
    (B) group
    (C) location
    (D) fact

46. What does the author mean by stating that "scarcity of vegetation in a certain region provides this environmental catalyst" (line 26–27)?
    (A) Phenotype plasticity may emerge under circumstantial changes.
    (B) The ordinary behavior of locusts often changes from day to day.
    (C) The absence of phenotype plasticity in locusts helps them endure environmental difficulties.
    (D) Swarms of locusts can severely reduce the vegetation in certain areas.

47. The author discusses all of the following as results of swarming EXCEPT
    (A) Improving genetic composition
    (B) Escaping in emergencies
    (C) Discovering new food sources
    (D) Reproducing within a species

48. Which of the following statements can be inferred about swarming from the passage?
    (A) Groups of living things are invariably superior to individuals.
    (B) A swarm is a system that can operate dynamically without an overall plan.
    (C) Leaders are critical for swarms to survive during crises.
    (D) Swarming has diffusive effects on signaling between species.

49. Where in the passage does the author mention the potential for swarm-based systems to respond to food shortage?
   (A) Lines 7–9 (the last sentence of the 1st paragraph)
   (B) Lines 18–20 (the last sentence of the 2nd paragraph)
   (C) Lines 28–30 (the last sentence of the 3rd paragraph)
   (D) Lines 34–38 (the last sentence of the 4th paragraph)

50. The author organizes the discussion according to what principle?
   (A) A theory that is asserted as a criticism of existing models
   (B) A comparison of various analyses of a phenomenon
   (C) The introduction of a concept followed by examples
   (D) The explanation of an idea and its strengths and weaknesses

This is the end of Section 3.

Listening Comprehension
模擬テスト 解答・解説

1.	C	11.	B	21.	D	31.	B	41.	B
2.	D	12.	D	22.	C	32.	D	42.	D
3.	B	13.	A	23.	A	33.	C	43.	B
4.	C	14.	C	24.	C	34.	A	44.	B
5.	D	15.	A	25.	A	35.	A	45.	D
6.	C	16.	D	26.	B	36.	A	46.	C
7.	A	17.	A	27.	B	37.	C	47.	A
8.	C	18.	B	28.	D	38.	D	48.	C
9.	B	19.	D	29.	B	39.	D	49.	B
10.	C	20.	B	30.	A	40.	A	50.	D

　リスニングセクションのスコアは、以下の換算表を利用してください。3セクション（リスニング・文法・リーディング）のスコアの平均値を10倍したものが合計スコアになります。

正解数	スコア	正解数	スコア	正解数	スコア
0–8	31	24–26	47	42–44	59
9–11	33	27–29	49	45–47	62
12–14	37	30–32	51	48–49	66
15–17	41	33–35	52	50	68
18–20	43	36–38	54		
21–23	45	39–41	56		

Part A
Questions 1–30

1. (C)

設問タイプ Last Speaker の返答内容 or 意図　①直球

W: I'm starving. I'll call for some pizza. Would you like some?

M: Thanks, but I'm not hungry. Would you just order a large orange soda for me?

Q: What does the man mean?

(A) He could order something for the woman.

(B) He'd be happy to make a phone call.

(C) He wants the woman to order him a drink.

(D) He'd like some pizza for dinner.

　選択肢中の共通語 order から**注文**の話だと確認しておく。女性の **Would you like** some?（あなたもピザ**いかが**？）という誘いに対し、男性は **"but"** を使って I'm not hungry（お腹は空いていない）と断っている（ネガティブ）。続いて、**Would you** just order a large orange soda for me?（僕にはオレンジソーダのL だけ注文**してくれませんか**？）と依頼している。これを言い換えた (C) が正解。

訳

女性：お腹空いた。ピザを頼もうと思うのだけど、あなたもいかが？

男性：ありがとう、でもお腹は空いてない。僕にはオレンジソーダのL だけ注文 してくれない？

設問：男性の発言はどういう意味か？

(A) 男性は女性のために何かしら注文できる。

(B) 男性は喜んで電話をするだろう。

(C) 男性は女性に飲み物を注文してほしい。

(D) 男性は夕食にピザが欲しい。

be starving	動 空腹だ
Would you like...	…はいかが？／欲しい？

2. (D)

設問タイプ Last Speaker の返答内容 or 意図　①直球

M: There's no way I can finish this report for my statistics class by tomorrow morning.

W: The lounge is still open. A cup of strong coffee will get you energized.

Q: What does the woman suggest the man do?

(A) Ask someone to help him.

(B) Stop working for the day.

(C) Continue working in the lounge.

(D) Buy some beverage.

　「レポートが終わらない」という男性の問題に対して、女性は「ラウンジがまだ開いているから、濃いコーヒーを飲めば元気がでる」という提案をしている。これを言い換えた(D)が正解。

訳

男性：明朝までに統計クラスのこのレポートを仕上げるなんて無理だよ。

女性：ラウンジがまだ開いているから、濃いコーヒーを飲めば元気がでるよ。

設問：女性は男性に何をすべきだと提案しているか？

(A) 誰かに手伝ってもらうように頼むべき。

(B) 今日のところは作業をやめるべき。

(C) ラウンジで作業を継続すべき。

(D) 飲み物を買うべき。

覚えておきたい 単語・フレーズ

There is no way S can do...　　…できる方法はない

3. (B)

設問タイプ　Last Speaker の返答内容 or 意図　①直球

M: I could help you move into your new dorm room over the weekend.

W: I'll pick you up Saturday morning and buy you dinner when we're finished.

Q: What does the woman mean?

(A) She'll give the man a ride to a restaurant.

(B) She'd like to repay the man's kindness.

(C) She wants to start moving after dinner.

(D) She has decided to stay in her current dorm room.

　"**I could help you...**"という表現で「週末に引越しの手伝いをしましょうか」という男性の申し出に対し、女性は「土曜の朝、迎えに行って夕食を御馳走する」と返答している（ポジティブ）。夕食の御馳走は、男性が手伝いを申し出たことに対するお返しだから、(B)が正解。

訳

男性：週末に新しい寮への引越し、手伝おうか。

女性：土曜の朝に迎えに行く。終わったら夕食を御馳走する。

設問：女性の発言はどういう意味か？

(A) 男性をレストランまで車で送るつもりだ。

(B) 男性の親切に報いたい。

(C) 夕食後に引越しを始めたい。

(D) 今の寮に留まることに決めた。

help 人 do	人が…するのを手伝う
move in(to)...	…に引っ越す
pick 人 up	(車で) 迎えに行く
give 人 a ride to...	(車で) …まで送る

4. (C)

設問タイプ 会話全体の状況

W1: My map says the museum is opposite a book store two blocks away. Should we take a bus?

W2: No, let's continue on foot. It's not that far now.

Q: What are the women doing?

(A) Trying to buy a map.

(B) Purchasing books in a store.

(C) Walking in the street.

(D) Riding a bus.

　"What are the women doing?"（2人の女性は何をしているか？）と会話全体の状況を尋ねているので、状況を特定するキーワードを聞き取ればよい。1人目の女性の発言から**the museum**（美術館）を探していていることがわかり、"**Should we take a bus?**"とバスで行くことを提案している。それに対し、2人目の女性は**No**を使って提案を否定して「このまま歩いていこう（**let's continue on foot**）」と別の提案をしている。したがって、「美術館に向かって、今歩いている状況」だとわかるから、(C)が正解。

訳

女性1：地図からすると、美術館は2ブロック先の本屋の向かいにある。バスで行こうか？

410

女性2：いいえ、このまま歩いていきましょ。ここまで来たらそんなに遠くはないから。

設問：2人の女性は何をしているか？

(A) 地図を買おうとしている。

(B) 店で本を買っている。

(C) 通りを歩いている。

(D) バスに乗っている。

覚えておきたい 単語・フレーズ

on foot	徒歩で
that far	そんなに（あんなに）遠く〔that は far を修飾する副詞〕

---

5. (D)

設問タイプ Last Speaker の返答内容 or 意図　①直球

W: Would you like to go to Miami again this New Year's holiday?

M: With our budget, I can't imagine a better place.

Q: What does the man mean?

(A) The woman should think of another option.

(B) Miami is too expensive for them.

(C) They cannot afford to travel this year.

(D) Miami is an ideal city for their vacation.

　選択肢中の共通語 Miami から**マイアミ（旅行）**の話だと確認しておく。設問1同様、**"Would you like...?"** を使って「マイアミに行くのはいかが？」という女性の誘いに対して、男性は I **can't** imagine a **better** place. と答えている。否定文だが「**それ以上の場所は思いつかない**」という意味のポジティブな返答で、むしろ「マイアミ以上はない」と言っているので(D)が正解。

女性：年末年始の休暇はもう一度マイアミに行くのはいかが？

男性：僕らの予算では、それ以上の場所は思いつかない。

設問：男性の発言はどういう意味か？

(A) 女性は別の選択肢を考えるべきだ。

(B) マイアミは二人には高価すぎる。

(C) 今年は旅行する金銭的余裕がない。

(D) マイアミは二人の休暇には理想的な都市だ。

6. (C)

設問タイプ Last Speaker の返答内容 or 意図　①直球

W: I'd like to contribute 200 dollars to your hospital charity group.

M: Thank you, Miss, we're much obliged. We could take that in cash, check or credit card.

Q: What does the man mean?

(A) Donations in cash are preferred.

(B) The group needs a lot of money.

(C) There are several ways to donate.

(D) There are many people who contribute.

　選択肢中の共通語donations/donate/contributeから**寄付**の話だと確認しておく。「寄付したい」という女性の申し出に対して、礼を述べている（Thank you の後に続く we're much obliged. は聞きなれない表現かもしれないが、but がないことからポジティブだと判断できる）。続いて、「現金、小切手、クレジットカードいずれでも受け付ける」と述べているので、(C)が正解。

女性：こちらの病院慈善団体に200ドル寄付したいのですが。

男性：ありがとうございます。心より感謝いたします。現金、小切手、クレジットカードいずれでも受け付けております。

設問：男性の発言はどういう意味か？

(A) 現金による寄付が好ましい。

(B) その団体は多くの資金を必要としている。

(C) 寄付する手段はいくつかある。

(D) 寄付する人はたくさんいる。

 覚えておきたい 単語・フレーズ

contribute...
　= donate... 　動 …を寄付する

---

7. (A)

設問タイプ　Last Speaker の返答内容 or 意図　①直球

M: We are thinking about throwing a surprise party for Rebecca on Saturday. Do you think you could come?

W: I'd love to, but I won't be around this weekend.

Q: What will the woman probably do?

(A) Travel somewhere out of town.

(B) Postpone her meeting with Rebecca.

(C) Go to the party with her friends.

(D) Help the man prepare for the party.

　選択肢からRebeccaが会話に登場すること、共通語partyから**パーティー**の話だと事前に確認しておく。「パーティーに来られそう？」という男性の誘いに対して、女性は「行きたいのだ**けど…**」(**but...**)と述べているので、「行けない」というお断り（ネガティブ）の内容が続くと予想できる。よって(A)が正解。"I won't be around"は「この辺りにはいない＝遠出する」の意味で、選択肢の"out of town"も同じ意味（townは自分が住んでいる街を表す）。

男性：土曜日にレベッカのサプライズパーティーを開こうと思っているのだけど、来られそう？

女性：すごく行きたいのだけど、今週末は遠出する予定なの。

設問：女性はおそらくどんな行動を取るか？

(A) どこかへ遠出する。

(B) レベッカと会うのを延期する。

(C) 友人とそのパーティーに行く。

(D) 男性がパーティーの準備をするのを手伝う。

覚えておきたい 単語・フレーズ

throw a party	パーティーを催す
I won't be around	遠出する
= I won't be in town	
= I'll be out of town	

8. (C)

設問タイプ Last Speaker の返答内容 or 意図　①直球

W: My tutor said I should have at least one course in economics next semester.

M: Well, I'm sure that won't hurt.

Q: What does the man mean?

(A) He won't be seriously hurt.

(B) He could teach the woman economics.

(C) It's a good idea to have this class.

(D) He is sure the woman doesn't need a tutor.

「来学期、自分は経済学の講座を少なくとも１つ履修したほうがいい」という女

性の発言に対して、男性は "that won't hurt" と述べている。that は経済学の講座を履修することを指し、won't も hurt もネガティブな意味だから、二重否定でポジティブになる。したがって(C)が正解。"It won't hurt (人 to do...) " は「(人が…しても) 損はない」(した方がよい) という頻出表現なので、覚えておきたい。

訳

女性：来学期、経済学の講座を少なくとも1つ履修した方がよいとチューターに言われたのだけど。

男性：そうだね、履修して損はないと思うよ。

設問：男性の発言はどういう意味か？

(A) 男性がひどく傷つくことはないだろう。

(B) 男性は女性に経済学を教えてもよい。

(C) そのクラスを履修するのは良い考えだ。

(D) 男性は、女性にはチューターは必要ないと確信している。

覚えておきたい 単語・フレーズ

It won't hurt (人 to do) 　(人が…しても)損はない

9. (B)

設問タイプ Last Speaker の返答内容 or 意図　①直球

M: Helen, did you buy that anatomy book Professor Moore recommended to us?

W: No, I got Alison to go to the library for me.

Q: What happened with the book?

(A) Professor Moore sent it.

(B) Alison borrowed it for Helen.

(C) Helen took it to the library.

(D) Alison forgot to get it.

選択肢からAlisonとHelenという2人の女性とProfessor Mooreが会話に登場することを事前に確認しておく。「本を買ったか」と尋ねる男性に対して、女性（Hellen）は「買っていない（No）」（ネガティブ）に続き、"I got Alison to go to the library..."と返答している。"get 人 to do"は、「人に…させる（使役）」の意味で「アリソンに図書館に行ってもらった」（アリソンに、図書館でその本を借りてきてもらった）となるから、(B)が正解。

訳

男性：ヘレン、ムーア教授推薦の解剖学の本、買った？
女性：買ってない。アリソンに頼んで図書館に行ってもらったの。
設問：その本はどうしたのか？
(A) ムーア教授がその本を郵送してくれた。
(B) アリソンがヘレンのためにその本を借りてきてくれた。
(C) ヘレンはその本を図書館に持って行った。
(D) アリソンはその本を買うのを忘れていた。

覚えておきたい 単語・フレーズ	
get 人 to do	人に…させる

10. (C)

設問タイプ Last Speakerの返答内容 or 意図　①直球

M: Professor Mckenzie, when could you look at my list of research articles?
W: This is as good a time as any.
Q: What does the woman mean?

(A) She is too busy to look at the list.
(B) She wants the man to call her office.
(C) She has time to review the list.
(D) She thinks the list is unnecessary.

選択肢中の共通語listから**何かのリスト**の話だと確認しておく。「いつ見てもらえるか？」という男性の依頼に対して、女性は "good" を使ってポジティブな返答をしているので、(C) が正解。This is as good a time as any. は「今でしょ！」（後回しにしても今する以上に良くはならない）の意味。

訳

男性：マッケンジー教授、先行研究論文のリストをいつ見ていただけますか？
女性：今見るのが良さそうですね。
設問：女性の発言はどういう意味か？
(A) 忙しくてそのリストを見ることができない。
(B) 男性に自分の執務室に電話してほしい。
(C) そのリストを見る時間がある。
(D) そのリストは不要だと思っている。

覚えておきたい 単語・フレーズ

This is as good a time as any.　　今でしょ！

11. (B)

設問タイプ Last Speaker の返答内容 or 意図　①直球

W: I have managed to invite 11 of our 15 classmates to the party.
M: Why don't you tell me the rest of their names?
Q: What will the man probably do?

(A) Call the woman that night.
(B) Notify four people about a party.
(C) Tell the woman whom to invite.
(D) Move the party to a later time.

選択肢中の共通語partyから**パーティー**の話だと確認しておく。「15人中11人

招待できた」という女性の情報提供に対して、「残りの人の名前を教えて！」と提案している（**Why don't you...?**）。残りの人とはまだ招待できていない4人のことで、名前を聞いてその4人に自分が連絡を取るという意味だから、(B)が正解。

訳

女性：15人のクラスメートのうち11人となんとか連絡がついてパーティーに招待できた。

男性：残りの人の名前を教えてよ！

設問：男性はおそらくどういう行動を取るか？

(A) その晩、女性に電話をかける。

(B) 4人にパーティーの件を知らせる。

(C) 誰を招待すべきか女性に伝える。

(D) パーティーの日時を後ろにずらす。

12. (D)

設問タイプ Last Speaker の返答内容 or 意図　②変化球

M: Since the snowstorm has grounded all flights, I'm not sure when we can start boarding.

W: I'm sure the weather will clear up soon.

Q: What does the woman imply?

(A) Boarding has already started.

(B) The man should check the weather forecast.

(C) She is sure they'll miss their flight.

(D) They won't have to wait long.

　選択肢中の関連語 Boarding と flight から**飛行機に乗る**話だと確認しておく。「吹雪でいつ搭乗開始できるかわからない」という男性の発言に対して、女性の返答は「天気はすぐに晴れる」とポジティブだから、すぐに搭乗できる、という意味になる (D) が正解。

第2部 テスト編

Sec. 1 Listening Comprehension 模擬テスト 解答・解説 Sec. 2 Structure and Written Expression 模擬テスト 解答・解説 Sec. 3 Reading Comprehension 模擬テスト 解答・解説

男性：吹雪のせいですべての便が離陸できなくなってしまって、いつ搭乗開始できるかわからないな。

女性：きっと天気はすぐに晴れると思う。

設問：女性の発言は何を示唆しているか？

(A) 搭乗はすでに始まっている。

(B) 男性は天気予報を確認すべきだ。

(C) 自分たちの便に乗り遅れると思っている。

(D) 長く待つことはないだろう。

13. (A)

設問タイプ Last Speaker の返答内容 or 意図　②変化球

W: There's no good news in this letter. It's the third medical school that's turned down my application.

M: You must feel awful. I know a great counselor who prepares students for the admissions process.

Q: What does the man imply?

(A) The woman should contact the counselor.

(B) He has successfully applied to medical school.

(C) The woman should not go to college.

(D) There will be good news in the next letter.

　選択肢中の関連語apply, letterから**大学出願**の話だと確認しておく。「3つ目の不合格通知だ」という女性の発言に対し、男性は「良いカウンセラーを知っている」と提案しているので、(A)が正解。

訳

女性：この通知にも良い知らせは書いていない。これで願書が通らなかった医学部は3校目だ。

男性：きっと最悪の気分だよね。願書作成準備の素晴らしいカウンセラーを知っ

ているよ。

設問：男性の発言は何を示唆しているか？

(A) 女性はそのカウンセラーに連絡を取るべきだ。

(B) 自分は医学部に合格した。

(C) 女性は大学に行くべきではない。

(D) 次の通知は合格通知だろう。

覚えておきたい 単語・フレーズ

| You must feel awful. | きっと気分は最悪だよね（awful は「ひどい、不快な」の意味〔≈ terrible〕） |
| contact 人 | 動 人と連絡を取る
（= get in contact with... = get in touch with... ⇔ lose contact with 人 = lose touch with 人 人と音信不通になる） |

---

14. (C)

設問タイプ Last Speaker の返答内容 or 意図　①直球

W: My part-time job is in danger. The store where I work is laying off staff. (*)

M: Oh, what a shame! Are they going to let you go?

Q: What does the man want to know?

(A) How much the woman earns.

(B) When the store will close.

(C) Whether the woman can keep working.

(D) If the woman is happy to leave her job.

　選択肢中の関連語 working, job から **（女性の）仕事**の話だと確認しておく。「アルバイトがピンチ」という女性の発言に対して、男性は "Are they going to **let you go**?" と聞き返している。let 人 go（人が出ていくことを許す）を文脈に当て

はめると、「解雇する」という意味になりそうだから、(C)が正解。

訳

女性：私のアルバイトがピンチ。働いているお店がスタッフを解雇し始めているの。

男性：それはお気の毒に。君も解雇されそうなの？

設問：男性は何を知りたいのか？

(A) 女性がいくら稼いでいるか。

(B) いつその店が閉店するのか。

(C) 女性が働き続けられるかどうか。

(D) 女性が喜んで仕事を辞めるかどうか。

覚えておきたい 単語・フレーズ

lay 人 off	**動** 人を解雇する（= let 人 go） "lay 人 off" は会社側の事情によるリストラを意味する。本人の不適格が理由で解雇する場合は、"fire 人" を用いる。
What a shame!	それはお気の毒に／残念だ（悲しみや失望を表す）

＊ "staff" は、日本語のスタッフ（職員）を意味するが、集合名詞である（単数形で、複数メンバーからなる一つの集合体を表す。「1名」は表さない）ことに注意。

15. (A)

Listen! 56

設問タイプ Last Speaker の返答内容 or 意図　②変化球

W: Jonathan, you seem out of breath and we've only run half a mile!

M: Sorry, I guess you were right about me having to do this more often.

Q: What does the man imply?

(A) He has not been going running regularly.

(B) The woman is running too slowly for him.

(C) The woman has no right to criticize him.

(D) Running too fast will make the woman tired.

　選択肢中の共通語 running から**ランニング**の話だと確認しておく。「少ししか走っていないのに、あなたもう息が切れてる」という女性の発言に対して。男性は「もっと頻繁に（**more often**）…と言っていた君が正しかった（**you were right**）」と返答しているので、男性は女性の助言に従わず、あまり走っていなかったことがわかる。したがって、(A)が正解。

訳

女性：ジョナサン、たったの半マイルしか走ってないのに、あなたもう息が切れてるみたいね。

男性：ごめんなさい、もっと頻繁に走らなきゃダメだと言っていた君が正しかったよ。

設問：男性の発言は何を示唆しているか？

(A) 自分は定期的にランニングしていなかった。

(B) 女性は自分には遅すぎるペースで走っている。

(C) 女性には自分を批判する権利はない。

(D) 速すぎるペースで走ると女性はバテてしまうだろう。

覚えておきたい　単語・フレーズ

out of breath　　　息が切れて　cf. out of practice 練習不足で

16. (D)

設問タイプ　Last Speaker の返答内容 or 意図　①直球

M: Do you think there are still some tickets left for the football game this weekend?

W: Jackie just gave away a pair. Maybe she has more.

Q: What does the woman say about tickets for the football game?

(A) Jackie has just sold her some tickets.

(B) There are only two left at the ticket office.

(C) A pair of them were given to Jackie.

(D) Jackie may be able to give some to the man.

選択肢からJackieが会話に登場すること、共通語ticketから**チケット**の話だと事前に確認しておく。「**まだチケットが残っているかなあ？**」と尋ねる男性に対して、女性は「ジャッキーがもっと持っているかも」（Maybe she has more.）と返答しているので、(D)が正解。

訳

男性：今週末のアメフトの試合のチケットまだ何枚か残っているかなぁ？

女性：ジャッキーが2枚誰かに渡していたよ。もしかしたらまだ何枚か持っているかもしれない。

設問：女性はアメフトの試合のチケットについて何と言っているか？

(A) ジャッキーは自分のチケットを何枚か売ったところだ。

(B) チケット販売所には2枚だけ残っている。

(C) 2枚のチケットがジャッキーに渡された。

(D) ジャッキーが男性に何枚か渡せるかもしれない。

17. (A)

設問タイプ Last Speaker の返答内容 or 意図　①直球

W: Why did you talk about Eric's new girlfriend in front of Chloe?

M: I didn't know she'd get so upset about it. But you're right, I shouldn't've said anything.

Q: What does the man mean?

(A) He regrets mentioning Eric's girlfriend.

(B) He thinks the woman should apologize.

(C) He doesn't understand why Eric is upset.

(D) He feels he has done the right thing.

選択肢からEricが会話に登場することを事前に確認しておく。「**どうしてクロエがいる前で、エリックの新しい恋人の話をしたのか？（＝すべきではなかった！）**」と詰問する女性に対して、Butに続いて、**you're right**（君が正しい）と言って同意（ポジティブ）している。したがって(A)が正解。**she'd**はshe wouldの省略形、**shouldn't've**はshould not haveの省略形。

訳

女性：どうしてクロエがいる前で、エリックの新しい恋人の話をしたの！
男性：彼女がそのことであれほど動揺するとは思わなかったんだ。だけど、君の言う通り、何も言うべきじゃなかった。
設問：男性の発言はどういう意味か？
(A) エリックの恋人の話に触れたことを後悔している。
(B) 女性は謝るべきだと思っている。
(C) なぜエリックが動揺しているか理解していない。
(D) 自分は正しいことをしたと思っている。

18. (B)

設問タイプ Last Speakerの返答内容 or 意図　①直球

M: Jack really disappointed me. He hasn't contributed much to our project for algebra class.
W: Have you talked to him about it? Maybe he doesn't realize it himself.
Q: What does the woman suggest the man do?

(A) Study harder for algebra.
(B) Discuss the project with Jack.
(C) Start a new project.
(D) Refuse to help Jack.

　選択肢からJackが会話に登場すること、共通語projectから**グループで取り組む課題**の話だと事前に確認しておく。「ジャックにはがっかりだ。貢献していない」という男性の意見に対し、「ジャックと話し合いをしてみたら」と提案してい

る。**Have you done...?**（もう…した？）は、「…してみたら？」という提案の意味でも用いられる（参照 54ページ「提案のフレーズ」）。したがって(B)が正解。

訳

男性：ジャックには本当にがっかりしたよ。代数のクラスの実習にあまり貢献してくれないんだ。

女性：それについてジャックと話し合ってみたら？　自分で気づいていないのかもしれないし。

設問：女性は男性にどうすべきだと提案しているか？

(A) 代数の勉強をもっと頑張るべき。

(B) その実習についてジャックと話し合うべき。

(C) 新たな実習を始めるべき。

(D) ジャックの手助けするのを断るべき。

19. (D)

設問タイプ Last Speaker の返答内容 or 意図　①直球

M: Don't you think we should go out tonight and let our hair down?（＊）

W: How could I? I'm stuck at the library, trying to complete my assignments for this week!

Q: What does the woman mean?

(A) She wants to go out with the man.

(B) She has finished her assignments.

(C) She will meet the man at the library.

(D) She is working to meet her deadlines.

　選択肢中の関連語assignments, deadlinesから**宿題の締め切り**の話だと確認しておく。「今晩外出しない？」という男性の提案（**Don't you think we should...?**）に対し、女性は**How could I?**（どうしたらそんなことできるの？〔反語〕＝できるわけない！）を拒絶している（ネガティブ）。続けてその理由は「宿題を仕上げようとしている」と言っているので、(D)が正解。

男性：今晩は外に出かけて羽を伸ばそうよ。

女性：そんなことできるわけないでしょ！　図書館にこもって、今週中に宿題を
　　　仕上げるんだから。

設問：女性の発言はどういう意味か？

(A) 男性と外に出かけたい。

(B) 宿題を終えた。

(C) 図書館で待ち合わせるつもりだ。

(D) 締め切りに間に合わせるために作業している。

覚えておきたい 単語・フレーズ

How could I?	そんなことできるわけないでしょ！ How could/should...?は反語として、「どうして…できるの？（＝できるわけない！）」「どうして…なはずなの？（＝…するはずがない！）」の意味になる。 ex. How could I turn down an offer like that?（そんな申し出を断るわけないだろ！） How should I know?（知るわけないでしょ！）

---

* let one's hair down は「羽を伸ばす」の意味になるイディオムだが、TOEFL ITPで使われる
イディオムは、今回のように正解肢を見つけるのに直接関係ないか、あるいは前後からその
意味を推測できる場合がほとんどで、意味を知らなくても問題ない。

---

20. (B)

設問タイプ Last Speaker の返答内容 or 意図　②変化球

W: I love this suitcase. It would be perfect for my two-week trip to Los
　Angeles.

M: Well, perhaps, but I'm sure its price tag will give you a nice shock once
　you look at it.（＊）

Q: What does the man imply about the suitcase?

(A) Its price tag is missing.

(B) It is very expensive.

(C) It is too small for a long trip.

(D) Its material is not durable.

　「このスーツケース気に入った」という女性の意見に対して、男性は「たぶんそうだろう**けど…**」(**but...**) と述べているので、後ろにはネガティブな内容が続くと予想できる。実際、「値札が君にショックを与えるだろう」と言っているので、(B) が正解。

訳

女性：このスーツケース気にいった。ロサンゼルスへの2週間旅行にぴったり。

男性：うん、まぁ、そうだろうけど、値札をみたらきっと結構なショックを受けるだろうよ。

設問：男性はスーツケースについてどんなことを示唆したか？

(A) 値札が無くなっている。

(B) とても値段が高い。

(C) 長期旅行には小さ過ぎる。

(D) 材質が丈夫ではない。

＊ a nice shock の **nice** は、本来の「好ましい (= pleasant)」というポジティブな意味ではなく、その正反対の「不快な (= unpleasant)」の意味で使われている。他に、**bad** も口語では「カッコいい (= good)」の意味で使うこともある。日本語の「やばい」などと同じですね。

21. (D)

Listen!
62

設問タイプ Last Speaker の返答内容 or 意図　②変化球

W: I heard you agreed to tutoring Martha in math. How is it going?

M: Honestly, I may stop doing it. I think I bit off more than I can chew. (＊)

Q: What does the man imply?

(A) He refused to tutor Martha.

(B) He enjoys his lessons.

(C) Martha is grateful to him.

(D) He finds the tutoring hard.

　選択肢からMarthaが会話に登場すること、共通語 tutor/tutoring から**個人指導**の話だと事前に確認しておく。「マーサの個人指導を引き受けたらしいけど、どんな調子？」という女性の質問に対し、男性は「やめるかも」と返答している（ネガティブ）。**may**は**「50%の可能性」**を表し、断言しているわけではないので、(A)ではなく(D)が正解。

訳

女性：マーサの個人指導を引き受けたらしいけど、どんな調子？

男性：正直言うと、やめるかもしれない。ちょっと手に余りそうに思える。

設問：男性は何を示唆しているか？

(A) マーサの個人指導を断った。

(B) レッスンを楽しんでいる。

(C) マーサは自分に感謝している。

(D) 個人指導は大変だと思っている。

＊ **bite off more than I can chew** は「私の手に余りそうだ」の意味。biteは「かみつく」の意味だが、名詞では **grab a bite**（軽い食事を取る）のように「軽食」の意味でも使う。

22. (C)

設問タイプ Last Speakerの返答内容 or 意図　②変化球

W: Which university do you think I should apply to if I want to study Art History?

M: I guess you're not concerned about how you're going to make a living.

Q: What does the man imply the woman should do?

(A) Apply to a school with a reputable history.

(B) Select a university close to where she lives.

(C) Consider job prospects after graduation.

(D) Help him find a well-paying job.

選択肢中の関連語Apply to a school, Select a university から**大学出願**の話だと確認しておく。「芸術史を学ぶならどの大学にすべき？」という女性の質問に対し、男性は「心配していないみたいだね、どうやって生計を立てるかについて」と返答している。**「どの大学？」という質問には答えず**、「芸術史」の部分に対して、遠回しながら「その専攻ではお金を稼ぐのが難しいから、専攻を考え直すべき」と提案している。これを言い換えた(C)が正解。

訳

女性：芸術史を学ぶなら、どの大学に出願すべきだと思う？

男性：どうやって生計を立てるかについては心配していないみたいだね。

設問：男性は、女性はどうすべきだと示唆しているか？

(A) 名声を博す歴史ある大学に出願すべき。

(B) 居住地の近くにある大学を選ぶべき。

(C) 卒業後の就職見込みについて考慮すべき。

(D) 自分が給料の良い仕事を見つけるのを手助けすべき。

覚えておきたい　単語・フレーズ

apply to...　　[動] …に出願する／申し込む

---

23. (A)

設問タイプ　Last Speaker の返答内容 or 意図　③コメント

W: Guess what I just heard. Philip has failed his test again.

M: What a surprise! (*ironic tone of voice*)

Q: What can be inferred about the man?

(A) He had expected Philip to fail.

(B) He is afraid of not passing his own test.

(C) He heard that Philip has succeeded in his test.

(D) He thinks Philip's teacher was unfair.

選択肢からPhilipが会話に登場すること、関連語fail, pass, testから**試験の合否**の話だと事前に確認しておく。「フィリップがまた赤点取ったって！」という女性の情報提供に対し、男性は「驚いた」と言っている。言葉どおりならば「フィリップが赤点を取るはずがない」といった意味になるが、男性の声の調子から、実際に驚いたわけではなく、皮肉的な表現（＝ちっとも驚かない）だと判断できる。したがって(A)が正解。TOEFL ITPでも、Part AやBのような会話では、声の調子から喜怒哀楽を推し量ることも大切。

訳

女性：ねぇ聞いてよ！　さっき聞いたのだけど、フィリップがまた赤点取ったって。
男性：そりゃ驚きだね。
設問：男性についてどんなことが推測できるか？
(A) 男性はフィリップがテストで赤点を取ることを予測していた。
(B) 男性は自分がテストに合格しないことを怖れている。
(C) 男性はフィリップがテストで上手くいったと聞いていた。
(D) 男性はフィリップの先生は不公平だと思っている。

覚えておきたい 単語・フレーズ

Guess what (...)　　ねぇ聞いてよ！

24. (C)

設問タイプ Last Speakerの返答内容 or 意図　①直球

M: The little grocery store on the corner looks as though it's seen better days.
W: I'm afraid it's only a matter of time before it closes down.
Q: What does the woman mean?

(A) She doesn't like the grocery store.
(B) She thinks the store is now closed.
(C) She expects the store to go out of business.

(D) She knows about better stores in the neighborhood.

　選択肢中の共通語 (grocery) store から**（食料雑貨）店**の話だと確認しておく。男性の発言を受けて女性は「つぶれるのも時間の問題」と返答しているので、(C) が正解。男性の発言の中で、look as though S V は「まるで…するかのように見える」の意味で、続く it's (= it has) seen better days がわかりにくい。**現在完了形で比較級**を用いているのがポイントで、直訳すると「これまでは（将来よりも）良い日を見ていた」となるので、「過去と比べ今は状態が悪い」という意味になる。

訳

男性：あの角にある小さな雑貨店は経営状態が悪そうだ。

女性：残念ながら、つぶれるのも時間の問題ね。

設問：女性の発言はどういう意味か？

(A) その雑貨店が好きではない。

(B) その雑貨店はもう閉店していると思っている。

(C) その雑貨店は閉業するだろうと予想している。

(D) 近隣にもっと良い店があることを聞き知っている。

覚えておきたい 単語・フレーズ

| have seen better days | 状態が悪い |
| close down | 閉業する（= go bankrupt = go out of business） |

25. (A)

設問タイプ Last Speaker の返答内容 or 意図　③コメント

M: I think our new lit professor was amazing this morning!

W: I couldn't agree more!

Q: What does the woman mean?

(A) She also enjoyed the lecture.

431

(B) She did not like the professor.

(C) She did not understand what the man said.

(D) She does not have any classes in literature.

　選択肢中の関連語 lecture, professor から**大学の講義**の話だと確認しておく。「今朝の教授は素晴らしかった」という男性の意見に対し、女性は I couldn't agree more! と返答している。これが同意（ポジティブ）なのか反対（ネガティブ）なのかを判断すればよい。「まったくそのとおり」という強い同意（参照 467ページ「同意の表現」）の意味なので、(A)が正解。couldn't という否定表現だが、仮定法であり、かつ比較級 more を使っている点がポイント。直訳すると「仮にこれ以上賛成しようとしてもできない」、つまり最高度の賛成を意味する。設問5の I can't imagine a better place.（それ以上の場所は思いつかない）と理屈は同じで、imagine/could によって想像／仮定を表し、「仮にそうしてもそれ以上はない＝最高だ」を意味する。「比較級を伴う仮定法の否定表現」として以下の例も参照。

　　The weather **couldn't** be **worse**.
　　（天気はこれ以上悪くはなり得ない＝天気は最悪だ）
　　I **couldn't** care **less**.
　　（これ以上少なく気にしようとしてもできない＝全く気にならない）

　なお、男性の発言にある lit professor の lit は literature（文学）の省略形。

訳

男性：今朝の新しい文学の教授は素晴らしかったと思う。

女性：まったくそのとおり！

設問：女性の発言はどういう意味か？

(A) 自分もその講義を楽しんだ。

(B) その教授を気に入らなかった。

(C) 男性の言ったことを理解していなかった。

(D) 文学のクラスは取っていない。

I couldn't agree (with you) more. 　　まったくそのとおり

26. (B)

設問タイプ Last Speaker の返答内容 or 意図　②変化球

M: The number 26 bus was so late yesterday afternoon that I almost missed soccer practice.

W: Oh, so Derek couldn't take you.

Q: What had the woman assumed?

(A) Derek wouldn't go to practice.

(B) Derek would give the man a ride.

(C) The man would drive to practice.

(D) She would have to take the man.

　選択肢からDerekが会話に登場することを事前に確認しておく。「バスが遅れてサッカーの練習に間に合わないところだった」という男性の情報提供に対し、女性は"Oh"と驚いて、「じゃあデレクはあなたを車で送れなかったんだ」と返答している。つまり、女性はデレクが男性を送るものだと思っていたので、(B)が正解。

訳

男性：昨日の午後、26番バスが遅れてサッカーの練習に間に合わないところだった。

女性：え？　それじゃあデレクはあなたを車で送れなかったのね。

設問：女性はこの会話以前にどう思っていたか？

(A) デレクは練習に行かないだろう。

(B) デレクは男性を車で送るだろう。

(C) 男性は車で練習に行くだろう。

(D) 自分が男性を車で送る必要があるだろう。

give 人 a ride	人を車で送る

27. (B)

Listen! 68

設問タイプ Last Speaker の返答内容 or 意図　①直球

W: Has Gregory signed up for the chemistry competition yet? I know his professor has been encouraging him to do so.

M: He's been very busy with his studies, but Mary told me he'd found some time for that.

Q: What does the man say about Gregory?

(A) He isn't interested in chemistry.

(B) He has entered a contest.

(C) He was signed up by Mary.

(D) His professor helped him with a test.

　選択肢から Mary が会話に登場することを事前に確認しておく。「グレゴリーは化学コンテストにもう登録したのかな？」という女性の質問に対し、男性は「勉強で忙しかったけど…」と返答しているので、**but**（「**けど**」）の後ろには「登録できた」が続くと予想できる。したがって (B) が正解。実際、but の後ろには「彼はそのための時間を見つけたとメアリーが言っていた」が続き、for **that**（そのための）の that は登録することを指す。なお he'd found は he had found の省略形。

訳

女性：グレゴリーは化学コンテストにもう登録したのかな？　彼の担当教授がぜひ登録するように勧めていたけど。

男性：彼、勉強が忙しかったみたいだけど、メアリーが言うには時間を見つけて登録できたって。

設問：男性はグレゴリーについてどう言っているか？

(A) グレゴリーは化学に興味がない。

(B) グレゴリーはコンテストにエントリーした。

(C) グレゴリーは、メアリーに登録してもらった。

(D) グレゴリーの教授はグレゴリーの試験の手伝いをした。

覚えておきたい 単語・フレーズ

---

sign up for...　　…に登録する (= register for...)

第2部 テスト編

Sec. 1 Listening Comprehension
模擬テスト 解答・解説

Sec. 2 Structure and Written Expression
模擬テスト 解答・解説

Sec. 3 Reading Comprehension
模擬テスト 解答・解説

28. (D)

設問タイプ Last Speaker の返答内容 or 意図　③コメント

W: Stella and I are going to see our favorite band at the Rock Club tonight.

M: Oh, how nice. I haven't been out with the guys for ages.

Q: What can be inferred about the conversation?

(A) The woman wants the man to come with her.

(B) The woman forgot to invite the man.

(C) The man hasn't attended a rock concert since he was four.

(D) The man misses going out with his friends.

「今晩バンドの演奏を見に行く」という女性の情報提供に対し、男性は「いいね」という返答に続き、I haven't been out with the guys for ages.（もう長らく、友達と出かけるなんてことはしていない）と言っているので、(D)が正解。out は副詞で「外で」の意味（以下参照）。guys は性別を問わず「人々」を意味する（単数形 guy の場合は男性のみを表す）。ここでは the をつけて「あの連中（＝男性の友人）」を意味する。for ages は「長い間」の意味。

I want to **eat out** tonight.（今晩は外食にしたい）

Kids **are out** playing.（子供たちは外で遊んでいる）

He **asked** me **out**.（彼は私をデートに誘った）

女性：ステラと一緒に今晩、ロッククラブで好きなバンドの演奏を聞きに行くの。

男性：おっ、それはいいね。もう長らく、あいつらと出かけるなんてしていない なあ。

設問：会話からどんなことが推測されるか？

(A) 女性は男性に自分と一緒に来てほしい。

(B) 女性は男性に声をかけるのを忘れていた。

(C) 男性は4歳の時からずっと、ロックコンサートに行っていない。

(D) 男性は友人たちと出かけることができず寂しい想いをしている。

29. (B)

M1: I think I'll ask one of the assistants if this shirt will shrink in the wash.

M2: You definitely should. The last thing you want to do is come back for a return. I know how much you hate these department stores.

Q: What are the men doing?

(A) Getting a shirt repaired.

(B) Shopping for clothes.

(C) Returning items to a shop.

(D) Looking for a department store.

　「このシャツ、洗うと縮むかどうか (if this shirt will shrink in the wash)」「返品しに戻る (come back for a return)」「デパート (these department stores)」から、シャツを買おうとしていることがわかり、(B)が正解。The last thing you want to do is *do*... は、「一番したくないのは、…することだ」の意味。

男性1：このシャツ、洗うと縮むか店員の1人に聞いてみようと思う。

男性2：絶対そうした方がいい。返品しに戻ってくるなんて一番したくないだろ。 君はこういうデパートが大嫌いだしね。

第2部 テスト編

Sec. 1 Listening Comprehension
模擬テスト 解答・解説

Sec. 2 Structure and Written Expression
模擬テスト 解答・解説

Sec. 3 Reading Comprehension
模擬テスト 解答・解説

設問：2人の男性は何をしているか？

(A) シャツを修繕してもらっている。

(B) 洋服の買い物をしている。

(C) 品物を店に返品している。

(D) デパートを探している。

覚えておきたい 単語・フレーズ

The last thing you want to do is do...　君が一番したくないことは、…することだ。

---

30. (A)

設問タイプ Last Speaker の返答内容 or 意図　①直球

M: It's getting more and more difficult to open my locker. I'm afraid it'll get permanently stuck one day.

W: No wonder. Don't you see the lock is rusty? You'd better have the janitor replace it.（＊）

Q: What does the woman suggest that the man do?

(A) Have a professional deal with the locker.

(B) Avoid using the locker for a while.

(C) Store his belongings somewhere else.

(D) Ask the instructors for some help.

　選択肢中の共通語 locker から **ロッカー** の話だと確認しておく。「ロッカーが開かなくなってきている」という男性の問題に対して、女性は「用務員さんに取り替えてもらったほうがいい」と提案（You'd better...）している。したがって (A) が正解。

＊ "You'd better..." は You had better の省略形。"have the janitor replace it" は、have 人 do（人に…させる）の形の使役（**参照** 44 ページ「have の用法」）。

男性：僕のロッカーがだんだん開きにくくなっているんだ。いつか完全に開かな
　　　くなるんじゃないかと思う。

女性：そうなっても不思議じゃないわね。ほら、錠前が錆びているじゃない！　用
　　　務員さんに錠前を取り替えてもらったほうがいいよ。

設問：女性は男性はどうすべきだと提案しているか？

(A) プロの人にロッカーを処置してもらうべき。

(B) しばらくの間、ロッカーの使用を避けるべき。

(C) 所持品はどこか別のところに保管すべき。

(D) 講師に救援を頼むべき。

覚えておきたい 単語・フレーズ

No wonder.　　不思議ではない／驚かない

Part B
Questions 31–34

Questions 31 through 34.

Listen to a conversation between two students.

設問31：選択肢 (B)

W: Hi, Jim, <u>I saw you in the library yesterday afternoon</u>. I would've stopped to say hello, but I was on my way to the school football game.

M: Oh, you must've caught me doing my Calculus 211 class homework.

W: I told you that class would be difficult, particularly considering you're not a math major.

M: Yeah, but <u>if I want to be an investment analyst one day, I'll need this course</u>, and others on topics such as statistics.

設問32：選択肢 (D)

W: Then you at least might want to visit the tutoring center. You don't have to register or anything. You can just walk in during its hours of operation.

M: I know, but I just need more practice, so that the calculations I make are actually correct. I think <u>all that noise would just distract me</u>. I have to do it mainly on my own.

設問33：選択肢 (C)

W: It must be tiring devoting so many hours, though. I think <u>you need some time away to refresh your mind</u>.

M: <u>You know, you're right.</u> When's the next big school event coming up?

W: There's a pop concert on campus this Friday. We should both go!

設問34：選択肢 (A)

....

設問文から事前に読み取って、集中して聞くべき点

- **昨日**の午後、男性がいた**場所**
- 男性が**calculus** を履修した**理由**
- **tutoring center** の**短所**
- 両者が**同意した点**

....

31. (B)

Q: Where did the woman see the man yesterday afternoon?

(A) In a class.

(B) In the library.

(C) At the football game.

(D) At a school party.

会話の状況をつかむ上でも、冒頭部分は集中して聞き取る。(B)が正解。

32. (D)

Q: Why did the man decide to enroll in the calculus course?

(A) To prepare to change majors.

(B) To learn to teach statistics.

(C) To earn a class certificate.

(D) To gain a career skill.

男性がCalculus（微積分）の講座に言及したあと、指示語を使って女性は**that class**、それに続く男性は**this course**と受けながら、この講座の話が続いていることをつかむ。男性がif I want to be an investment analyst one day, I'll need **this course**（いずれは投資アナリストになりたいので、この講座が必要になる）と述べているので、(D)が正解。

33. (C)

Q: What does the man think is a disadvantage of the tutoring center?

(A) It is only open a few hours a day.

(B) It deals mainly with advanced math courses.

(C) It offers no opportunity for quiet study.

(D) It requires students to register for assistance.

　次に女性がThen you at least **might want to** visit the tutoring center（それなら個別指導室にいくといいかも）と提案して、話題が**tutoring center**に移っている。女性の提案に対して男性は、I know, **but...** と反論している。反対の理由として、I think all that noise would just distract me（あのうるささで気が散ると思う）と述べているので、(C)が正解。

34. (A)

Q: What do the speakers agree would be helpful for the man's progress in the class?

(A) Having an opportunity to relax.
(B) Devoting more hours to study.
(C) Improving calculation techniques.
(D) Spending more time on campus.

　最後に女性は**I think you need...** と新たな提案をしている。提案内容は、some time away to refresh your mind（リフレッシュするために少しは勉強から離れる時間が必要）で、その提案に対してYou know, you're right（うん、そのとおり）と同意しているので、(A)が正解。

訳

設問31–34.
2人の学生の会話を聞きなさい。

女性：こんにちは、ジム。昨日の午後、図書館にいるのを見かけて、声をかけようと思ったけど、大学のアメフトの試合に行く途中だったから。
男性：あぁ、きっと僕が微積分211クラスの宿題をしているところを見かけたのだと思う。
女性：あのクラスは難しいよ、特に数学専攻ではないあなたには、って以前話したよね。

男性：そうだったね、でもいずれ投資アナリストになりたいので、このクラスとか統計学のクラスは必要になるんだ。

女性：それなら、少なくとも個別指導室に行くといいかもしれない。事前登録とかの必要はなくて、開いている時間に入っていけばいいだけだから。

男性：それはわかっているけど、計算間違いをしないように演習が必要なだけなんだ。あのうるささだと気が散ると思う。基本的には自分の力で演習しなければならないし。

女性：でもそんなに長時間、根を詰めていると疲れてしまうよ。リフレッシュするために少しは勉強から離れる時間も必要よ。

男性：うん、そのとおりだね。大学の大きなイベント、次はいつだっけ？

女性：今度の金曜に構内でポップコンサートがある。一緒に行きましょ！

31.

設問：昨日の午後、女性は男性をどこで見かけたのか？

(A) クラスで。

(B) 図書館で。

(C) アメフトの試合で。

(D) 大学のパーティーで。

32.

設問：男性はなぜ微積分の講座を取ることに決めたのか？

(A) 専攻を変える準備をするため。

(B) 統計学を教えられるようになるため。

(C) 講座修了証書を受け取るため。

(D) 職業技能を身につけるため。

33.

設問：男性が思っている個別指導室の欠点は何か？

(A) 1日数時間しか開いていない。

(B) 主に上級数学を対象にしている。

(C) 静かに勉強する環境を提供していない。

(D) 指導を受けるのに、学生に事前登録要件を課している。

34.

設問：微積分の勉強がはかどるのに何が役立つと二人は同意しているか？

(A) 勉強から気分解放する機会を持つこと。

(B) もっと長い時間勉強に打ち込むこと。

(C) 計算技術を向上させること。

(D) もっと長い時間構内で過ごすこと。

覚えておきたい 単語・フレーズ	
register	動 登録する
distract...	動 …の気を散らす（⇔ attract）
on one's own	自分の力で
devote...	動 …を捧げる

Questions 35–38

Questions 35 through 38.
Listen to a conversation between a student and her professor.

M: Hi, Mali. The summer holidays start next week. You must be excited to have a break from your schoolwork. Do you have anything planned?

W: Hi Professor Evans! I do. <u>I've arranged a volunteer vacation in Indonesia.</u>

M: Volunteering. For your vacation? Most of my students take a normal vacation, like Hawaii. ┈▶ 設問35：選択肢(A)

W: Yeah. I thought about having a normal vacation. But if I volunteer, I can still go somewhere new, but also work for an organization that needs help. They won't pay me, but <u>they will give me food and accommodation.</u> ┈▶ 設問36：選択肢(A)

M: Interesting. So, where will you be volunteering?

W: It's a sea turtle rescue center. They help injured sea turtles. I don't know what my job will be yet, but I love sea turtles, and I really want to help.

M: Don't you have to be qualified to work with sea turtles?

W: Well. I'm going to be a vet, so I have some experience with animals. But I imagine I will be helping them with easy things like feeding the turtles and cleaning the tanks.

M: That sounds like an amazing vacation. You get to visit somewhere new, get work experience, and do something good for the planet. I'm surprised more of my students don't do volunteer vacations.

W: Exactly! I can have a vacation and help my career! I think it's becoming more popular these days among young people. Actually, my friend, Susan, is volunteering in Cambodia this year. You know, the job market is very competitive for young people, so <u>volunteering is a great way to get some work experience and have a vacation at the same time.</u> ┈▶ 設問37：選択肢(C)

M: Agreed. My only concern is... <u>do you think you will feel rested</u> and ready to start your classes again if you are working for ┈▶ 設問38：選択肢(D) your vacation? I want you to be ready for class next semester.

W: I don't know. I think some volunteer positions can be relaxing. It depends on the organization you're working with. I'll tell you how I feel about it when I come back.

M: Please do! I might volunteer in Mexico on my next break from work. I've always wanted to go.

設問文から事前に読み取って、集中して聞くべき点
・女性の休暇先の**場所**
・**the sea turtle rescue center** の**特徴**
・**volunteering** for a vacation の**長所**
・**volunteering** plan の**問題点**

---

35. (A)

Q: Where will the woman go on her vacation?

(A) Indonesia.
(B) Mexico.
(C) Cambodia.
(D) Hawaii.

　冒頭のナレーションと発言から、女性は学生で名はMali、男性は教授で名は Professor Evans だと確認する。話のテーマは**summer holidays**（夏休み）の **plan**（計画）で、女性の発言I've arranged a volunteer vacation in Indonesia（インドネシアでボランティア休暇を取ることに決めているんです）から、(A)が正解。

36. (A)

79

Q: What will the sea turtle rescue center give Mali?

(A) They provide food and somewhere to sleep.

(B) They award volunteers with a certificate.

(C) They will pay her for her work.

(D) They will offer her a full-time job after graduation.

　ボランティアの説明の中で女性がThey won't pay me, but they will give me food and accommodation.（無給だが、食事と宿はつく）と説明している。勤務先である the sea turtle rescue center（ウミガメ救援センター）はその後で明らかになるが、このセンターを念頭に女性はTheyと言っているはずだから、(A)が正解。

37. (C)

80

Q: What do the speakers agree is the major advantage of volunteering for a vacation?

(A) It will give her the experience she needs to become a vet.

(B) It is the most enjoyable way to spend time.

(C) It will allow the woman to get work experience and travel.

(D) It is a great way to relax over the summer break.

　男性の発言So, where will you be volunteering?（それで、どこでボランティアをする予定なのですか？）から、話題は勤務先である **the sea turtle rescue center** での具体的な勤務内容に移る。ひととおり聞いた後、感想として男性は You get to visit somewhere new, get work experience, and do something good for the planet（初めての地で、職業経験が得られて、地球に良いことをする）と述べ、それに対し女性は、Exactly! I can have a vacation and help my career!（そうなんです。休暇を取ることができて、将来の仕事にも役立つ）と述べている。さらに同様の内容を言い換えて、女性はvolunteering is a great way to get some work experience and have a vacation at the same time（ボランティアは職業経験を得られると同時に休暇も過ごせる素晴らしい方法なんです）と述べ、それに対し男性はAgreed（そのとおりだね）と返答しているから、(C)が正解。

38. (D)

Q: What does the man think is a problem with the woman's volunteering
   plan?
(A) There are too many volunteers.
(B) She isn't qualified enough to help.
(C) She doesn't know when she'll return.
(D) She might not get the rest she needs.

　同意したあと、男性はMy only concern is... do you think you will feel rested and ready to start your classes again if you are working for your vacation?（一つだけ心配なのは、休みの期間に働いていて、休養を取ってまた良い態勢でスタートを切ることできるかということなのだが、どう思う？）と述べているので、(D)が正解。

訳

設問35–38.
学生と教授の会話を聞きなさい。

男性：やぁ、マリ。来週から夏休みだね。学業から解放されてきっと嬉しいのではないかな。すでに夏休みの計画はあるのかい？
女性：こんにちは、エバンス教授。ええ、あります。インドネシアでボランティア休暇を取ることに決めているんです。
男性：ボランティアを休暇に？　私の学生のほとんどは普通の休暇を取るよ、例えばハワイとか。
女性：ええ。普通の休暇を過ごすことも考えていたのですが、もしボランティアをすれば、初めての土地に行けて、人手が足りない機関で働くこともでき

ます。無給ですが、食事と宿はつきます。

男性：それは興味深いね。それでどの機関でボランティアをする予定なのかな？

女性：ウミガメ救援センターです。傷を負ったウミガメを助けているところなんです。私の仕事内容がどうなるのかはまだわかりませんが、ウミガメは好きですし、心から助けたいと思っています。

男性：ウミガメを扱う仕事をするのに資格は必要ないのかい？

女性：そうですね、私は獣医になるつもりですので、少しは動物を扱った経験はあります。ただ、たとえば餌やりとか水槽を洗うといった単純な仕事を私はすることになる気がしています。

男性：素晴らしい休暇になりそうだね。初めての土地に行き、職業経験を得て、地球に良いことをする。むしろボランティア休暇を取らない学生が多いことのほうが驚きだ。

女性：そのとおりです！　休暇も取れて将来の仕事にも役立つのですよ！　これからもっと若い人の間で流行ると思います。実際、友人のスーザンは今年カンボジアでボランティアをするのです。雇用市場は若者にかなり厳しいからこそ、ボランティアは職業経験を得られて同時に休暇を過ごすことができる素晴らしい方法なんです。

男性：そのとおりだね。一つだけ心配なのは…、休み中働いていて、休養を取って良い態勢でまたスタート切ることができるかということなのだが、どう思う？　君には来学期も万全の態勢で臨んでほしい。

女性：どうですかね。ボランティアの仕事にも心身の休養になるものもあると思います。勤務する機関にもよるのではないでしょうか。戻ったらどうだったかご報告します。

男性：ぜひそうしてください。次の休暇では私もメキシコでボランティアをしようかな。実は常日頃からメキシコに行きたいと思っていてね。

35.

設問：女性は休暇でどこに行く予定か？

(A) インドネシア。

(B) メキシコ。

(C) カンボジア。

(D) ハワイ。

36.
設問：ウミガメ救援センターがマリに与えるものは何か？
(A) 食事と寝る場所を提供する。
(B) 修了証書を授与する。
(C) 勤務分の給与を払う。
(D) 卒業後、正規雇用する。

37.
設問：二人が同意している、休暇でボランティアをする主な長所は何か？
(A) 女性が獣医になるために必要な経験を与えてくれる。
(B) 時間を過ごす方法として一番楽しい。
(C) 女性が職業経験を得て、旅行することもできる。
(D) 夏休み全般にわたって休養を取る素晴らしい方法である。

38.
設問：男性は、女性のボランティアの計画に関して何が問題だと思っているか？
(A) ボランティアをする人が多過ぎる。
(B) 女性は支援をするのに十分な資格がない。
(C) 女性は自身がいつ戻ることになるのかわからない。
(D) 女性は必要な休養を取れないかもしれない。

覚えておきたい 単語・フレーズ

| accommodation | 名 宿泊施設 |
| feed... | 動 …に餌を与える |

Part C
Questions 39–42

Questions 39 through 42.
Listen to part of a meeting.

設問39：選択肢 (D)

Let's get started, shall we? Thank you all for coming. Tonight, we have to work together <u>to make an important decision about our working practices</u>. As you probably know, some of the students are worried that we are not properly considering environmental issues. We received a petition from a student representative with over 100 signatures on it, so I think we ought to take this matter seriously. Acting on this petition is a chance to improve our reputation. The main issue that has been raised is that in the university cafeteria we serve drinks in disposable cups, with plastic lids and straws. Obviously, this creates waste. What the students are suggesting is that for anyone dining in the cafeteria, we start serving soft drinks in glasses. Another concern is the lack of food recycling bins. The students have pointed out that <u>food waste could be composted and used around the university grounds. As the person responsible for the company's public profile,</u> I must say I think their

設問40：選択肢 (A)

ideas are good ones. Other catering companies have already changed their policies on matters like these while we've dragged our feet. The great thing about recycling food waste is that it'll cost us almost nothing. However, switching to glasses <u>will cost us roughly five percent more</u>. Now, I told the company president that I would ask for your views on the glasses and report back to him, so can we take an initial vote? All those in favor of replacing the disposable cups, please raise your hand... [fade]

（色字＝主語）

設問41：選択肢 (B)

設問42：選択肢 (D)

450

・冒頭部分で語られる会議の**目的**
・**food recycling bins** を増やす**長所**
・話し手の**役職**
・**グラス**で飲み物を提供する**問題点**

39. (D)

Q: What is the purpose of the meeting?
(A) To collect signatures on a document.
(B) To inform committee members of a decision.
(C) To hear staff members giving their views.
(D) To decide whether to change a policy.

　Part Cでは、しばしば冒頭でトークの目的が紹介され、設問で問われることが多い。ここでも、Tonight, we have to work together to make an important decision about our working practices（今晩は皆さんと一緒に、我々の業務のやり方について重要な決定を下す作業に取り組まなければならない）と述べているので、これを言い換えた(D)が正解。

40. (A)

Q: What is one advantage of putting more food recycling bins around?
(A) The waste can be used to feed plants.
(B) Students won't have to walk so far.
(C) The bins will remind everyone to recycle.
(D) Students need not separate their waste.

　学生からの要望内容として、まずThe main issue（主要な問題）として使い捨て

カップの代わりにグラスを使うことが紹介され、続いて話題は**Another concern**（もう一つの関心事項）に移り、the lack of food recycling bins（食品リサイクル回収容器の不足）が紹介される。その直後で、The students have pointed out that food waste could be <u>composted</u> and used around the university grounds（学生からの指摘は、食べ残しは<u>堆肥</u>にでき、グラウンド周囲の植込みで再利用できる）と紹介している。もしリサイクル回収容器が十分にあれば（仮定法"could"）、こうした再利用が可能になる、ということなので、(A)が正解。

41. (B)

Q: Who is conducting the meeting?
(A) A student representative.
(B) The marketing manager.
(C) An environmental officer.
(D) The company president.

Another concern に続いて、As the person responsible for the company's public profile, I must say I think their ideas are good ones（会社の広報を統括する立場の者として、学生の考えは素晴らしいものだと言わざるを得ない）と述べ、すでに述べた2つの要望について会社としてどう対処すべきかに話題が移行している。ここで話し手は自らを、「広報を統括する立場の者（the person responsible for the company's public profile）と述べているので、(B)が正解（「マーケティング」は一般に、顧客と企業の最適な関係を築く活動全般を意味し、その活動の中に広報を含むと解釈可能）。

42. (D)

Q: What is the problem with serving drinks in glasses?
(A) They have to be stored somewhere.
(B) They are easy to break.
(C) They have to be washed.

(D) They cost more than paper cups.

対処方針に話題を移して、まず2つの目の要望の食品リサイクルの長所を述べ、続いて **However** で強調して1つ目の要望についての問題点 switching to glasses will cost us roughly five percent more（グラスへの変更はおよそ5%のコスト増になる）を述べている。したがって(D)が正解。

訳

設問39–42.
ある会議の一部を聞きなさい。

では始めましょうか？　お集まりいただいてありがとうございます。今晩は皆さんと一緒に、我々の業務のやり方について重要な決定を下す作業に取り組まなければなりません。ご存知のことと思いますが、一部の学生から、我々は環境問題について適切に考慮していないという懸念が挙がっています。学生代表の1人から100名以上の署名のある要望書も受け取りましたので、我々はこの問題を真剣に受け止めるべきだと考えています。この要望書に基づいて行動を起こすことは、我が社の評判を上げるうえで良い機会でもあります。声が寄せられた主要な問題は、学食で飲み物を提供する際、プラスチックの蓋とストローがついた使い捨てカップを使っていることです。言うまでもなく、これはごみを増やすことになります。学生たちの提案は、学食で飲食するすべての者に対して、グラスに入れた飲み物の提供を始めるべきだ、というものです。もう一つ寄せられている懸念は、食品リサイクル回収容器が不足していることです。学生たちの指摘は、食べ残しは堆肥にでき、グラウンド周囲の植込みで再利用できるだろうというものです。我が社の広報を統括する立場として、学生たちの考えは素晴らしいものだと言わざるを得ません。仕出し業の他社は、我が社が二の足を踏んでいる間に、こうした問題についてすでに会社の方針変更を図っています。食べ残しをリサイクルすることの素晴らしい点は、ほぼコストがかからないことです。しかしグラスに変更することは、およそ5%のコスト増になるでしょう。社長には、グラスの件について皆さんの意見を伺って、その旨報告すると話しておりますので、最初の採決を取りたいと思います。使い捨てカップの変更に賛成の方、挙手をお願いします…。

39.

設問：この会議の目的は何か？

(A) 書面に署名を集めるため。

(B) 委員会のメンバーにある決定を通知するため。

(C) 職員の意見を聴取するため。

(D) 方針を変更するかどうか決定するため。

40.

設問：食品リサイクル回収容器の設置を増やす長所の一つは何か？

(A) 食べ残しを植物の肥やしに利用することができる。

(B) 学生が遠くまで足を伸ばす必要がなくなる。

(C) リサイクル回収容器を見て、誰もがリサイクルすることを思い出す。

(D) 学生はごみを分別する必要がない。

41.

設問：誰が会議を執り行っているか？

(A) 学生代表。

(B) マーケティング部長。

(C) 環境部門責任者。

(D) 取締役社長。

42.

設問：飲み物をグラスで提供することの問題は何か？

(A) 飲み物をグラスに入れると、どこかに保管する必要がある。

(B) 飲み物をグラスに入れると、破損しやすい。

(C) 飲み物をグラスに入れると、洗浄する必要がある。

(D) 飲み物をグラスに入れると、紙カップよりもコスト増になる。

get started	始める
petition	名 請願書
university cafeteria	名 学食
disposable	形 使い捨ての
bin	名 箱
point out...	…を指摘する
compost...	動 …を堆肥化する
public profile	名 一般認知（会話では、広報〔= public relations〕に近い意味で使っている）
drag one's feet	ぐずぐずする、二の足を踏む
those	名 人々
in favor of...	…に賛成して（⇔ against）

第2部 テスト編

Sec.1 Listening Comprehension
模擬テスト 解答・解説

Sec.2 Structure and Written Expression
模擬テスト 解答・解説

Sec.3 Reading Comprehension
模擬テスト 解答・解説

Questions 43–46

Listen to a guest speaker talking about an aspect of geology.

設問43：選択肢(B)　　　　　　　　　　　設問44：選択肢(B)

Thank you for having me. Let's start with an image. Does anyone recognize this mountain? That's right, it's Mount Kinabalu in Malaysia. And does anyone know why this mountain is unusual? Well, it's what we call a pluton. A pluton is a mountain formed by a specific process, which I've been researching for the last two years and will describe to you tonight. We all know that under the earth's surface there is magma: hot, liquid rock that comes out of a volcano when it erupts. Underground, magma is under considerable pressure. It is less dense than the rocks that surround it, so it tries to push its way upwards to the surface of the earth, like bubbles in a glass of soda. It does this by moving into small cracks in the surrounding rocks, known as country rocks, and breaking them apart. As the magma approaches the earth's crust, one of two things happens. The magma either pushes through the crust, causing a volcanic eruption, or it cools slowly within the crust because it is insulated by country rocks. In the latter case, slow cooling makes crystals in the magma grow larger. As the magma expands, it alters the shape of the crust—producing a pluton, which includes granite, gabbro and diorite. Plutons are called either batholiths or stocks, depending on their size. When they are larger than 100 square kilometers, plutons are termed batholiths, while smaller ones are named stocks. Now, let me show you some more examples on the screen... [fade]

設問46：選択肢(C)

設問45：選択肢(D)

（色字＝主語）

・冒頭部分で語られる講演**目的**
・ "**country rocks**" とは？
・ **pluton** が形成される**原因**
・ **batholiths** と **stocks** の**違い**

. . . .

43. (B)

Q: What is the purpose of the talk?
(A) To describe a mountainous region in Asia.
(B) To explain research into a scientific process.
(C) To show how to identify different kinds of rock.
(D) To give an overview of how a volcano erupts.

トークの目的は通常冒頭部分に紹介されるが、今回はイントロ（映像を示して、「この山がなんだかわかりますか？」）から入った後、Well, it's **what we call** a pluton.（これがプルトン**と呼ばれるもの**です）とトピックワード「プルトン」を紹介し、続けてA pluton is a mountain formed by a specific process, which I've been researching for the last two years and will describe to you tonight（プルトンはある特別なプロセスで形成される山で、そのプロセスについて私はこの2年間研究を続けており、今晩皆さんにお話しようと思います）と、プルトンの簡単な説明とトークの目的に触れている。したがって(B)が正解。

44. (B)

Q: What are "country rocks"?
(A) Hot, liquid rocks.
(B) The surrounding host.
(C) The mass of large crystals.

(D) Cooling magma.

　トピックワード「プルトン」の紹介後、マグマについての説明が始まる。Underground, magma is under considerable pressure（地中で、マグマは大きな圧力下にある）と述べたあと、マグマの上昇の説明が続くが、マグマは指示語 **It** を使って表していることに注意。具体的には **It** does this by moving into small cracks in the surrounding rocks, **known as** country rocks, and breaking them apart（マグマは、母岩と呼ばれる周囲にある岩の中の小さな亀裂に貫入して砕きながら、地表に向かって上昇する）と説明される。"**known as...**" やトーク冒頭の "**what we call...**" といったフレーズは専門用語を紹介するときによく使うフレーズで、直前でその語の説明をしている。したがって、country rocks とは、直前にある surrounding rocks（周囲にある岩）のことで、「周囲にある母体になるもの」の (B) が最も近く、これが正解。なお、(A) の hot, liquid rock はマグマの説明、(C) の large crystals はマグマが冷却されて形成されるものであり、(B) 以外はすべてマグマ（の一部）である。

45. (D)

Q: How does magma cause a pluton to form?
(A) It heats up and explodes.
(B) It melts rocks above ground.
(C) It builds up over time.
(D) It cools down and expands inside the crust.

　トークは、マグマが地表近くまで上昇したあとの話に移る。2つの可能性を示し、後者（**In the latter case**）が「プルトン」形成につながる。具体的には slow cooling makes crystals in the magma grow larger. As the magma expands, it alters the shape of the crust—producing a pluton（ゆっくり冷却すると、マグマ中の結晶は大きく成長する。膨張するにつれ、マグマは地殻を変形させ、プルトンを形成する）ので、(D) が正解。

46. (C)

Q: How are batholiths different from stocks?

(A) Batholiths contain only granite.

(B) Batholiths formed in an earlier period.

(C) Batholiths are greater in size.

(D) Batholiths have a more irregular shape.

　最後に、形成された「プルトン」の種類について、Plutons **are called** either batholiths or stocks, depending on their size.（大きさに応じて、batholiths あるいはstocks **と呼ばれる**）と述べている。"**are called...**"や、その後の"**are termed...**""**are named...**"も、専門用語を紹介するフレーズとして使われ、主語について専門用語で説明している。さらに重要な点として、「2つ（以上）のもの」が紹介されたら、その2つがそれぞれ「何」であって、どんな「相違点」があるか、しっかり聞き取ること。今回は "batholiths" と "stocks" の2つで、相違点は「大きさ（= size）」である。具体的には比較級を使って When they are **larger** than 100 square kilometers, plutons are termed **batholiths**, while **smaller** ones are named **stocks**（100km² より大きいと "batholiths" と呼ばれ、それより小さいプルトンは "stocks" と呼ばれる）と述べているので、(C) が正解。

覚えておきたい 単語・フレーズ

volcano	名 火山
erupt	動 噴火する（名 eruption）
dense	形 密度が高い（名 density）
insulate...	動 …を断熱する、絶縁する
alter...	動 …を変化させる（= transform = convert）
be termed...	動 …と呼ばれる（= be called = be named）

設問43–46.

地質学のある一面についてのゲストスピーカーの話を聞きなさい。

　ご招待いただき、ありがとうございます。最初に、ある映像をご紹介しましょう。どなたか、この山が何であるかおわかりになりますか？　そのとおり、マレーシアにあるキナバル山です。なぜこの山が普通の山と異なっているかご存知の方は？　それはプルトンと呼ばれるものだということです。プルトンは特別なプロセスで形成された山で、私はこの2年間、プルトンについて研究を重ね、今晩皆さんにお話しようと思います。地表の下にはマグマがあることは皆さんご存知ですね。火山が噴火すると噴き出す、熱いドロドロの岩です。地中では、マグマはかなり大きな圧力下にあります。マグマは周囲にある岩体よりも密度が低いため、グラスに入った炭酸水の泡と同じように、地表面に向かって上昇しようとします。母岩と呼ばれる周囲にある岩の中の小さな亀裂に貫入して砕きながら、マグマは地表に向かって上昇するわけです。マグマが地殻に近づいてくると、2つのうちのいずれかが起こります。地殻を突き抜けて噴火を起こすか、あるいは母岩によって断熱されて地殻内でゆっくり冷却するかです。後者の場合、ゆっくり冷却されることでマグマ中の結晶が大きく成長します。膨張するにつれ、マグマは地殻を変形させ、プルトンを形成します。プルトン内には花崗岩、斑レイ岩、閃緑岩が含まれています。プルトンは大きさに応じて、底盤あるいは岩株と呼ばれます。100km²を超える大きさの場合、底盤と呼ばれ、それより小さいプルトンは岩株と呼ばれます。では、さらにいくつかの例をスクリーン上でお示ししましょう。

43.

設問：このトークの目的は何か？

(A) アジアの山間部を描写するため。

(B) ある科学的過程についての研究を説明するため。

(C) 異なる種類の岩の見分け方を示すため。

(D) どのように火山が噴火するかを概観するため。

44.

設問："country rocks（母岩）"とは何か？

(A) 熱い、液状の岩。

(B) 周囲にある母体となるもの。

(C) 大きな結晶の塊。

(D) 冷却しつつあるマグマ。

45.

設問：どのようにしてマグマからプルトンが形成されるか？

(A) マグマが加熱して爆発する。

(B) マグマが地上の岩を溶かす。

(C) マグマが徐々に蓄積する。

(D) マグマが冷却して地殻内で膨張する。

46.

設問：どのようにbatholiths（底盤）はstocks（岩株）と異なるか？

(A) Batholiths（底盤）は花崗岩だけを含む。

(B) Batholiths（底盤）が形成される時期の方が早い。

(C) Batholiths（底盤）の方が大きい。

(D) Batholiths（底盤）の方が不規則な形をしている。

Questions 47–50

Questions 47 through 50.

Listen to part of a lecture by a university professor in a history class.

設問47：選択肢(A)　　設問48：選択肢(C)

Today we'll talk about the aftermath of the American Revolution. As you'll remember, the cost of running its colonies had left Britain in financial trouble. In particular, the war with America was a drain on resources. For this reason, Britain agreed to American independence, but the two countries still had to negotiate what this would mean in practice. These negotiations took place in the French capital between 1782 and 1783, resulting in a document called the Treaty of Paris. It was signed by John Adams, Benjamin Franklin and John Jay in the US, and a representative of King George III in Britain. The document stated that the newly-independent country would be called the United States of America, not the Thirteen Colonies as it had been previously known. That's the reason the American flag has thirteen stripes, by the way! The Treaty of Paris also stated that Britain must return all land, property and prisoners of war to the USA, and granted Americans the right to fish in Newfoundland, an island east of the mainland. The British were rather generous when they drew the boundaries of the new United States. They ceded a sizeable territory to the east of the Mississippi River which allowed the new country to expand towards the west. However, the reason for their generosity was largely practical, as the British saw that the Americans could be a useful trading partner in future. Right, open your textbooks to page 196 and find the timeline of the events of... [fade]

（色字＝主語）

設問50：選択肢(D)　　設問49：選択肢(B)

....

設問文から事前に読み取って、集中して聞くべき点
- ・冒頭部分で語られる講演**テーマ**
- ・**American flag** について

・the Britishが**寛容**だった理由

・トーク末尾で語られる**次の**行動

· ·

47. (A)

Q: What is the talk mainly about?

(A) Negotiations about practical matters after American independence.

(B) Reasons why Britain was reluctant to agree to American independence.

(C) Comparisons between the American and French Revolutions.

(D) Three Americans who convinced Britain to return its prisoners of war.

ナレーションから "**history**" の講義、トーク冒頭Today we'll talk about **the aftermath of the American Revolution**（今日は、アメリカ独立戦争の余波についてお話します）から独立戦争後の話だとわかる。続いて、イギリスがアメリカ独立を認めた理由が経済的理由だと紹介し、強調の**but**を使ってBritain agreed to American independence, **but** the two countries still had to negotiate what this would mean in practice.（イギリスはアメリカの独立を承認した**が**、両国は、アメリカが独立することで実際問題どうなるのか交渉しなければならなかった）と述べ、以降は具体的な交渉内容を説明している。したがって(A)が正解。

48. (C)

Q: What does the professor say about the American flag?

(A) Historians are not sure when it was first flown.

(B) Each of the colors has a significant meaning.

(C) Its design was influenced by the signing of a document.

(D) The number of stars represents the number of states.

交渉内容の説明として最初に、交渉結果であるパリ条約と**呼ばれる**（**called** the Treaty of Paris）議定書（document）が紹介される。続いてこの議定書に署名し

た人物の名が挙げられた後、**The document stated...** として議定書の中身が説明される。その中身は、独立国を13植民地（the Thirteen Colonies）という名でなくアメリカ合衆国（the United States of America）と呼ぶこと。その説明のあと、**That's the reason** the American flag has thirteen stripes（**それが理由で、**アメリカ国旗には13本の縞模様が描かれている）と述べている。説明が跳んでいてややわかりにくいが、議定書に署名したアメリカ側は13植民地であったことから、国旗の縞の本数が13本になったという説明。したがって (C) が正解。

49. (B)

Q: Why were the British generous about boundaries?
(A) They took control of an island instead.
(B) They wanted to trade with the USA.
(C) They misunderstood the map.
(D) They didn't want another revolution.

　国の名称と国旗の説明のあと、**The Treaty of Paris also stated that...** と条約議定書について別の中身の説明が続く。財産や捕虜の返還、漁業権の付与、領土の割譲の説明のあと、強調の **However** を使って **However,** the reason for their generosity was largely practical, as the British saw that the Americans could be a useful trading partner in future（イギリスの寛大さの理由は主に実利を考慮したもので、イギリスはアメリカを将来自国にとって有益な通商相手になると見ていた）と述べている。したがって (B) が正解。

50. (D)

Q: What will probably happen next?
(A) The professor will show a video.
(B) The students will give presentations.
(C) The professor will collect essays.
(D) The students will look at a diagram.

トークの最後に、Right, open your textbooks to page 196 and find the timeline of the events of... （それでは、テキストの196ページを開けて史実の年表を見てみましょう）と述べているので、(D)が正解。

訳

設問47–50.
歴史クラスにおける教授の講義の一部を聞きなさい。

今日はアメリカ独立戦争の余波についてお話します。覚えていると思いますが、植民地運営費によってイギリスは財政難に陥っていました。とりわけアメリカとの戦争は資源を枯渇させるものだったのです。これが理由になってイギリスはアメリカ独立を承認したわけですが、両国はアメリカが独立することで実際問題どうなるのか交渉しなければならなかったのです。この交渉は1782年から83年の間、フランス首都で行われ、パリ条約と呼ばれる議定書の締結に至りました。議定書は、アメリカ側のジョン・アダムス、ベンジャミン・フランクリン、ジョン・ジェイ、そしてイギリス側のジョージ III 世の代理人によって署名されました。議定書に、新たに独立する国は、それまで使われていた13植民地という呼称ではなく、アメリカ合衆国と呼ばれることが明記されました。話は逸れますが、アメリカ国旗に13本の縞模様が描かれているのはこれが理由です！　パリ条約では、イギリスは（植民地において没収されていた）すべての土地、財産、戦争捕虜をアメリカに返還し、さらにアメリカ人に大陸の東方にあるニューファンドランド島沿岸での漁業権を付与することも明記しています。新たなアメリカ合衆国との間に引く国境線についてもイギリスはかなり寛容でした。イギリスはかなり大きな領土であるミシシッピ川以東を割譲し、新国家が西部へ拡大することを可能にしました。しかし、イギリスの寛容さの理由は主には実利を考慮したもので、イギリスはアメリカを将来自国にとって有益な通商相手になると見ていたのです。それでは、テキストの196ページを開けて史実の年表を見てみましょう。

47.
設問：このトークは主に何についてか？
(A) アメリカ独立後の実際問題についての交渉。
(B) イギリスがアメリカ独立に同意したがらない理由。
(C) アメリカ独立戦争とフランス革命の比較。

(D) 戦争捕虜を返還するようにイギリスを説得した3人のアメリカ人。

48.
設問：教授はアメリカ国旗について何と言っているか？
(A) アメリカ国旗が最初に掲げられたのはいつのことか、歴史家は確信を持っていない。
(B) アメリカ国旗のそれぞれの色は深い意味を持つ。
(C) アメリカ国旗のデザインは、ある文書への署名行為と関係があった。
(D) 星の数は州の数を表している。

49.
設問：なぜイギリスは国境について寛容だったか？
(A) その引き換えに島一つの領土権を獲得したから。
(B) アメリカと貿易をしたかったから。
(C) 地図を読み間違えていたから。
(D) これ以上また別の革命を起こしたくなかったから。

50.
設問：おそらく次に何が起こるか？
(A) 教授がビデオ映像を見せる。
(B) 学生が発表を行う。
(C) 教授がレポートを集める。
(D) 学生が図表を見る。

覚えておきたい 単語・フレーズ

colony	名	植民地
drain	名	流出
treaty	名	条約
boundary	名	国境
sizeable	形	かなり大きな

1-16「同意の表現」

第2部 テスト編

Sec. 1 Listening Comprehension
模擬テスト 解答・解説

Sec. 2 Structure and Written Expression

Sec. 3 Reading Comprehension

同意の表現

以下の同意表現は覚えてください（太字はTOEFL ITP頻出表現です）。

（相手の言ったことに対して）「そのとおり」

You can say that again.

I couldn't agree with you more.

Isn't it though. / Didn't it though. / Hasn't it though.

You are telling me.

That's for sure.

No kidding.

Tell me about it.（良くないことに対して「それ、よくわかるよ」という場合）

（相手の提案に対して）「いいよ！」

Why not?

You said it.

Sure thing.

It's a deal.

Whatever you say.（やや気乗りしない場合）

（相手の問いかけに対して）「そうです！」「もちろん！」

I'll say!

You bet!

（相手の依頼に対して）「了解」

You've got it.

class bulletin	開講科目便覧
syllabus	講義初日に配布される講義概要
register for a course = sign up for a class	履修科目を登録する
drop a class = withdraw from a course	履修科目から抹消する
audit a class	聴講する（単位取得せず）
credit = point	単位
required course = core course	必修科目
elective	選択科目
prerequisite	先修科目
review session	（TA 等が実施する）復習のための補講
make-up exam	追試
pop quiz	抜き打ち小テスト
handout	プリント（講義補助資料）
reading pack	テキスト以外の論文集（講義補助資料）
thesis = dissertation	研究論文
tuition	授業料
student grants	返還義務のない学費援助（scholarship など）
resume ≈ C.V. (curriculum vitae)	履歴書
cafeteria	学生食堂
meal plan	学生食堂のプリペイド制度
dorm (dormitory)	学生寮
student union	学生会館
quad	中庭
checkout	図書館での本貸出手続き
fraternity ⎱ club	男子学生のサークル
sorority ⎰	女子学生のサークル
faculty	大学教員／学部（= department）
chair/dean	学部長
freshman	1年生
sophomore	2年生
junior	3年生

senior	4年生
undergraduate	学部生
graduate student	大学院生
alumni (> alumna/alumnus) /graduate	卒業生
honor roll	優等生名簿
classifieds (classified advertisements)	賃貸アパートや中古車等の新聞広告欄
prescription	処方箋

> 1-18「リスニング力を伸ばすために…」

リスニング力を伸ばすために…

　「リスニングが苦手」という方は、次の3つのいずれか（あるいは複数）に問題があります。

　　1. 語彙力
　　2. 聞き方
　　3. 意味の取り方

1. 語彙力

　当たり前の話ですが、知らない単語は聞き取れません。また知っている単語であっても知らない使い方をされるとやはり聞き取れません。この場合、聞き取れないのはリスニング力の問題ではなく、**語彙力の問題**です。TOEFL ITP リスニングでも、特に Part A や B では、「書き言葉」ではまず使われることのない、「話し言葉」や「大学生活用語」が頻出します。これらは**覚えていくしかありません**（参照 上記「大学生活でよく使われる用語」）。

469

2. 聞き方 ～「音程」と「リズム」の感覚

英語を聞くとき、音の高低差や強弱を意識しているでしょうか？　早いテンポの箇所もあれば遅いテンポの箇所もあることに気づいているでしょうか？　リスニングが苦手な方に音読してもらうと、高低差も強弱もなくほぼ一定のテンポで読む方が多いように思います。その場合、自分が音読した文と全く同じ文であっても、音程とリズムを持ったネイティブの音読は同一のものと認識できず、理解不能な「ノイズ」になってしまいます。発信側のネイティブの言葉を「同期」できるようになるためには、受信側の自分を変える必要があります。子供の頃、歌詞の意味などわからずに歌を口ずさんでいたように、**最初は意味を無視して構いませんので、ネイティブと同じ音程、リズム、スピードで声に出して「まね」てみてください。ポイントは「同じ」という点**です。自己流の音程、遅いスピードでは効果は半減します！　この作業を繰り返すうちに、自然とネイティブ風の発音に慣れ、受信可能になっていきます。

3. 意味の取り方 ～「語順」と「フレーズ」の感覚

「短い一言なら聞き取れるが、長くなるとわからなくなる」方は、意味の取り方に問題があるかもしれません。読解と異なり、次々と音声が流れてくるリスニングでは、英文を「読み返す」時間はありません。日本語の語順に変換してきれいな日本語で理解する余裕はないのです。ではどうするか？　**出てきた語順で日本語に変換して、そのまま不格好な日本語の語順で理解する**しかありません。とは言え、1単語ごとに日本語に置き換えても、内容は頭に入ってこないでしょう。「1. 何が」「2. どうした」「3. どこで」…というように、意味のかたまり（フレーズ）で区切りながら処理する必要があります。つまり長い文を聞き取れるようになるには、**区切り方を身につける**ことがポイントになります。一つのかたまり（ワンフレーズ）は、感覚的な言い方になりますが、音楽と同じように、ある音程パターン（1回上がってその後下がる…など）に従って一息で発せられることが多いので、2. で述べた「音程」「リズム」感覚を磨くことで次第にフレーズご

とに区切る感覚が身につき、英語の語順にも慣れていきます。

　自分がこの3つのいずれに問題があるのか、設問ごとに**自己分析をして弱点を認識する**ことがとても大切です。あとは上記を参考に、練習を積むことで時間はかかりますが、必ず克服できます！

第2部　テスト編

Sec.1 Listening Comprehension
模擬テスト 解答・解説

Sec. 2 Structure and Written Expression
模擬テスト 解答・解説

Sec. 3 Reading Comprehension
模擬テスト 解答・解説

Structure and Written Expression
模擬テスト 解答・解説

正解一覧

1.	A	11.	D	21.	C	31.	C
2.	D	12.	B	22.	B	32.	A
3.	B	13.	B	23.	B	33.	A
4.	C	14.	D	24.	C	34.	C
5.	D	15.	D	25.	B	35.	B
6.	C	16.	B	26.	A	36.	C
7.	A	17.	B	27.	D	37.	B
8.	D	18.	C	28.	C	38.	C
9.	A	19.	B	29.	C	39.	C
10.	C	20.	A	30.	A	40.	A

スコア換算

　文法セクションのスコアは、以下の換算表を利用してください。3セクション（リスニング・文法・リーディング）のスコアの平均値を10倍したものが合計スコアになります。

正解数	スコア	正解数	スコア
0–8	31	24–26	50
9–11	33	27–29	53
12–14	37	30–32	56
15–17	42	33–35	60
18–20	45	36–38	64
21–23	48	39–40	68

Structure

Questions 1–15

---

1. (A)

アプローチ 1　類題 例題3　構造パターン 1

 S ＝名詞

_____ that motivates the search for ever-faster commercial
　　　　　　M
transportation is a need to save time.
　　　　　　 V　　 C　　　 M

空所には動詞isの**主語（＝単数扱いの名詞）**が入る。

訳：これまで以上に迅速な商業輸送への飽くなき探求の動機づけになっている
主要な要因は、時間を節約する必要性だ。

---

2. (D)

アプローチ 2　類題 例題6　構造パターン 2

 副詞

Seemingly _____ to the casual observer, the sloth is actually
　 M　　　　　　　　　　　　　　　　 S　　 V

a creature that conserves energy by minimizing activities.
　 C　　　　　　　 **M**

カンマの後ろが完全文だから、空所には副詞が入る。

選択肢を見ると、Beingが省略された分詞構文をつくる名詞(A)と形容詞(D)は
副詞として働き、(B)も副詞である。空所に入る副詞は主文を修飾するので、(B)

473

は意味が不適(「怠けて、ナマケモノは実際には…な動物である」)。主文の主語は the sloth(意味はわからなくとも creature〔動物〕の一種であることはわかる)なので、**分詞構文の意味上の主語の一致から、この動物(the sloth)の性質を形容する (D) は適切**。「動物＝怠惰」は成立しないので名詞(A)は不適切(参照 168 ページ「主文の前に置く分詞構文のルール」)。

> **訳**：何気なく見ただけの人には一見怠けているように見えるが、ナマケモノは実際には活動を最小限にすることでエネルギーを保存する動物である。

3. (B)

アプローチ 2　類題 例題12　構造パターン 3

Diego Rivera achieved **more global fame** than any Mexican artist of his
　　　S　　　　V　　　　　　O　　　　　　　　M

time, _____ never forgot **to promote his country's culture**.
　　　　　　　　　V　　　　　　　　　O

> 接続詞 (+ S)

　カンマの前に完全文があり、空所の後ろには動詞 forgot とその目的語 to promote... が続いている。したがって1つの可能性として、空所には2つの文を繋げる接続詞と動詞 forgot の主語が入る。

　接続詞 yet と主語になる名詞 the renowned painter から成る選択肢 (B) は適切。(A) の nevertheless は副詞で、文を繋げることはできない。(D) の despite は前置詞で、これも文を繋げることはできない。前置詞 despite の後ろには名詞(または形容詞がついた名詞)を置くのであって、形容詞 renowned (= famous) だけを置くことはできない、という点にも注意。

> **訳**：ディエゴ・レベラは彼と同時代のどのメキシコ人画家よりも世界的な名声を博したが、この有名な画家は祖国の文化を促進することを決して忘れはしなかった。

4. (C)

アプローチ 1 類題 例題10・11 構造パターン 4

~~The Panama Canal~~, constructed at one of the narrowest parts of the
     S   M

isthmus, _____ **an engineering marvel**.
                  名詞（OまたはC）

V

　1つ目のカンマの前に名詞The Panama Canalがある。カンマとカンマで挟まれた部分にはconstructed（-ed形）があるが、The Panama Canalとの間にカンマがあること、後ろに目的語になる名詞が続かず前置詞atが続くことから、これは動詞（過去形）ではなく、過去分詞（＝形容詞）だとわかる。したがって空所には主語The Panama Canalを受ける動詞が入る（参照 116ページ「設問攻略のためのTip 3」）。

　選択肢を見ると(C)と(D)がともに動詞であるが、主語The Panama Canal（単数扱い）であるため、動詞には3単現のsをつける必要がある。また動詞remainは第1文型で使う場合は「残る」の意味、第2文型で使う場合は「…のままである」の意味になり、前置詞atがついた選択肢(D)が前者、前置詞がなく**名詞an engineering marvelを補語にとる動詞である選択肢(C)**が後者の使い方になるが、意味の上でも**(C)が適切**。なお、選択肢(A)のremainsは「遺跡」の意味になる名詞（参照 123ページ「remainの用法」）。

訳：パナマ運河は、地峡の最も狭い部分の1箇所に建設されたもので、いまなお技術の驚異である。

5. (D)

アプローチ 2　類題 例題6　構造パターン 2

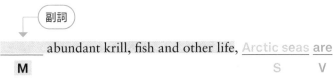

副詞

＿＿＿＿ abundant krill, fish and other life, Arctic seas are
　　M　　　　　　　　　　　　　　　　　　　　　 S　　　 V

ideal feeding grounds for grey whales.
　　　　　　C　　　　　　　　 M

　空所の後ろにkrill, fish, other life, Arctic seasの4つの名詞が続くが、"and"
は並列する語句の最後のものの直前に置くことに注意すれば、並列されているの
はkrill, fish, other lifeの3つだけであることがわかる（krillとfishの間のカンマ
は並列させるカンマ、other lifeとArctic seasの間のカンマは切り離すカンマ）。
Arctic seasは並列されておらず、これだけが動詞areの主語になる。Arctic seas
以下が完全文なので、空所には副詞が入る（ 参照 164ページ「並列の原則ルール」）。

　選択肢を見ると、Beingが省略された分詞構文をつくる名詞（B）と過去分詞（D）、
さらに不定詞（A）は副詞として働く。主文の主語はArctic seasなので**分詞構文の
意味上の一致から、選択肢（D）は適切。（A）の副詞の不定詞を文頭に置くと「…す
るために」（目的）の意味になる**ので、ここでは意味が不適切。

訳 ：北極海は豊富なオキアミ類、魚類、そして他の生物で満たされているので、
　　　コククジラの格好の餌場である。

6. (C)

アプローチ 2　類題 例題7　構造パターン 2

（設問4の構造パターン4との違いに注意）

The weakest force in the universe, _____ exerted by all matter,
　　　名詞　　　　　　M　　　　　　　　　　M

from tiny particles to supermassive black holes.
　　M　　　　　　　M

　カンマの前には名詞のみ、空所の後ろにはexerted（-ed形）があるが、その直後にby...が続くことから、このexertedは過去分詞（＝形容詞）だとわかる。つまり空所の後ろには修飾句（形容詞または副詞）があるのみ。したがって**空所にはSV〜（文の形）が入るから、選択肢(C)が適切**。なお、カンマの前にある名詞 The weakest force in the universe は Being が省略された分詞構文で、主文の主語になる選択肢(C)の gravity とイコール関係が成立する（参照 168ページ「主文の前に置く分詞構文のルール」）。

訳：重力は宇宙で最も弱い力であるが、極めて小さな粒子から超大質量のブラックホールに至るまで、あらゆる物体に作用する力だ。

7. (A)

アプローチ 2　類題 例題8　構造パターン 3

Ancient Egyptian farms were wholly **dependent** on seasonal floods,
　　　　　S　　　　　　V　　　　　　C　　　　　　M

_____ them to bring enough water to their fields.

形容詞または副詞

カンマの前が完全文だから、後ろには形容詞または副詞が入る。

選択肢を見ると、同格名詞をつくる(A)と関係詞から始まる(D)は形容詞として働く。「接続詞for＋文」をつくる(C)は副詞として働く。このうち、seasonal floodsの**同格名詞である選択肢(A)は適切**。(C)は意味が不適切（「なぜならその唯一の手段はそれら／彼らだ」）。(D)は関係代名詞whichの後ろに動詞がないため不適切。

> **訳**：古代エジプトの農家は季節的な洪水に完全に依存していた。そうした洪水は農家にとって畑に十分な水をもたらす唯一の手段だった。

8. (D)

アプローチ 3　類題 例題13　構造パターン 4

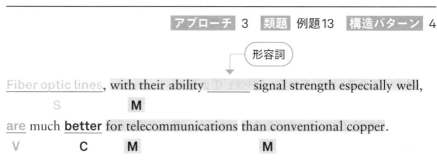

空所には前置詞withの中の名詞their abilityを修飾する形容詞が入る。また空所の後ろにある名詞signal strengthともつながるように、この名詞を目的語にとるか、前置詞で終わる形でなければならない。

選択肢を見ると、前置詞＋名詞＋前置詞（for the maintenance of）の(B)、現在分詞（maintaining）の(C)、不定詞（to maintain）の(D)が形容詞として働き、いずれも後ろに名詞を置ける。**修飾先のtheir ability（能力）に適した形容詞は「将来の可能性（shouldやcanの意味）」を表す不定詞なので、選択肢(D)が適切**（**参照** 149ページ：不定詞〔形容詞的用法〕）。前置詞＋名詞＋前置詞の(B)の場合、後ろにある副詞especially wellが修飾できる動詞や形容詞がないため不適切。

> **訳**：光ファイバー線は、信号強度を維持する能力がとりわけ高いので、遠隔通信に対して従来の銅線よりもかなり優れている。

9. (A)

第2部 テスト編

Sec. 1 Listening Comprehension
リスニング・セクション 考察

Sec. 2 Structure and Written Expression
模擬テスト 解答・解説

Sec. 3 Reading Comprehension
リーディング・セクション 考察・考察

アプローチ 1　類題 例題2　構造パターン 1

C＝形容詞または名詞

Unique animals such as the ring-tailed lemur seem ＿＿＿＿ on the
　　　S　　　　　　　　　M　　　　　　　　　　　V　　　　　　　　　M

island of Madagascar.
　　　　　　　M

　空所には動詞seemの補語（形容詞または名詞）が入る。**不定詞である選択肢(A)
は形容詞として働くので適切。**

　なお、動詞seem = appear...（…のように思える）の用法は以下のとおり。

> 2-70「動詞seem/appearの用法」

動詞seem/appearの用法

1. You **seem** happy.
　　　　　　形容詞
（君は幸せそうだ）
Her explanation **appears** unlikely.
　　　　　　　　　　　　　　　形容詞
（彼女の説明はあり得ないように思える）

2. It **seems** that they know what to do next.
　　　　　　　that＋完全文
（彼らは次に何をすべきかわかっているようだ）
It **appears** that there has been a mistake.
　　　　　　　that＋完全文
（間違いがあったようだ）

479

3. They **seem** to know what to do next.

               to do（不定詞）

（彼らは次に何をすべきかわかっているようだ）

There **appears** to have been a mistake.

             to do（不定詞）

（間違いがあったようだ）

2.と 3.の書き換えは、以下も同様。

It is said that ___S___ ___V___.　　=　S is said to **do** ___.

                        （Sは…すると言われている）

It is found that ___S___ ___V___.　=　S is found to **do** ___.

                        （Sは…するとわかっている）

　1.の用法はbe動詞と文法的にはまったく同じ（意味を断言調にしたければ、seem/appearsはare/isに書き換えればよい）。2.にあるように、seem/appearの後ろにthat節をとる場合、主語は仮主語Itでなければならないことに注意。この2.の形の書き換えが3.の形で、that節の中のthey/thereを文頭に出すと seem/appearの後ろは不定詞になる。

訳：ワオキツネザルといった特有の動物がマダガスカル島で繁栄しているようだ。

10. (C)

アプローチ 2　類題 例題11　構造パターン 4

形容詞または副詞

Solar panels, _____ sunlight into energy, could conceivably be placed
  S   M   V

in orbit to power cities back on earth.
  M   M

　1つ目のカンマの前に名詞Solar panels、2つ目のカンマの後ろには動詞could conceivably be placedが続くことから、カンマとカンマで挟まれた部分には形容詞または副詞が入る。

　選択肢を見ると、過去分詞の形をした(A)、関係代名詞whichを使った(B)(C)(D)はすべて形容詞の働きをする。**単独の関係代名詞whichの後ろが不完全文（Sがない）になっている選択肢(C)は適切**（ 参照 171ページ：重要文法事項3 関係詞）。一方、単独のwhichの後ろが完全文になる(B)や、前置詞＋whichの後ろが不完全文になる(D)は不適切。また過去分詞convertedの後ろに名詞が来る(A)も不適切（ 参照 192ページ「設問攻略のためのTip 8」）。

> **訳**：太陽電池パネルは太陽光をエネルギーに変換するが、地球上の都市部に電力を供給するために、このパネルを軌道上に配置できるのではないかと考えられている。

11. (D)

　アプローチ 1　　類題 例題15　　構造パターン 3

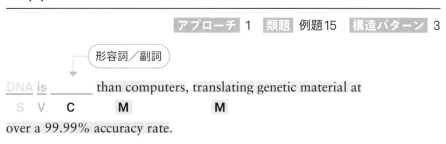

　be動詞isの後ろの空所には補語になる形容詞または名詞が入る。また空所の後ろにはthanがあることから、空所には比較級が必要。

　選択肢を見ると、比較級の語順が問われていることがわかる。比較級にできるのは形容詞または副詞で、(B)と(D)では形容詞accurateを、(C)では副詞accuratelyを比較級にするため、それぞれmuch more（muchは比較級の強調）を前に置いている。(A)ではmoreの後ろに形容詞や副詞が来ていないため、このmoreは副詞"much"（非常に）の比較級（ 参照 222ページ「原級・比較級・最上級の代表的な強調語句」）。

「冠詞＋形容詞＋名詞（an accurate conveyor）」を比較級にした選択肢(D) a much more accurate conveyor... は適切。

⟫ 2–71「比較級の構文の正誤の見抜き方」

比較級の構文の正誤の見抜き方

　比較級の構文の正誤の見抜き方の１つは、**接続詞thanの前にある文を見て、その中にある比較級（more/-er）を削除して、正しい文になっているか見てみるとよい**（原級の場合も同じで、接続詞である２つ目のasの前にある文を見て、その中にある１つ目の副詞asを削除してみる）（参照 224ページ「原級の２つ目のasや比較級のthanは前置詞ではなく、接続詞」）。

(A) DNA is an accurate conveyor of information much **more**.
　　⇒ DNA is an accurate conveyor of information very **much**.（×）

(B) DNA is a conveyor of information much **more accurate**.
　　⇒ DNA is a conveyor of information very **accurate**.（×）

(C) DNA is a conveyor of information much **more accurately**.
　　⇒ DNA is a conveyor of information very **accurately**.（×）

(D) DNA is a much **more accurate** conveyor of information.
　　⇒ DNA is a very **accurate** conveyor of information.（○）

訳：DNAはコンピューターよりもずっと正確な情報運搬装置で、遺伝形質を99.99％以上の正確さで翻訳する。

12. (B)

アプローチ 1　　類題 例題1　　構造パターン 1

名詞 + V

<u>Bacteria</u> existing on underwater volcanic ＿＿＿＿ **the capacity**
　S　　　　　　　 M　　　　　　　　　　　　　　　　　　　 名詞

of life to exist even in extreme circumstances.
　M　　　M　　　　　　M

　空所には主語Bacteria（複数形）を受ける**動詞が入る**（ 参照 246ページ「不規則な複数形の可算名詞」）。またその動詞の前に、形容詞volcanicが修飾する**名詞が入る**ので、**これらを満たす選択肢 (B) が適切**。

訳：海底の噴火口に存在するバクテリアは、極端な環境でも生物は存在できる能力を示している。

13. (B)

アプローチ 2　　類題 例題8　　構造パターン 3

<u>A seagull</u> <u>can stay</u> in the air almost indefinitely by gliding on air currents,
　S　　　　V　　　　　　 M

＿＿＿＿ wingspan being long enough to keep the bird aloft for months.
　M ↑
　　　 形容詞または副詞

　カンマの前が完全文だから、後ろには形容詞または副詞が入る。

　選択肢を見ると、関係詞から始まる(A)は形容詞として働くが、後ろに動詞がないため不適切。**独立分詞構文をつくる選択肢 (B) は副詞として働き、適切**。なお接続詞andを使って後ろに文を繋げることはできるが、(C)は後ろに動詞がなく文にならない（省略文とも考えられない）ので不適切（ 参照 198ページ「設問攻略

のためのTip 9」)。この設問では、空所の後ろに名詞wingspan、その後ろに**分詞being がある**ことから独立分詞構文の形になっていることに気づけるかがポイント（ 参照 169ページ：重要文法事項2 分詞構文6.）。

> **訳**：カモメは気流に乗って滑空することによってほぼ無期限に空中に留まることができる。その翼を拡げた長さは数カ月にわたって空中に滞在するのに十分な長さである。

14. (D)

アプローチ 1 　類題 例題5 　構造パターン 5

疑問文の形

Not before the invention of the electric light bulb _____.

否定の副詞句（Not＋前置詞＋名詞）**が文頭**にあるから、後ろは疑問文の形になる倒置構造をとる。

Evening factory work was made possible. を**疑問文にした選択肢(D)が適切**。

> **訳**：電球が発明されてはじめて、夜間の工場作業が可能になった。

15. (D)

アプローチ 3 　類題 例題14 　構造パターン 1

名詞（＋？）

Creatures such as the angler fish survive in _____ that even
　S　　　　　　　M　　　　　　　　V

minimal sunlight never enters their environment.

空所の前には前置詞inがあるから、空所には名詞が入る。また空所の後ろを見ると、that節（that＋完全文〔SVO〕）が続く（ 参照 157ページ「前置詞inの後ろ」）。

選択肢を見ると、空所に入る名詞はwatersであることがわかる。また、後ろの that節を受けるには、**"so 形容詞 that S V"** の形の「**長い形容詞**」をつくり、こ れで名詞watersを後ろから修飾させればよい。つまり、

waters	**so** deep **that** S V

の形になる選択肢(D)が適切（参照 158ページ「設問攻略のための Tip 7」）。名詞waters は後ろに同格のthat節をとることはできないので、(A)は不適切（参照 183ページ 「〔参照〕"that節"のまとめ」）。(B)は接続詞なく2つの文がつながり、(C)は動詞が2 つ（surviveとare）あるため、いずれも不適切。

訳：チョウチンアンコウのような動物は最小限の太陽光さえ差し込まないよう な深海で生きている。

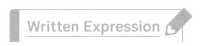
16. (B) he ⇒ 削除

アプローチ 1 類題 例題16 構造パターン 4

Jesse James, rebel, train robber, and legend of the Old West, he
   S   M   (S)

embodies **America's longtime fascination** with bold outlaws.
   V   O

(A) "X, Y, and Z" (= rebel, train robber, and legend of the Old West) の形の並列構造をとっている（参照 164ページ「並列の原則ルール」）。なお、rebel, robber, legend は可算名詞であるが、主語である Jesse James の同格名詞になる「役職」を表す名詞だから、無冠詞で用いている（参照 238ページ「aなのか theなのか？」）。

(B) 文頭にある Jesse James が主語で、これを受ける動詞が embodies だから、embodies の前にある主語 he は余分。

(C) 名詞 fascination は動詞 embodies の目的語。

(D) 形容詞 bold は後ろの名詞 outlaws を修飾している。

　なお、この文には4つカンマがあるが、1つ目と4つ目が「切り離すカンマ」、2つ目と3つ目が「並列させるカンマ」になっている（参照 182ページ：重要文法事項5 カンマ）。

訳：ジェシー・ジェームスは、南軍兵士であり、列車強盗であり、西部開拓時代の伝説的人物であり、豪胆な無法者に対するアメリカの長期にわたるあこがれの象徴である。

17. (B) allowing ⇒ allow

アプローチ 1　類題 例題17　構造パターン 1

Rice paddies set within earthen dams allowing rice
　S　　　　　　　M　　　　　　　　（M）　　O
to be grown on hills or other elevated land.
　　M

(A) 前置詞within（…の内部に）は後ろに名詞earthen damsが続き、過去分詞set を修飾している。

(B) 文頭の主語Rice paddiesを受ける動詞がないため、分詞allowingを動詞 allowにすべき。なお、Rice paddiesの後ろに続くsetは動詞ではない。set （…を置く／セットする）は基本的には他動詞で、後ろに目的語となる名詞を とる。ここでは前置詞＋名詞（within earthen dams）が続いているので、こ のsetは過去分詞（setは過去形も過去分詞もset）（参照 116ページ「設問攻略 のためのTip 3」）。

(C) 前置詞on（…の上に）は後ろに名詞hills or other elevated landが続き、過 去分詞grownを修飾している。

(D) hillsとother elevated landがorで並列されている（参照 164ページ「並列の原則 ルール」）。otherは形容詞で、後ろの不可算名詞elevated landを修飾している。

訳 ：土を盛って水を塞き止めた貯水池内に配置された水田によって、イネは丘 陵地帯や他の高地で栽培することが可能になる。

18. (C) navigation ⇒ navigating

アプローチ 2　類題 例題22　構造パターン 2 + 3

By the 1950's, internal guidance systems were already being tested,
　　M　　　　　　　　　　S　　　　　　　　　　　　　V

for rockets navigation air or space.
M〔名詞　　（名詞）　　名詞〕

(A) 前置詞By（…までには）の後ろに名詞the 1950's（1950年代）が続いている。
　　この「…年代」という表記には、必ず定冠詞theをつける（参照 236ページ「問
　　答無用で冠詞theをつけるケース」）。

(B) 受動態の進行形は、be動詞と過去分詞の間にbeingを挟む。

> 2-72「受動態の進行形」

受動態の進行形

1. The plan was put into action.（その計画は実行に移された）（＊）

2. The plan is **being** put into action.（その計画は実行に移されつつある）
　　　　　　　〔進行形〕

＊ 1.は過去形の受動態、3.は現在完了形の受動態。訳ではその違いを表せていないが、
　過去形の場合、「その計画（あるいはその効果）はすでに過去のもので、現在はない」
　ことを意味し、**現在完了形では「その計画（あるいはその効果）は現在も続いている」**
　ことを意味する。

　〔参考〕完了形の受動態と進行形（ 形に注意 ！）

3. The plan **has been put** into action.（その計画は実行に移された）
　　　　　　〔受動態〕　　　　　　　　　× The plan is had put into action.

4. Things **have been going** well.（ものごとはうまく運んでいる）（＊）
　　　　　　〔進行形〕　　　　　　　　× Things are having gone well.

＊現在完了進行形。**動作を表す動詞で**（ここではgo）「継続」の意味にしたい場合、現在

488

完了進行形を用いる。Things <u>have gone</u> well. は「継続」でなく「完了」（あるいは「経験」）を意味する。

(C) 1つ目のカンマと2つ目のカンマの間に完全文がある。2つ目のカンマの後ろには前置詞forから始まる修飾句が続いているが、名詞が3つ連続していて不適切。名詞navigationを現在分詞navigatingにすれば、後ろの名詞air or spaceが目的語になり、前の名詞rocketを後ろから修飾できる。

(D) air と space を or で並列している。

> **訳**：1950年代には、内部誘導システムが、空や宇宙を航行するロケットに、すでに試験的に運用されていた。

19. (B) much ⇒ more

アプローチ 4　**類題** 例題27　**構造パターン** 1

Reducing the present emission level of harmful gases calls for
　　　　　　　　　　　　　S　　　　　　　　　　　　　　　　V

much support **than** does the production of affordable, eco-friendly vehicles.
　O　　　　　接続詞

(A) 形容詞＋名詞の形 (harmful gases)。なお、"gas"（＝気体), liquid（＝液体), fluid（＝流体), solid（＝固体）はすべて、可算扱いにできる（**参照** 231ページ：間違い探し問題 アプローチ5「単数形？　複数形？」)。

(B) 不可算名詞supportに形容詞manyではなくmuchをつけている点はよいが、後ろに接続詞thanがあることから、比較級moreにすべき。

(C) 接続詞thanの後ろでは主語が代名詞でない場合、倒置してもよい（原級のasの後ろも同様）（**参照** 180ページ：重要文法事項4 倒置　4. than 疑問文 / as 疑問文 パターン）。

Reducing the present emission level of harmful gases calls for more support **than** <u>the production of affordable, eco-friendly vehicles</u> <u>calls for</u>.
                                            S   V

Reducing the present emission level of harmful gases calls for more support **than** <u>does</u> <u>the production of affordable, eco-friendly vehicles</u>.
  助動詞   S

(D) 名詞 the production の後ろに目的格を表す前置詞 of（…を）を置いて、「形容詞＋形容詞＋名詞（affordable, eco-friendly vehicles）」が続いている。2つ以上の形容詞で名詞を修飾する場合、カンマだけで形容詞を並列させることができる（**参照** 182ページ：重要文法事項5 カンマ）。

訳：現状の有害ガスの排出水準を下げることは、手ごろな値段の環境に優しい車両を生産する以上に支援を必要としている。

20. (A) an hour ⇒ hour

アプローチ 5　**類題** 例題30　**構造パターン** 3

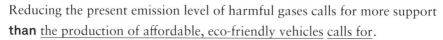

A hyperloop train could only reach **a speed** over 750 miles per 　an hour　 in
   S   V   O

a vacuum, a space completely empty of air, dust or other matter.
                    M

(A) 名詞 a speed の後ろに修飾句 over 750 miles per an hour（時速750マイル以上の）が続いているが、前置詞 per（…につき）の後ろには無冠詞の名詞が来るので、冠詞 an は不要。

  「時速750マイル」

  "750 miles <u>per</u> hour" あるいは "750 miles <u>an</u> hour"

(B) 最初のカンマまでで完全文ができていて、カンマの後ろは修飾句が続く。修飾句としてここでは形容詞の働きをする同格名詞 a space（カンマの前の a vacuum と同格）が置かれている。なお名詞 space は「宇宙」の意味では不可

算だが、「空間」の意味では可算扱い、不可算扱いともにある（参照 488ページ：設問18）。

(C)「形容詞empty＋前置詞句of...」の長い形容詞で、前にある名詞a spaceを後ろから修飾している（参照 158ページ「設問攻略のためのTip 7」）。

(D) 名詞matterは可算扱いでは「問題」の意味、不可算扱いでは「物質」の意味になる。ここでは後者の意味で使っているため、形容詞otherの後ろでも複数形にならない（参照 236ページ：補足2. all, most, other, some, anyの後ろは複数形になるとは限らない！）。

> **訳**：ハイパーループ列車は時速750マイル以上のスピードに達するが、それは真空、つまり空気や埃、他の物質が完全に存在しない空間においてのみだ。

21. (C) despite ⇒ although/though

アプローチ 2 　構造パターン 3

Private vehicles are **the primary mode** of transportation in the
　　S　　　V　　　　　　O
United States, despite the country has made tremendous investments
　　　　　　　　　　　　　S　　　　V　　　　　　　O
in public transportation.

(A) primaryは形容詞で「主要な（= main）」を意味し、後ろに続く名詞mode（= 方法）を修飾する。またこのmodeはof transportation（交通の）で特定化されているので、冠詞theも適切。

(B) transportation（交通、輸送）は不可算名詞であるため、ハダカで用いている。

(C) despiteは前置詞で「…にもかかわらず（= in spite of...）」の意味。後ろには主語the country、動詞has made、目的語tremendous investmentsという文が続いていて不適切。接続詞although/thoughにすべき（参照 206ページ「同じ意味になる接続詞と前置詞」）。

(D) 名詞"investment"や動詞"invest"は、前置詞inを用いて、investment in...（…への投資）、invest in...（…に投資する）。

：アメリカはこれまで公共交通機関に莫大な投資をしてきているが、自家用車がアメリカの主要な交通手段である。

22. (B) was ⇒ 削除

Decolonization after World War II **was** reduced **the territories** of the
S　　　　　　　　　　　　　　　　　　　 V　　　　　　 O

once-powerful Dutch Empire to what is now the Kingdom of the Netherlands.

(A) World War II（第二次世界大戦）には冠詞the はつかない。なお、the Second World War という表記の場合は冠詞the をつける（参照 236 ページ「問答無用で冠詞the をつけるケース」）。

(B) 受動態was reduced の後ろに、名詞the territories が続いているから誤り。reduce は第3文型動詞で「…を減らす」という意味。was を削除して能動態のreduced とすれば、後ろに続く名詞the territories を目的語にとることができる（参照 192 ページ「設問攻略のための Tip 8」）。

(C) once-powerful（かつては強い勢力を持った）は2語以上をハイフンで結んだ合成形容詞で、後ろに続く名詞Dutch Empire を修飾している。

(D) "what is now（地名）"は「現在の（地名）にあたるところ」の意味。関係代名詞what（= the place which...）の頻出用法の1つ（参照 174 ページ：重要文法事項3 関係詞 例文9）。

訳：第二次世界大戦後の脱植民地化は、かつて勢力を誇ったオランダ海上帝国の領土を現在のオランダ王国にまで縮小させた。

23. (B) creates ⇒ creating

アプローチ 1　類題 例題18　構造パターン 3

Gold has remained globally **valuable** for thousands of years, creates
S　　V　　　　　　　　C　　　　M　　　　　　　　（V）
continued high demand for the precious metal among many investors.
　　　　　　（O）

(A) 動詞 remain は、ここでは後ろに補語になる形容詞 valuable をとる第2文型動詞。その後ろに期間を表す前置詞 for（…の間）が続いている。

(B) カンマの前に完全文があるから、カンマの後ろは修飾句（副詞または形容詞）でなければならず、動詞は続かない。分詞の形にして、分詞構文にすべき。

(C) 形容詞 high は後ろの名詞 demand を修飾している。

(D) 名詞 demand を修飾するため、前置詞 for（…に対する）、その後ろに形容詞＋名詞（the precious metal）が続いている。なお冠詞の the は Gold を指して「その貴金属」と特定化している。

訳：金は何千年もの間、世界的に高い価値を持ち続けており、多くの投資家の間でその貴金属に対する高い需要を生み出し続けている。

24. (C) infants young ⇒ young infants

アプローチ 3　類題 例題23　構造パターン 5

Deep within each ant colony are hidden the grubs, infants young
　　M　　　　　　　　　　　　V　　　　　S　　　　M
too vulnerable for aboveground actions.
　　M

(A) ant colony は「名詞＋名詞」の形で、前の名詞 ant が形容詞の役割を果たして、後ろの名詞 colony を修飾している（参照 140ページ「原則があれば例外もある その1」）。名詞 colony には形容詞 each がかかっているため単数形でよい

493

（ 参照 235ページ「数量詞（形容詞）の後ろに置く名詞の単複」）。

(B) 文頭のDeepは副詞、その後ろはwithin each ant colony（前置詞＋名詞）だ
　　から、動詞are hiddenの前に主語がない。よって主語は動詞の後ろにあるthe
　　grubs、これを受ける動詞areは適切（MVSの倒置構造）（ 参照 177ページ：重
　　要文法事項4 倒置）。

**(C) 名詞infantsの後ろに単独の形容詞youngと、複数語からなる長い形容詞too
　　vulnerable for aboveground actionsの2つが後ろから修飾する形をとっ
　　ている。単独の形容詞は名詞の前に置くのが原則なので、young infantsと
　　すべき**（ 参照 158ページ「設問攻略のためのTip 7」）。

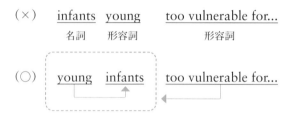

　　なお、このyoung infantsは形容詞の役割を果たす同格名詞（カンマの前の
　　名詞the grubsと同格）。

(D) 形容詞vulnerableは副詞tooと前置詞＋名詞for aboveground actionsを前
　　後に従えて長い形容詞になって、前にある名詞young infantsを修飾してい
　　る。

訳 ：アリの各コロニーの内部深くに幼虫が隠されていて、この幼虫は地上で行
　　動するにはまだあまりにも脆弱である。

25. (B) in what ⇒ in which

Psychological fixation is **a condition** | in what | a person becomes
　　　　S　　　　　　V　　**C**　　　**M**

excessively focused on some object, be it an environment, idea or
　　　　　　　　　　　　　　　　　　　M

even another person.

(A) 主語はPsychological fixation（複数形ではない）で、時制を決定づける語句はない。

(B) 名詞a conditionを前置詞＋関係代名詞以下（in what...）が修飾しているが、whichとは異なり、関係代名詞whatの後ろは前に前置詞がついてもつかなくても不完全文でなければならない。後ろを見ると、a personが主語、becomesが動詞、focused（過去分詞）が補語で完全文だから、関係代名詞whatが誤り。後ろに完全文が続くin which（先行詞はa condition）とすべき（参照 173ページ：重要文法事項3 関係詞 例文8・9）。

(C) 可算名詞object（もの）を形容詞someで修飾しているが、形容詞someは「いくつかの」の意味で可算名詞を修飾するのであれば、その名詞は複数形になるが、「ある、何らかの」の意味で可算名詞を修飾するのであれば、その名詞は単数形でよい（参照 236ページ：補足2. all, most, other, some, anyの後ろは複数形になるとは限らない！）。

(D) 可算名詞person（人）を形容詞another（もう1つの）で修飾している。anotherの後ろは原則単数形。

〔可算名詞〕　　　　　〔可算名詞〕
another <u>person</u>　　　other <u>people</u>
　単数形　　　　　　　　複数形

訳：心理的執着とは、ある人が周囲の環境であれ、思想であれ、他人であれ、何らかのものに過剰に意識を集中するようになる状態のことを言う。

26. (A) hippo ⇒ hippos

The danger of |hippo| is far **greater** than any other large African animal,
　　S　　　　　　　　V　　C　　**M**

since they kill more humans than big cats combined.
接続詞　S　　V　　　O

(A) **The danger の後ろの修飾句 of hippo（前置詞＋名詞）では、hippo という語の意味を知らなくとも、"any other African animal（それ以外のどんなアフリカの動物）"から、アフリカの動物の一種であることがわかり、そうであれば可算名詞の可能性が高く、ハダカでは使えない。さらに決定的なのは、since の後ろに続く指示代名詞 they は複数のものを指すので、カンマより前に複数形の名詞がなければならない。したがって、hippos と複数形にすべき。**

(B) any other（それ以外のどんな）の後ろは単数形名詞が続く。

(C) human（人間）は可算名詞であり、many の比較級である more の後ろでは複数形になる（参照 253ページ「『人間』『生物』を意味する可算名詞と不可算名詞」）。

(D) 名詞 big cats を過去分詞 combined が叙述的に後ろから修飾している（参照 159ページ：「原則があれば例外もある　その3」）。

訳：カバの危険性は他のアフリカの大型動物よりもずっと高い。なぜならカバは、大型のネコ科動物が殺す人間の数を合わせたよりも多くの人間を殺しているからだ。

27. (D) in ⇒ to

アプローチ 5　類題 例題32　構造パターン 4

Edith Wharton, recognized as one of the earliest feminist American
　S　　　　　　　　M

writers, covered women's issues ranging from class structures in
　　　　　V　　　O　　　　　　M

female property rights.

(A) recognized は、主語 Edith Wharton を修飾する形容詞（過去分詞）。

(B) 形容詞 early の最上級 earliest で、後ろの名詞 feminist American writers を修飾している。なお early は形容詞（初期の）と副詞（早くに）の用法がある。

(C) one of the...（…のうちの1つ）の後ろは必ず複数形（参照 506ページ：設問36 (C)）。また、同格を表す前置詞 as の後ろで、主語 Edith Wharton と同格になるから、「人」を表す writers は適切。

(D) 動詞 covered の目的語 women's issues を現在分詞 ranging が修飾しているが、range は範囲を表す動詞なので「X から Y まで（from X to Y)」という意味の前置詞句をしばしば伴う（参照 241ページ：間違い探し問題 アプローチ5「その前置詞は正しい？」）。

訳：イーディス・ウォートンは、初期の女性解放論を掲げるアメリカ人作家の1人として認められ、階級構造から女性の財産権にまでわたる女性問題を論じた。

28. (C) are ⇒ 削除

アプローチ 1　類題 例題18　構造パターン 3

Solar energy has become **an increasingly viable power source**,
　　S　　　　　V　　　　　　　　　　　　C

with more powerful solar cells are available at lower prices.
　　M　　　　　　　　　　　　　（**V**）　　**C**

(A) 時制を決定づける語句はないため、現在完了形でも問題はない。

(B) 副詞＋形容詞（increasingly viable）の形。

(C) **カンマの前に完全文があるから、カンマの後ろは修飾句（副詞または形容詞）でなければならないが、前置詞＋名詞（with more powerful solar cells）、その後ろに動詞areが続いている。接続詞（または関係詞）なく動詞が来ることはないので、不適切。動詞areを削除して、"with O C（OがCの状態で）"の形の修飾句（副詞）にすべき。**

> 2-73「with O C」

　"with O C"は副詞で、**主文を補足説明（具体的な情報の追加など）する**際に多用される。**Cには形容詞、現在分詞・過去分詞、前置詞句**が入る。

（例）Most rock of the earth's crust is extremely old, **with** the age of formation often dating back many millions of years.
（地殻のほとんどの岩石は極めて古く、形成時期はしばしば何百万年も遡る）

(D) 「…の価格で／費用で」は前置詞atを用いて、at ... prices / at a cost of... とする。

訳：太陽エネルギーは、さらに多くの太陽電池がより低価格で入手可能になる中、今後益々成長が期待できる電力源になってきている。

29. (C) exactly ⇒ exact

アプローチ　2　類題　例題21　構造パターン　3

The origin of the universe is known as the Big Bang, **but**
　　S　　　　　　　　　　V　　　　　　　　　　　　　接続詞

its exactly causes are still a matter of debate.
　S　　　　　　V　　　　C

(A) 名詞origin（起源）が後ろの修飾句of the universe（宇宙の）で特定化され、定冠詞Theがついている。

(B) be known as... （…として知られている）（参照 243ページ「受動態の後ろで使われる前置詞」）

(C) **cause は動詞（…を引き起こす）と名詞（原因）の両方の用法があるが、ここでは名詞。その名詞を副詞exactly（正確に）が修飾している。名詞を修飾できるのは副詞ではなく形容詞なので、形容詞exact（正確な）にすべき。**

(D) 名詞matterは可算扱いで「問題」の意味、不可算扱いで「物体」の意味。ここでは前者の意味で用いている（参照 491ページ：設問20 (D)）。なお、後ろにof debateをつけて名詞matterを限定しているが、1つに特定化していなければ（＝「議論の的」が2つ以上あってそのうちの1つ、という意味であれば）不定冠詞aを使うのは適切。

訳：宇宙の起源はビッグバンだと言われているが、ビッグバンの正確な原因はいまだ議論の的である。

30. (A) an ⇒ a

アプローチ 5 　構造パターン 1

Medical intern programs offer |an| unique opportunity for students
　　　　　S　　　　　　　V　　　　　　　O
to transition from theoretical knowledge to the realities of hospitals.

(A) 不定冠詞がaになるかanになるかは、語の最初の文字ではなく、その語の発音で決まる（下表参照）。uniqueは"u"から始まるが、発音は母音でなく子音から始まる（juːníːk）ので、不定冠詞はanではなくaが正しい。

> 2-74「不定冠詞a/an」

a union	（組合）	**an** understanding	（理解）
a European company	（ヨーロッパの企業）	**an** EU country	（EU加盟国）
a humorous story	（面白い話）	**an** honest man	（正直者）

(B) transitionは動詞「移行する」の意味で、不定詞の形の形容詞として名詞opportunityを修飾している（**参照** 149ページ：不定詞〔形容詞的用法〕）。

(C) transition（移行する）を修飾するため、前置詞句 from X to Y（XからYへ）が続いている（**参照** 497ページ：設問27 (D)）。

(D) reality（現実）は可算でも不可算でも用いることができる。後ろにof hospitalsをつけて特定化しているので、定冠詞theをつけている。

訳：臨床研修プログラムは、学生が理論的知識体系から病院の現実へと移行する貴重な機会を提供する。

31. (C) its ⇒ their

アプローチ 5　類題 例題31　構造パターン 3

A Company has recently developed **synthetic diamonds**,
　　S　　　　V　　　　　　　　　　　**O**

which are grown from carbon in laboratories and appear nearly identical
　M

to its naturally occurring counterparts.

(A) 関係代名詞whichの後ろは主語がない不完全文。先行詞はsynthetic diamonds（人以外）。

(B) 形容詞identical（同一の）は動詞appear（…のように見える）の補語（参照 479ページ：設問9「動詞 seem/appearの用法」）。

(C) **関係代名詞whichの中を見ると、andを使って2つの述部are grown from carbon in laboratoriesと appear nearly identical to its naturally occurring counterparts が並列されている。後者は形容詞identicalを使って2つのものの「同一性」を説明しており、その2つとはwhichの先行詞であるsynthetic diamonds と its naturally occurring counterpartsなので、its は synthetic diamonds（複数形）を指すから their とすべき。**

〔Synthetic diamonds〕 appear nearly **identical**

to its naturally occurring counterparts.
　　天然の それの 対応物

(D) 副詞＋形容詞（現在分詞）の形（naturally occurring：天然の）。

訳：ある企業は最近になって合成ダイヤモンドを開発した。それは実験室内で炭素から結晶を成長させ、天然ダイヤモンドと外見上ほぼ同一に見える。

32. (A) lacks ⇒ lacking

Puerto Rico, **though** |lacks| the status of a state, is **eligible** for federal
　　S　　　　　　　M〔接続詞 + (動詞)...〕　　　　　　V　　C

assistance as an American territory.

(A) 主語Puerto Ricoと動詞isの間には、カンマを挟んで副詞の役割を果たす
　　though... が挿入されているが、接続詞thoughの直後に動詞**lacks**（…を欠
　　いている）が続くのは不適切。接続詞の後ろには原則として完全文が続く。あ
　　るいは接続詞を残した分詞構文の場合は、接続詞の後ろに分詞（beingが省
　　略される場合は形容詞や名詞）が続く。ここでは**though**の中の主語は主文
　　の主語（= Puerto Rico）と一致するので、後者の接続詞を残した分詞構文に
　　直すことができる（**参照** 169ページ：重要文法事項2 分詞構文 5.)。

　　　（○）though **it lacks** the status of a state
　　　　　　　　　　　文
　　　（○）though **lacking** the status of a state
　　　　　　　　　分詞（構文）
　　　（×）though **lacks** the status of a state
　　　　　　　　　動詞

(B) 前置詞ofの後ろに冠詞aが続いているが、名詞state（州、国家）は可算名詞
　　で、ここでは「特定の州の（地位）」ではないので、不定冠詞aがついている。
(C) be eligible for... （…の資格がある）
(D) assistance（援助 = support, aid）は不可算で「援助」の意味。

訳 ：プエルト・リコは、州の地位は有していないが、アメリカ合衆国の領土とし
　　て連邦政府からの援助を受ける資格は持っている。

33. (A) most fiercest ⇒ fiercest

アプローチ 4　構造パターン 3

Only the **most fiercest** male elephant seals can obtain **a section**
　　　　　　　　　　　　S　　　　　　　　　　　V　　　　O
of a beach for mating, **as** they must survive regular and intensive rounds
　　　　　　　　　　　　接続詞　S　　V　　　　　　　　O
of fighting with other males.

(A) 文頭の Only the most fiercest male elephant seals が主語であるが、形容詞 fierce（獰猛な）の最上級は fiercest であり、その前にさらに most をつける必要はない。なお、文頭に Only があるが主語を修飾しているので、倒置は**起こらない**（参照 177ページ：重要文法事項4 倒置）。

(B) 助動詞 can ＋他動詞 obtain（…を手に入れる）。

(C) 接続詞 as（…なので）の後ろに SV（they must survive...）が続いている。指示語 they は the fiercest male elephant seals（複数形）を指す。

(D) 形容詞 regular は and を使って形容詞 intensive と並列され、名詞 rounds を修飾している。

訳：最も獰猛なオスのゾウアザラシだけが、交配のため浜辺の一区画を手に入れることができる。なぜなら、そうしたゾウアザラシは他のオスとの定期的な集中戦を生き残らなければならないからだ。

34. (C) investigates ⇒ investigations

The US Treasury Department oversees **money printing equipment**,
　　　S　　　　　　　　　　　V　　　　　　O₁

presidential protection, and |investigates| that involve counterfeiting.
　　O₂　　　　　　　　　　　　　　　O₃

(A) 名詞printing（印刷）が形容詞の役割を果たして、後ろの名詞equipment（機材）を修飾している（名詞の形容詞的転用）。

(B) 形容詞presidential（大統領の）は、後ろの名詞protection（警護）を修飾している。

(C) **動詞overseesの目的語がandを使って3つ（money printing equipment, presidential protection, investigates that involve counterfeiting）並列されている。このうち、3つ目のinvestigatesだけが動詞なので、これが仲間外れ。名詞investigationsにすべき。**

※「overseesとinvestigatesの2つの動詞がandで並列しているのでは？」という疑問に対しては、問題点が2つある。その場合、動詞overseesの目的語はmoney printing equipmentとpresidential protectionになるがこの2つの目的語の間にandが必要なこと（意味的にこの2つの名詞は同格にならないから）が1つ、もう1つは動詞investigatesの目的語にthat節はとらないことである（動詞askなどと同様、whether節であればとれる）。なお、このthatは接続詞ですらなく、関係代名詞。

(D) 動詞involve（…に関わる）は、関係代名詞thatの中の動詞で、investigationsが先行詞。

訳：アメリカ合衆国財務省は紙幣印刷機器、大統領の警護、さらに偽造に関する調査を統括する。

35. (B) security ⇒ secure

アプローチ 2　類題 例題20　構造パターン 2

~~Text~~ that has undergone strong cryptography is **security** for use,
S　　　　　　　**M**　　　　　　　　　　　　　　　　　 V　 C　　　**M**

although ~~no code~~ ~~can be thought~~ of as entirely breakable.
接続詞　　　　　S　　　　 V

(A) 関係代名詞thatの後ろに現在完了形を表す助動詞hasが置かれている。that の後ろは主語がない不完全文で、前には人以外の先行詞Textが置かれている。 また時制を決定づける語句はないため、現在完了形で文法的に問題はない。

(B) **カンマの前に完全文があり、文頭のTextが主語、isが動詞、securityが補語 である。このSVC.（= Text is security.）で補語が名詞の場合（「名詞 is 名 詞」）、「主語 ＝ 補語」の関係が成立しなければならないが、Text（文）と security（安全性）はイコール関係が成立しない。主語の性質の1つ（＝安全 な）を叙述する形容詞secureであるべき**（参照 204ページ「補語（名詞の場合／ 形容詞の場合）」）。

(C) 不可算名詞use（使用）が前置詞forの後ろに置かれている。

(D) "think of X as Y（XをYとみなす）"の受動態が"X is thought of as Y"で ある。このYに副詞＋形容詞（= entirely breakable）が来ている。この前置 詞as（…として）の後ろには例外的に名詞のほか形容詞を置くことができる。

I regard him **as** a friend.　　　The problem is seen **as** serious.
　　　　　　　　名詞　　　　　　　　　　　　　　　　　形容詞

> 2-75 「XをYとみなす」

see X as Y = view X as Y = regard X as Y = treat X as Y
= think of X as Y = look upon X as Y
= XをYとみなす

訳：絶対に破ることのできないと考えられる暗号はないが、強度のある暗号を 施した文は使用して安全だ。

36. (C) mysterious phenomenon ⇒ mysterious phenomena

アプローチ 5　類題 例題29　構造パターン 4

Dark energy, estimated to comprise 68% of the universe, exists as
　　S　　　　　　　　M　　　　　　　　　　　　　　　　　V
one of the most | mysterious phenomenon | known.

(A) 動詞existsの主語はDark energyで不可算名詞だから、3単現のsをつけていて正しい。また、時制を特定する語句はなく、ここでは不変の事実を表す現在形を用いている。

(B) 動詞exist（存在する）は自動詞だから、後ろには副詞（前置詞＋名詞）が続く。ここでは「…として（同格）」を意味する前置詞asを用いている（参照 124ページ「as/likeの意味」）。

(C) **mysterious phenomenon は「形容詞＋名詞」の形だが、phenomenon（現象）は可算名詞の単数形である。"one of the 複数形"でなければいけないから、複数形にして mysterious phenomena とすべき**（参照 246ページ「不規則な複数形の可算名詞」）。

　なお、この"one of the 複数形"を主語にしたとき、主語は「単数」であるから、受ける動詞はis/was（一般動詞の現在形ではsをつける）であることにも注意。

> One **of the 複数形** is...

(D) 単独の形容詞（過去分詞）が後ろからmysterious phenomenonを修飾している。単独の場合、名詞の前に置くのが原則ではあるが、叙述用法にしたい場合は、単独でも名詞の後ろに置くことができる（参照 159ページ「原則があれば例外もある その3」）。

訳：暗黒エネルギーは、宇宙の68%を構成すると推定されているが、これまで知られている最も不可解な現象の一つとして存在している。

37. (B) of ⇒ that

Motivating much of Confucius's philosophy was the idea
　　　　　　　　　　C　　　　　　　　　　　　V　　S
of human relations should be well-ordered and hierarchical.
M

(A) much of の後ろには特定化された不可算名詞 Confucius's philosophy（孔子の哲学）が続く。形容詞 much の後ろには特定化されない不可算名詞、名詞 much の後ろには of をつけて特定化された不可算名詞が来ることに注意（下表参照）。

> 2–76 「形容詞 much と名詞 much の後ろ」

much <u>work</u>	much **of my** <u>work</u>	(×) much of work
	特定化された名詞	(○) much of <u>it</u>
（たくさんの仕事）	（私の仕事の多く）	it＝特定化されている
most <u>people</u>	most **of the** <u>people</u>	(×) most of people
	特定化された名詞	(○) most of <u>them</u>
（ほとんどの人々）	（その人々のほとんど）	them＝特定化されている
either <u>theory</u>	either **of the** <u>theories</u>	(×) either of theories
	特定化された名詞	(○) either of <u>them</u>
（いずれかの理論）	（その2つの理論のいずれか）	them＝特定化されている

all, both, each, many, some, any, half, neither, one なども同じ。no/none だけは、**no** student / **none** of the students（**参照** 163ページ「類似語 most/mostly/almost」の表、233ページ：間違い探し問題 アプローチ5「many? much? / few? little?」）。

(B) 名詞 the idea の後ろに前置詞 of（「…という」同格を表す）を用いているが、後ろは主語 human relations、動詞 should be、補語 well-ordered and hierarchical という文が続いているため前置詞は不適切。同格の接続詞 that とすべき（**参照** 183ページ「"that 節"のまとめ」）。

(C) 名詞 relation（関係）は可算でも不可算でも用いることができる。

(D) hierarchical（階級制の）は形容詞で、形容詞 well-ordered と and で並列されている。

> **訳**：孔子哲学の多くの根底にある動機は、人間関係は秩序をもって、階級制度に基づくべきだという考えである。

38. (C) but ⇒ 削除

アプローチ 1　類題 例題18　構造パターン 3

The Bubonic plague was **an epidemic** that affected millions of
　　　　　　 S　　　　　V　　　　C　　　　　　　M
people worldwide, but its cure residing simply in better sanitation.
　　　　　　（接続詞）　M

(A) 関係代名詞 that（先行詞は an epidemic）の後ろは主語がない不完全文。動詞 affect は「…に影響を与える」という意味の他動詞（名詞は "effect"）。

(B) worldwide は形容詞で「世界中の」、副詞で「世界中」の意味。ここでは動詞 affected を修飾する副詞。

(C) **カンマまでで完全文ができている。カンマの後ろに接続詞 but があるがその後ろには文ではなく、修飾句である独立分詞構文が続いている。文ではない独立分詞構文を置くのであれば、接続詞 but は不要**（参照 114ページ「設問攻略のための Tip 2」、168ページ：重要文法事項 2 分詞構文）。

The Bubonic plague was an epidemic that affected millions of people worldwide,

    its cure residing simply in better sanitation.
      〔○ 独立分詞構文（修飾句）〕
    but its cure resided simply in better sanitation.
      〔○ 接続詞＋文〕
    but its cure residing simply in better sanitation.
      〔× 接続詞＋独立分詞構文〕

(D) reside in... (…にある＝ be inherent in...)。better は形容詞 good の比較級で後ろの名詞 sanitation (衛生) を修飾している。

> **訳**：腺ペストは世界中で何百万人もの人々が罹患した伝染病であったが、その治療法は単によりよい衛生環境を作ることであった。

39. (C) nearer ⇒ nearly

アプローチ 2 　類題 例題21 　構造パターン 3

The Alaskan ground squirrel conserves energy by hibernating
　　　　　　S　　　　　　　　V　　　　　O　　　M
through the entire winter, and it does so by ceasing nearer all
　　　　　　　　　　　接続詞　S　V　　O　　　　M
bodily functions.

(A) 主語は The Alaskan ground squirrel (単数) なので、動詞 conserve に3単現の s がついているのは適切。時制を決定づける語句もなく、不変の事実を表す現在形で問題はない。

(B) 前置詞 through は「〜の間中」を意味する。

(C) near は前置詞の場合「…の近くに」、副詞の場合「近くに」を意味する。「(空間的に) 近くの」を意味する形容詞は nearby だが (the nearby station)、最上級であれば nearest を用いる (the nearest station)。また「(時間的に) 近くの」を意味する場合は形容詞 near を用いることができる (in the near future)。一方 nearly は副詞で「ほぼ (＝ almost)」を意味する。後ろに続く形容詞 all (すべての〜) を修飾するため、nearer (より近くに) ではなく、nearly (ほぼ) とすべき。

(D) bodily は形容詞で、「身体の」を意味する。形容詞に ly をつけると副詞になるが (形容詞 rare + ly ＝ 副詞 rarely)、名詞に ly をつけると形容詞になる (以下の例を参照)。

　　friendly, lovely, daily, weekly, monthly, yearly, orderly, lively など

：アラスカジリスは、冬の間中冬眠することでエネルギーを節約し、さらにほ
　　ぼすべて身体機能を停止することでエネルギーを節約する。

40. (A) poet ⇒ poetry

アプローチ 5　構造パターン 1

Great poet like that of Emily Dickinson, Walt Whitman and Robert Frost
　　S

can open **doors** to the readers' own suppressed feelings.
　V　　　**O**

(A) Great poet は「形容詞＋名詞」の形だが、poet（詩人）は可算名詞でハダカ
　　では使えないので誤り。後ろには前置詞＋名詞の形の修飾句 like that of
　　Emily Dickinson, Walt Whitman and Robert Frost（Emily Dickinson や
　　Walt Whitman や Robert Frost のそれのような）が続いているから、"that"
　　と "Great poet" は類似のものでなければならない。that（＝それ）とは「書
　　いたもの」（詩）を表すと考えられるので、「人」を表す poet ではなく「書い
　　たもの」を表す poetry とすべき（参照 244 ページ「不可算名詞」）。このように、
　　名詞であっても「分野／行為」を意味するのか「人」を意味するのかを区別
　　させる設問がときどき出題される（以下の代表例参照）。

分野、行為など		人	
architecture	建築	architect	建築家
chemistry	化学	chemist	化学者
choreography	振付	choreographer	振付師
farm	農場	farmer	農家
robbery	強盗	robber	強盗
theft	窃盗	thief	泥棒
crime	犯罪	criminal	犯罪者
expertise	専門知識	expert	専門家
agency	代理店	agent	代理人
democracy	民主主義	democrat	民主主義者
diplomacy	外交	diplomat	外交官
bureaucracy	官僚制度	bureaucrat	官僚

(B) open doors to... (…への扉を開く)。

(C) 形容詞ownは所有格の後ろに置いて "one' own..." の形で「その人自身の…」の意味になる（冠詞だけをつけたan own feelingなどは誤り）。

(D) feeling（感情）は可算でも不可算でも用いることができる。

訳：エミリー・ディキンソンやウォルト・ホイットマンやロバート・フロストの詩のような優れた詩は、読み手自身の抑圧された感情への扉を開くことができる。

1.	motivate...	動 …に動機を与える
	ever-	副 常に、絶えず
	transportation	名 輸送

2.	seemingly	副 一見したところ
	casual	形 何気ない、軽い ⇔ formal, serious
	creature	名 動物
	conserve...	動 …を保存する、節約する
	minimize...	動 …を最小化する ⇔ maximize
	lazy	形 怠けた

3.	achieve...	動 …を達成する
	fame	名 名声
	promote...	動 …を促進する
	renowned	形 有名な
	yet	接 しかし　副 しかし

4.	construct...	動 …を建設する
	marvel	名 驚嘆
	remain	動 残る〔第1文型〕、…のままである〔第2文型〕
		cf. remains：名 遺跡

5.	abundant	形 豊富な
	life	名 生物（参照 253ページ「『人間』『生物』を意味する可算名詞と不可算名詞」）
	Arcticz	形 北極の　cf. Antarctic：形 南極の
	ideal	形 理想的な
	fill...	動 …を満たす

6.	exert...	動 （力）を行使する
	matter	名 物質〔不可算〕、問題〔可算〕
	tiny	形 極めて小さな
	particle	名 粒子
	massive	形 巨大な
	gravity	名 重力

7.	ancient	形 古代の
	farm	名 農家〔場所〕　cf. farmer：名 農家〔人〕
	wholly	副 完全に
	flood	名 洪水
	field	名 田畑

8.	fiber	名 繊維
	conventional	形 従来の
	copper	名 銅
	maintain...	動 …を維持する　cf. maintenance：名 維持

9.	unique	形 独特の、特有な
	flourish	動 繁栄する ＝ thrive

10.	place...	動 …を置く
	orbit	名 軌道
	power	動 …に動力を供給する
	convert	動 …を変換する

11.	translate...	動 …を翻訳する
	genetic	形 遺伝の　cf. gene：名 遺伝子
	material	名 材料、物質
	accurate	名 正確な　cf. accuracy：名 正確さ
	conveyor	名 運搬装置　cf. convey...：動 …を運ぶ

12.	bacteria	名 細菌〔単数形は bacterium〕（参照 246ページ「不規則な複数形の可算名詞」）
	exist	動 存在する
	volcanic	形 火山の　cf. volcano：名 火山
	vent	名 穴

13.	current	名 流れ　cf. currency：名 通貨

14.	electric	形 電気の

15.	survive	動 生き残る　cf. survival：名 生き残り
	minimal	形 最小限の

16.	rebel	名 反逆者、南軍兵士
	robber	名 強盗〔人〕 cf. robbery：名 強盗〔行為〕
	embody...	動 …を具体的に表す
	bold	形 大胆な

17.	set...	動 …を配置する
	elevated	形 高い

18.	internal	形 内部の ⇔ external：形 外部の
	navigate...	動 …を航行する
	space	名 宇宙 = the universe

19.	reduce...	動 …減らす
	emission	名 排出 cf. emit...：動 …を排出する
	harmful	形 有害な
		cf. harm...：動 …に害を与える 名 害
	call for...	動 …を必要とする
	affordable	形 購入できる
	eco-friendly	形 環境に優しい

20.	vacuum	名 真空
	space	名 空間
	empty	形 空っぽの
	matter	名 物質〔不可算〕、問題〔可算〕

21.	primary	形 主要な
	mode	名 手段
	tremendous	形 巨大な
	investment	名 投資

22.	decolonization	名 脱植民地化 cf. colony：名 植民地
	reduce...	動 …を減らす

23.	remain	動 残る〔第1文型〕、…のままである〔第2文型〕
	demand	名 需要 ⇔ supply：名 供給
	precious	形 貴重な

24.	colony	名 集団
	infant	名 幼児　cf. infancy：名 幼少期
	vulnerable	形 脆弱な
25.	psychological	形 心理学の
	excessively	副 過度に
26.	combine...	動 …を組み合わせる
27.	feminist	形 女性解放論の
	issue	名 問題
	class	名 階級
	property rights	名 財産権
28.	viable	形 現実的な
	cell	名 細胞、電池
	available	形 入手可能な
29.	origin	名 起源
	matter	名 物質〔不可算〕、問題〔可算〕
30.	offer...	動 …を提供する
	unique	形 独特の、特有な
	transition	動 移行する　名 変遷
31.	synthetic	形 合成の
	nearly	副 ほぼ ＝ almost
	naturally occurring	形 天然の
32.	lack...	動 …を欠いている
	status	名 地位
	state	名 国家、州
	eligible	形 資格がある
	federal	形 連邦の
33.	fierce	形 獰猛な
	obtain...	動 …を獲得する
	mating	名 交配、繁殖 ＝ breeding, reproduction

	survive...	動 （厳しい環境）を生き残る
	intensive	形 集中的な、集約的な
		cf. intense：形 激しい　intensity：名 強さ
34.	department	名 省、学部
	oversee...	動 …を監督する
	equipment	名 装置
	investigate...	動 …を調査する　cf. investigation：名 調査
	involve...	動 …を伴う
35.	undergo...	動 …を経験する
	security	名 安全
		cf. secure：形 安全な　動 …を確保する
36.	estimate...	動 …を推定する
	comprise...	動 （割合）を構成する
	exist	動 存在する
	phenomenon	名 現象〔複数形は phenomena〕
		（参照）246ページ「不規則な複数形の可算名詞」
37.	motivate...	動 …に動機を与える
	philosophy	名 哲学
	well-ordered	形 秩序だった
	hierarchical	形 階級制度の　cf. hierarchy：名 階級制度
38.	plague	名 伝染病
	epidemic	名 伝染病
	affect	動 …に影響を与える　cf. effect：名 影響、効果
	worldwide	副 世界中に
	cure	名 治療、治療法
	reside in	動 （原因などが）…にある
	sanitation	名 衛生
39.	conserve...	動 …を保存する、節約する
	hibernate	動 冬眠する
	cease...	動 …を止める = stop
	bodily	形 体の

	function	名 機能（参照 104ページ「名詞のほか、動詞でもよく使われる語」）	
40.	poet	名 詩人	
		cf. poem：名 詩〔可算〕　poetry：名 詩〔不可算〕	
	suppressed	形 抑圧された	

第2部　テスト編

Sec. 1 Listening Comprehension
模擬テスト解答・解説

Sec. 2 Structure and Written Expression
模擬テスト解答・解説

Sec. 3 Reading Comprehension
模擬テスト解答・解説

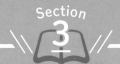

Reading Comprehension
模擬テスト 解答・解説

正解一覧

1.	B	11.	B	21.	D	31.	D	41.	A
2.	B	12.	D	22.	D	32.	A	42.	B
3.	A	13.	A	23.	C	33.	B	43.	C
4.	D	14.	A	24.	D	34.	C	44.	B
5.	C	15.	A	25.	A	35.	D	45.	A
6.	D	16.	C	26.	C	36.	D	46.	A
7.	D	17.	A	27.	D	37.	B	47.	A
8.	B	18.	C	28.	A	38.	C	48.	B
9.	C	19.	B	29.	C	39.	D	49.	C
10.	B	20.	B	30.	A	40.	C	50.	C

スコア換算

　リーディングセクションのスコアは、以下の換算表を利用してください。3セクション（リスニング・文法・リーディング）のスコアの平均値を10倍したものが合計スコアになります。

正解数	スコア	正解数	スコア	正解数	スコア
0–8	31	24–26	46	42–44	59
9–11	32	27–29	49	45–47	62
12–14	34	30–32	51	48–49	65
15–17	38	33–35	53	50	67
18–20	42	36–38	55		
21–23	44	39–41	57		

Questions 1–10

1. (B)

設問タイプ 6

設問
Which of the following statements best expresses the main idea of the passage?
（文章の要旨を最もよく表しているのは次のどれか？）

本文
第1段落
The American Southwest is an arid region, the annual rainfall being less than 10 inches. This meant that the Native Americans living in the area since the Stone Age had to carefully manage their dwellings, water and food. These tribes shared many of the same cultural traditions, such as animism, a belief in spirits infusing nature. Practices such as polygyny, the husband having multiple wives, were also common. Yet, even with this same cultural overlay, the tribes maintained substantially different modes of living.

第2段落
The Hopi were an agricultural people…（略）…

選択肢(B)

第3段落
Like the Hopi, the Quechan were primarily farmers,…（略）…

第4段落
Best known for their fighting and hunting prowess, the Apache relied heavily on raiding…（略）…

第5段落
The Navajo deployed a mix of activities,…（略）…

第6段落
Any peace between the tribes tended to be uneasy,…（略）…

(A) Native Americans of the Southwest shared a similar culture.

(B) Groups adapted to the environment in different ways.

(C) Survival was difficult for all inhabitants of the American Southwest.

(D) Native tribes rapidly lost the American Southwest to Europeans.

---

[1] 正解肢を見つける

第1段落

〈第1–2文〉
〔トピック〕the Native Americans in the American Southwest
（アメリカ南西部の原住民）

〈最終文〉
〔要旨〕Yet, even with this same cultural overlay, the tribes maintained substantially different modes of living.（同じ文化的外観を持っていても、それぞれの部族は大きく異なる生活様式を維持していた）

第2段落	第3段落	第4段落	第5段落
〔部族ごとに異なる生活様式の例1〕 the Hopi	〔部族ごとに異なる生活様式の例2〕 the Quechan	〔部族ごとに異なる生活様式の例3〕 the Apache	〔部族ごとに異なる生活様式の例4〕 the Navajo

第1段落最終文（しばしば今回のように逆接の論理マーカーを伴う）で文章全体の要旨を述べ、第2段落以降でそれを具体的に説明していくパターン

選択肢(B)	Groups adapted to the environment in different ways. （集団ごとに異なる方法で環境に適応した）

[2] 他の選択肢の確認

（A）Native Americans of the Southwest shared a similar culture.（アメリカ南西部の原住民は類似の文化を共有していた）については、第1段落の4–8行目 "These tribes shared many of the same cultural traditions, such as animism, a belief in spirits infusing nature. Practices such as polygyny, the husband having multiple wives, were also common. **Yet**, even <u>with this same cultural overlay</u>, the tribes maintained <u>substantially different modes of living</u>."にあるとおり、確かに異なる部族が<u>共通の文化的伝統</u>を持っていたとは書かれています。しかし最後の文で**逆接の論理マーカーYet**を使って「ところが<u>同じ文化的外観を持っていても</u>、それぞれの部族は<u>大きく異なる生活様式</u>を維持していた」とあります。著者が強調しているのは「(文化が似ているにも関わらず)生活様式が異なること」です。したがって(A)の内容は正しいですが、要旨ではありません。

(C) <u>Survival was difficult</u> for all inhabitants of the American Southwest.(アメリカ南西部の居住者にとって、<u>生存することは困難であった</u>)については、第1段落第1文 "The American Southwest is an arid region, the annual rainfall being less than 10 inches."から乾燥した厳しい環境であったことは推測できます。しかし、続く第2文 "This meant that the Native Americans living in the area since the Stone Age <u>had to carefully manage</u> their dwellings, water and food."で、そうした厳しい環境に<u>適応する必要があった</u>、とあるだけで「生存が困難」とまで解釈することは難しく、また著者がそのことを伝えたかったわけでもありません。

(D) Native tribes rapidly lost the American Southwest to Europeans.(原住民の部族達は急速にアメリカ南西部を失い、ヨーロッパ人に明け渡していった)については、これを示す本文箇所は見当たりません。

2. (B)

設問

The paragraph preceding this passage probably discusses

（この本文の前にある段落で議論されていると思われる内容は？）

本文 第1-2文

The American Southwest is an arid region, the annual rainfall being less than 10 inches. This meant that the Native Americans living in the area since the Stone Age had to carefully manage their dwellings, water and food.

選択肢

(A) The challenges of preserving natural wildlife and soils

(B) The environmental conditions that affect all inhabitants

(C) The reasons for Europeans to enter the American Southwest

(D) The impact of European contact on Native Americans

① 正解肢を見つける

第1-2文	・The American Southwest is an arid region, the annual rainfall being less than 10 inches. 〔アメリカ南西部は雨量が少なく乾燥〕 ・This meant that the Native Americans living in the area since the Stone Age had to carefully manage their dwellings, water and food. 〔その気候がそこで暮らしてきたアメリカ原住民の生活に影響〕
前段の内容を ＼予測／ （第1-2文に 適合する内容）	・【予想1】「気候や環境はそこで暮らす人の生活に影響を与える」という一般論 ・【予想2】「アメリカ南西部以外の地域の気候とそこで暮らす人の生活への影響」の例
予想に合致する 選択肢	【予想1】を言い換えた選択肢(B) The environmental conditions that affect all inhabitants（そこで暮らす全ての人に与える環境条件）

② 他の選択肢の確認

　(A) The challenges of <u>preserving natural wildlife and soils</u>（野生動物や土壌の保全への挑戦）、(C) The reasons for <u>Europeans</u> to enter the American Southwest（<u>西欧人</u>が南西部に入ってきた複数の理由）、(D) The impact of <u>European contact</u> on Native Americans（<u>西欧との接触</u>が原住民に与えた影響）は、第1-2文の内容との関係が(B)に比べて希薄です。

3. (A)

設問

The phrase "fend off" in line 15 is closest in meaning to

（15行目にある句 fend off に最も意味が近いのは？）

本文

The Hopi also included trained warriors, however, if only to fend off raiders.

選択肢

(A) resist　　(B) veto　　(C) surprise　　(D) avoid

1 正解肢を見つける

fend off が 入った文	The Hopi also included trained warriors, however, if only to **fend off** raiders.（the Hopi は raiders を fend off する場合のみ、訓練された戦士を含んだ）
	（raiders を）「撃退する」（場合のみ）？〔'off' は「離れる」イメージ〕
選択肢(A)	resist...（…に抗する）
fend off の意味	defend oneself from...（…から身を防御する）

2 他の選択肢の確認

　(B) veto は「…を拒否する」の意味で、類義語は reject です。特に「議会の法案を大統領が拒否する」場合に使われる語で、名詞であれば「拒否権」を意味します。

4. (D)

設問タイプ 8

設問

The word "exploited" in line 18 is closest in meaning to
（18行目にある語 exploited に最も意味が近いのは？）

本文

In stark contrast to the Hopi, they exploited floodplain farming by growing crops along riversides.

選択肢

(A) investigated　　(B) developed　　(C) abused　　(D) utilized

---

① 正解肢を見つける

exploit が 入った文	they **exploited** floodplain farming by... （彼らは…によって floodplain 農法を exploit した）
基本動詞 exploit の知識	① use ... unfairly （…を搾取する）〔ネガティブな意味〕 ② use ... effectively （…を有効活用する）〔ポジティブな意味〕
選択肢 (D)	本文はポジティブな意味で使っているから、 utilize （…を利用する）

> 3–15「〔参考〕use（…を利用する）の類義語」

参考 use（…を利用する）の類義語

utilize, exploit, employ, deploy, make use of, tap into, avail oneself of

(A) investigate は「…を調査する（= examine, explore）」の意味です。(B) develop は「①…を発展させる（= expand, enhance）」「②…を新しく作り出す（= initiate, invent）」などの意味です。(C) abuse は「…を虐待する（= mistreat）」「…を濫用する（= misuse）」の意味です。

5. (C)

設問タイプ 4　比較対照関係

設問

The author compares the Hopi to the Quechan in order to illustrate which of the following points?

（著者は次のどの点を具体的に示すためにホピ族をケチャン族と比較しているのか？）

本文17-19行目

In stark contrast to the Hopi, they exploited floodplain farming by growing crops along riversides.

本文9-11行目

The Hopi were an agricultural people who used dry farming techniques, such as mixing pumice into soil to reduce water evaporation.

選択肢

(A) Irrigation is necessary for all types of farming.

(B) Some areas are just too dry to cultivate successfully.

(C) Access to natural resources influences the way of life.

(D) Some tribes had better technical skills than others.

1 正解肢を見つける

設問中にある 手がかりワード	compare the Hopi to the Quechan
本文17-19行目	In stark contrast to the Hopi, they exploited floodplain farming by growing crops along riversides. (the Hopi とは正反対に、they は河岸に沿って作物を栽培する floodplain 農法を活用していた)

> in stark contrast to...：「…とは正反対に」〔対比表現〕
> 指示代名詞 they = the Quechan

 the Quechan は floodplain 農法。ではそれと正反対の the Hopi は？

本文9-10行目	The Hopi were an agricultural people who used dry farming techniques

they exploited **floodplain farming** by growing crops along riversides	The Hopi were an agricultural people who used **dry farming** techniques

対照関係を ＼読み解く／	乾燥（dry）と氾濫（floodplain）という正反対の水環境に応じて、それぞれ適した農法を活用して生活していた
選択肢(C)	Access to natural resources influences the way of life. (天然資源を利用できるかどうかが生活方法に影響を与えている)

第2部 テスト編

Sec.1 Listening Comprehension
リスニング・セクション 解説

Sec.2 Structure and Written Expression
文法セクション 解説

Sec.3 Reading Comprehension
模擬テスト 解答・解説

(A) Irrigation is <u>necessary for all types of farming</u>.（灌漑はあらゆる形式の農業に必要である）については、the Quechan が 20–21 行目 "Seasonal rivers overflowing their banks provided <u>natural irrigation</u> for their farmlands." から<u>自然の灌漑</u>を利用していた一方、the Hopi は 12 行目 "...<u>constructed</u> small earthen dams and reservoirs（小さなダムや貯水池を<u>建設した</u>）" から人工的な灌漑を行っていたことがわかります。しかしそうした灌漑が necessary for **all** types of farming（**あらゆる**形式の農業に必要だ）という記述は本文に見当たりません。

(B) Some areas are just too <u>dry to cultivate successfully</u>.（極度の乾燥のためうまく耕作できない地域がある）については、the Quechan と比べて the Hopi の生活地域は乾燥していたことは本文から読み取れます。その一方で工夫を凝らした乾燥農法を行っていたことが書かれていますので、本文内容と合致しません。

(D) Some tribes had <u>better technical skills</u> than others.（一部の部族は別の部族よりも<u>優れた技術</u>を有していた）については、両部族の農業技術の優劣を記述した箇所は本文に見当たりません。

6. (D)

> **設問**
> The word "prowess" in line 22 is closest in meaning to
> （22行目にある語 prowess に最も意味が近いのは？）
>
> **本文**
> Best known for their fighting and hunting prowess, the Apache relied heavily on raiding in order to secure resources.
>
> **選択肢**
> (A) belief　　(B) security　　(C) assignment　　(D) capability

1 正解肢を見つける

prowessが入った文	Best known for their fighting and hunting prowess... （戦闘や狩猟の prowess で最もよく知られているが…）
推測困難なため選択肢に当てはめる	戦闘や狩猟の「技能」の意味になる選択肢(D) capability（技能）は本文に合う

2 他の選択肢の確認

　(A) belief は「信念、考え（= conviction, creed）」の意味です。(B) security は「安全、安定（= safety, protection）」の意味です。(C) assignment は「①割り当て（= allocation）」「②（割り当てられた）任務（= task）」の意味です。

7. (D)

設問

According to the passage, all of the following were true of the original inhabitants of the American Southwest EXCEPT

（本文から、アメリカ南西部に当初から住んでいた人々について当てはまらないのはどれか？）

第1段落

… (略) … These tribes shared many of the same cultural traditions, such as animism, a belief in spirits infusing nature. … (略) …

→ 選択肢 (B)   → 選択肢 (A)

第2段落

The Hopi were an agricultural people who used dry farming techniques, such as mixing pumice into soil to reduce water evaporation. … (略) … "Hopi" means "peaceful people," which was fitting since the tribe channeled most of its time into agricultural pursuits. The Hopi also included trained warriors, however, if only to fend off raiders.

→ 選択肢 (C)

第3段落

→ 選択肢 (B)(C)

Like the Hopi, the Quechan were primarily farmers, although they supplemented this with trade and hunter-gatherer activities.
… (略) …

→ 選択肢 (C)

第4段落

… (略) …However, the Apache were not entirely martial, and at times subsisted by herding, hunting, and even farming. … (略) …

→ 選択肢 (B)(C)

第5段落

The Navajo deployed a mix of activities, including

hunting-gathering, trading, herding, and agriculture, …（略）…

第6段落

Any peace between the tribes tended to be uneasy, so all Native American men in the region were trained for battle and frequently engaged in warfare. …（略）…

→ 選択肢 (B)(C)

→ 選択肢 (D)

選択肢

(A) Religion centered on the surrounding nature.
(B) Farming was at least sometimes engaged in.
(C) A tribe never specialized in any particular activity.
(D) Relations between groups were usually peaceful.

正解肢を見つける

設問中にある手がかりワード	the original inhabitants of the American Southwest（アメリカ南西部に当初から住んでいた人々） ⇒ the Hopi, the Quechan, the Apache, the Navajo のすべてが該当するので、選択肢ごとに確認
選択肢 (D)	Relations between groups were usually peaceful.（部族間の関係は通常は平和的なものだった）
本文36行目	Any peace between the tribes tended to be uneasy…（部族間のいかなる平和も不安定な傾向にあった）

不一致

選択肢 (A)	Religion centered on the surrounding nature. (宗教は身の回りの自然を中心に信仰されていた)
本文5行目	a belief in spirits infusing nature (自然の中に満ち溢れる精霊信仰) ＝共通の伝統文化の例

合致

選択肢 (B)	Farming was at least sometimes engaged in. (農業は少なくとも一時的には従事されていた)
本文9行目 本文16行目 本文25−26行目 本文29−30行目	・The Hopi were an agricultural people ・the Quechan were primarily farmers ・the Apache were not entirely martial, and at times subsisted by herding, hunting, and even farming ・The Navajo deployed a mix of activities, including hunting-gathering, trading, herding, and agriculture

合致

選択肢 (C)	A tribe never specialized in any particular activity. (どの部族も特定の活動に特化していたわけではなかった)
本文14−15行目 本文16−17行目 本文25−26行目 本文29−30行目	・The Hopi also included trained warriors, however, if only to fend off raiders. ・the Quechan were primarily farmers, although they supplemented this with trade and hunter-gatherer activities ・the Apache were not entirely martial, and at times subsisted by herding, hunting, and even farming ・The Navajo deployed a mix of activities, including hunting-gathering, trading, herding, and agriculture

合致

8. (B)

設問タイプ 3　比較対照関係

設問

What can be inferred from the passage about the farming practices of the Native Americans of the Southwest ?
（南西部の原住民の農業について、本文からどのようなことが推測できるか？）

本文9–12行目

The Hopi were an agricultural people who used dry farming techniques, such as mixing pumice into soil to reduce water evaporation. They also farmed along higher-precipitation mesa tops, and constructed small earthen dams and reservoirs. … （略）…

▸ 選択肢（B）

本文17–21行目

… （略）…In stark contrast to the Hopi, they exploited floodplain farming by growing crops along riversides. "Quechan," in fact, means "people of the river." Seasonal rivers overflowing their banks provided natural irrigation for their farmlands.

▸ 選択肢（A）

本文22–28行目

Best known for their fighting and hunting prowess, the Apache relied heavily on raiding in order to secure resources. Therefore, Apache boys went through intensive martial training almost from the time they could walk. However, the Apache were not entirely martial, and at times subsisted by herding, hunting, and even farming. The Jicarilla Apache, for instance, combined seasonal riverside farming with regular raids on rivals.

▸ 選択肢（C）

本文29–30行目

The Navajo deployed a mix of activities, including hunting-gathering, trading, herding, and agriculture, …（略）…

選択肢

(A) The Quechan managed to control floods for farming.

(B) The Hopi developed relatively advanced irrigation systems.

(C) The Apache at times cooperated with the Quechan in seasonal riverside farming.

(D) The Navajo employed dry farming methods to conserve water.

---

1 正解肢を見つける

設問中にある 手がかりワード	the farming practices of the Native Americans of the Southwest（各部族の農法） ⇒ 本文の広範囲が該当するので、選択肢ごとに確認
選択肢 (B)	The Hopi developed relatively advanced irrigation systems.（the Hopi は相対的に高度な灌漑システムを開発した）
本文 11–12 行目	They ... constructed small earthen dams and reservoirs（ホピ族は…小さなダムや貯水池を建設した） 〔'They' = the Hopi〕

 本文にある「ダムや貯水池」は選択肢の「灌漑システム」のことだが、それが「相対的に高度」であるか否かは他の部族の灌漑システムと比較することが必要

the Hopi	the Quechan	the Apache	the Navajo
〈12行目〉 constructed small **earthen dams** and **reservoirs**	〈20–21行目〉 Seasonal rivers overflowing their banks provided **natural irrigation** for their farmlands.	〈27–28行目〉 combined **seasonal riverside farming** with...	〈29–30行目〉 deployed a mix of activities, including... **agriculture**

〈the Hopi〉 > 〈the Quechan〉 = 〈the Apache〉 ? 〈the Navajo〉

·少なくとも the Quechan や the Apache と比べて the Hopi は高度な灌漑システムを構築していたと言える（the Navajo については不明）

·選択肢(B)は正しそう。他の選択肢が否定できるか確認！

\まとめる／

② 他の選択肢の確認

(A) The Quechan managed to <u>control</u> floods for farming.（the Quechan は農業を行うため洪水をなんとか<u>制御</u>していた）については、the Quechan について記述している第3段落を見ると、18–19行目 "<u>exploited</u> floodplain farming by growing crops along riversides（河岸に沿って作物を栽培することにより氾濫原農業を<u>活用</u>していた）"、氾濫原農業の具体的な説明として20–21行目 "Seasonal rivers overflowing their banks <u>provided</u> natural irrigation for their farmlands.（季節的な河岸地域の氾濫が農地に<u>天然の灌漑</u>を提供していた）" とあります。つまり洪水に<u>適応</u>あるいは<u>利用</u>していたのであって、<u>制御</u>とは合致しません。

(C) The Apache at times <u>cooperated</u> with the Quechan in seasonal riverside farming.（the Apache は seasonal riverside farming において時に the Quechan と<u>協力</u>していた）については、the Apache について記述している第4段落を見ると、26–28行目に "The Jicarilla Apache, for instance, combined seasonal riverside farming with regular raids on rivals.（例えば the Jicarilla Apache は定期的な相手部族への襲撃とあわせて seasonal riverside farming を行っていた）" とありますが、<u>協力</u>という表現は本文に見当たりません。

(D) The Navajo employed <u>dry farming methods to conserve water</u>.（the Navajo は<u>水を節約するため乾燥農法</u>を用いていた）については、the Navajo について記述している第5段落を見ると、29–30行目に「agriculture にも従事していた」とあるだけで、<u>dry farming methods</u> についての記述は本文に見当たりません。

選択肢(A)(C)(D)が誤りなので、**選択肢(B)が正解**。

9. (C)

設問

What does the author mean by stating that "these newcomers could establish themselves as the "dominant tribe" of the Southwest"?

(「新たにやってきたこれらの人々が南西部の『支配部族』となることができた」という記述から著書は何を表したいのか？)

本文38-43行目

The first Europeans arriving in the region in the1500s were initially regarded as just another tribe and were treated as such, the Native tribes fighting, allying, or trading with them as circumstances dictated. It was only after another two and half centuries that these newcomers could establish themselves as the "dominant tribe" of the Southwest.

選択肢

(A) Native tribes were easily suppressed by powerful outsiders.

(B) Independent native tribes preferred dealing with Europeans.

(C) Europeans could eventually control the entire region.

(D) Partnerships between the most dominant tribes blocked European advances.

① 正解肢を見つける

指示語の確認	'these newcomers（これらの新参者）' =（この地域に新たに入ってきた）Europeans
"dominant tribe" の確認	（原住民サイドの見方に立った）「支配部族」 = Europeans
該当箇所の意味	Europeans は the Southwest を dominate できた
選択肢 (C)	Europeans could eventually control the entire region. （西欧人は最終的にはその地域全体を支配することができた）

> 3-16「読み解くポイント 5」

読み解くポイント 5

　引用符（" "）がついた語句は、辞書上の定義そのものを意味するのではなく、特別な意味が添えられる。ここでは、西欧人を「部族（= tribe）」（=特定の地域に住む、同一人種で同一の慣習等を持つ集団）として括るのは定義上問題があるが、「原住民が西欧人を当初は単なる一部族とみなしていた」という原住民サイドの見方に立って「支配部族（= dominant tribe）」という語に引用符をつけて用いている。

② 他の選択肢の確認

　(A) Native tribes were easily suppressed...（…原住民部族たちは容易に鎮圧された）については、本文にそれを示す表現は見当たりません。むしろ "It was only after another two and half centuries that...（250年後になってやっと…）" とあるので、「容易」とは言い難いです。

　(B) Independent native tribes preferred dealing with Europeans.（自主的な原住民部族は西欧人との取引を好んだ）については、本文では "the Native tribes fighting, allying, or trading with them as circumstances dictated（原住民部族

たちは状況に応じて西欧人と闘ったり、提携を結んだり、取引をしたりした)" とあるだけで、preferred（好んだ）という表現は本文に見当たりません。

(D) Partnership between the most dominant tribes blocked European advances.（最大の支配部族間の協力関係がヨーロッパの進展を妨げた）については、部族間の協力関係についても、それが西欧の進展を blocked（妨げた）という表現も本文に見当たりません。

10. (B)

設問タイプ 8

設問

The word "uneasy" in line 36 is closest in meaning to
（36行目にある語 uneasy に最も意味が近いのは？）

本文

Any peace between the tribes tended to be uneasy , so all Native American men in the region were trained for battle and frequently engaged in warfare.

選択肢

(A) damaged　　(B) tense　　(C) unlikely　　(D) distant

uneasyが 入った文	Any peace between the tribes tended to be **uneasy**, so all Native American men in the region were trained for battle and frequently engaged in warfare. (部族間のいかなる平和も **uneasy** である傾向にあったため、この地域のすべてのアメリカ原住民の男性は戦闘訓練を受け、頻繁に戦闘に従事した)
因果関係の so	〔原因〕平和は **uneasy** →〔結果〕戦闘訓練を受ける／戦闘を行う
	**(平和は)「長くは続かない」?**
選択肢(B)	**tense**（安定しない）
uneasyの意味	①（気持ちが）落ち着かない〔= restless, worried, tense〕 ②（状態が）安定しない〔= unstable, insecure, tense〕

2 他の選択肢の確認

　(A) damaged は「損害を受けた」の意味です。(C) unlikely は「可能性があまりない（= improbable, implausible）」の意味です。(D) distant は「遠い（= faraway, remote）」の意味です。

覚えておきたい 単語・フレーズ

第1段落

arid	形	乾燥した
annual	形	年間の
manage...	動	…を管理する
dwelling	名	住居 = residence
tribe	名	部族
multiple	形	多数の
mode	名	様式、方法

第2段落

agricultural	形	農業の
farming	名	農業 = agriculture
reduce...	動	…を減らす
evaporation	名	蒸発
precipitation	名	降雨
earthen	形	土製の
reservoir	名	貯水池
channel X into Y	動	X を Y に向ける
pursuit	名	追求

第3段落

primarily	副	主に = mainly
supplement...	動	…を補填する
in stark contrast to...		…とは正反対に
exploit...	動	…を有効利用する
crop	名	作物
bank	名	河岸
irrigation	名	灌漑

第4段落

prowess	名	武勇
secure...	動	…を確保する
resource	名	資源　cf. source：名 源

intensive	形 集中的な、集約的な
subsist	動 生存する
herding	名 牧畜

第5段落

deploy...	動 …を利用する
illustrate...	動 …を具体的に表す
stress...	動 …を強調する = emphasize = highlight

第6段落

engage in...	動 …に従事する
warfare	名 戦争
as such	そのようなものとして
ally	動 提携関係を結ぶ
trade	動 商取引をする
dictate...	動 …を要求する
dominant	形 支配的な

本文訳

　アメリカ南西部は乾燥した地域で、年間降水量は10インチを下回る。このため石器時代からこの地域で暮らしてきたアメリカ原住民たちは自分たちの住居、生活水、食料の管理に注意を払わねばならなかった。原住民の部族たちは多くの共通した文化的伝統を持っており、例えば自然界に満ちている精霊の存在を信じる精霊崇拝などがそうだ。夫が複数の妻を持つ一夫多妻制といった慣習も共通のものだった。しかしこのような文化的外観の同一性とは裏腹に、部族ごとに極めて異なる生活様式を維持していた。

　ホピ族は農耕部族で、例えば水分の蒸発を減らすために軽石を土に混ぜ込むといった乾燥に適した農法を活用していた。ホピ族はまた、周囲よりも降水量が多いメサ（頂上が平坦な岩山）の頂上づたいに耕作を行い、土製の小さなダムや貯水池を建設した。「ホピ」とは「平和な部族」という意味で、この部族はほとんどの時間を農業に向けていたことからも相応しい名称であった。しかし、侵入してきた者を追い払う目的だけのために訓練された戦闘員もいた。

　ホピ族同様、ケチャン族も主には農耕部族であったが、生活手段を他との物々交換や狩猟採集活動で補ってもいた。ホピ族とは正反対に、河川に沿って作物を栽培する氾濫原農業を活用していた。事実、「ケチャン」とは「川の部族」という意味である。季節的に河川が氾濫し河岸地域に水があふれ出ることで、彼らの農地は自然に灌漑された。

　戦闘と狩猟の武勇で最も知られていたアパッチ族は、資源を確保するため他部族に対する襲撃に大きく依存した生活をしていた。そのためアパッチの少年は、歩けるようになるかならないかのうちから徹底的な戦闘訓練を積み重ねた。しかしアパッチ族は常時戦闘的というわけではなく、時には牧畜、狩猟、そして農業もしながら生活していた。例えばジカリラ・アパッチ族は定期的な相手部族への襲撃と季節的な河川沿い農業を組み合わせて暮らしていた。

　ナバホ族は狩猟採集、物々交換、牧畜、農業といった複数の活動を組み合わせた生活方法をとり、外部の人間から素早く文化的・経済的慣習を取り入れていった。つまり、ナバホ族は極めて高い柔軟性を必要としていたわけである。ナバホ族の活動の多様性は男児の成人の儀式に良く表れており、儀式では武器と農耕用具をともに扱えることが等しく重要であると強調されていた。

　部族間に一時的な平和が訪れたとしてもそれは長続きしない傾向にあったため、この地域のすべてのアメリカ原住民の男性は戦闘訓練を受け、頻繁に戦闘に従事した。1500年代にこの地域に到達した最初の西欧人は当初は単なる一部族とみなされ、原住民からそのような扱いを受けた。つまり原住民たちは彼ら西欧人と状況に応じて時に闘い、時に提携関係を結び、時に取引をした。新たにやってきた西欧人が南西部の「支配部族」となるのは、それから250年経過した後のことであった。

Questions 11–20

11. (B)

設問
What does the passage mainly discuss?
（本文が主に議論している内容は？）

本文
第1段落 第1文
John Steinbeck (1902–1968) has been widely acclaimed as one of America's greatest authors.
（ジョン・スタインベックはアメリカの偉大な作家の一人）

第2段落 第1文
Efforts to tie Steinbeck to a specific writing style have been problematic.
（スタインベックを特定の作品スタイルに括るのは困難）

第3段落 第1文＋第2文（Howeverあり）＋**最終文**（thoughあり）
Critics have often termed his writing style experimental
（スタインベックの作品スタイルは実験的）

However, despite these variations in style, there are consistent themes
（様々なスタイルをとりながら、小説テーマは一貫）

Ultimately though, Steinbeck's works can be best described as organic, his writing style changing in accordance with the topic of each book.
（スタインベックの作品は、そのスタイルがテーマに応じて変化する有機的なもの）

選択肢
(A) The education of an author

(B) The techniques used in literature

(C) The influence of books on culture

(D) The changes in American society over time

1 正解肢を見つける

第1段落	
〈第1文〉 〔トピック〕John Steinbeck	
第2段落	第3段落
〈第1文〉 writing style (作品スタイル)	〈第1-2文＋最終文 (*)〉 variations in style (多様な作品スタイル) と themes/topic (主題) との関係

＊第2文と最終文に however, though あり

Steinbeck's writing style and the topics
（スタインベックの主題に応じた様々な作品スタイル）

選択肢(B)

The techniques used in literature
（文学で駆使される技術）

2 他の選択肢の確認

選択肢(A) The education of an author（ある作家が受けた教育）、選択肢(C) The influence of books on culture（本が文化に与える影響）、選択肢(D) The changes in American society over time（アメリカ社会の時間を通じた変化）。

どの選択肢も決め手にかけるような…

　ここに並んでいる選択肢は一見したところ、どれも想定外の内容ばかりで決定打に欠ける…と思った読者もいらっしゃるかもしれません。実際、メインアイデアを自分の言葉で表そうとして「文学で駆使される技術」などと言う人は珍しいかもしれません。こうしたときは、選択肢に頼らずにまず自分の言葉でメインアイデアを表して、それに最も近い選択肢を選んでみてください。4つの選択肢の中で「主題に応じたスタインベックの様々な作品スタイル」に最も近いのが「文学で駆使される技術」です。

12. (D)

設問

According to the passage, which of the following was true about John Steinbeck's youth ?

（本文から、ジョン・スタインベックの青年時代について正しいと言えるのはどれか？）

本文2-8行目

Born in California, he was shaped by frontier life and his experience as a young man performing difficult rural work, right alongside immigrant farm laborers. This personal familiarity with those struggling people would later be reflected in his writing style. Specifically, what made the mannerisms, hardships and challenges faced by his characters realistic was his great wealth of knowledge about these subjects.

選択肢

(A) He owned a significant amount of land where immigrants worked.

(B) He allowed laborers to organize into unions within his firms.

(C) He became familiar with ways to struggle against elites.

(D) He gained insight into a topic through direct experience.

設問中にある 手がかりワード	youth（青年時代）

本文2-4行目	Born in California, he was shaped by frontier life and his experience as **a young man** performing difficult rural work, right alongside immigrant farm laborers.（スタインベックはフロンティア生活と移住してきた農業労働者と共に辛い辺境労働に携わった若い時代の経験によって自己を形成していった）

選択肢(D)	He gained insight into a topic through direct experience.（スタインベックは直接的経験を通じてある問題を深く洞察する力を得た）

 本文では「経験を通じて人格形成した」とあるが、選択肢(D)で言う「ある問題を深く洞察する力を得た」が「人格形成」と同義とは言い切れない…
→【心構えその5】もう少し目を広げて確認！（参照 284ページ）

本文4-6行目	This personal familiarity would later be reflected in his writing style.（この個人的親交が後に彼の作品スタイルに反映されることになった） 〔this personal familiarity = his experience〕

本文6-8行目	Specifically, what made the mannerisms, hardships and challenges faced by his characters realistic was his great wealth of knowledge about these subjects.（とりわけ、スタインベックの作品の登場人物が直面するマンネリ化、苦難、挑戦を現実味あるものにしたのが、こうした登場人物についてのスタインベックの豊富な知識だった） 〔his great wealth of knowledge = his experience（から得た知識）〕

若い頃、農業労働者とともに辛い農作業に従事した直接的体験が、マンネリ化、苦難、挑戦といった問題を作品中で現実味あるものにした。

選択肢 (D)

He gained insight into a topic through direct experience.
（スタインベックは直接的経験を通じてある問題を深く洞察する力を得た）

2 他の選択肢の確認

(A) He owned a significant amount of <u>land</u> where immigrants worked.（スタインベックはかなりの面積の移民が働く<u>土地</u>を所有していた）については、本文にこれを示す記述は見当たりません。スタインベックが「豊富に持っていたもの」はthese subjects（＝マンネリ化、苦難、挑戦を抱えた人々）についての知識であって、土地ではありません。

(B) He <u>allowed laborers to organize into unions within his firms</u>.（スタインベックは<u>自分の会社内で労働者が労働組合を組織すること</u>を許容していた）についても、本文にこれを示す記述は見当たりません。

(C) He became familiar with <u>ways to struggle against elites</u>.（スタインベックは<u>エリート集団と闘う術</u>をよく心得るようになった）については、以下の類似表現が本文に見当たります。

選択肢 (C)

He became **familiar with** ways to struggle against elites.
（スタインベックはエリート集団と闘う術をよく心得るようになった）

不一致

本文4-5行目

This personal **familiarity with** those struggling people（こうした苦闘する人々を個人的によく知っていたこと）

549

「心構えその8」(参照 323ページ) で述べたとおり、共通語familiar/familiarity
の対象が本文では「人々 (= people)」、選択肢では「方法 (= ways)」ですから、
両者は合致しません。本文と選択肢が一見して似ているときほど、一語一語に注
意を払って徹底的に比較しなければいけません！

【リーディング Tip 2】　　　　　　　　　　　　 ⊘ 3-18「リーディング Tip 2」

本文を読みながら、語句の言い換えに気づくことが大事！

　複数の文を使って内容を展開・発展させていくとき、重要な語句は繰り
返し使うことになります。重要語句を繰り返す手法の一つが指示代名詞 (it
やthemなど) を使うことです。もう一つの手法が別の類義語に言い換える
ことです。「指示語」の確認とともに、**「言い換え」であることに気付くこ
とで、前後の文の内容のつながりが見えてきます** (参照 325ページ「心構え
その9」)。

　類義語を使った「言い換え」に気付くためには、それぞれの語の辞書上
の訳語の違い (experience = 経験、familiarity = 親交、knowledge = 知
識) にとらわれ過ぎず、もう少し**広い括りで「文脈的に同等か」**捉えてみ
てください。

① Born in California, he was shaped by frontier life and his
experience as a young man performing difficult rural work, right
alongside immigrant farm laborers. ② This personal familiarity with
those struggling people would later be reflected in his writing style.
③ Specifically, what made the mannerisms, hardships and challenges
faced by his characters realistic was his great wealth of knowledge
about these subjects.

言い換え：

his experience（彼の経験）

= This personal familiarity（この個人的親交）

= his great wealth of knowledge（彼の豊富な知識）

3文のつながり：

最初の文①が**経験の説明**、続く2文②と③が**その経験がのちの彼の作品に与えた影響**を解説

13. (A)

設問

The word "subjects" in line 8 is closest in meaning to

（8行目にある語subjectに最も意味が近いのは？）

本文

Specifically, what made the mannerisms, hardships and challenges faced by his characters realistic was his great wealth of knowledge about these subjects .

選択肢

(A) people　　(B) majors　　(C) nouns　　(D) references

1 正解肢を見つける

subjectが入った文	what made the mannerisms, hardships and challenges faced by his <u>characters</u> realistic was his great wealth of knowledge about **these subjects**（スタインベックの作品の<u>登場人物</u>が直面するマンネリ化、苦難、挑戦を現実味あるものにしたのが、こうしたsubjectsについてのスタインベックの豊富な知識だった）
基本名詞 subjectの知識	①議題となっている対象（人や事柄） ②実験の対象（被験者） ③学科 ④主語
前後の文脈確認	本文のthese subjectsは、mannerisms, hardships, challengesに直面した登場人物のこと（①の意味）
選択肢(A)	people（人々）

2 他の選択肢の確認

　(B) majors は「専攻科目」、(C) nouns は「名詞」、(D) references は「代名詞」あるいは「参照」の意味です。

14. (A)

設問

The phrase "pin down" in line 10 is closest in meaning to
（10行目にある句 pin down に最も近いのは？）

本文

Efforts to tie Steinbeck to a specific writing style have been problematic. Unlike many authors, he was difficult to pin down in this area.

選択肢

(A) identify　　(B) commit　　(C) agree　　(D) disclose

---

1 正解肢を見つける

pin down が入った文	he was difficult to **pin down** in this area（この分野でスタインベックを pin down するのは難しい）
前後の文を確認	前文 Efforts to tie Steinbeck to a specific writing style have been problematic. を言い換えたのが上の文 〔problematic = difficult〕
＼推測／	**'specific'（特定の）を動詞に言い換えたのが 'pin down'？**
選択肢(A)	identify（〜を特定化する／見極める）

2 他の選択肢の確認

　(B) commit は ①「(過ちや犯罪など) を実行する」、②〔"commit 人 to 責務／約束" の形で〕「人が責務／約束を果たすと誓わせる」、(C) agree は「同意する (= concur)」、(D) disclose は「(秘匿情報を) 明らかにする (= reveal)」の意味です。

15. (A)

設問

Which of the following books would serve as a template for issues facing unemployed migrants ?

（以下のどの本が失業して移住を繰り返す者が直面する問題のひな型として供されているか？）

本文11–13行目

The Grapes of Wrath employs a documentary, narrative type of writing. In this work, readers follow the Joad family as it traverses 1930s-era America in desperate search of work .

選択肢

(A) *The Grapes of Wrath*　　　(B) *The Pearl*

(C) *East of Eden*　　　(D) *Of Mice and Men*

---

1 正解肢を見つける

設問中にある手がかりワード	**unemployed migrants**（失業して移住を繰り返す者）
本文12–13行目	In this work, readers follow **the Joad family** as it traverses 1930s-era America in desperate search of work（この作品では、読者は絶望に打ちひしがれながら仕事を求めて1930年代のアメリカを横断するジョード一家をたどっていく）
指示語の確認	・it = the Joad family ・this work = *Grapes of Wrath*

選択肢(C)	*The Grapes of Wrath*

16. (C)

設問

Based on the information in the passage, a story that presented a contrast between right and wrong would be considered
（本文に基づくと、善悪の対照を描いた話はどう呼ばれるか？）

本文16–17行目

This novella is a fabular-style morality tale of greed and corruption of innocence .

選択肢

(A) documentary　　(B) historical　　(C) fabular　　(D) colloquial

---

1 正解肢を見つける

設問中にある 手がかりワード	a contrast between **right** and **wrong**（善悪の対照性）
本文16–17行目	This novella is a fabular-style morality tale of **greed** and **corruption** of **innocence**（この短編は欲に囚われ純真だった者が堕落していくことについての道徳的教訓を織り込んだ形式の物語である）
選択肢(C)	fabular〔fable（道徳的教訓を伝える寓話）の形容詞〕

　(A) documentary は「実際に起こった出来事の記録に基づいた」、(B) historical は「歴史の」、(D) colloquial は「口語体の」の意味です。

17. (A)

設問

The author mentions Chinese railway workers in line 18 in order to
（著者が18行目にある中国人鉄道員に言及した目的は何か？）

本文17-19行目

East of Eden, the most ambitious of his works, covering the Old West from Chinese railway workers to Civil War veterans to Irish pioneers, is a piece executed in the epic style.

選択肢

(A) illustrate the diversity of characters

(B) show how various races worked together

(C) criticize the injustice faced by some laborers

(D) focus on the background of a single ethnic group

1 正解肢を見つける

設問中にある 手がかりワード	**Chinese railway workers**
本文17–19行目	*East of Eden*, the most ambitious of his works, covering the Old West <u>from</u> **Chinese railway workers** <u>to</u> Civil War veterans <u>to</u> Irish pioneers, is... （『エデンの東』は彼の作品の中でも最も大掛かりな作品で、中国人鉄道員から南北戦争の退役軍人、アイルランド系移民まで登場する開拓時代の西部を描いており…）
	・*East of Eden* = the most ambitious of his works〔どういう風に野心的？〕 ・**Chinese railway workers, Civil War veterans, Irish pioneers** といった幅広い範囲の登場人物を扱っている点で野心的〔**from A to B to C**（AからBやCに至るまで）で範囲の幅広さを具体的に強調〕
選択肢(A)	illustrate the diversity of characters（登場人物の多様性を具体的に描写する）

2 他の選択肢の確認

(B) show how various races <u>worked</u> together（どれほど多様な人種が共に働いていたかを示す）については、本文にある "the most ambitious of his <u>works</u>（彼の<u>作品</u>のうちで最も大掛かりなもの）" の works は「作品」という名詞で、中国人鉄道員等はその登場人物として挙げられているのであって、選択肢にある動詞 worked（働いていた）とは合致しません。

(C) criticize the injustice faced by some laborers（一部の労働者が直面する不公平を批判する）と (D) focus on the background of a single ethnic group（ある一民族の背景に焦点をあてる）については、本文にそれを示す説明は見当たりません。

18. (C)

設問

The word "harshness" in line 29 is closest in meaning to
（29行目にある語 harshness に最も意味が近いのは？）

本文

However, despite these variations in style, there are consistent themes: poor or native people losing their land, racial conflict, and heartless and immoral elites. A focus on what he felt was the harshness of capitalism is also apparent in many of his works.

選択肢

(A) expansion   (B) thriving   (C) severity   (D) goodness

Sec. 1 Listening Comprehension
会話・トーク・質疑応答

Sec. 2 Structure and Written Expression
空欄補充・誤り箇所の指摘

Sec. 3 Reading Comprehension
模擬テスト 解答・解説

1 正解肢を見つける

harshness が入った文	A focus on what he felt was the **harshness** of capitalism is also apparent in many of his works. （彼が資本主義の harshness だと感じたことに焦点をあてている点も彼の作品の多くに見られる）

 同方向の議論に別の観点を加える also を見たら、前文に戻って最初の観点を確認

前の文	there are consistent themes: poor or native people losing their land, racial conflict, and heartless and immoral elites （一貫したテーマがある。それはすなわち、土地を失った貧しい人々や原住民、人種的対立、無情で道徳心のないエリート層）

	同方向内容の前文から、資本主義（capitalism）に対してネガティブな姿勢が伺える。よって harshness もネガティブな意味のはず。

選択肢(C)	severity（厳しさ）

2 他の選択肢の確認

（A）expansion は「拡大」、（B）thriving は形容詞で「反映する」、（D）goodness は「善／美点」の意味です。

19. (B)

設問タイプ 1

設問

Which of the following is NOT mentioned in the passage as a feature of Steinbeck's writing ?

（スタインベックの著作の特徴として本文に触れられていないのは次のどれか？）

選択肢

(A) The impact of economic systems on people

(B) The slow growth of industrial technologies

(C) The use of violence in certain situations

(D) The challenges in holding onto land

選択肢

(C) The use of violence in certain situations

本文（第2段落）

...In contrast, *Of Mice and Men*, a tragic story about rural farm workers culminating in murder (something common to many Steinbeck works), is written in a colloquial style where the story unfolds naturally, in the same way as ordinary people speak.

選択肢

(A) The impact of economic systems on people

(D) The challenges in holding onto land

本文（第3段落）

...However, despite these variations in style, there are consistent themes: poor or native people losing their land, racial conflict, and heartless and immoral elites. A focus on what he felt was the

562

harshness of capitalism is also apparent in many of his works...

1 正解肢を見つける

設問中にある 手がかりワード	a feature of Steinbeck's writing（スタインベックの著作の特徴）⇒ 文章全般が著作の特徴の説明であるため、選択肢ごとに確認
選択肢(B)	The slow growth of industrial technologies（産業技術の遅い成長）
本文27-28行目	・poor or native people losing their land（土地を失った貧しい人々や原住民）
本文29行目	・the harshness of capitalism（資本主義の辛辣さ）

「土地を失うことによる貧困」や「資本主義の辛辣さ」を「産業技術の成長が遅いこと」と言い換えることはできない。例えば、技術進歩のスピードが速くても遅くても、貧困や敗者に対する厳しい仕打ちは生じ得る。

2 他の選択肢の確認

選択肢(A)	The impact of economic systems on people（経済システムが人々に与える影響）
本文29行目	the harshness of capitalism（資本主義の辛辣さ）
	・「辛辣さ」をより一般的に「人々に対する影響」と言い換え ・「資本主義」をより一般的に「経済システム」と言い換え

選択肢(C)	The use of **violence** in certain situations（特定の状況では暴力を利用すること）
本文20行目	rural farm workers **culminating in murder**（地方の農場で働く者たちが最終的に殺人を犯すことになる）

合致

選択肢(D)	**The challenges in holding onto** land（土地を手放さずにいることの難しさ）
本文27-28行目	poor or native people **losing** their **land**（自分の土地を失った貧しい人々や原住民）

合致

⟩ 3-19「challengeの用法」

challengeの用法

　challenge（チャレンジ）のように日本語でも使う語は、日本語と英語の使われ方がやや異なることが多く、逆に注意が必要です。英語のchallengeの主な用法は以下のとおり（選択肢(D)では名詞①の意味）。

〔名詞〕①難題、課題（= difficult task, problem）
　　　　②異議、反発（= questioning, opposition）
　　　　③挑戦（= dare）
〔動詞〕①（事柄）を疑問視する（= question）
　　　　②（人）に挑戦する（= dare）
　　　　③（能力や想像力）を試す、湧き起こす（= test, arouse）

　最後に、(A)(C)(D)が設問で要求している「一作品だけではなく著作全般にわたる特徴」と言えるか？　については、(A)はconsistent themesの例の一つ、(C)はsomething common to many Steinbeck works（スタインベックの多くの作品に共通したもの）、(D)はapparent in many of his works（スタインベックの作品の多くに見られる）とあるので、そう言えそうです。

20. (B)

設問タイプ 2　比較対照関係

設問

According to the passage, the works of Upton Sinclair and Sinclair Lewis are similar to those of Steinbeck in their

（本文によると、アプトン＝シンクレアやシンクレア＝ルイスの作品はスタインベックの作品とどういう点で似ていると言っているか？）

：（コロン）の後ろに具体例

本文26-31行目

However, despite these variations in style, there are consistent themes: poor or native people losing their land, racial conflict, and heartless and immoral elites. A focus on what he felt was the harshness of capitalism is also apparent in many of his works. In these aspects, he is similar to Upton Sinclair or Sinclair Lewis.

選択肢

(A) writing styles
(B) themes ◄
(C) settings
(D) characters

1 正解肢を見つける

設問中にある 手がかりワード	the works of Upton Sinclair and Sinclair Lewis are similar to those of Steinbeck **in...** (…の点でアプトン＝シンクレアやシンクレア＝ルイスの作品はスタインベックの作品と似ている)
本文30−31行目	**In** these aspects, <u>he</u> is similar to Upton Sinclair or Sinclair Lewis. (これらの面で、スタインベックはアプトン＝シンクレアやシンクレア＝ルイスと似ている)
指示語の確認	・<u>he</u> = Steinbeck ・these aspects が設問の答え

these aspects

- the harshness of capitalism
  （資本主義の辛辣さ）
- poor or native people losing their land
  （土地を失った貧しい人々や原住民）
- racial conflict
  （人種的対立）
- heartless and immoral elites
  （非情で非道徳的なエリート層）

consistent themes の例

選択肢(B)	themes（主題）

2 他の選択肢の確認

(A) writing styles（作品の様式）、(C) settings（舞台）、(D) characters（登場人物）は、いずれも these aspects が指す内容ではありません。

重要な方向指示器 'also' を見逃すな！

設問20で指示語 these aspects が指す語句を探す際、前文の論理マーカー also に気付いたでしょうか？　文中の目立たない位置にあって「また」程度の軽い意味だと思われがちですが、also は論理展開を追う上で最も重要な論理マーカーの一つです。設問18の解説でも示したように、**also を見たら、「議論の方向性は変えずに、前で述べた観点にもう一つ別の観点を付け加えて、議論を強化している」と捉えてください**（**参照** 289ページ「本文を効率的に読むための基本戦術2」、306ページ：例題3 設問4）。

具体的には also を見ることで「前で述べた観点（＝ poor or native people losing their land, racial conflict, and heartless and immoral elites）に、もう一つ別の観点（＝ the harshness of capitalism）を加えている」ことを読み取ってください。このことから、these aspects は the harshness of capitalism だけではなく、その前文にある poor or native people losing their land, racial conflict, and heartless and immoral elites も指すことがわかります（そもそも these aspects ですから、複数のものを指します）。

第1段落

be acclaimed	動	称賛される
frontier	名	辺境〔開拓地と未開拓地の境界線の地域〕
rural	形	地方の
immigrant	名	移民
laborer	名	労働者
familiarity	名	親しみ
struggle	動	苦心する
reflect...	動	…を反映する
hardship	名	苦難
a wealth of...		豊富な…
subject	名	議題の事柄や人

第2段落

employ...	動	…を利用する
narrative	形	物語風の
desperate	形	絶望的な
indigenous	形	土着の = native
greed	名	欲
corruption	名	腐敗、堕落
innocence	名	純潔
execute...	動	…を実行する
epic	名	叙事詩
tragic	形	悲劇的な
culminate in	動	最終的に…に達する
colloquial	形	口語体の
unfold	動	開かれる、展開する

第3段落

term O C	動	O を C と呼ぶ = name O C
experimental	形	試験的な
adopt...	動	…を採用する
consistent	形	一貫した

racial	形	人種の
conflict	名	衝突、対立
harshness	名	厳しさ
capitalism	名	資本主義
apparent	形	明らかな
aspect	名	面
in accordance with...		…に従って

本文訳

　ジョン＝スタインベック（1902–1968）はアメリカの最も偉大な作家の一人として広く称賛され続けている。カリフォルニア州に生まれ、フロンティア（辺境）生活と、移住してきた農業労働者と共に辛い辺境労働に携わった若い時代の経験によって自己を形成していった。苦しい生活を送る人々との親交が、後になって彼の小説スタイルに反映されていくことになる。とりわけ、彼の小説に登場する人物が抱える生活のマンネリ化、苦難、挑戦を現実味あるものにしたのが、こうした問題を抱える人々について彼が持つ豊富な知見であったと言える。

　スタインベックを特定の一つの作品スタイルに括ろうとしてもそれは困難である。多くの他の著者と違い、スタインベックを作品スタイルの点で明確に定義することは難しい。『怒りの葡萄』は実話に基づく物語形式の著作である。この作品では、絶望に打ちひしがれながら仕事を求めて1930年代のアメリカを横断するジョード一家の運命を読者はたどっていく。『真珠』は極めて貧しい村を舞台にしている。村に住むある家族が大きな真珠を見つけたという設定の下で、突然手に入れた富がもたらす結末に焦点をあてている。この短編は、純真だった者が欲に囚われ堕落していくことについての道徳的な教訓を織り込んだ形式の物語である。『エデンの東』は彼の作品の中でも最も大掛かりな作品で、中国人鉄道員から南北戦争の退役軍人、アイルランド系移民まで登場する開拓時代の西部を描いており、長編形式で製作された作品である。対照的に『二十日鼠と人間』は地方の農場で働く者たちが最終的に殺人を犯すことになる（これは、スタインベックの多くの作品に共通した）悲劇的な話であるが、物語が自然に展開していく戯曲的な形式、つまり会話形式で書かれている。

批評家たちは彼の作品スタイルを、それぞれの作品で新たな取り組み方法や技術を駆使する実験的なものだと称し、スタインベック自身もインタビューでこのことを認めていたようである。しかし形式の変化をとりながらも、彼の小説には一貫したテーマが存在する。自分の土地を失った貧しい人々や原住民、人種的対立、無情で道徳心のないエリートたちがそれだ。さらにスタインベックが資本主義の辛辣さと感じたものに焦点を当てている点も、作品の多くに見られる。こうした点では、スタインベックはアプトン＝シンクレアやシンクレア＝ルイスに通じるものがある。とは言え結局のところ、スタインベックの作品は、それぞれの小説の主題に応じて作品スタイルが変化する有機的なものであると評するのが最もふさわしいかもしれない。

Questions 21–30

21. (D)

設問

Which of the following is NOT mentioned about Saturn's rings?
（土星の環について言及されていない点は次のどれか？）

本文2-5行目

Of these, Saturn easily has the most impressive rings, their thickness ranging from several meters to several kilometers. Their brightness comes from sunlight bouncing off the materials —primarily ice and water—contained within the rings.

→ 選択肢(B)

→ 選択肢(C)

Early observers noted that Saturn had four large, bright rings, with the D ring closest to the planet, followed by the C, B, and A rings and the smaller, dimmer ones F, G, and E.

→ 選択肢(A)

選択肢

(A) Their arrangement
(B) Their composition
(C) Their brightness
(D) Their temperature

設問中にある 手がかりワード	Saturn's rings
本文2-3行目	**Saturn** easily has the most impressive **rings**, their thickness ranging from several meters to several kilometers.（土星は間違いなく最も見事な環を持ち、その厚さは数メートルから数キロメートルに及ぶ）
本文4-5行目	Their <u>brightness</u> comes from sunlight bouncing off <u>the materials—primarily ice and water—</u>contained within the rings.（土星の環は、その中に含まれる物質、主に氷と水に太陽光が反射することで輝いている）
本文6-8行目	Early observers noted that <u>Saturn had four large, bright rings, with the D ring closest to the planet, followed by the C, B, and A rings and the smaller, dimmer ones F, G, and E.</u>（以前は、観察の結果、土星は4つの大きな明るい環とそれよりも小さく暗い環を持つとされた。明るい環はDリングが最も内側にあり、Cリング、Bリング、Aリングと続く。暗い環はFリング、Gリング、Eリングである）
選択肢(C) 選択肢(B) 選択肢(A)	・Their <u>brightness</u>（環の明るさ） ・Their <u>composition</u>（環の構成物） ・Their <u>arrangement</u>（環の配置）
選択肢(D)	Their temperature（環の温度）← 本文に該当箇所なし

22. (D)

設問

The word "uniform" in line 9 is closest in meaning to
（9行目にある語uniformに最も意味が近いのは？）

本文

These major rings are not uniform , however. Satellite imagery has revealed that there are thousands of smaller rings within the major ones, and visible gaps separate both major and minor rings.

選択肢

(A) durable　　(B) sharp　　(C) proper　　(D) consistent

| uniformが入った文 | These major rings are not **uniform**, however. (しかし、これら主要な環は uniform ではない) |

 続く後ろの文で、'not uniform' の具体的説明をしている

| 次の文 | ...there are thousands of smaller rings within the major ones, and visible gaps separate both major and minor rings (…主要な環の内部には何千もの小さな環があり、目に見える隙間が主要な環と小さな環を隔てている) |

|  | **'not uniform' は「単純／単一ではない」といった意味？** |

| 選択肢 (D) | consistent (一貫した) |

| uniformの意味 | 均一な／一様な (= unchanging in form) |

2 他の選択肢の確認

　(A) durable は「丈夫な」、(B) sharp は「鋭い」、(C) proper は「適切な」の意味です。

23. (C)

設問

The word "which" in line 13 refers to

（13行目にある語 which が指すのは？）

本文

The large <u>gaps</u> are areas of low density, and are mainly the result of large <u>fragments</u> or "moonlets" within the <u>rings</u>, which displace smaller particles from their rotational paths, creating open <u>lanes</u> that they alone inhabit.

選択肢

(A) rings　　(B) lanes　　(C) fragments　　(D) gaps

whichが入った文	The large gaps are areas of low density, and are mainly the result of large fragments or "moonlets" within the rings, **which** displace smaller particles from their rotational paths, creating open lanes that they alone inhabit.
whichが指せる条件	①whichより**前**にある（「先行詞」だから） ②**複数形**（動詞displaceに三単現のsがついていないから） ⇒(B) lanes以外の3つが条件を満たす
意味の確認	「何」がdisplace smaller particles from their rotational paths（公転軌道からより小さな粒子を排除する）？ ⇒「何」＝大きな粒子（**比較級**smallerに注意！）
選択肢(C)	(large) fragments（破片）

【リーディング Tip 4】　　　　　　　　　　▶ 3-21「リーディング Tip 4」

比較級は、相違を表す重要表現。「何と比較しているか」必ず確認！

　比較級は、2つのモノの相違を表す重要表現です。読解問題に取り組む「心構えその3」（参照 273ページ）でも述べたとおり、**比較級を見たら「何と何が、どう違うのか？」**を必ず確認してください。上記のsmaller particlesのように、比較対象がthanを使って明示されているとは限りません。文脈から明らかな場合、than以下は省略されます。そうした場合は特に「**省略されている比較対象は何なのか？**」を確認し、「**それとは異なるものだ**」という意識を持つことが読解の際に大切です。上記の例であれば**smaller particlesを見て、単に「小さな粒子」と訳したのでは重要な情報を取り**

損なっています。「前出の large fragments と比べて、大きさの面で異なる（＝それよりも小さい）粒子のことで、large fragments とは別物だ」というところまで読み込まなければいけません。

24. (D)

設問

Mimas is mentioned in order to
（ミマスが言及されている目的は？）

本文14-17行目

The largest and most visible gap — the Cassini Division between the A-Ring and the B-Ring — is caused by the gravitational pull of Saturn's moon Mimas.

選択肢

(A) distinguish between moons and planets
(B) explain the advantages of satellite images
(C) show that the rings mainly consist of dust
(D) illustrate factors that can affect ring matter

1 正解肢を見つける

設問中にある 手がかりワード	**Mimas**
本文14–17行目	The largest and most visible gap — the Cassini Division between the A-Ring and the B-Ring — is caused by the gravitational pull of Saturn's moon **Mimas**. (最も大きくよく見える隙間はAリングとBリングの間のカッシーニの間隙で、土星の衛星ミマスの引力によって生じている)
	〔原因〕**Mimas** 〔結果〕**カッシーニの間隙が生じる**
選択肢 (D)	illustrate factors that can affect ring matter (環というものに影響を与え得る要因を具体的に示す) (＊)

＊間隙 (= division/gaps) は環と環の間に生じた密度の薄い部分 (本文11–12行目：The large gaps are areas of low density) だから、間隙を "ring matter" (環というもの) に含めて解釈できる。

2 他の選択肢の確認

　(A) distinguish between moons and planets (衛星と惑星とを区別する)、(B) explain the advantages of satellite images (人工衛星からの画像の長所を説明する)、(C) show that the rings mainly consist of dust (環が主に塵から構成されていることを示す) については、いずれも本文にそれらを示す記述は見当たりません。

25. (A)

設問

According to the passage, the smaller gaps between Saturn's rings have been formed due to

（本文によると、土星の環と環の間の比較的小さな隙間が形成された原因は？）

本文17−19行目

The smaller gaps , such as Maxwell, are mainly caused by the gravitational effect of particles acting on one another until separation between orbital rings occurs.

選択肢

(A) The interplay of gravity between ring particles

(B) The impact of meteors on Saturn's rings

(C) The rotation of the moons around the planet

(D) Saturn's gravity pulling small particles inward

1 正解肢を見つける

設問中にある 手がかりワード	・the smaller gaps ・due to

本文17-19行目	**The smaller gaps**, such as Maxwell, are mainly caused by the gravitational effect of particles acting on one another until separation between orbital rings occurs. （例えばマクスウェルの間隙のような、それよりも小さな隙間は、主に粒同士に引力が作用し続け、その結果、軌道となる環の間に分断が生じたものである）

＼因果関係を読み解く／

X 結果	is caused by is due to	Y. 原因
the smaller gaps	←	the gravitational effect of particles acting on one another

選択肢(A)	The interplay of gravity between ring particles（環の粒子間に働く引力の相互作用）

2 他の選択肢の確認

(B) The impact of meteors on Saturn's rings（流星が土星の環に与える影響）、(C) The rotation of the moons around the planet（土星を中心とした衛星の公転）、(D) Saturn's gravity pulling small particles inward（小さな粒子を内側に引き寄せる土星の重力）については、いずれも本文にそれらを示す記述は見当たりません。

26. (C)

設問

Which of the following pictures best represents the structure of Saturn's rings?

（土星の環の構造を最もよく表しているのは次のどの図か？）

本文6–8行目

Early observers noted that Saturn had four large, bright rings, with the D ring closest to the planet, followed by the C, B, and A rings and the smaller, dimmer ones F, G, and E. ◄

本文15–16行目

the Cassini Division between the A-Ring and the B-Ring ◄

(A)

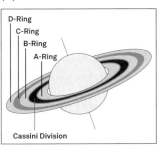

(B)

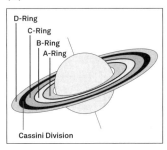

(C)

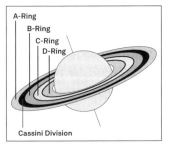

(D)

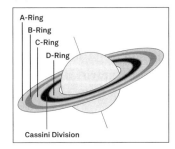

| 設問中にある 手がかりワード | the structure of Saturn's rings |

| 本文6-8行目 | Saturn had four large, bright rings, with **the D ring** closest to the planet, followed by **the C, B, and A rings** and the smaller, dimmer ones F, G, and E（土星は4つの大きな明るい環—Dリングが最も内側にあり、それに続いてCリング、Bリング、Aリング—とそれよりも小さく暗い環—Fリング、Gリング、Eリング—を持つ） |

| ＼読み解く／ | 土星に近い側（内側）から順に、
Dリング → Cリング → Bリング → Aリング |

| 本文15-16行目 | the Cassini Division between **the A-Ring** and **the B-Ring**（AリングとBリングの間にあるカッシーニ間隙） |

| ＼読み解く／ | 土星に近い側（内側）から順に、
Dリング → Cリング → Bリング → カッシーニ間隙 → Aリング
＝選択肢（C） |

27. (D)

設問

In paragraph 3, the author discusses spectroscopic analysis to illustrate which of the following points?
（第3段落で著者は分光法について議論しているが、次のどの点を具体的に描写するためか？）

本文20-24行目

For centuries, researchers were not sure of the origins of the rings. Enhanced spectroscopic analysis, or the study of the interaction between matter and radiation, only deepened the riddle, as they revealed that the rings were 95% ice, and not a relatively even mix of dust and ice as previously believed.

選択肢

(A) The origins of a planet may never become clearly known.

(B) Speculation about the composition of the rings proved right.

(C) High radiation levels are necessary to detect chemical elements.

(D) Additional information made a problem more unclear.

① 正解肢を見つける

設問中にある 手がかりワード	**spectroscopic analysis**

本文 21–24 行目	Enhanced **spectroscopic analysis**, or the study of the interaction between matter and radiation, <u>only deepened the riddle</u>, <u>as</u> they revealed that the rings were 95% ice, and not a relatively even mix of dust and ice as previously believed. (改良された spectroscopic analysis、つまり物質と〔光の〕放射の相互作用を研究する手法は、<u>単に謎を深めただけだった</u>。というのは、環がそれまで信じられていたように塵と氷がほぼ半々の混合ではなく95%が氷であることを明らかにしたからだった)

 **spectroscopic analysis は環の成分割合を解明したが、その結果は謎を深めただけ**

選択肢 (D)	Additional information <u>made a problem more unclear</u>. (新たに判明した情報は問題をさらに不明確なものにした)

② 他の選択肢の確認

(A) The origins of <u>a planet</u> may never become clearly known. (ある惑星の起源は今後明らかになることはないかもしれない) については、本文で謎としているのは上述のとおり the origins of <u>the rings</u> (環の起源) であって<u>土星</u>の起源ではありません。また今後も謎のままという記述も見当たりません。

(B) Speculation about the composition of the rings <u>proved right</u>. (環の構成成分についての推測は<u>正しかったことが証明された</u>) については、本文23–24行目 "<u>not</u> a relatively even mix of dust and ice as previously believed (それまで信じられていたような塵と氷がほぼ半々の混合物<u>ではない</u>)" と合致しません。

(C) <u>High</u> radiation levels are necessary to detect chemical elements. (高い

放射能レベルが化学的な構成要素の検出に必要だ）については、本文21–22行目に "spectroscopic analysis は the study of the interaction between matter and radiation（物質と放射線の相互作用についての研究手法）" と説明されていますが、「高い」放射能レベルが必要とは書いてありません。

【リーディング Tip 5】 3-22「リーディング Tip 5」

「段落冒頭の要旨を頭に置きながら、残りはその説明」という気持ちで読む！

ところで、成分とその割合が「明らかになった」のに、なぜ「謎が深まった」のでしょうか？　これに答えられるか否かは、研究目的を表すこの段落の第1文（＝段落要旨）を頭に残しながらこの箇所を読めたかどうかにかかっています。

第1文 "researchers were not sure of the **origins of the rings**（研究者たちは**環の起源**について確信が持てずにいた）" からわかるように、成分を知ること自体が目的ではなく、成分を手掛かりに環の起源を知ることが目的でした。つまり、成分の95%が氷であるとわかったことで「**環の起源**」**がますますわからなくなった**、ということです。

このように、段落内の第2文以降で書いてあることが何を意味するのかを理解するためには、本文を効率的に読むための基本戦術1でも述べたとおり、「**段落要旨を表す第1文の内容を頭に置きながら、第2文以降を読む**」という姿勢が大切です！

28. (A)

設問タイプ 3 因果関係

設問

What can be inferred about the origin of Saturn's rings from the passage?

（土星の環の起源について本文からどのようなことが推測できるか？）

本文25-27行目

One current theory is that the rings resulted from former icy moons of Saturn. As they approached the planet too closely, they were pulled apart by its tremendous gravity.

選択肢

(A) Ice and other materials were stripped off Saturn's moons by the gas giant's gravity.

(B) Material from the surface of Saturn drifted into space.

(C) The debris from collisions between Saturn's moons destroyed the innermost rings.

(D) Passing micrometeoroids were pulled in by Saturn and broken up.

設問中にある 手がかりワード	the origin of Saturn's rings

本文25–26行目	One current theory is that **the rings** resulted from former icy moons of Saturn. （現在の説では、その環は主に氷でできたかつての土星の衛星から生じた）

結果 result from 原因＝起源（＝ origin）

the rings former icy moons of Saturn

選択肢に見当たらない！◀

→【心構えその5】もう少し目を広げて確認！（参照 284ページ）

（次の文の指示語 they ＝ former icy moons）

次の文	As they approached the planet too closely, they were pulled apart by its tremendous gravity. （土星に近づきすぎると、土星の巨大な引力によって former icy moons はばらばらにされた） 指示語 its ＝ the planet（＝ Saturn）

選択肢(A)	Ice and other materials were stripped off Saturn's moons by the gas giant's gravity. （氷やその他の物質が巨大ガス惑星の引力によって衛星からはぎ取られた）（*）

＊ばらばらにされた衛星は本文で icy moons（主に氷でできた衛星）とあるから、選択肢(A)で「Ice and other materials（氷やその他の物質）がはぎ取られた」と表現されているのは妥当。また the gas giant（巨大ガス惑星）とは本文1行目で説明されているとおり土星のこと。

(B) Material from the surface of Saturn drifted into space. （土星の表面にあった物質が宇宙空間に漂った）や(D) Passing micrometeoroids were pulled in by Saturn and broken up. （通過していた微小な流星が土星に引っ張られ、ばらばらになった）については、「土星の表面物質」や「流星」は衛星（moons）では

ないため、本文と合致しません。

(C) The debris <u>from collisions between Saturn's moons</u> destroyed <u>the innermost rings</u>. （土星の衛星同士の衝突から生じた残骸が最も内側にある環を破壊した）については、「衛星同士の衝突」「最も内側の環」についてそれぞれ本文で言及されていません。

29. (C)

設問

According to the passage, discs are a naturally-occurring orbital shape because

（本文によると、円盤状が自然に起こる軌道形である理由は？）

：（コロン）の後ろに具体的説明

本文27-30行目

The remnants assumed a disc-shaped orbit due to naturally-occurring stabilizing processes: orbits are most stable when they are at the equator section of a planet, perpendicular to the axis of planetary rotation.

選択肢

(A) they can better withstand gravitational forces
(B) particles become strongly attracted to one another
(C) they provide a stable course for bodies in motion
(D) the planetary axis tilts back and forth regularly

① 正解肢を見つける

設問中にある 手がかりワード	・discs are a naturally-occurring orbital shape ・ because

本文27–28行目	The remnants assumed **a disc-shaped orbit** due to **naturally-occurring** stabilizing processes（その残骸は自然に起こる安定化プロセスによって円軌道を取り始めた）

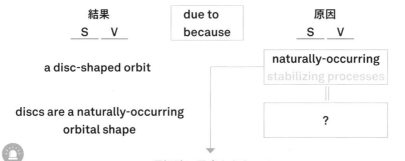

結果　due to／because　原因

S　V　　　　　　　　　　S　V

a disc-shaped orbit

naturally-occurring
stabilizing processes

discs are a naturally-occurring
orbital shape

?

選択肢に見当たらない？
→【心構えその5】もう少し目を広げて確認！（参照 284ページ）
（後ろにイコール関係を表すコロン〔:〕がある）

コロンの 後ろの文	orbits are most stable when they are at the equator section of a planet, perpendicular to the axis of planetary rotation（軌道は、その惑星の自転軸と垂直な惑星の赤道上にあるときに最も安定する）

選択肢(C)	they provide a stable course for bodies in motion（円盤状は、運動している物体に対して安定した経路を与える）

② 他の選択肢の確認

(A) they can better <u>withstand gravitational forces</u>（円盤状は他の形状よりも<u>引力に耐える</u>ことができる）、(B) <u>particles become strongly attracted to one another</u>（粒子同士が互いに強く引き付けられるようになる）、(D) the planetary axis <u>tilts back and forth regularly</u>（惑星の自転軸が周期的に前後に傾く）といっ

た記述は本文には見当たりません。

【リーディング Tip 6】　　　　　　　　　　 3-23「リーディング Tip 6」

コロンとセミコロンを活用しよう！

　コロン（:）は対等関係（イコール）を表します。①前にある名詞の具体例を列挙するときや、②前文の内容を具体的に説明するときに使います。

1. The watch came with a choice of three bands: stainless steel, plastic, or leather.
   （その時計は3種類のベルト、具体的にはステンレススチール、プラスチック、革から選択できた）

2. She was delighted to be admitted to the school: it was the school of her first choice.
   （彼女はそのスクールに入学が認められて大喜びした。彼女の第1志望だったのだ）［「大喜びした」の具体的説明が、「第1志望だった」］

　セミコロン（;）は強い論理関係を表します。前文の内容と強い論理関係にある情報（例えば③因果関係や④対照関係にある情報）を加えるときに使います。言い換えれば、and〔順接〕、but〔逆接〕、because〔理由〕、so that〔結果〕、while〔対比〕といった接続詞の代わりに使えます。

3. Mr. Smith tells me you haven't been to school for the last few days; I think you'd better explain yourself.
   （君がここ数日学校に来ていないとスミス先生が言ってたよ。だから、ちゃんと君の立場を説明した方がいいと思う）

4. This method has been widely accepted; however, it is not clear that

it is the best method.

（この手法は広く受け入れられている。しかし、最良の手法かどうか
は明らかではない）

　したがって、**コロンの前にある文の意味がわらなくても、その文の内容
を具体的に表したコロンの後ろの文で理解すればよい**のです。**セミコロン
の場合**はイコール関係とは限らないので前後の文が同じ内容を表すわけで
はありませんが、**内容的に強いつながりがあるので大きなヒントになりま
す**。

30. (A)

設問

According to the passage, it is forecast that the rings of Saturn

（本文によると、土星の環はどうなると予想されているか？）

本文31–32行目

Although Saturn's rings are the largest and brightest in the solar system, on a cosmic scale they will actually be short lived.

本文35–37行目

Even so, the rings are experiencing a gradual net loss. The attrition will continue for some millions of years, until they disappear entirely.

選択肢

(A) will eventually cease to exist entirely

(B) will outlast those of Neptune

(C) will stop shrinking after a time

(D) will slowly change color over millions of years

1 正解肢を見つける

設問中にある手がかりワード	it is forecast that the rings of Saturn
本文32行目	・on a cosmic scale **they will** actually be short lived（宇宙の尺度で言うと土星の環は短命であろう） ・指示語 **they** = Saturn's rings
本文35-37行目	・The attrition **will** continue for some millions of years, until **they** disappear entirely.（この attrition は土星の環が完全に消滅するまで、およそ数百万年間続くだろう） ・指示語 **they** = the rings
選択肢(A)	will eventually cease to exist entirely（最終的には完全に存在しなくなるだろう）（*）

＊cease = stop（…を止める）

2 他の選択肢の確認

(B) will <u>outlast</u> those of Neptune（海王星の環よりも長く<u>存在</u>し続ける）、(C) will <u>stop shrinking</u> after a time（しばらくした後、<u>縮小が止まる</u>だろう）、(D) will slowly <u>change color</u> over millions of years（何百万年にわたり、ゆっくりと<u>色を変えて</u>いくだろう）については、それぞれ本文で該当する記述は見当たりません。

第1段落

impressive	形	印象的な、見事な
range from X to Y	動	XからYの範囲に及ぶ
brightness	名	明るさ
bounce off...	動	…にぶつかって跳ね返る

第2段落

close to...		…に近い = near...
X, followed by Y		X、それに次いでY
dim	形	薄暗い
uniform	形	一様な、均一な
reveal...	動	…を明らかにする
visible	形	目に見える
separate X and Y	動	XとYとを分離する
density	名	密度
fragment	名	破片
displace...	動	…を置き換える、どける = replace
particle	名	粒子
rotational	形	回転する
path	名	経路
inhabit...	動	…に住む、存在する = live in
gravitational	形	重力の cf. gravitation：名 重力
orbital	形	軌道の cf. orbit：名 軌道
occur	動	生じる = happen

第3段落

origin	名	起源
interaction	名	相互作用 = interplay
matter	名	物質〔不可算〕〈可算は「問題」の意味〉
radiation	名	放射
previously	副	以前は = formerly

第4段落

current	形 現在の = present
former	形 以前の = previous
tremendous	形 非常に大きな = enormous
remnant	名 残余 = remains
assume...	動 …を持ち始める、帯びる
naturally-occurring	形 自然に起こる、天然の
	⇔ man-made（人工の）
stabilize...	動 …を安定化させる
stable	形 安定した = steady
equator	名 赤道
perpendicular	形 垂直な = vertical
	⇔ horizontal（水平な）
axis	名 軸〈複数形は axes〉

第5段落

steadily	副 一定して
collision	名 衝突
meteor	名 隕石
gradual	形 ゆっくりとした = slow
net	形 正味の

本文訳

　太陽系には環を持った4つの巨大ガス惑星である海王星、天王星、土星、木星がある。これらのうち土星は間違いなく最も見事な環を持ち、その厚さは数メートルから数キロメートルに及ぶ。土星の環は、その中に含まれる物質、主に氷と水に太陽光が反射することで輝いている。

　以前は、観察の結果、土星は4つの大きな明るい環とそれよりも小さく暗い環を持つとされた。明るい環はDリングが最も内側にあり、Cリング、Bリング、Aリングと続く。暗い環はFリング、Gリング、Eリングである。しかしこれらの主要な環は一様ではない。探査機からの画像によって、これら主要な環の内部には何千もの小さな環があり、視認できる間隙が主要な環とそれ以外の環を隔てて

いることがわかってきた。大きな間隙は密度が小さい部分であり、主に環の内部にある大きな破片や「衛星」がその公転軌道から自分よりも小さな粒を排除し、その大きな粒だけが存在する開かれた通路を作り上げた結果として出来上がったものだ。最も大きくよく見える隙間はＡリングとＢリングの間のカッシーニの間隙で、土星の衛星ミマスの引力によって生じている。例えばマクスウェルの間隙のような、それよりも小さな隙間は、主に粒同士に引力が作用し続け、その結果、軌道となる環の間に分断が生じたものである。

　何世紀もの間、研究者たちにとって環の起源がわからないままであった。光の放射を測定して物質を特定するスペクトル分析の向上により、環がそれまで信じられていたような塵と氷がほぼ半々の混合ではなく95％が氷であることがわかり、その謎は深まるばかりであった。

　現在、環の起源は主に氷でできた、かつての複数の土星の衛星であるという説がある。これらの衛星は土星に接近し過ぎた結果、その強大な重力によってばらばらにされた。その残骸が自然に起こる安定化プロセスによって円軌道を取り始めた。なぜなら惑星を公転する物質の軌道は、その惑星の自転軸と垂直な惑星の赤道上にあるときに最も安定するからだ。

　土星の環は太陽系最大で最も明るい環であるが、宇宙の尺度で言うと短命であろう。破片同士が激しく衝突し続けることで、環はその構成物質を失いつつある。確かに失われた分のほとんどは、主に流星や小さな流星体の衝突によって補われるが、正味で環は次第に減少しつつある。こうした磨滅はおよそ数百万年続き、環は完全に消滅することになる。

Questions 31–40

31. (D)

設問

What does the passage mainly discuss?

（本文は主に何について議論しているか？）

第1段落　第1文

European colonies were developed under mercantilism

（ヨーロッパの植民地は mercantilism の下に発展）

第2段落　第1文＋第2文（However あり）

No different were the British colonies ... However, unlike Spain or Portugal-controlled South American colonies, the North American ones were diversified

（イギリス植民地もその点は同様だったが、南米の植民地と異なり diversified）

第3段落　第1文

Colonial Americans laid the foundations for a high-growth economy by producing a large variety of commodities (*)

（植民地時代のアメリカにおける高度経済成長の基本原理は、多様な商品の生産）

＊段落の後の方では、商品の取引は barter で、貨幣不足であったことが書かれている。

第4段落　第1文

Finance did advance in Colonial America, but specie — gold or silver — was in short supply

（植民地時代のアメリカで金融は発展したが、specie は供給不足）

第5段落　第1文

American manufacturing also developed during the colonial period.

（製造業も植民地時代に発展）

第6段落　第1文

By the middle of the 18th century, these cottage industries were gradually giving way to more advanced, European-level modes of production

（cottage industriesから、進んだヨーロッパ生産方式へ）

選択肢

(A) The early establishment of European settlers in the Americas

(B) The conflicts among colonial Americans over economic policy

(C) The difficulties involved in organizing European colonies

(D) The rise of colonial American economic power

1 正解肢を見つける

第1段落
〈第1文〉 〔トピック〕the development of European colonies （ヨーロッパの植民地の発展）

第2段落	第3段落	第4段落	第5・6段落
〈第1文〉 Colonial America （= the British colonies） と他のEuropean coloniesの比較	〈第1文〉 Colonial America のeconomyの growth	〈第1文〉 Colonial America のfinanceの advance	〈第1文〉 Colonial America のmanufacturing のdevelopment

すべての段落を まとめる	植民地時代のアメリカの**特徴（第1–2段落）**とその経済（金融や製造業）発展（**第3–6段落**）

選択肢(D)	The rise of colonial American economic power （植民地時代のアメリカの経済力向上）

2 他の選択肢の確認

(A) The <u>early</u> establishment of European settlers in the Americas（アメリカにおけるヨーロッパ系移民の<u>初期の</u>確立）については、<u>初期の移民</u>の話ではなく植民地時代です。また、本文は経済に論点を絞っていますが選択肢にはそれが明示されていない点でも適切ではありません。

(B) The conflicts <u>among colonial Americans</u> over economic policy（植民地時代の<u>アメリカ人の間に生じた</u>、経済政策を巡る対立）については、最終段落で本国イギリスと植民地アメリカの対立は描かれていますが、<u>アメリカ人同士</u>の対立については本文では触れていません。

(C) The difficulties involved in <u>organizing European colonies</u>（ヨーロッパ植民地を<u>整理統合すること</u>に伴う問題点）については、そうした記述は本文に見当たりません。

32. (A)

設問

According to the passage, what was the most important economic principle behind the European creation of colonies?

（本文によると、ヨーロッパが植民地を形成した背後にある最も重要な経済原理は何か？）

本文1-5行目

European colonies were developed under mercantilism: the widespread belief in national self-sufficiency. Colonies were to supply European homelands with commodities—and serve as a protected market for European manufactures. From this planned self-sufficiency they could gain military and economic security, thought the Europeans.

選択肢

(A) Mercantilism

(B) Free-market economies

(C) Barter

(D) Colonial economic prosperity

1 正解肢を見つける

設問中にある 手がかりワード	<u>behind</u> the European <u>creation</u> of colonies
本文1行目	European colonies <u>were developed under</u> mercantilism （ヨーロッパの植民地は mercantilism の下で発展してきた）
選択肢 (C)	Mercantilism（*）

＊mercantilism が設問で言う economic principle（経済原理）にあたるのか確認すると、この直後にコロン（：イコール関係を表す）を使って、"the widespread belief in national self-sufficiency（国家の自給自足が正しいとする支配的な考え）" と説明。さらに4–5行目に "From <u>this</u> planned self-sufficiency they could gain military and <u>economic security</u>（この計画的自給自足から、軍事面とともに<u>経済面での安全保障</u>を手に入れることができる）" とあるので、mercantilism は経済原理の一つと言える。

2 他の選択肢の確認

(B) Free-market economies（自由市場経済）については、類似の表現として19行目 "the <u>free-market</u> British <u>economist</u> Adam Smith（イギリスの<u>自由市場経済学学者</u>のアダム・スミス）" が見つかります。しかし設問で問われている「ヨーロッパが植民地を形成した背後にある最も重要な経済原理」とは関係ありません。むしろ mercantilism には、3–4行目 "serve as <u>a protected market</u> for European manufactures（ヨーロッパの製造業者にとって<u>保護された市場</u>として役立つ）" にあるとおり、保護主義的な性格が伺えます。

(C) Barter（物々交換）については、14–15行目 "These could be sold in markets under what essentially amounted to <u>barter</u>（基本的にはこれらの産物は<u>物々交換</u>に基づいて市場で取引することができた）" にあるとおり、植民地時代のアメリカで物々交換が行われていたことはわかります。しかしそれが「ヨーロッパが植民地を形成した背後にある最も重要な経済原理」である、という記述は本文にありません。

(D) Colonial economic prosperity（植民地の経済繁栄）については、12–13行

目 "Colonial Americans laid the foundations for <u>a high-growth economy</u> by <u>producing a large variety of commodities</u>（植民地時代のアメリカ人は、非常に多様な商品や資材によって、<u>高度経済成長を目指すこと</u>を基本原理としていた）" とあります。これはアメリカの経済繁栄のための基本原理が<u>多様な商品を取引すること</u>にあるという説明で、ヨーロッパの植民地形成の基本原理が植民地の経済繁栄だ、という意味ではありません。

33. (B)

設問

What is the main topic of the second paragraph?

（第2段落の要旨は何か？）

第2段落

No different were the British colonies, and colonial American grains, ores, and wood flowed across the Atlantic to Britain. However, unlike Spain or Portugal-controlled South American colonies, the North American ones were diversified: they did not totally rely, for instance, on just a few crops or precious metals for export—as was the case in colonies like Peru or Brazil.

選択肢

(A) The rise of the Portuguese and Spanish empires

(B) The comparison between two different economic regions

(C) The challenges colonial Americans had in catching up with rivals

(D) The chief British exports to other European countries

1 正解肢を見つける

第1文	・No different were the British colonies.（イギリスの植民地も全く異ならない） ・倒置文（CVSの形；元の形は The British colonies were no different.）
＼読み解く／	前段落で説明した「ヨーロッパ一般の植民地」と「イギリスの植民地」との 共通点（= mercantilism の下で発展）を説明
第2文	However, unlike Spain or Portugal-controlled South American colonies, the North American ones were diversified（しかし、スペインやポルトガルによって支配された南米植民地とは異なり、北米植民地は多様化していた）
＼読み解く／	（相違を表す unlike を使って）両者の 相違点（*）を説明
＼まとめる／	スペインやポルトガル支配の南米植民地とイギリス支配の北米植民地は 共通点 もあるが 相違点 もある
選択肢(B)	The comparison between two different economic regions（2つの異なる経済地域の比較）

＊相違点とは、コロン（:）の後ろにあるように、南米植民地は限られた輸出品目（just a few crops or precious metals for export）に依存していたが、北米の輸出品目はもっと多様だった（diversified）こと。

2 他の選択肢の確認

　(A) The rise of the Portuguese and Spanish empires（ポルトガル及びスペイン帝国の隆盛）、(C) The challenges colonial Americans had in catching up with rivals（植民地時代のアメリカ人がライバルに追いつこうとした試み）、(D) The chief British exports to other European countries（イギリスから他のヨーロッパ諸国への主要輸出品目）については、それらを示す記述は本文に見当たりません。

606

34. (C)

設問

The word "These" in line 14 refers to
（14行目にある単語 These が指すのは？）

本文

Colonial <u>Americans</u> laid the <u>foundations</u> for a high-growth economy by producing a large variety of <u>commodities</u>: timber, molasses, tobacco, cotton and other farm products. These could be sold in <u>markets</u> under what essentially amounted to barter : a system of direct trading without money.

選択肢

(A) Americans　　(B) foundations　　(C) commodities　　(D) markets

These が 入った文と その前文	Colonial <u>Americans</u> laid the <u>foundations</u> for a high-growth economy by producing a large variety of <u>commodities</u>: timber, molasses, tobacco, cotton and other farm products. **These** could be sold in <u>markets</u> under what essentially amounted to barter: a system of direct trading without money.
These が 指せる条件	<u>複数形の名詞</u> ⇒ すべての選択肢が該当
意味の確認	These は市場で売られるもの（could be sold in markets）
選択肢 (C)	commodities（商品）

35. (D)

設問タイプ 4

第2部 テスト編
Sec.1 Listening Comprehension リスニングセクション 対策
Sec.2 Structure and Written Expression 文法セクション 対策
Sec.3 Reading Comprehension 模擬テスト・解答・解説

設問

Why does the author mention Adam Smith in line 19?
（著者はなぜ19行目のアダム・スミスに言及しているのか？）

本文

Colonial Americans laid the foundations for a high-growth economy by producing a large variety of commodities: timber, molasses, tobacco, cotton and other farm products. These could be sold in markets under what essentially amounted to barter: a system of direct trading without money. The typical colonial did not have any cash because households, which were overwhelmingly rural, could produce everything that they needed, barter accounting for the rest. This is why the free-market British economist Adam Smith noted that colonial Americans were fast becoming wealthy, but, interestingly enough, lacked money.

選択肢

(A) To exemplify a noted economist who praised British growth
(B) To illustrate that wealth requires large monetary savings over time
(C) To suggest that colonial Americans worked very hard to earn money
(D) To indicate that colonial American economic development was different from that of other countries

本文19–21行目	This is why the free-market British economist **Adam Smith** noted that colonial Americans were fast becoming wealthy, but, interestingly enough, lacked money.（アダム・スミスは、植民地時代のアメリカ人は急速に豊かになったが、興味深いことに現金はあまり持っていなかった、と記していた）
＼読み解く／	・Adam Smith に言及した理由は、Smith が記した（＝noted）内容を引用するため ・"interestingly enough"（＝興味深いことに）は、「植民地時代のアメリカ人は裕福なのに現金はない」という事実（＝普通ではないこと）を強調
選択肢(D)	To indicate that colonial American economic development was different from that of other countries（植民地時代のアメリカの経済発展は他国とは異なっていたことを示すため）

2 他の選択肢の確認

（A）To exemplify a noted economist who praised British growth（イギリスの成長を称賛した著名な経済学者の例を挙げるため）については、アダム・スミスの記述内容は植民地時代のアメリカの特徴であって、本国イギリスについてではありません。

（B）To illustrate that wealth requires large monetary savings over time（富を築くには時間を通じた大量の貨幣貯蓄が必要であることを具体的に説明するため）は、本文の「急速に豊かになったが、貨幣が不足していた」と合致しません。

（C）To suggest that colonial Americans worked very hard to earn money（植民地時代のアメリカ人はお金を稼ぐために懸命に働いたことを示すため）についても、「お金はなくても豊かになった」というアダム・スミスの記述内容と合致しません。

36. (D)

設問タイプ 3　因果関係＆比較対照関係

設問

What can be inferred about the currency in circulation in colonial America?

（アメリカ植民地で流通していた貨幣について何が推測できるか？）

本文

Finance did advance in Colonial America, but specie — gold or silver — was in short supply; what little existed was normally quickly used to pay for imported goods. The colonial period therefore saw a growing use of locally-issued paper currency, although holders always assumed the risk of depreciation. This was because the currency was not universally accepted, and often lost value quickly.

選択肢

(A) Low-valued currency was often the only option for American colonials.

(B) Colonial farmers could only accept specie for the goods that they sold.

(C) There was a growing confidence in colonial currency among the British.

(D) Colonial American importers usually preferred specie over local currency.

設問中にある 手がかりワード	the currency in circulation（流通貨幣）

本文24−27行目	The colonial period **therefore** saw a growing use of locally-issued paper currency, **although** holders always assumed the risk of depreciation. **This** was **because** the currency was not universally accepted, and often lost value quickly.（したがって植民地時代には地域発行の紙幣の利用が高まっていたが、紙幣の所有者は常に価値の下落リスクを負っていた。なぜならこうした紙幣は植民地全体では受け入れられておらず、しばしば急速に価値を失っていったからである）

指示語の確認	指示語 'This' = holders always assumed the risk of depreciation

thereforeの ＼確認／	S V ． S therefore V ． 原因 ↑ 結果 前文も見る必要！

本文22−24行目	but specie — gold or silver — was in short supply; what little existed was normally quickly used to pay for imported goods（specie は供給不足で、わずかに存在したものは即座に imported goods の支払いに使用されるのが普通であった）

S V ． S therefore V ，although S V ． This was because S V ．
で表現された2つの因果関係とその対照関係を整理

| 【原因】'specie'は即座にimported goodsの支払いに使用される | therefore（因果）
→
その結果 | 【結果】'the currency'の利用は高まった |

↕ although（対照）

| 【原因】所有者は'the currency'の価値の下落リスクを抱えていた | because（因果）
←
なぜ？ | 【結果】'the currency'(= locally-issued paper currency)は広く受け入れられなかった |

| 2つの因果関係とその対照関係を＼読み解く／ | ・specie（金貨や銀貨）は輸入業者（= imported goodsの支払者）が使ってしまい、植民地内にはほとんどない状態
・広く受け入れられていなかったlocally-issued paper currencyの使用が増えざるを得なかった |

| 選択肢(D) | Colonial American importers usually preferred specie over local currency.（植民地時代のアメリカ輸入業者は通常、local currencyよりもspecieを好んでいた） |

② 他の選択肢の確認

(A) Low-valued currency was often the only option for American colonials.（価値の低い通貨がアメリカ植民地の人々にとって唯一の選択肢であったことはしばしばだった）については、"the only option"（唯一の選択肢）という表現は本文に見当たりません。本文から貨幣を必要とする者にとってspecieは手に入りにくかった、とは言えますが、だからと言ってlocally-issued paper currency以外は手に入らないと解釈はできません。

(B) Colonial farmers could only accept specie for the goods that they sold.（植民地時代の農業従事者は自分たちが売る農産物の支払いに対して本位貨幣しか受け入れなかった）、(C) There was a growing confidence in colonial currency among the British.（イギリス人たちの間で植民地の通貨への信頼が高まっていった）についても、それぞれ本文にそれを示す記述は見当たりません。

選択肢中にある意味の強い語句に注意！

　「心構えその8」（参照 323ページ）でよくあるタイプの不正解肢をご紹介しましたが、もう一つ、意味の強い語句を伴う選択肢もしばしば見かける不正解肢のタイプです。選択肢(A)や(B)にある (the) only のような**意味の強い語句**は、選択肢が意味する内容を大きく狭めるので、本文ではっきりとそれを示す表現がない限り、**否定されやすくなります**。例えば次のような語句です。

(the) only「(the あり) 唯一の… ／（the なし）…しか」→**他にはない**
the most...〔最上級〕「最も…」　　　　　　→**二番以下ではない**
never「決して…ない」　　　　　　　　　→**0%**
always「常に」　　　　　　　　　　　　→**100%**
all「すべて」（*）　　　　　　　　　　→**100%**

* all（すべて＝100%）と most（ほとんど＝100%ではない）は意味が全く異なるので、例えば本文が most、選択肢が all だった場合、その選択肢は誤り（参照 設問5の選択肢(A)）。

37. (B)

設問タイプ 8

設問

The word "depreciation" in line 26 is closest in meaning to
（26行目にある語depreciationと最も近い意味は？）

本文

The colonial period therefore saw a growing use of locally-issued paper currency, although holders always assumed <u>the risk of</u> depreciation . <u>This</u> was because the currency was not universally accepted, and often <u>lost value</u> quickly.

選択肢

(A) insult   (B) loss   (C) taxation   (D) damage

---

① 正解肢を見つける

depreciationが入った文	although holders always assumed the risk of **depreciation**... （holdersは常にdepreciationのリスクを抱えていたが…）

 続く後ろの文に、このalthough以下の部分を指す指示語**This**がある

次の文	<u>This</u> was because the currency often <u>lost value</u> quickly（なぜならこの貨幣はしばしば急速に価値が下がったから）
	・「**depreciationの**リスク」だから、ネガティブな意味 ・'lose value'の名詞形
選択肢(B)	loss（損失）

615

(A) insult は「侮辱」の意味、(C) taxation は「課税」の意味、(D) damage は「（物理的）損害」の意味です。

38. (C)

設問タイプ 3 比較対照関係

設問

It can be inferred from the passage that manufacturers in colonial America would have most benefitted from

（アメリカ植民地の製造業者は最も恩恵を受けたとすれば、それは何であると推測されるか？）

本文28-34行目

American manufacturing also developed during the colonial period. Most of it was in the form of "cottage industries," goods made within households. These homes made entire products ─ textiles, for instance, or farm tools ─ with no outside help. Each person created a product from start to finish, which was a less advanced method compared to the European manufacturing process where every worker was responsible for only one task.

選択肢

(A) factories placed in more rural areas of the region
(B) transfer of tools from more advanced economies
(C) more division of tasks in assembly processes
(D) better training of cottage industry workers

設問中にある 手がかりワード	**manufacturers** in colonial **America**

本文28-30行目	・**American manufacturing** also developed during the colonial period. Most of **it** was in the form of "cottage industries," goods made within households. (アメリカの製造業も植民地時代に発展した。製造業のほとんどは、製品が家内で生産される「家内工業」の形態をとっていた) ・指示語 **it** = American manufacturing

American manufacturing の代表的形態である cottage industries とは？
後ろに続く文を読む必要！

本文30-34行目	These homes made entire products ... with no outside help. Each person created a product from start to finish, which was a less advanced method compared to the European manufacturing process where every worker was responsible for only one task. (これらの家では外部からの援助なしに全工程にわたって製造を行った。一人が開始から完成に至るまで1つの製品を作っており、それは一人ひとりが1つの作業のみ担当するヨーロッパ式製造工程と比べると未熟な製造方法だった)

compared to... (…と比べると) + 比較級 less
対照関係を整理！

American manufacturing (cottage industries) 全工程を一人が担当	European manufacturing 一人が1つの作業のみ担当 (分業)

less advanced   *more advanced*

618

設問文の再確認	manufacturers in colonial America would have most benefitted from... （現実はそうではなかったが仮に…であったら、そこからアメリカの製造業者はもっと多くの恩恵を受けることができていたか）
設問文を 読み解く	・would を使った仮定法 ・「仮に…であったら」（= from 以下にくる設問の答え）は、American manufacturers にとって現実ではないこと！ = （対照関係にあった）more advanced な European manufacturing 方式（＝分業体制）
選択肢(C)	more division of tasks in assembly processes（組立工程における作業をもっと細分化していたならば）

② 他の選択肢の確認

　(A) factories placed in more rural areas of the region（工場を域内のもっと田舎の地区に設置していたならば）、(B) transfer of tools from more advanced economies（もっと進んだ経済圏から工具を搬入していたならば）、(D) better training of cottage industry workers（もっと優れた職業訓練を家内工業の労働者に実施していたならば）は、いずれも本文にそれを示す記述は見当たりません。

39. (D)

設問

The word "counter" in line 46 is closest in meaning to
（46行目にある語 counter と最も近い意味は？）

本文

This resulted in an increasing number of colonials seeing London as an impediment to both political freedom and economic opportunity. London had a ready counter, though. The royal government insisted that these regulations were necessary and moreover had no significant impact on colonial economic growth.

選択肢

(A) number　　(B) foil　　(C) match　　(D) response

正解肢を見つける

| counterが入った文 | London had a ready **counter**, though. (しかし、ロンドンは即座のcounterを持った) |

 **続く後ろの文で、'counter'の具体的説明をしている**

| 次の文 | The royal government insisted that these regulations were necessary and moreover had no significant impact on colonial economic growth. (イギリス政府はこうした規制は必要で、さらには植民地の経済成長に重大な影響はない、と断言した) |

| ＼推測／ | 「反論」といった意味？ |

| 選択肢(D) | response (反応) |

 他の選択肢の確認

　(A) number は「数」、(B) foil は「箔（フォイル）」、(C) match は「試合」「競争相手」の意味です。

40. (C)

設問

With which of the following statements would the author be LEAST likely to agree?

（以下の中で著者が最も同意しそうにないのはどれか？）

選択肢

(A) The European colonies were planned to meet the national needs of their home countries.

(B) Colonial American growth heavily derived from the economic output of rural families.

(C) Colonial Americans required substantial financial investment from the home country in order to succeed.

(D) Britain was unable to control the economic direction of its colonies, despite its political power.

選択肢

(A) The European colonies were planned to meet the national needs of their home countries.

本文（第1段落）

European colonies were developed under mercantilism: the widespread belief in national self-sufficiency. Colonies were to supply European homelands with commodities — and serve as a protected market for European manufactures.

選択肢

(B) Colonial American growth heavily derived from the economic output of rural families.

本文（第3段落）

Colonial Americans laid the foundations for a high-growth economy by producing a large variety of commodities: timber, molasses, tobacco, cotton and other farm products.

選択肢

(D) Britain was unable to control the economic direction of its colonies, despite its political power.

本文（第6段落）

Alarmed by the prospect of competition with its home industries, London imposed a series of restrictions on American manufacturers, such as banning further furnaces. This was in addition to earlier restrictions which limited the import and export market of colonials to the British Isles. This resulted in an increasing number of colonials seeing London as an impediment to both political freedom and economic opportunity. London had a ready counter, though. The royal government insisted that these regulations were necessary and moreover had no significant impact on colonial economic growth. Nevertheless, this intensifying tension between the colonies and home country finally erupted into open rebellion in 1776.

☐1 正解肢を見つける	

選択肢(A)の手がかりワード	The European colonies + their home countries

本文2–3行目	・Colonies **were to supply** European homelands **with commodities**（植民地はヨーロッパの本国に物品を提供することになっていた） ・were to do（be to doの過去形）は、予定や義務を表す（〜することになっていた）

合致 ⇕

選択肢(A)	The European colonies **were planned to meet the national needs** of their home countries.（ヨーロッパの植民地はそれぞれの本国のニーズを満たすように目論まれていた）

選択肢(B)の手がかりワード	Colonial American growth + the economic output of rural families

本文12–14行目	Colonial Americans **laid the foundations for** a high-growth economy by producing a large variety of commodities: timber, molasses, tobacco, cotton and other farm products（植民地時代のアメリカ人は、多様な商品、timber, molasses, tobacco, cotton、その他農産物を生産することによって高度経済成長の土台を築いた）

合致 ⇕

選択肢(B)	Colonial American growth **heavily derived from** the economic output of rural families.（植民地時代のアメリカの成長は農家の経済的産出物から大いに発展した）

選択肢(D)の 手がかりワード	Britain + its colonies
本文40-41行目	London **imposed a series of restrictions on** American manufacturers（ロンドンはアメリカの製造業者に一連の規制を課した）
選択肢(D)	Britain **was unable to control the economic direction of** its colonies, despite its political power.（イギリスはその政治的な力にも関わらず、植民地が進む経済的方向性を制御できなかった）

 imposed a series of restrictions on（…に一連の規制を課した）
= was unable to control the economic directions of…
?　　　　　　　　　　　　（…の経済的方向性を制御できなかった）
⇒さらに読み進める必要！

本文48-50行目	Nevertheless, this intensifying tension between the colonies and home country finally **erupted into open rebellion** in 1776.（それにも関わらず、植民地と本国の間の緊張の高まりはついに1776年の反乱という形で表面化した）
＼読み解く／	**イギリスが打った植民地（アメリカ）への経済対応は上手くいかなかった**

選択肢(D)合致

選択肢(C) Colonial Americans required substantial financial investment from the home country in order to succeed.（植民地時代のアメリカ人は成功するために本国からの多量の財政投資を必要としていた）の手がかりワード financial investment は、本文に見当たらない。

第1段落

colony	名	植民地
self-sufficiency	名	自給自足
supply X with Y	動	X に Y を供給する = provide X with Y
commodity	名	商品、産物 = goods
serve as...	動	…として役立つ
security	名	保障

第2段落

grain	名	穀物
ore	名	鉱石
diversify...	動	…を多様化する
rely on...	動	…に依存する = depend on = count on
crop	名	作物
precious	形	貴重な
export	名 輸出　動 …を輸出する	
	⇔ import：名 輸入　動 …を輸入する	

第3段落

foundation	名	基礎
essentially	副	本質的に
amount to...	動	…と等しい = be equal to
barter	名	物々交換
trading	名	商取引
household	名	世帯
account for...	動	… (の割合) を占める
		= make up = comprise
wealthy	形	裕福な = affluent

第4段落

supply	名	供給 ⇔ demand：名 需要
currency	名	通貨
assume...	動	…を負う (持ち始める)

| depreciation | 名 価値の下落 ⇔ appreciation |
| universally | 副 一般に広く、あまねく |

第5段落

| manufacturing | 名 製造業 |
| textile | 名 織物 |

第6段落

give way to...	…に道を譲る、取って代わられる
establish...	動 …を確立する、設立する
alarm...	動 …を恐れさせる、心配させる
prospect	名 見通し、展望
impose...	動 …を課す　cf. expose：動 …をさらす
restriction	名 制約 = regulation
ban...	動 …を禁止する = prohibit = bar
counter	名 対抗
regulation	名 規制
intensify	動 激化する
tension	名 緊張状態
erupt	動 噴火する
rebellion	名 反乱　cf. rebel：名 反逆者

本文訳

　ヨーロッパの植民地は重商主義、すなわち自給自足国家を信奉する当時支配的にみられた思想の下、発展を遂げた。植民地は本国のヨーロッパに資材を提供し、ヨーロッパの製造業者にとっては保護された市場としての役割を果たすために存在していた。この計画的な自給自足から、自分たちは軍事面と経済面の安全保障を確保することができる、とヨーロッパ人は考えていた。

　イギリスの植民地もその例外ではなく、植民地であったアメリカの穀類、鉱石、木材は大西洋を渡ってイギリスへ流れていった。しかし、スペインやポルトガルが支配していた南米の植民地と異なり、北米の植民地は多様化していた。例えば北米植民地は、ペルーやブラジルのようにわずかな種類の作物や貴金属の輸出に

627

完全に依存していた、というわけではなかった。

　植民地時代のアメリカ人は、非常に多様な商品や資材、具体的には木材、糖蜜、たばこ、綿花、その他の農産物の生産によって、高度経済成長を目指すことを基本原理としていた。基本的にはこれらの産物は、貨幣を介さない直接取引システムである物々交換に基づいて市場で取引することができた。一般の植民地住民は現金を保有することはなく、農村部に圧倒的多く存在した植民地の世帯は、必要なものはすべて自分で作り、それ以外のものは物々交換で手に入れることができた。イギリスの自由市場主義経済学者アダム・スミスが、植民地時代のアメリカ人は急速に豊かになったが、興味深いことに現金はあまり持っていなかった、と記したのもこうした理由からである。

　実際には植民地時代のアメリカでも金融は発展していたが、当時金貨あるいは銀貨だった本位貨幣は供給不足の状態だった。わずかに流通していた貨幣も、通常は即座に輸入品の支払いにまわされた。こうしたことから植民地時代には地域発行の紙幣の利用が高まっていたが、紙幣の所有者は常に価値の下落リスクを負っていた。なぜならこうした紙幣は植民地全体では受け入れられておらず、しばしば急速に価値を失っていったからである。

　また、アメリカの製造業も植民地時代に発展した。製造業のほとんどは、製品が家内で生産される「家内工業」の形態をとっていた。これらの家では外部からの援助を受けずに、織物や農耕用具などが全工程にわたって製造された。一人の作業員が生産工程の最初から最後まで携わるこの手法は、各作業員が一つの作業にしか携わらないヨーロッパ方式の製造工程と比較すると未熟なものであった。

　18世紀半ばには、こうした家内工業は、鉄鋼業などに見られるさらに発展したヨーロッパ方式の生産へと次第に取って代わられていった。しかし1750年代に合計6つの製鉄溶鉱炉が建設されると、この初期段階の工業化にイギリスが厳しい目を注ぎ始めた。本国の産業と将来競合することを懸念して、イギリス政府はアメリカの製造業者にこれ以上の溶鉱炉建設を禁止するなどの規制を次々と課した。すでに植民地の輸入及び輸出市場をイギリス諸島向けのみとする規制を課していたが、溶鉱炉の建設禁止等はそれに追い打ちをかける規制であった。これにより、政治的自由と経済機会のいずれにとってもイギリス政府は障害だとみなす

植民地住民は増えていった。イギリス政府は即座にこれに対処した。これらの規制は必要なものであり、植民地の経済成長に大きな影響は与えないと主張したのだ。それにもかかわらず、植民地と宗主国の間で高まりつつあった緊張はついには爆発し、1776年の反乱という形で表面化した。

41. (A)

設問

What was most likely the topic of the paragraph <u>preceding</u> this passage?
（この文章の前にある段落の要旨として最もあり得そうなものはどれか？）

本文1–2行目

Many creatures — both big and small — <u>are social</u>. Swarms, however, emerge from creatures that are social and those that are not.

選択肢

(A) Why some creatures <u>live in groups</u> ◄
(B) How species survive on their own
(C) Where social and solitary species compete
(D) What types of creatures have the highest intelligence

---

1 正解肢を見つける

第1文	Many creatures — both big and small — <u>are social</u>. （多くの動物は、大型のものも小型のものも社会性がある
＼読み解く／	「social（社会性がある）」であるためには「**groups**（集団）」で生活している必要がある！
選択肢(A)	Why some creatures <u>live in groups</u>（なぜ一部の動物が群れで行動するのか）

② 他の選択肢の確認

(B) How species <u>survive on their own</u>（いかにして動物は<u>自力で生き残る</u>か）、(C) Where social and solitary species <u>compete</u>（どういった場所で単生動物と社会群生動物が<u>競争する</u>か）、(D) What types of creatures have the highest <u>intelligence</u>（どんなタイプの動物が最も高い<u>知能</u>を有しているか）については、(A)に比べ、いずれも第1文の内容との関係性が希薄なため適切ではありません。すべての設問に共通することですが（顕著な例は設問8）、TOEFL ITPの読解問題である選択肢が正解になるか否かは「他の選択肢と比べて適切」という「相対的な基準」で判断されます（＝<u>パーフェクトな内容でなくても正解肢になり得ます</u>）。

参考 選択肢(A)は前段の内容として相応しい（ある程度「絶対的基準」も満たしている）か？

　正解肢(A)「なぜ一部の動物が群れで行動するのか」については、続く本文の第1段落及び第2段落で説明されているから、この本文の前の段落のトピックとしては相応しくないのでは？　と思われた読者もいらっしゃるかもしれません。「内容の重複を避けるため、本文の前（あるいは後ろ）に置かれる内容は、本文とは異なる内容であるべきだ」という点はまさにそのとおりです。<u>本文で説明されている内容を表す選択肢は、消去すべき選択肢になります</u>。ただし、ここでは選択肢(A)の内容が本文で説明されている内容と同一だとは必ずしも言えません。

　第1段落第2文を見ると、"Swarms, however, emerge from creatures that <u>are social</u> and those that <u>are not</u>.（しかし、swarmsは社会性のある動物ばかりでなく社会性のない動物からも発現する）"とあります。「社会性がある（social）＝群れをつくる（swarming）」ではなく、群れをつくる動物には社会性のある動物と社会性のない動物がいるということです（「群れをつくる」は「社会性を持つ」ための必要条件であって十分条件ではない）。本文では、社会性がないにも関わらず群れを形成する動物に主な焦点

をあてて、なぜ群れを形成するのか（第2段落）、どうやって群飛・群泳行動を起こすのか（第3段落）を説明しています。したがって、社会性のある／なしに関わらず、動物が群れをつくる理由は本文ではっきりとは述べられていませんので、前段落のトピックとして妥当です。

42. (B)

設問

The word "scale" in line 4 is closest in meaning to
（4行目にある語 scale に最も意味が近いのは？）

本文

They are large, quickly formed groups that collectively carry out tasks impossible for individuals. The very scale of this can be immense at times.

選択肢

(A) layer　　(B) degree　　(C) coverage　　(D) note

scaleが 入った文	・The very **scale** of <u>this</u> can be immense at times.（その scaleは時に非常に大きなものになる） ・指示語 <u>this</u> = 前文 They are large, quickly formed groups（群れは迅速に形成される大きな個体群である）
基本名詞 scaleの知識	①規模（the extent or size of something） ②尺度（a range of levels） ③音階（musical notes） ④うろこ（a flat piece of skin）
前後の文脈確認	「①規模」の意味
選択肢(B)	degree（程度）

　（A) layer は「層」、(C) coverage は「報道範囲・報道内容」、(D) note は「音符」などを意味します。

第2部 テスト編

Sec.1 Listening Comprehension
リスニング・セクション

Sec.2 Structure and Written Expression

Sec. 3 Reading Comprehension
模擬テスト 解答・解説

43. (C)

設問

The word "fluidity" in line 6 is closest in meaning to
（6行目にある語 fluidity に最も意味が近いのは？）

本文

They are large, quickly formed groups that collectively carry out tasks impossible for individuals. The very scale of this can be immense at times. Swarming may be defined as a group moving speedily and with great agility. With this type of fluidity, they achieve goals that individuals cannot — and without a specific leader or plan.

選択肢

(A) liquidity　　　　(B) hesitation
(C) flexibility　　　 (D) inconsistency

1 正解肢を見つける

fluidity が入った文	・With this type of **fluidity**, they achieve goals that individuals cannot—and without a specific leader or plan.（この種の fluidity によって、群れは個体では達成できない目的を達成する） ・指示語 this type = 前にある3文の内容（＝群れは迅速に形成される大きな個体群で、時に非常に大きな規模になり、迅速かつ機敏に移動する）
基本名詞 fluidity の知識	①流動性（being able to flow） ②可変性（likely to change） ③流麗さ（being elegant）
前後の文脈確認	指示語 this type＝「群れの大きさを変えること」＝「②可変性」
選択肢 (C)	flexibility（可変性、柔軟性）

2 他の選択肢の確認

　(A) liquidity は「（金融商品などの売買のしやすさを表す）流動性」、(B) hesitation は「躊躇」、(D) inconsistency は「矛盾」を意味します。

44. (B)

設問

Why does the author mention "a zebra herd" in line 14?
（なぜ著者は14行目の「シマウマの群れ」に言及したのか？）

本文10-14行目

Swarms can offer defensive advantages. When mackerels suffer a multi-predator attack, something a single fish would have little chance of surviving, they form a fish ball, a rotational, blurry swimming pattern. This has the same visually confusing impact on attackers as the stripes of a zebra herd.

選択肢

(A) To show why zebras usually stay close together

(B) To exemplify how certain formations can serve as effective protection

(C) To illustrate the motion patterns of various types of animals

(D) To demonstrate that striped animals can also form a type of defensive ball shape

 正解肢を見つける

| 本文13–14行目 | This has the same visually confusing impact on attackers as the stripes of **a zebra herd**.（これは攻撃してきた相手に対して、シマウマの群れの縞模様と同じく視覚的に攪乱させる効果を持つ） |

| ＼読み解く／ | 「シマウマの群れの縞模様」は "This" と同じ、攻撃相手に対する視覚攪乱効果の例 |

 「攻撃相手に対する視覚攪乱効果」＝「防御手段」だから、選択肢(B)にある **serve as effective protection**（防御手段として役立つ）が正しそう。念のため「同じ」である "This" を確認すべく前文に戻る！

| 指示語の確認 本文10–12行目 | When mackerels suffer a multi-predator attack, something a single fish would have little chance of surviving, they form a fish ball（mackerelsが、一匹ではほぼ生き残るチャンスがないような、多数の捕食動物からの攻撃を受けると、フィッシュボールを形成する） |

| ＼読み解く／ | mackerelsがフィッシュボールを形成するのは捕食者に攻撃されたとき、つまりさらに前文にある defensive advantages の例として挙がっている。これとシマウマの群れの縞模様が同じ。 |

| 選択肢(B) | To exemplify how certain formations can serve as effective protection（特定の形態が効果的な防護にどのように役立つかを具体的に示すため） |

 他の選択肢の確認

(A) To show why zebras usually stay close together（なぜシマウマは通常密集しているのかを示すため）や(C) To illustrate the motion patterns of various types of animals（様々な種類の動物の移動パターンを具体的に示すため）については、「密集すること」や「移動パターン」が防御手段なのではなく、視覚的な攪

乱を引き起こす形態を取ることが防御手段であるので、本文内容と整合的ではありません。

(D) To demonstrate that striped animals can also form a type of defensive ball shape（縞模様の動物も、ある種の防御用球形を形成することがあることを示すため）については、the same（同じ）である点はvisually confusing impact（視覚的に攪乱させる効果）であり、ball shapeを形成することではないので本文と合致しません。

45. (A)

設問

The word "imperative" in line 18 refers to
（18行目にある imperative が指すのは？）（＊）

本文

It is also a crucial goal of the leavers that they both remain in a
group and find a location that can sustain a colony long-term.
Through swarms, this imperative is achieved. In fact, studies have
shown that bee swarms consistently find the best locations for new
hives.

選択肢

(A) goal ← (B) group (C) location (D) fact

＊ "imperative" の意味が問われているのではなく「何を指しているのか（refer to）」が問われて
いる指示語の設問であることに注意。

imperativeが入った文とその前文	It is also a crucial <u>goal</u> of the leavers that they both remain in a group and find a location that can sustain a colony long-term. Through swarms, <u>this</u> **imperative** is achieved.
this imperative が指せる条件	<u>単数形の名詞</u> ⇒ すべての選択肢が該当
意味の確認	・this imperativeは「達成される（= is achieved）」もの （imperativeは「対処すべき重要な事態」の意味）
選択肢(A)	(a crucial) goal（目標）

② 他の選択肢の確認

(B) groupは「集団」、(C) locationは「位置」、(D) factは「事実」を意味します。

46. (A)

設問

What does the author mean by stating that "scarcity of vegetation in a certain region provides this environmental catalyst" (line 26-27)?
（26-27行目で「ある地域の植物の不足がこうした環境的な触媒を提供する」と説明することで、著者は何を言いたいのか？）

本文 21-28行目

Swarming may be based on collective density. That is, when crowding reaches a certain point, the creatures undergo a "phase transition," a very rapid group signaling that prompts them to organize. Swarming is further aided by phenotype plasticity: the ability to substantially change ordinary behavior prompted by a changed environment. In the case of locusts, scarcity of vegetation in a certain region provides this environmental catalyst — changing them from solitary insects to social creatures.

選択肢

(A) Phenotype plasticity may emerge under circumstantial changes.

(B) The ordinary behavior of locusts often changes from day to day.

(C) The absence of phenotype plasticity in locusts helps them endure environmental difficulties.

(D) Swarms of locusts can severely reduce the vegetation in certain areas.

Sec. 3 Reading Comprehension 模擬テスト 解答・解説

<table>
<tr><td>本文26-28行目</td><td>In the case of locusts, **scarcity of vegetation in a certain region provides this environmental catalyst** — changing them from solitary insects to social creatures. (locusts の場合で言うと、ある地域の植物不足がこの environmental catalyst になって、単生性昆虫から社会性昆虫へと変化する)</td></tr>
</table>

 locusts の例を使って、**直前で述べた内容を具体的に説明**（＊）
直前の内容を確認する必要！

本文24-26行目	phenotype plasticity: the ability to substantially change ordinary behavior prompted by a changed environment (phenotype plasticity、すなわち環境の変化によって促される、通常行動を大きく変化させる能力)
選択肢(A)	Phenotype plasticity may emerge under circumstantial changes. (Phenotype plasticity は環境の変化の下で発現する可能性がある)

（＊）

substantially change ordinary behavior
↓ 具体的には
changing them from solitary insects
to social creatures

changed environment
↓ 具体的には
scarcity of vegetation

(B) The ordinary behavior of locusts often changes from day to day. (イナゴの通常行動はしばしば日毎に変化する)、(C) The absence of phenotype plasticity in locusts helps them endure environmental difficulties. (イナゴに phenotype plasticity がないことが、困難な環境に耐えるのに役立っている)、(D) Swarms of locusts can severely reduce the vegetation in certain areas. (イナゴの群れは、特定の地域において深刻な植物減少を引き起こし得る) は、いずれも本文にそれを説明する記述は見当たりません。

47. (A)

第2部 テスト編

Sec. 3 Reading Comprehension
模擬テスト・解答・解説

設問タイプ 1 　因果関係

設問

The author discusses all of the following as results of swarming EXCEPT

（著者が議論している群れの形成の結果として、当てはまらないのはどれか）

本文（第2-3段落）

Swarms can offer defensive advantages . When mackerels suffer a multi-predator attack, something a single fish would have little chance of surviving, they form a fish ball, a rotational, blurry swimming pattern. This has the same visually confusing impact on attackers as the stripes of a zebra herd. Swarms can also aid reproduction. Bees may swarm, for instance, when a part of a crowded hive has to leave with a queen bee. It is also a crucial goal of the leavers that they both remain in a group and find a location that can sustain a colony long-term. Through swarms, this imperative is achieved. In fact, studies have shown that bee swarms consistently find the best locations for new hives.

→ 選択肢（D）　　　→ 選択肢（B）

Swarming may be based on collective density. That is, when crowding reaches a certain point, the creatures undergo a "phase transition," a very rapid group signaling that prompts them to organize. Swarming is further aided by phenotype plasticity: the ability to substantially change ordinary behavior prompted by a changed environment. In the case of locusts, scarcity of vegetation in a certain region provides this environmental catalyst—changing them from solitary insects to social creatures. As a result , locusts crowded into a small area with limited vegetation will have significant probability of swarming .

→ 選択肢（C）

選択肢

(A) Improving genetic composition

(B) Escaping in emergencies

(C) Discovering new food sources

(D) Reproducing within a species

1 正解肢を見つける

設問中にある手がかりワード	results of swarming

本文10行目	Swarms can **offer defensive advantages**. (群れは防衛面で利点を有する)

advantage 1	· **defensive advantage (visually confusing impact on attackers)** · 例：mackerels (a fish ball), a zebra herd (stripes)

合致

選択肢 (B)	**Escaping** in emergencies (緊急時における逃亡)

本文14行目	Swarms can also aid reproduction. (また、群れは繁殖に役立つこともある) 〔別の観点 (= advantage) を加える also に注意〕

合致

advantage 2	· **reproduction** · 例：bees

選択肢 (D)	**Reproducing** within a species (種の繁殖)

本文26-30行目	In the case of locusts, scarcity of vegetation in a certain region provides this environmental catalyst — changing them from solitary insects to social creatures. **As a result**, locusts crowded into a small area with limited vegetation will have significant probability of **swarming**. （イナゴの場合で言うと、ある地域の植物不足がこの環境的触媒になって、単生性昆虫から社会性昆虫へ変化する。その結果、限られた植物しかない狭い地域に密集するイナゴは、かなりの確率で群れをなすだろう）

因果関係を\整理する/

・S V ＿＿＿. As a result , S V ＿＿＿. に注意して
　 原因　　　　　　　　　　結果
・因果関係を整理

植物不足 ➡ 社会性昆虫に変化 ➡ **swarming** ➡ ?

因果関係を\読み解く/

・設問では swarming の結果（上の図の？部分）が問われている
・推測すると、
　 ? ＝発端は「植物不足」だから、それに対する対処行動のはず
　　 ＝植物の多い地域を求めて群飛

選択肢(C)

Discovering new **food sources**（新たな食料源の発見）

選択肢(A) Improving genetic composition（遺伝子構成の改良）は、本文に見当たらない。

48. (B)

設問

Which of the following statements can be inferred about swarming from the passage?

（群れの形成について本文から推測できることはどれか？）

選択肢

(A) Groups of living things are invariably superior to individuals.

(B) A swarm is a system that can operate dynamically without an overall plan.

(C) Leaders are critical for swarms to survive during crises.

(D) Swarming has diffusive effects on signaling between species.

本文6-9行目

With this type of fluidity, they achieve goals that individuals cannot — and without a specific leader or plan. Although swarming is most often associated with insects, the behavior itself can be carried out by any living thing.

選択肢（B）

本文21-24行目

That is, when crowding reaches a certain point, the creatures undergo a "phase transition," a very rapid group signaling that prompts them to organize.

1 正解肢を見つける

設問中にある手がかりワード	swarming ⇒ 文章全般がswarming の説明であるため、選択肢ごとに確認
選択肢 (B)	A swarm is a system that can operate dynamically without an overall plan. (群れは，全般的計画を持たずに動的に機能するシステムである)
本文6–7行目	With this type of fluidity, they achieve goals that individuals cannot—and without a specific leader or plan. (この種の可変性を持って、個体では達成できない目的を、特定のリーダーや計画を持たずに達成する)

合致

2 他の選択肢の確認

選択肢 (A)	Groups of living things are **invariably** superior to individuals. (生物の集団は個体よりもほぼ常に優れている)
本文6–7行目	they achieve goals that individuals cannot (群れは個体では達成できない目的を達成する)
＼読み解く／	「個体では不可能な目的を群れであれば達成可能」だからと言って、「群れの方がほぼ常に優れている」とは言えない！（*）

不一致

* "invariably (= almost always)" に特に問題がある（参照 614ページ「リーディング Tip 7」）。例えば、群れを形成することのデメリットや、個体だからこそのメリットがあるとき、群れを形成するメリットがあるからと言って「ほぼ常に優れている」とは言えない。

選択肢 (C)	Leaders are critical for swarms to survive during crises. （リーダーは危機的状況において群れが生き残るために必要不可欠である）
本文6-7行目	With this type of fluidity, they achieve goals that individuals cannot—and without a specific leader or plan. （この種の可変性を持って、個体では達成できない目的を、特定のリーダーや計画を持たずに達成する）

不一致

選択肢 (D)	Swarming has diffusive effects on signaling between species. （群れの形成は、異なる種の間でシグナル伝達の拡散効果を持つ）
本文22-24行目	the creatures undergo a "phase transition," a very rapid group signaling that prompts them to organize （その動物は「移行相」と呼ばれる、組織化を促す集団内シグナル伝達が非常に迅速に起こる段階を経る）

不一致

＼読み解く／	・選択肢のように「**群れが形成された後、それがシグナリングに影響を与える**」のではなく、「**群れ形成の過程としてシグナリング**」 ・「**異なる種の間**」でのシグナリングではなく、「**同一種の間**」でのシグナリング

49. (C)

設問

Where in the passage does the author mention the potential for swarm-based systems to respond to food shortage ?
（群れを基盤とした体系が植物不足に対応し得る能力について言及しているのは本文中のどこか？）

本文26-30行目

In the case of locust, scarcity of vegetation in a certain region provides this environmental catalyst—changing them from solitary insects to social creatures. As a result , locusts crowded into a small area with limited vegetation will have significant probability of swarming.

設問中にある 手がかりワード	respond to food shortage
本文26-30行目	In the case of locust, scarcity of vegetation in a certain region provides this environmental catalyst — changing them from solitary insects to social creatures. **As a result,** locusts crowded into a small area with limited vegetation will have significant probability of swarming. (イナゴの場合、ある地域の植物が不足してくると、その環境変化が触媒となって、単生昆虫から社会群生昆虫へと変化する。その結果、限られた植物しかない狭い地域にひしめくイナゴは、群飛する可能性が大きく高まる)
選択肢(C)	〈第3段落最終文〉As a result, locusts crowded into a small area with limited vegetation will have significant probability of swarming.

50. (C)

設問タイプ 7

第2部 テスト編

Sec. 1 Listening Comprehension

Sec. 2 Structure and Written Expression

Sec. 3 Reading Comprehension
模擬テスト 解答・解説

設問

The author organizes the discussion according to what principle?
（著者はどのような方針に基づいて議論を整理しているのか？）

本文

第1段落

Swarming may be defined as a group moving speedily and with great agility.

第2段落

Swarms can offer defensive advantages. When mackerels suffer a multi-predator attack...

Swarms can also aid reproduction. Bees may swarm, for instance...

第3段落

Swarming may be based on collective density ... In the case of locusts...

第4段落

"Swarm intelligence" may have many uses. If cancer is, as some researchers suspect, a "cocktail" of fast-mutating cells...

選択肢

(A) A theory that is asserted as a criticism of existing models

(B) A comparison of various analyses of a phenomenon

(C) The introduction of a concept followed by examples

(D) The explanation of an idea and its strengths and weaknesses

第1段落

第2段落	第3段落	第5段落
〈第1文〉 **swarmの利点** 〈第2文以降〉 **具体例** (mackerels, zebra, bees)	〈第1文〉 **swarmingの過程** 〈第4文以降〉 **具体例** (locusts)	〈第1文〉 **swarm intelligenceの応用** 〈第2文以降〉 **具体例** (cancer)

選択肢(C) The introduction of **a concept** followed by **examples** (ある概念を紹介して、その後に例が続く) が正解。

2 他の選択肢の確認

(A) A theory that is asserted as a criticism of existing models (既存のモデルに対する批判としての新たな理論)、(B) A comparison of various analyses of a phenomenon (ある現象に対する複数の分析の比較)、(D) The explanation of an idea and its strengths and weaknesses (ある考え方について説明し、その長所と短所を挙げている)。

第1段落

creature	名 動物
emerge	動 出現する
collectively	副 集団で
individual	名 個体
immense	形 非常に大きな
at times	副 ときに = sometimes
define X as Y	動 X を Y と定義する
fluidity	名 流動性、可変性
achieve...	動 …を達成する
specific	形 特定の、特有の
associate X with Y	動 X を Y と関連づける

第2段落

suffer...	動 …を経験する、被る
herd	名 群れ = swarm, pack
aid...	動 …を援助する = help
reproduction	名 繁殖 = breeding
crucial	形 極めて重要な = critical = essential
sustain...	動 …を持続させる = maintain
imperative	名 対処すべき重要な事態

第3段落

undergo...	動 …を経験する = experience
transition	名 変遷、移行
signaling	名 信号伝達
prompt...	動 …を促す
organize...	動 …を組織化する、整理する、系統化する
substantially	副 大きく = significantly
scarcity	名 僅かしかない状態
vegetation	名 植物 = plants
catalyst	名 触媒

solitary	形 単独の
	⇔ social = collective = group
	（社会性の／集団の）

第4段落

suspect...	動 …だと思う、推測する = think
mutate	動 突然変異する
mobile	形 機動性のある
in effect	副 事実上、実際のところ = in fact
neutralize...	動 …を中和する、無効化する
consciousness	名 知覚 = perception
shift	動 変化する = change
grid	名 網 = network
form...	動 …を形成する
evolve...	動 …を発展させる = develop

本文訳

　大型・小型を問わず多くの動物には社会性がある。しかし、社会性のある動物だけでなく社会性のない動物も群れを形成する。群れとは迅速に形成される大きな個体群で、個体では不可能な作業を集団で実行する。その規模は時に極めて大きなものになる。群れの形成（群飛や群泳）とは、ある個体群が迅速かつ機敏に移動することと定義されるだろう。この種の可変性を持って、個体では達成できない目的を、特定のリーダーや計画を持たずに遂げる。群飛や群泳と言うと多くの場合昆虫を思い浮かべるが、昆虫に限らずどんな生物もこうした行動をとり得る。

　群れは防衛面で利点を有すると言える。サバ類が、一匹ではほぼ生き残るチャンスがないような、多数の捕食動物からの攻撃を受けると、フィッシュボールと呼ばれる、回転しながら輪郭をぼかすような遊泳型をとる。これは攻撃してきた相手に対して、シマウマの群れの縞模様と同じ視覚攪乱効果を持つ。また、群れは繁殖に役立つこともある。例えばミツバチは、混み合ってきた巣の中の一部が女王蜂とともに巣を去らねばならないときに、群れを形成する。巣を出るミツバチが一つの集団を保ちながら、長期にわたって集団を維持できる場所を見つけ出

すことも、彼らの極めて重要な目標の一つである。群れを形成することで、こうした必須事項は達成される。事実、研究によれば、ミツバチの群れは一貫して新たな巣の最適な場所を見つけ出すことがわかっている。

群飛や群泳は個体群密度に基づいているようだ。すなわち、一定程度混み合うと、その動物は「移行相」と呼ばれる、個体群の組織化を促す集団内シグナル伝達が非常に迅速に起こる段階に移る。さらに群飛や群泳は、表現型可塑性と呼ばれる、環境の変化に応じて通常の行動を大きく変化させる能力にも支えられている。イナゴの場合、ある地域の植物が不足してくると、その環境変化が触媒となって、単生昆虫から社会群生昆虫へと変化する。その結果、限られた植物しかない狭い地域にひしめくイナゴは、群飛する可能性が大きく高まる。

「群知能」には多くの用途があるだろう。一部の研究者が類推しているように、仮に癌を速いスピードで突然変異し続ける細胞の「混合」だとすれば、同程度の機動力があって自主性を持った、治療薬を積んだナノボットの集団、要するに「群れ」だけが、そうした癌細胞を事実上無力化することができるかもしれない。さらに人間の知覚作用が脳内の特定の部位で起こるのではなく、予測不能に変化するが無目的ではない神経系パターンの中で起こるのと全く同様に、そうしたパターンで「群飛」できるソフトウェアの能力は、高い進化を遂げた人工知能の基礎を形づくる可能性もある。

図・表・コーナー 一覧

●リスニング　Listening Comprehension

第1部　セクション別対策

第2部　模擬テスト 解説

●文法　Structure and Written Expression

第1部　セクション別対策

第2部　模擬テスト 解説

●リーディング　Reading Comprehension

第1部　セクション別対策

第2部　模擬テスト 解説

著者プロフィール

髙橋 直浩（たかはし・なおひろ）

　1972年東京都生まれ。東京大学農学部で大豆の研究をしたあと、米国コロンビア大学大学院（SIPA）で公共経営・行政学を専攻、一橋大学経済学研究科で公共経済学を専攻。学生時代は河合塾チューターを勤め、農林水産省では農協系金融や国際協力など、内閣府では食品安全の事務に携わる。現在トフルゼミナール講師として予備校、高校、大学で英語及び数学の講座を担当。主な論文「BSEリスク下における政府と消費者の行動分析」（日本経済研究）。

編集	：飯塚香
装幀／本文デザイン・組版	：夜久隆之（株式会社鷗来堂）
録音・音声編集	：ELEC録音スタジオ
ナレーター	：Dominic Allen, Howard Colefield, Chris Koprowski
	Jennifer Okano, Rachel Walzer

1冊で完全攻略TOEFL ITP® テスト

発　　　行：2023年3月20日　第1版第1刷

著　　　者：髙橋直浩
発　行　者：山内哲夫
企画・編集：トフルゼミナール英語教育研究所
発　行　所：テイエス企画株式会社
　　　　　　〒169-0075
　　　　　　東京都新宿区高田馬場1-30-5 千寿ビル6F
　　　　　　E-mail　books@tseminar.co.jp
　　　　　　URL　https://www.tofl.jp/books
印刷・製本：図書印刷株式会社
© Naohiro Takahashi, TS Planning. Co., Ltd., 2023

ISBN978-4-88784-267-0　　　　　　　　　　　　Printed in Japan
乱丁・落丁は弊社にてお取り替えいたします。